赣事好商量

协商与城市文化座谈文集

江西省政协宣传文史网络中心 编

中国文史出版社

出版说明

为深入学习贯彻习近平文化思想、习近平总书记考察江西重要讲话精神，庆祝人民政协成立75周年，2024年6月26日，江西省政协"协商与城市文化"座谈会在赣州市章贡区召开。

江西省人民政协理论研究会、新时代人民政协理论与实践研究基地、各设区市人民政协理论研究会负责同志和专家学者等，聚焦发挥人民政协优势，助推城市文化建设，深入开展交流研讨。

专题座谈会共收到论文222篇。本书收录的，包括11个设区市政协、27个市辖区政协的口头和书面发言，还有部分公开发表在《江西政协报》上的文章以及设区市政协推荐的署名文章。全书分为三个部分，共计90篇。

编　者

2024 年 12 月 18 日

目 录

书面发言

署名文章

以一域之光为赣鄱文化繁荣发展全局添彩

——在"协商与城市文化"座谈会上的讲话

陈俊卿

在赣州这座千年古城，章江和贡江交汇之地，召开"协商与城市文化"座谈会，是一件很有意义的事情。这是深入学习贯彻习近平文化思想和习近平总书记考察江西重要讲话精神，按照省委"大抓落实年"部署要求，凝心聚力助推文化强省建设的具体行动。

会议采取"现场+会场"的方式，开得很紧凑、很务实。12位同志的发言和书面交流材料都很好。总的来看，有学研、有做法、有成效、有体会、有建言，主题鲜明、内容丰富。充分展示了我省市、县政协学习和研究的最新成果，让人深刻感悟到党的创新理论的思想伟力、实践伟力。

下面，简要讲三点意见。

一、自觉践行"两个结合"，准确把握协商与城市文化建设的政治方向

习近平总书记在文化传承发展座谈会上强调，"在五千多年中华文明深厚基础上开辟和发展中国特色社会主义，把马克思主义基本原理同中国具体实际、同中华优秀传统文化相结合是必由之路。""两个结合"，为协商与城市文化建设指明了方向、增添了动力。

（一）深刻把握协商与城市文化建设的"魂"。马克思主义是立党立国、兴党兴国的根本，规定了社会主义文化建设的方向，是新时代新征程上文化建设的"灵魂"。习近平新时代中国特色社会主义思想是坚持"两个结合"、勇于推进理论创新的典范，是当代中国马克思主义、二十一世纪马克思主义。坚持马克思主义在意识形态领域的指导地位，巩固和深化学习贯彻习近平新时代中国特色社会主义思想主题教育成果，要把深入学习贯彻习近平总书记关于加强和改进人民政协工作的重要思想，与深入学习贯彻习近平文化思想、习近平总书记考察江西重要讲话精神结合起来，以强化思想政治引领、推进协商与城市文化建设的实际行动，坚定自觉拥护"两个确立"、做到"两个维护"。

（二）深刻把握协商与城市文化建设的"根"。习近平总书记指出："中华优秀传统文化是中华文明的智慧结晶和精华所在，是中华民族的根和魂，是我们在世界文化激荡中站稳脚跟的根基。"协商文化在我国有根、有源、有生命力，具有深厚的文化积淀。传统文化蕴含着"兼容并蓄、求同存异"，"执两用中、通时合变"，"兼听则明、集思广益"，"以德服人、情理合一"等协商议事思想。城市文化源远流长、灿烂辉煌。要用心用情用力，推进中华优秀传统文化创造性转化、创新性发展，为协商与城市文化提供丰厚滋养。

（三）深刻把握协商与城市文化建设的"本"。人民政协、人民城市，都是为人民的。推进江西文化强省建设，必须始终坚持以人民为中心的发展思想，让城市文化强起来、协商文化兴起来。在城市文化建设中，要以人为本，针对生活、面向大众，倡导文明生活，改善生活品质，体现"以文化人、以文化城"的功效，让人民群众在城市生活得更方便、更舒心、更美好。在协商文化建设中，要有事多商量、遇事多商量、做事多商量，深入基层、深接地气，协商于民、协商为民，提升人民群众获得感、幸福感、安全感。

二、深入挖掘优秀赣鄱文化，不断丰富协商与城市文化的内涵

江西物华天宝、人杰地灵，文脉绵长、底蕴深厚。要坚定文化自信，注重传承弘扬，持续彰显协商与城市文化的江西特色和优势。

（一）就城市文化而言，要展示"人无我有"的独特之处。一是更好展示城市的非凡品质。景德镇陶瓷文化从未中断，是中华文明连续性的一个例证，是文化自信的历史依据和现实底气。2023年10月，习近平总书记再次亲临江西考察，走进景德镇陶阳里历史文化街区，了解陶瓷文化保护传承等情况。要牢记总书记殷殷嘱托，集聚各方面人才，加强创意设计和研发创新，进一步把陶瓷产业做大做强，把"千年瓷都"这张靓丽的名片擦得更亮。新余因钢铁复市，鹰潭是"道都""铜都"，各具特色。要提升不一样的功能品质，增强城市文化吸引力。二是更好彰显省会的应有担当。省会强则全省强，省会兴则全省兴。南昌城市文化建设理应走在前。最近，围绕"深入实施省会引领战略，全面提升南昌辐射力带动力影响力"议题，省政协召开议政性常委会会议。与会的全国政协专家认为，依托千年豫章郡、百年英雄城的文化优势，南昌市完全有条件打造国家乃至世界级文化旅游目的地。三是更好擦亮历史文化名城金字招牌。截至目前，我省共有6座国家历史文化名城。九江坐落在名江、名湖和名山之间，赣州是江南宋城、红色故都、客家摇篮，抚州是"才子之乡、文化之邦"。要用足用好历史文化资源，进一步推陈出新，增强城市文化竞争力。四是更好凸显"红中最绿、绿中最红"的特色亮点。吉安是"红色摇篮"，萍乡是中国工人运动和秋收起义的策源地，宜春是湘赣革命

根据地的重要组成部分，上饶是方志敏的故乡。要传承红色基因，发挥绿色生态这个最大优势，让红色、绿色的根基更强、更壮、更亮。

（二）就协商文化而言，要持续深化"赣事好商量+"品牌建设。这几年来，省政协与市县政协坚持接续发展，创新"委员与市长面对面"做法，开展"一县一品牌""十县十先"活动，形成一批"赣事好商量+"品牌。政协协商与基层协商相衔接，助推解决群众急难愁盼事，赢得真严真实真有用"好口碑"，展现了具有江西特色的协商文化。萍乡市湘东区政协委员写了一篇《赣事好商量赋》，点赞"赣事好商量"成"江右文化"新风尚，引起很好反响。空谈误国，实干兴邦。"赣事好商量"品牌要义，是商以求同、协议成事、重在实干。这与省委开展"大抓落实年"活动的要求完全一致。2023年，在南昌市西湖区，就持续打造"赣事好商量"品牌，开展专题研讨，形成广泛共识，提高了对市辖区政协工作的规律性认识。这次座谈会，紧扣城市特点，突出文化主题，迈出了深化研究的新步伐。要继续协助党委政府把群众关心的事办好、把群众牵挂的事办实，努力把"赣事好商量+"品牌越做越好、越擦越亮。

（三）就协商与城市文化而言，要在融合互促的实践中探索创新。这方面，市、区政协做了一些工作，有了阶段性成果，还要走深走实。一是在城市文化赋能协商履职上探索创新。南昌市政协以"大气开放、诚信图强"的南昌城市精神，构建专门协商机构闭环运行机制，有力推动"有事多商量，有事好商量，有事会商量"和"兴家风、淳民风、正社风"活动开展。二是在协商平台强化城市声音上探索创新。新余市政协"余快协商"、鹰潭市政协"鹰有作为"、吉安市政协"吉事广议"等，协商平台名与城市名直接关联，让人一看就记得住。三是在城市文化滋养协商品牌上探索创新。昌江区政协将陶瓷文化元素注入"镇聚力"品牌，南康区政协"康乐商"品牌蕴含榫卯结构原理，具有鲜明特征。四是在协商文化服务城市发展上探索创新。红谷滩区政协创建"赣事同心"省市区三级委员工作站，青云谱区政协弘扬老城区工业文化精神，信州区政协把"三室一厅"（协商议事室、界别活动室、委员读书室、委员客厅）建在市民身边等，经常性活动富有成效。要总结好经验、好做法，厚植协商文化根基，凸显城市文化特质。

三、充分发挥政协职能作用，以协商与城市文化成果助推文化强省建设

在2024年江西省文化强省建设推进大会上，省委书记尹弘强调，要把文化强省建设摆在突出重要位置，强化齐抓共管，更好汇聚文化强省建设的工作合力。我们要聚焦"走在前、勇争先、善作为"的目标要求，落实省委和省政府工作部署，自觉承担起全省政协系统助推赣鄱文化传承创新发展的使命。

（一）坚持党的全面领导，加强党的创新理论研究阐释。全国政协非常重视理论研究工作，2023 年 9 月，印发了《关于加强和改进理论研究工作的意见（试行）》。省政协认真学习研究，专门出台《实施意见》，明确了指导思想、重点任务和工作要求。要深刻把握习近平新时代中国特色社会主义思想的精神实质和核心要义，坚持中国共产党领导、统一战线、协商民主有机结合，坚持发扬民主和增进团结相互贯通、建言资政和凝聚共识双向发力。省、市人民政协理论研究会要加强协作，发挥省新时代人民政协理论与实践基地的作用，强化理论研究人才队伍建设，营造理论研究良好氛围。要坚持问题、目标和效果导向，深化理论和实践问题的调查研究，总结提炼具有江西特色的实践、理论和制度创新成果，为持续壮大主流思想舆论，唱响时代主旋律，提升社会精气神，汇聚强大正能量，贡献政协力量。

（二）深度协商监督，精准有效发力。围绕城市文化建设中的焦点、难点问题，继续深化调查研究，加强民主监督，广泛凝聚共识。一是在全面提升城市文化保护传承水平上精准有效发力。抚州市政协有关历史文化名城创建的建议，得到市委、市政府重视采纳。要坚持在保护中发展、在发展中保护，助推完善规划编制体系，统筹做好保护、研究、利用、展示等重点工作。二是在扎实推进城市文化事业繁荣发展上精准有效发力。九江市政协念好"察、问、评、书"协商监督四字诀，上饶市政协在信江书院打造文史研究馆，吉州区政协促进城市体育文化协商成果转化，产生良好社会效应。要进一步健全现代公共文化服务体系，激发文化创新创造活力，让城市在文化滋养下更鲜活、更美好、更有品质。三是在全力推动城市文化产业做强做大上精准有效发力。打造更多思想精深、艺术精湛、制作精良的优秀作品，推动文化和旅游融合发展，促进传统文化产业数字化转型和智能化升级，让文化资源活起来、火起来。

（三）突出文化特色，展现政协魅力。发挥文化等相关界别委员的主体作用，以及文化文史和学习委员会"专"的优势，浓厚政协机关文化氛围，建好、用好政协文史馆和书画室，开展好文化等"三送""三下乡"活动。东湖区、青山湖区、浔阳区、安源区政协搭建"线上与线下"读书平台，以"书香政协"助推"书香赣鄱"建设；湘东区、临川区政协开展"委员讲堂"活动；珠山区政协陶瓷艺术家委员广泛联系界别群众；青原区、东乡区政协做好文史资料征集出版工作等，都取得了实实在在的成效。要在相互借鉴中汇聚系统合力，努力以一域之光，为赣鄱文化繁荣发展全局添彩。

总之，这次会议开得很好，达到了学习交流、相互促进、共同提升的效果。要用好市辖区政协座谈研讨这个平台，加大理论研究成果宣传力度，进一步提升全省政协系统工作质量和水平，以优异成绩迎接新中国和人民政协成立 75 周年。

（陈俊卿，江西省政协党组副书记、副主席，省人民政协理论研究会第二、三届理事会会长）

人民政协的新时代就是协商的新时代

——在主持"协商与城市文化"座谈会上的感言

杨木生

进入新时代，我们一直在思考，人民政协的新时代是个什么样的新时代？通过深入学习领会习近平总书记关于做好新时代党的统一战线工作的重要思想、关于加强和改进人民政协工作的重要思想，关注总结梳理新时代人民政协实践创新、理论创新、制度创新成果，深刻而又鲜活地感悟到：人民政协的新时代，就是协商的新时代！拟解答以下十一个基础性基本性问题来说明"人民政协的新时代就是协商的新时代"这一新时代的政协观点、政协真理、政协逻辑。

——市县政协是什么？就是专门协商机构。

全国政协系统共有一个组织名称，共有一部政协章程，共有一份政治责任，都是专门协商机构。全国有四级政协组织，共有 3215 个，其中省级 31 个、地市级 413 个、县级 2755 个，都是专门协商机构。

——市县政协干什么？就是协商。

市县政协的工作职责，主要工作是协商。协商不仅是一种工作理念原则，也是一种方式手段；不仅体现在协商议政之中，也要贯穿于履行职能各项工作。无论是民主监督、参政议政，还是学习教育、凝聚共识，都要体现协商精神，在真诚平等的协商交流中，寻求一致性，扩大共识度，这正是专门协商机构的魅力所在、优势所在。新时代人民政协存在的意义和价值，就是通过民主协商的方式在多样性中寻求一致性。

——市县政协怎么做？就是搭台。

要明确市县政协主要工作方式是"搭台"，主要任务就是"搭好台"。政协是协商平台，不是协商主体。明确政协作为组织和承担协商任务的机构，不是协商主体，而是发扬民主、参与国是、团结合作的重要平台，不是"和"政协协商，而是"在"政协协商。政协平台，是一个制度化的协商平台。

——市县政协协商的主要内容是什么？

要把握市县政协协商的主要内容。《中共中央关于新时代加强和改进人民政协工作的意见》就"完善协商内容"指出："市县政协工作要把协商放在重要位置，围绕党委和政府工作的重点、群众生产生活的难点、社会治理的焦点，每年安排若干次专题协商活动。"中共中央办公厅《关于加强和改进新时代市县政协工作的意见》指出："市县政协要把协商摆在更加重要的位置，聚焦当地党委和政府工作的重点、群众关心的热点、社会治理的难点开展协商"，加了"更加"两个字，增强了分量和力度，这是"三点"之说，还有"三事"之说，即党政工作要事、民生改善实事、社会治理难事。说法不同，内容实质是一致的。

——政协协商的主要特点有哪些？

掌握协商的主要特点，实践表明，政协无论发挥作用的方式还是目的都是独特的、独有的、独到的，政协协商具有鲜明特点：是长期性而不是阶段性；是经常性而不是临时性；是制度性而不是随意性；是广泛性而不是局部性；是多重性而不是单一性。

——政协协商的主要原则是什么？

坚持协商的主要原则，中共中央办公厅《关于加强和改进新时代市县政协工作的意见》第3条提出了四条原则：坚持党的全面领导，自觉把党的领导贯穿市县政协工作全过程各方面，把牢正确政治方向；坚持围绕中心、服务大局，明确专门协商机构的职能责任，在建言资政和凝聚共识上双向发力；坚持协商于民、协商为民，践行人民政协为人民的履职理念；坚持从实际出发，因地制宜，守正创新，推动工作提质增效。

《中国人民政治协商会议全国委员会协商工作规则》第五章中作了规定，有五条：第1条，紧扣主题；第2条，平等议事；第3条，互动交流；第4条，体谅包容；第5条，有效表达。

如何理解原则的前四条与后五条，我理解，前四条是"道"，后五条是"术"；前四条是普遍要求，后五条是具体规定；前四条是画了个圈，后五条是标注的点；前四条是理论政策，后五条是措施办法。

——政协协商的主要理念有哪些？

世界上没有一个国家像中国这样有着悠久深厚的协商文化。要大力弘扬协商文化，而前提和基础是培育协商理念，要秉承中华优秀文化传统，深化政协协商实践，把同心同德、群策群力、平等包容、求同存异（聚同化异）、兼收并蓄、贵和尚中等理念融入政协制度建设和运行之中，更好彰显专门协商机构的性质定位和特色优势。由此可以梳理出"六种理念"：同心同德，群策群力，平等包容，求同存异（聚同化异），兼收并蓄，贵和尚中。比如贵和尚中，就是讲尊重，讲圆融，不走极端，不搞绝对化，过犹不及，共赢是理想。这就要求我们协商工作，追求增进一致而不强求一律、尊重差异而不扩大分歧、包容多样而不丧失主导。这六种协商理念，都需要我们树立并运用，内化于心、外化于行。

——如何把握政协协商的频次？

作为专门的协商机构，要有一定的协商活动来体现其作用，保证协商频次。中办《关于加强和改进新时代市县政协工作的意见》中规定："在加强全体会议广泛协商的同时，组织好专题议政性常务委员会会议、专题协商会。根据工作实际，市级政协每半年至少举行1次专题议政性常务委员会会议、每两个月举行1次重要协商活动；县级政协每年至少举行1次专题议政性常务委员会会议、每季度至少安排1次重要协商活动"。

——如何完善政协协商的机制？

要完善协商机制。坚持协商于决策之前和决策实施之中，制定年度协商计划，并按程序报批后实施，做到协商前有调研，协商中有党政部门与委员、界别群众的互动，协商后有成果的报送、采纳、落实、跟踪和反馈，确保协商活动有章可循、有规可依。要把握四个环节：制定协商计划；深入开展调研；充分进行协商；推动成果转化。

——如何丰富政协协商的形式？

要丰富协商形式。我发现在四级政协中，协商形式自上而下，是越来越少，换句话说，自下而上，是越来越多。比如，全国政协有13种（全体会议、专题议政性常务委员会会议、专题协商会、提案办理协商、双周协商座谈会、远程协商会、专家协商会、界别协商、对口协商、网络主题议政、谈心谈话交流、联动协商及探索推进同社会治理、基层治理相结合等协商形式）。我们省政协有10来种，市、县不平衡，有的多些，有的少些，但都没有省里多、全国政协多。说明市县政协还有很大的空间和潜力。

中办《关于加强和改进新时代市县政协工作的意见》第4条要求："探索有效协商形式，扩大政协委员参与协商的覆盖面。支持政协委员有序参与基层协商，促进政协协商有效服务基层治理。"

——如何提高政协的协商履职能力？

要提高协商履职能力。人民政协成立65周年的时候，习近平总书记提出了"四种能力"：政治把握能力、调查研究能力、联系群众能力、合作共事能力，这是履职的必然要求，必须贯彻落实好。而作为专门协商机构的成员，提高协商能力又是担当履职最为紧迫的课题。还需要熟悉和掌握协商的能力，协商能力是一门技术活，也是一门艺术，事关人民政协作为专门协商机构的制度效能。

当前要聚焦"三个方面"，做到"三个善于"：要提高同党外代表人士协商的能力，善于做好思想政治引领工作，指中共党员委员；要提高同部门协商的能力，善于把专业意见转化为政策选项，指专家学者委员；要提高同界别群众协商的能力，善于当好反映诉求、汇聚民智、凝聚共识的桥梁纽带，指全体政协委员。具体地说，中共党员委员要善于在谈心说理、换位思考中，以党外人士熟悉的语言，亮出观点意见、阐明原则立场、有效启发引领；专家学者委员要善于同党政部门工作对接，有的放矢建言资政，把握好政策供给和政策需求的结合点，把专业意见及时转化为党政部门工作选项；全体政协委员要善于把握界别群众思想动态，有效运用凝聚共识平台载体，有针对性地做好引导群众工作。

习近平总书记要求我们，"协商就要真协商，真协商就要协商于决策之前和决策之中，根据各方面的意见和建议来决定和调整我们的决策和工作，从制度上保障协商成果落地，使我们的决策和工作更好顺乎民意、合乎实际"，并且肯定"人民政协在协商中促进广泛团结，推进多党合作。实践人民民主，既秉承历史传统，又反映时代特征，充分体现了我国社会主义民主有事多商量、遇事多商量、做事多商量的特点和优势"。新时代新征程，习近平总书记希望我们"做到相互尊重、平等协商而不强加于人，遵循规则、有序协商而不各说各话，体谅包容、真诚协商而不偏激偏执，形成既畅所欲言、各抒己见，又理性有度、合法依章的良好协商氛围"，我们要为此而努力。

（杨木生，江西省政协常委、省人民政协理论研究会第二届理事会常务副会长、省政协教科卫体委员会副主任）

口头发言

在城市文化建设新征程上彰显政协新作为

政协九江市委员会

党的十八大以来，习近平总书记高度重视文化建设，作出一系列重要论述，为推进新时代文化建设提供了根本遵循。党的二十大从全面推进中国式现代化的战略高度，对铸就社会主义文化新辉煌、繁荣发展文化事业和文化产业作出了新的部署。九江市政协坚持以习近平文化思想为指引，着眼满足人民日益增长的美好生活需要，积极发挥协商民主在城市文化建设中的作用，传承城市文化，嵌入城市文化，发展城市文化，在充分发掘、利用、展示城市文化资源禀赋，擦亮文化品牌方面扛起了职责使命，彰显了优势作为。

一、自觉扛起使命担当，铸城市文化之魂

习近平总书记指出，文化自信是更基础、更广泛、更深厚的自信，是更基本、更深沉、更持久的力量。中华文明五千多年绵延不断、生生不息，传承创新发展中华优秀传统文化是人民政协的责任和使命，是围绕中心大局，助力中国城市现代化发展的内在要求。

市政协坚决扛起文化传承的使命任务，锚定文化发展目标，为九江文化事业繁荣高质量发展贡献智慧和力量。推动出台了《九江市历史文化名城保护办法》《九江市历史建筑保护条例》《九江市新型公共文化空间建设实施方案》等一系列文件，持续强化思想理论武装、精神力量传承、核心价值观引领和文化阵地建设。

二、保护传承长江文化，强城市文化之基

2023 年 10 月，习近平总书记考察江西、亲临九江，在长江国家文化公园九江城区段，详细了解长江国家文化公园建设，在九江改革发展进程中产生了里程碑、划时代意义。市政协积极贯彻落实"习近平总书记关于保护传承弘扬长江文化的重要讲话精神"，助力长江国家文化公园九江段建设。按照市委要求，参与长江国家文化公园

九江段项目建设，项目一二期建设取得阶段性成果。

市政协坚持协商议政，继续为项目三期建设献良策、建良言，形成了《深入挖掘历史文化资源，加快长江国家文化公园（九江段）高质量建设调研报告》，得到九江市委高度肯定，获得充分运用和转化；在省政协全会上，住浔省政协委员提交了《前瞻性破解建设长江国家文化公园江西段难题》的提案。这些协商成果，是九江市政协推动优秀传统文化创造性转化、创新性发展，充分贡献政协力量的具体体现。

三、搭建文化协商平台，兴城市文化之业

市政协充分发挥人民政协专门协商机构作用，着力探索"党委领导、政府支持、政协搭台、委员履职、各界参与、服务群众"的基层协商民主建设新路径，率先推出"有事先商量"工作品牌，推进协商民主建设。三年来，全市共建设各类基层协商议事平台 1300 余个，开展协商活动 5500 余次，真正体现人民政协为人民、协商服务在身边的宗旨，被江西省委深改委评为党的十八大以来全省经典改革案例之一。

"有事先商量"工作坚持"党政所需、群众所盼、政协所能"的工作理念，在推动城市文化发展中发挥了显著作用。例如，为助力九江市创建国家历史文化名城，市政协就"实施中心城区历史文化街区改造，展现老九江韵味"开展"有事先商量"专题协商，提出了一系列意见建议，形成了高质量协商报告，提交给市委、市政府作决策参考，有力助推了历史文化名城的成功创建。

四、发挥文史工作优势，寻城市文化之根

政协文史工作是人民政协一项富有特色的经常性、基础性工作，是城市文化建设的一项重要支撑。市政协抓住九江全国历史文化名城金字招牌、拥有丰厚的山水文化资源的特点，坚持以亲历、亲见、亲闻的方式，开展文史资料征编工作，从不同角度和层面讲好九江历史文化故事。

近年来，市政协开展深度协商，征集、编辑、出版《九江山水文化》，收集 100 余篇文章、200 余幅图片，比较全面系统地展示了九江境内的山水文化资源概况；编辑《九江红色故事》，展现了九江丰富革命史，为建党一百周年献礼；编成百万余字《九江知青》，精选文稿 105 篇，充分展示广大知青在九江昂扬向上、艰苦创业的风采；出版发行《九江演义》，讲述了三千年来发生在九江的重大事件、出现的历史人物，展现了九江城悠久厚重的历史文化。这些书籍讲述了九江故事，打造了九江文化品牌，赢得广大市民的高度评价。

五、打造政协文史展馆，显城市文化之蕴

市政协聚焦创新拓展城乡公共文化空间中的重点难点问题开展协商议政，组织委员力量加强调查研究，多角度、多层面提出对策建议，有力完善城市公共文化服务体系建设。

在中国共产党迎来建党百年华诞之际，九江政协文史馆开馆。九江政协文史馆分为"协商建国""九派风云""匡山蠡水"等六大展区，生动展现了全市政协组织和广大政协委员为九江发展献计出力的真实图景。九江市政协切实管理好、运用好、发展好九江政协文史馆，使其成为展示人民政协光辉历程和重要成就的新窗口、党史学习教育的新阵地、宣传展示九江历史文化名城的新平台，三年来吸引了30多万市民游客前来"打卡"，发挥了"存史、资政、团结、育人"的重要作用，为助力打造文化强市做出应有的贡献。

（发言人：徐　勇，九江市政协党组成员、秘书长）

立足职能定位 以文兴业助力城市发展

政协新余市委员会

为助推擦亮城市文化"名片"，新余市政协深入学习贯彻习近平总书记关于城市工作的重要论述和考察江西重要讲话精神，结合新余实际，立足职能定位，深化"赣事好商量+余快协商"品牌建设，以协商促进新余城市文化与协商文化交融互进，助力实现经济社会高质量发展。

一、发挥职能优势，深入挖掘新余文化

一是弘扬传统文化。准确把握文史工作"两个转变"要求，开展传统村落保护利用调研视察活动，推动古村落古建筑保护力度进一步加大。开展"让文物活起来"专题视察，形成《关于我市文化遗产保护利用情况的调研报告》，为有关部门开展工作提供科学参考。开展"专委会+党派"联合调研协商，组织文艺界别政协委员、党派成员与相关职能部门负责人、民间剧团代表，就新余戏曲传承发展，深入调研、广泛协商，助力唱响地方好戏。

二是振兴本土文化。持续挖掘新余崇文重教、耕读传家的古村落文化精神，编撰"中国传统村落"系列丛书《介桥》和《白梅》等，助力本土文化振兴。探寻古诗文化脉络，编撰《新余古诗选注》，为群众精神生活增添"诗意"。

三是赓续红色文化。加强红色文化资源的保护传承、开发利用和宣传推广，组织丰富多样的红色文化活动，整理刊发《上海劳动妇女战地服务团在新余》等文史资料，助推深挖红色基因，汲取奋进力量。

二、强化协商效能，倾力打造城市文化

一是助推打造天工开物文化。就推进天工文化与旅游发展深度融合开展专题协商，提出强化工业旅游发展的统筹引领、引导工业企业合理开发工业旅游项目、加大市场主体的参与度等九方面具体建议，推动"非遗+旅游""工业+旅游""文创+旅游"

等新旅游业态创新发展。2023 年 10 月，新余市博迅天工城工业旅游区被文化和旅游部授予国家工业旅游示范基地。

二是助推打造七夕爱情文化。将"毛衣女下凡传说"提炼、重塑为新余的第一个文化符号，深入挖掘七夕爱情文化内涵，组织委员深入调研，形成《塑造仙女湖七夕文化 IP 打造中三角旅游目的地》的协商报告，从演绎 IP 故事等方面提出 10 条具体建议。截至目前，新余市已举办 20 届仙女湖七夕文化旅游节，连续举办六届中国七夕文化高峰论坛，六度与央视携手拍摄"七夕晚会"。

三是助推打造创业创新文化。作为一座移民城市，新余有着内涵丰富的创业创新文化。我们积极弘扬创业创新精神，鼓励企业家敢于创新，勇于"走出去"发展。开展"推动我市碳纤维产业加快发展"协商调研，推动数十家企业成功落户市高新区碳纤维产业园。立足全球最大的锂盐加工基地、国内重要的锂动力与储能电池产业基地这一城市定位，开展"强化龙头引领，做强做大锂电产业链"专题协商，协商成果已基本转化落地。开展"推动重大科技成果产业化，强化科技创新对高质量发展的支撑作用"协商调研，助力国家创新型城市建设。

三、繁荣城市文化，发挥以文化人作用

一是推动文化赋能产业发展。协商文旅产业赋能乡村振兴，聚焦如何将乡村传统文化、特色美食、非物质文化遗产等特有资源转化为文旅产业，与相关职能部门、村委干部、群众代表共商发展之道，随后形成《推进我市文旅产业赋能乡村振兴协商专报》，获市委主要领导批示，推动全面普查文旅资源、规划乡村旅游重点片区。组织委员对"宽心小镇""螺蛳小镇"开展视察活动，就旅游特色引领、本土文化铸魂、口碑收益双轮驱动等与项目方和当地文旅部门进行协商讨论，积极建言，加大品牌宣传力度、开展系列文旅活动等建议已落地转化。

二是推动文化赋能城市建设。围绕"关于推动我市城中村综合治理"开展年度协商初见成效，将城中村改造治理纳入城市更新框架范围，坚持"留改拆"并举，因地制宜推进的建议得到市委、市政府高度重视，市本级计划投资 3.7 亿元，对多个片区进行整治提升。在组织委员开展的城中村改造项目"回头看"中，部分老旧片区已新建书香公园、红砖广场、文化长廊等休闲场所，主街道上统一设计店招，切实提升了城市的"颜值"。

三是推动文化赋能社会治理。增强群众文化自信，在市委党校、市图书馆、市广播电视台等平台，开设"新余儒家文化漫谈""新余蒙山文化漫谈""新余仙道文化漫谈""新余佛教文化漫谈"等讲座，宣传推广本地优秀传统文化。组织委员开展书画展、

送春联、文化下乡等活动，让文史知识走进机关、社区、学校和企业，以人民群众喜闻乐见的形式传承中华优秀传统文化，引领各界群众增强凝聚力，助力营造文明和谐城市氛围。

作为协商组织和专门协商机构，我们将持续深入学习贯彻习近平总书记关于城市工作的重要论述，紧紧围绕提升城市功能品质活力，聚焦城市规划、城市产业、城市设施等方面开展协商调研、献计出力，为建设优美宜居家园、推动城市可持续发展贡献智慧力量。

（发言人：彭新明，新余市政协党组成员、秘书长）

坚持"三个聚力" 彰显"鹰有作为"

政协鹰潭市委员会

党的二十大报告强调，要提高深度协商互动、意见充分表达、广泛凝聚共识水平。鹰潭市政协放大"赣事好商量+"协商议事平台效应，发挥政协作为专门协商机构作用，突出特色，深化"鹰有作为"品牌建设，打造主体多元、共享联动的协商矩阵，持续释放政协制度效能。仅 2023 年深度协商就结出 146 个金点子，协商为民帮助解决 60 件民生实事，为助推全市经济社会和文化高质量发展作出了积极贡献。

一、聚力形式创新，推动协商议政更具活力

一是开展"市委书记（市长）与委员面对面话经济"议政性协商。市政协将加快推动铜产业高质量发展、擦亮"世界铜都"品牌作为协商议政的"重头戏"，2022 年，围绕"降低铜产业物流成本"主题进行市委书记（市长）与委员面对面话经济协商后，2023 年，又将"鹰潭与江铜深化地企合作打造国家级铜基新材料先进制造业集群"作为常委会议政性协商课题，邀请市委书记与委员面对面共商大计。形成的"引导铜基新材料产业向'世界铜都'鹰潭集聚"等 12 条建议，在省政协《关于加快推动我省铜产业高质量发展的建议案》中被采纳。

二是开展"主席接待日"协商。按照"重点在基层群众中开展协商"的要求，由市政协主席会议成员带领委员下社区、进企业、到农村，把协商会场搬到基层现场，面对面接待群众开展协商，收集打捞群众身边事、关心事、烦心事，在一线协商助推问题解决，在一线督办评议中加大解决问题力度，营造"有事多商量"的共商共治共享氛围，引导界别群众有序参与政治生活。2023 年，举办"主席接待日"协商活动 6 场，接待群众 160 人次，将收集的 29 个问题全部帮助解决，赢得群众好口碑，使群众深切感受到政协离自己很近。

三是开展网络议政协商。2023 年，首次通过视频会议的形式组织市、区两级政协委员和托育行业机构代表、部分幼儿家长、职能部门相关负责人同屏协商议政，委员们表示："视频连线让我们在千里之外'面对面'商量，这种形式既新颖又高效。"

通过网络协商助推全市 7 家公办普惠托幼机构建设，水、电、气等优惠政策得到落实，推动新增普惠托位数 1520 个。

二、聚力平台做优，推动协商载体更加广泛

一是建立政协委员工作室（站）。出台《政协鹰潭市委员会关于进一步推进委员工作室建设的实施意见》《政协鹰潭市委员会工作室管理暂行办法》等规定，按照开放、共享、嵌入原则，探索建立全国、省、市、区（市）四级政协委员参与，市、区（市）两级政协联动，形式多样、品牌统一的委员工作室平台体系，打造全国政协委员张金涛工作室，市、区（市）政协建成 29 个委员工作室（站），推动委员"全员入室"，推进政协协商向基层延伸，打通委员访察民情、协商为民"最后一公里"。2023 年，政协委员通过工作室开展协商 20 余场，收集反映社情民意信息 200 余条，协商推动解决鹰潭（余江）眼镜产业园路面监控、路灯损坏，无公交线路等一批群众亟盼解决的问题。

二是建立政协新时代协商民主实践中心。积极争取市委、市政府支持，按照有场地、有标识、有制度、有活动、有记录、有评价等标准建成 1700 平方米集党建引领、文史陈列、协商议政、学习交流、联谊服务、书画展示、互动体验等功能于一体的实践中心，为各界人士走进政协了解政协参与协商提供便捷平台。

三是建立全域一体"智慧政协"平台。放大"协商之治"与"数字之治"的叠加优势，强化数字赋能协商工作，采用江西省政协"智慧政协"平台标准+鹰潭市政协个性定制模块开发相结合的模式，聚合各项功能，打造综合履职服务系统，建成集一网（门户网站）一微（微信公众号）一端（掌上履职 app）为一体的数字政协平台，推动政协协商更加制度化、规范化、程序化和智能化。

三、聚力成果转化，推动协商更有实效

一是领导推动协商成果转化。实行市党政领导领办督办政协重点提案工作机制，2023 年市委书记、市长等市党政领导深入一线开展督办，推动 28 件民生类提案得到落实。

二是跟踪推动协商成果转化。对党政关注、群众关心的协商议题多演"连续剧"，一年接着一年干，一锤接着一锤敲，绵绵用力，久久为功。2023 年，市委主要领导在 2022 年督办《关于缓解中心城区停车难的建议》推动市中心城区新增停车场 10 个、停车位 7639 个的基础上，又将"推动绿色出行，缓解中心城区停车难"作为督办议题，

推动公共交通线网进一步优化，配套设施建设不断完善。

　　三是联合推动协商成果转化。以三办名义印发《市政协政治协商成果领导批示件督办落实办法》文件。2023年以来，市党政领导先后13次对政协呈报的协商成果作出批示，及时跟进督查取得明显成效。2024年，为打通政协委员"民生建议"转化落实的堵点，三办联合印发《关于设立政协委员"民生实事商量办"协商成果转化专项资金的实施方案（试行）》文件，切块300万元为落实政协委员"民生建议"提供资金上的支持，目前各项工作有序推进中。

　　（发言人：杨亮太，鹰潭市政协党组成员、秘书长）

以文化人凝心聚力　持续擦亮"四大文化"名片

政协赣州市委员会

　　赣州是省域副中心城市、国家历史文化名城、全国文明城市。近年来，赣州市政协深入学习贯彻落实习近平文化思想，立足政协职能定位，积极发挥"赣事好商量+"品牌作用，搭建"真协商"平台，丰富"好协商"路径，培育"善协商"意识，持续擦亮红色文化、阳明文化、宋城文化、客家文化等"四大文化"名片，提升城市文化创造力、传播力、影响力和综合竞争力。

一、规范协商机制，搭建"真协商"平台，参与城市文化建设更有效果

　　一是健全课题产生机制，聚焦擦亮城市"四大文化"名片精准选题。建立以党政领导出题为主，与部门单位商题、政协委员荐题、社会各界征题相结合的"四位一体"议题遴选机制。每年确定 1 个以上文化领域的年度重点协商课题。先后就"推进历史文化街区改造，打响宋城文化品牌""赣南客家文化保护和利用""加强赣州文化建设，推动文化资源优势转化为经济发展优势""推进赣州'文化强市'建设""提升赣州文化软实力""擦亮'赣南采茶戏'文化名片""进一步打响长征文化品牌"等协商课题，开展广泛协商议政，取得良好社会效果。

　　二是健全协商议事机制，深度协商汇聚城市文化建设合力。出台协商工作规则（试行），构建"八步法"协商流程，确保党政领导及相关部门主要负责人等都能到会，协商主体方充分表达诉求、有序参与决策，协商主导方涵育真协商、真听意见的胸襟气度，找到解决问题、化解矛盾、促进治理的最优解。"福寿沟申遗"、创建"江南宋城"国家 4A 级旅游景区、灶儿巷历史文化街区保护提升等，一大批高质量建议转化为市委、市政府决策部署。

　　三是健全成果转化机制，助推城市文化建设提质增效。建立协商成果及时转化为提案、转化为社情民意、转化为全会大会发言，及时跟进督办落实党政领导批示的"三转一督"机制，促进"议得好"向"办得好"转变。市政协联合九三学社市委会围绕

"赣州历史文化街区改造提升"课题进行专题协商，提出五方面 12 条建议，得到市委、市政府领导肯定性批示，推动率先在全省出台《历史建筑保护管理办法（试行）》，相关做法在全国住房城乡建设工作会议上作经验交流。

二、拓展协商形式，丰富"好协商"路径，参与城市文化建设更有活力

一是搭建高层次的协商平台，力促城市文化建设协商更加深入。创新打造"赣事好商量·委员市长面对面"协商平台，高位推动文化领域协商成果有效转化和落实。加强红色资源开发利用的 24 条建议，11 个部门逐一回应，有力推动打造"共和国摇篮""苏区干部好作风""长征集结出发地"等红色品牌，红色旅游成为全市旅游经济重要支撑，达到旅游总收入的 40%。

二是搭建在基层的协商平台，不断满足市民群众的公共文化需求。深入开展"赣事好商量+"品牌创建活动，推动政协委员、政协协商向基层"双下沉"，涌现了"虔城协商""红都协商""犹事协商""实诚协商""崇我作起""全为你来"等一批有影响力的协商品牌。通过充满"烟火气"的"微协商"，有效解决公共文化供给、保留老小区特色文化等群众关切问题，提升基层治理效能。

三是搭建经常性的协商平台，提升城市文化建设协商的灵活性。2021 年至 2024 年共提出城市文化建设相关提案 279 件，占提案总数的 19%，通过并案和提炼，累计向党委、政府分管领导编报 6 期城市文化相关的"重要提案专报"，为党政决策提供参考。发挥社情民意信息短平快的特点和"直通车"优势，"部分红色文献老化加速损毁严重亟须高度重视"等信息引起市党政领导重视，推动问题得到有效解决。

三、建好协商队伍，培育"善协商"意识，参与城市文化建设更有底气

一是注重提升政协委员协商能力。一方面，通过"赣州市政协·新时代大讲堂"等平台，邀请全国相关领域专家、知名企业家等学者大咖授课；精心组织赴深圳、厦门等地开展履职能力培训；根据界别特点，以专委会为依托，分门别类组建委员学习座谈小组等，增强委员文化自信、责任担当和协商能力。另一方面，通过增加委员大会发言场次，设立全会"委员通道""委员风采录"，在《赣州政协》会刊、微信公众号开设专栏等，分享履职故事，激发委员自豪感、成就感、使命感。

二是注重培育"好商量"协商文化。坚持凡是涉及群众切身利益的事都充分听取

群众意见、与群众协商，引导群众养成"有事多商量"的习惯，提高"遇事多商量"的觉悟，增强"做事多商量"的能力。深入开展"四进一联系""三访三问"活动，开展文化领域协商 60 余批次，协商解决问题 50 余件，赢得职能部门"三个小时的协商比我们一个月的工作还管用"的高度评价。

三是注重凝聚社会各界协商共识。通过走访视察、协商调研、委员读书、民主监督等活动，广泛宣传协商理论理念，画好协商民主"同心圆"。换届以来，市政协组织委员参与市直部门文化建设领域条例起草、执法检查等监督活动百余人次，推荐委员列席市政府常务会议，参与讨论涉及公共利益重大议题，不断厚植党领导人民进行有效治理的政治和社会基础。

（发言人：陈国庆，赣州市政协党组成员、秘书长）

建好用活文史研究馆 打造城市文化新地标

政协上饶市委员会

文化是一座城市的根与魂。上饶市政协坚持把文史研究作为政协履职的重要形式，在市委、市政府的重视支持下，依托信江书院场地，将市政协文史馆改革规范为市政府领导、委托市政协管理的市文史研究馆，传承、弘扬和发展地方特色文化，为加快建设文化强市倾政协之力、展政协之长、尽政协之责。

一、打造文史研究平台，夯实饶信根基，唤醒文化因子

一是打牢地基，高规格建平台。为深入贯彻落实习近平总书记关于弘扬中华优秀传统文化的重要论述，参照中央和省文史馆的管理体制，借鉴浙江省做法，2022年4月，市政协党组提出了市政协文史馆规范化改革意见，得到了市委、市政府的高度重视、大力支持。6月，市委办发文明确"改革理顺文史研究工作机构和管理机制"。市政协主席俞健专程带队"取经"浙江，在深入调研基础上，代为起草了有关加强市文史研究馆建设管理的《意见》。市政府推出系列举措，为市文史研究馆深入开展饶信历史文化研究，以史资政、古为今用创造了更优条件和更强支撑。

二是砌好"砖瓦"，高标准拓平台。在市委、市政府重视支持下，将修缮后的信江书院课春草堂、又新书屋两栋房屋，作为市文史研究馆文史资料收藏、陈列、展出的固定场所，展厅布展面积扩大至800平方米，设计了人民政协、饶信之光等"六大板块"馆藏体系，展现上饶厚重的历史文化底蕴以及绵延不绝的文脉传承。自2023年9月开馆至今，已接待外地调研组考察交流10余批，开展"又新讲堂"文史专题讲座活动近10场，吸引游客、市民参观学习6.7万人次。

三是做实保障，高水平用平台。市文史研究馆人财物由市政府保障，设立上饶市文史研究中心，作为市政协管理的事业机构，承担市文史研究馆的综合协调、服务保障等日常工作。目前，已聘任首批副馆长2人、馆员12人，组建中心队伍6人，实现了有人、有钱、有场所，运行有保障。同时，发挥馆员"文化名人"效应和信江书院博物馆公益性场馆优势，坚持开门办馆、开放协商，探索"线上+现场"文史活动

形式，面向社会、服务大众，让文史研究由政协的"点"走向社会的"面"，持续扩大社会影响，让"小展馆"发挥"大能量"。

二、活用饶信文脉资源，深挖文史内涵，拓宽文化外延

一是深拓馆藏，在史料活用上谋创新。突出饶信地域内厚重的历史文化积淀，将"政治协商"内在的和合、中庸、民本、大同等思想底蕴融合进文字、图片和展品模型，鼓励委员提供展件、充实馆藏、参与更新，通过文史展示，让纸面上的史料立体生动起来，让城市精神与历史文脉同频共振，将文史研究馆打造成文史研究、文化传承的重要园地，建言资政、统战联谊的重要平台，以文化人、以史铸魂的重要阵地，讲好上饶故事、展示上饶文化的重要窗口。

二是深挖富矿，在转化利用上下功夫。着眼"补史书之缺、辅史学之政"，立足革命老区的红色资源优势，将政协文史资料中蕴藏的中国革命、建设、改革各个时期创造的宝贵经验，描绘的治国理政政治轨迹，包含的促进民族团结、宗教和谐的有效方法，挖掘提炼转化为协商履职的好思路、好办法，推动从史料研究向综合利用转变。协助市政协文史委先后编辑出版了《品读上饶经典》等饶信文化丛书，着手编著《上饶文史小丛书》，把文化存量变成传播流量。

三是深耕研究，在贯通运用上求突破。紧密结合"书香政协"建设，不定期开展宣传弘扬上饶独具特色的地方文化讲座活动，把"无声"的历史变为"有声"的故事，兴起新时代讲学之风，推动"委员自学+干部共学"模式，服务委员边读书、边建言、边学习、边履职，在翰墨飘香中把学习和履职同步引向深入。

三、丰富群众文化供给，传承城市文脉，助力文化强市

一是把牢政治方向，增强文化自信。深学笃用习近平新时代中国特色社会主义思想，坚持党对文史研究工作的全面领导，严格遵循市委、市政府明确的文史工作重点，做到每年向市政府请示汇报工作，重大事项报市政协党组研究决定。做到征集无禁区、出版有纪律，既为各界人士提供宽松的环境，又始终保持文史工作的正确方向。

二是服务中心工作，助推文旅融合。每年选择 1 至 2 个重点文史课题，深入调查研究、交流研讨，形成有分量有价值的调研报告，为市委、市政府科学决策提供参考；落实市委提出的"做好'文化+旅游'文章，深化对饶信文化的专题研究，精彩讲好上饶文化故事，让更多的人循着文脉来旅游"要求，开展更多特色鲜明的文化活动，

用优秀研究成果、文化作品吸引更多游客了解上饶、走进上饶。

三是推动文化传承，讲好上饶故事。把群众对精神文化生活的需求和期待作为重要标尺，推出更多具有上饶地域特色的文史研究成果，编写更多高水平的地域文化专著，开展更多群众喜闻乐见的文化活动，用文化魅力提升城市形象和品质，进一步扩大群众文化活动的覆盖面，进一步传承发展城市文化、培育滋养城市文明，进一步彰显上饶的现代化新风貌。

（发言人：楼志文，上饶市政协副秘书长、办公室主任）

以"吉事广议"协商平台赋能城市文化建设

政协吉安市委员会

2022 年以来，吉安市政协深入学习贯彻党的二十大精神和习近平文化思想、习近平总书记关于加强和改进人民政协工作的重要思想，深化落实省政协相关工作部署要求，创新打造"赣事好商量·吉事广议"协商平台，推进协商与城市文化相融合，助力赋能城市文化建设。

一、搭平台、力践行，促进协商融入城市文化

市政协围绕"两延伸、一下沉、一衔接"探索建设"吉事广议"协商平台，推进政协协商向基层延伸，促进协商文化与城市文化融合互促。

一是打造平台倡导协商文化。人民政协作为专门协商机构，主要工作是协商，工作方式是搭台。市政协通过在乡镇（街道、园区）成立政协工作联络组、设立委员工作室，在村（社区）确立社情民意信息联系点，把政协协商触角延伸到城市街道、社区。目前，全市 224 个乡镇（街道）、11 个开发区（工业园区）全部成立政协工作联络组，乡镇（街道、园区）全覆盖设立委员工作室，设立行业领域或界别委员工作室 43 个，确立社情民意信息联系点 2463 个，为倡导协商文化完善了平台载体。

二是下沉委员宣介协商文化。本着原籍优先、就近就地就便、专业相适的原则，安排每个委员工作室原则上下沉 6 至 8 名委员，每名下沉委员联系 1 至 2 个社情民意信息联系点。全市 2700 多名市县政协委员依托"吉事广议"协商平台，深入基层，走进群众，广泛宣传全过程人民民主、协商民主、政协协商等，不断增强群众协商意识，厚植协商文化。

三是开展活动践行协商文化。市县政协选择与群众切身利益密切相关的议题在基层开展协商会，把部分民生实事类提案办理协商搬到现场，走进群众开展民生类社情民意信息办理协商；各政协工作联络组和委员工作室选准议题在基层开展政协协商；下沉委员发挥自身所长视情开展微协商，积极参与基层协商活动，营造浓厚协商氛围。2023 年，全市通过"吉事广议"协商平台开展协商活动 1300 余次，推

动近 800 件民生实事得到解决。

二、重运用、聚智力，助推城市文化建设

市政协坚持高质量建与常态化用相结合，务实用好"吉事广议"协商平台，彰显政协协商在基层治理中的作用，为城市文化建设添助力。

一是注重专题协商聚众智。市县政协把通过"吉事广议"协商平台收集并反映上来的有关文化建设方面问题，认真研判、筛选，适当纳入年度协商工作计划，组织开展专题协商议政，为城市文化建设建言献策。近年来，市政协先后开展做优吉安旅游文创产品推动文旅消费升级、推动红色文化与旅游产业深度融合、打造市中心城区赣江游精品线路、让市中心城区充分展现"吉安文脉"等专题协商，形成高质量调研成果供党政决策参考，许多意见建议转化为助推城市文化建设的具体措施。

二是密切联系群众齐众心。市县政协委员下沉委员工作室和社情民意信息联系点联系服务界别群众，广泛凝聚共识、反映社情民意、推动解决问题，积极组织参与公益活动，凝心聚智推进城市文化建设。加快文化资源数字化搭建庐陵文化数字博物馆、以文化软实力助推城市"出圈"、建设"口袋式"文化街区、加快市中心城区"城市书房"建设等一大批与城市文化建设相关的意见建议，得到市党政领导批示和有关部门采纳落实。

三是主动担当作为汇众力。市县政协委员紧跟党政决策部署，自觉融入城市文化建设，既积极参与政协协商建真言，又立足岗位履职尽责作贡献，汇聚城市文化建设"政协力量"，在历史文化街区改造、城市文化项目建设和各类文化活动中，听得见委员的好声音，看得见委员忙碌的身影。

三、建机制、促规范，保障赋能常态长效

市政协切实加强"吉事广议"协商平台制度化、规范化、程序化等功能建设。

一是健全协商运行机制。坚持务实管用，围绕"议什么、谁来议、怎么议、在哪议、议的成果"方面，持续完善协商选题、调研、组织、落实等运行机制，促进"吉事广议"平台协商更加科学、合理、有效。

二是健全成果转化机制。将"吉事广议"平台协商形成的意见建议作为重要协商成果之一，纳入市委办、市政府办、市政协办印发施行的《政协协商成果采纳落实反馈实施办法》，构建了协商成果形成、报送、交办、落实、督办、反馈、评价的完整工作闭环。

三是健全联系群众机制。先后制定《关于加强界别工作的实施办法》《关于完善委员联系界别群众制度机制的实施办法（试行）》《关于开展委员履职"服务为民"活动实施办法（试行）》，推动委员利用"吉事广议"协商平台融入界别群众之中，听取群众意见，反映群众呼声，发挥自身专长和优势，主动为城市文化建设出力。

四是健全工作考核机制。坚持针对不同对象进行考核，把建设"吉事广议"协商平台、推进政协协商向基层协商延伸工作纳入市对县（市、区）、县对乡镇（街道、园区）年度综合考核内容，县（市、区）政协将推进协商平台建设工作成效纳入对乡镇（街道、园区）政协工作联络组年度考核内容，市县政协将委员下沉平台履职情况列为委员年度履职考核内容，有效调动了各方面推进"吉事广议"协商平台建设的积极性、主动性，形成了齐抓共为的强大合力。

（发言人：肖吉雄，吉安市政协党组成员、秘书长）

为唱响"文化抚州 梦想之舟"贡献智慧力量

政协抚州市委员会

习近平总书记指出，"在五千多年中华文明深厚基础上开辟和发展中国特色社会主义，把马克思主义基本原理同中国具体实际、同中华优秀传统文化相结合是必由之路。"在习近平新时代中国特色社会主义思想指引下，近年来，抚州市政协立足实际，发挥政协独特优势，广泛凝聚共识、汇集多方力量，将城市文化建设融入政治协商、民主监督、参政议政各项职能中，创新拓展城市文化社会效应，高效推进中共党员委员工作站和"一委一特色""一县一品牌"持续走深走实，构建文化建设大平台，形成文化发展新格局，为唱响"文化抚州、梦想之舟"贡献智慧和力量。具体来说，主要开展了以下工作：

一、坚持"以文铸魂"，汇聚奋进力量

抚州市历史底蕴深厚，素有"才子之乡"美称，是临川文化的生成地，曾孕育出王安石、汤显祖等文化名人，汤显祖的"临川四梦"更是戏剧经典。抚州市政协深入学习贯彻习近平总书记重要讲话精神，深刻把握"两个结合"的重要意义，把坚定文化自信、助推"文化抚州、梦想之舟"建设与协商文化相结合，充分发挥中共党员委员工作站履职平台作用，更好担负起新的文化使命，用好用活"文史故事汇""微协商""文史驿站"等平台，邀请知名学者、文化人士授课，开展研讨交流，活化抚州文化精神基因，讲好抚州文化传承发展故事，进一步凝聚推进"文化抚州、梦想之舟"品牌建设的奋进力量。

二、坚持"以文润城"，助力融合发展

抚州市政协将文化协商融入日常，积极探索协商议政新形式、新载体，围绕全市中心大局、改革发展的重点难点、百姓关注的热点焦点，广泛征求意见和建议，尊重多元化利益诉求，求同存异、聚同化异、凝聚共识、推动工作。如，2023年以来，

以开展第二批主题教育为契机，以"大部队＋小分队""个人＋专业人士"等形式，深入全市最基层的乡镇（街道）、村委会（社区）等地方，围绕全市经济社会发展的焦点、堵点、难点及民生问题，开展广泛、多层、精细调研，形成了一批高质量的调研报告，得到了市委、市政府的高度肯定。再如，2024年结合"大抓落实年"活动部署，根据由市委办、市政府办、市政协办联合下发的年度协商计划安排，围绕时任市委书记点题交办的"倡导良性婚俗、弘扬时代新风"开展月度协商，并得到了社会各界的大力支持和广大政协委员的积极参与，现已经取得圆满成功。下一步，还将陆续围绕"加快无废城市建设，助力城市品质提升""发挥司法所职能作用，促进'法律明白人'品牌提升"等多个课题，开展专题调研和月度协商，为市委、市政府科学决策建言献策、献计出力。

三、坚持"以文聚力"，展现文化魅力

抚州市拥有丰富而珍贵的物质和非物质文化遗产资源，南丰傩舞、乐安傩舞、广昌孟戏、宜黄戏和抚州采茶戏更是被列为国家级"非物质文化遗产"。特别是"国家历史文化名城"这张金名片，为探索自身特点、传承需要与市场相结合的新道路注入了强劲动力。抚州市政协充分发挥《抚州文史》"鉴古知今、鉴往知来"的独特作用，深入挖掘红色、戏剧、书院、中医药、古村落、禅宗等文化资源，积极助推"文化抚州、梦想之舟"品牌建设。《抚州文史》自2007年创刊以来，征集、整理、出版了一大批具有地方特色的文史资料。2023年，在对《抚州文史》改版的基础上，采取1+N的方式进行编纂，即以金溪县浒湾镇、广昌县驿前镇、宜黄县棠阴镇、南城县上唐镇等4个古镇为主体，每个古镇后面带部分中国传统村落，从而进一步挖掘市历史文化名镇、历史文化名村和传统村落的历史文化内涵和当代价值。同时，为庆祝中华人民共和国和人民政协成立75周年，2024年9月，还举行全市政协系统助力唱响"文化抚州、梦想之舟"品牌故事汇展演活动，这是继2022年全市政协系统文艺会演、2023年全市政协系统文化艺术展后，抚州市政协挖掘抚州优秀传统文化精神内涵和时代价值，讲好抚州故事，凝聚发展合力的又一次尝试和探索。

（发言人：颜建平，抚州市政协党组成员、秘书长）

"赣事同心"："三级委员"齐努力　协商文化润心田

政协南昌市红谷滩区委员会

　　红谷滩区是 2020 年成立的全省最"年轻"的行政区，坐拥省市两级行政中心，是名副其实的"首善之区"。近年来，区政协认真学习贯彻中共二十大精神和习近平总书记关于加强和改进人民政协工作的重要思想，始终牢牢把握专门协商机构性质定位，以"自信、发奋、齐心"的精神姿态，全面加强基层协商平台建设，推动政协协商向基层延伸。截至目前，各镇、街道均设立履职服务站，成立镇、街道政协委员联络组，197 名政协委员在基层"全落地"。

一、三级联动，打造共同履职"新样板"

　　在省政协、市政协的关心支持下，区政协充分发挥省市两级行政中心的区位优势、省市区政协委员智力资源密集优势，基层政协协商议事"接地气"的优势，积极探索省、市、区三级政协委员共同协商履职服务的新路径，唱响做实"赣事同心"品牌。

　　一是共建共享，现有资源再利用。生米街道政协委员联络服务站地处省级、市级行政中心周边，区政协立足实际，创新打造省、市、区三级政协委员"赣事同心"工作室。2023 年 5 月，"赣事同心"工作室正式建成，室内建筑面积 400 平方米，设有专门的协商文化沙龙区、委员履职风采区和远程电子协商平台。

　　二是组团服务，三级政协齐发力。结合委员所属界别及专业特长，由省、市、区三级政协分别派出本级委员，以"组团"模式加入工作室。同时，将全部委员分配到生米街道 21 个居民小区，实现每名委员都有对应联系的居民区，通过一对一、一对多等方式，加大委员联系群众的力度。在涉及难点热点问题时，驻工作室的委员任务上共同承担，组织上一同参与，行动上一体推进，工作上相互配合，形成省、市、区政协三级一起努力、共同推进基层协商工作的新格局。

　　三是精选议题，协商形式多样化。在协商议题的选择方面，以"一个汇报""两个紧扣""三个对接"方式选题目、做文章。"一个汇报"：年度协商计划报省、市、区政协三级联席会议确定，全年协商"路线表"和"施工图"一目了然，清晰呈现。

2023 年以来，"赣事同心"工作室共开展 5 场专题协商和 15 场"红谷连心会·三有来协商"系列协商活动。"两个紧扣"：紧扣党政中心工作和人民群众的意愿研究确定协商议题。"三个对接"：选题前与党政职能部门对接，与各民主党派和界别对接，与政协委员对接。同时，注重协商形式的多样化，专题性协商、监督性协商、"红谷连心会·三有来协商"等多种方式充分运用。

二、挺膺担当，写好履职为民"新答卷"

支持鼓励各镇、街道政协工作联络组结合自身实际，广泛深入开展各类协商活动。

一是发挥优势，协商解民忧。以社区（村）"协商议事会"为载体，围绕与群众切身利益密切相关的议题，鼓励委员们发挥专业特长，积极提出建议和意见，发挥出"1+1>2"的作用，先后解决了红角洲街道站西花园社区楼道加装监控设备、九龙馨苑社区新能源车充电桩安装等一大批群众身边的"急难愁盼"事。

二是交心交流，协商顺民意。在收集协商议题时，驻九龙湖街道政协委员了解到红谷滩绿道系统一期工程在设计和施工方面存在一些瑕疵，周边群众对此意见较大。在市区两级政协的全力支持下，街道政协工作联络组组织区直相关部门、项目设计单位和居民代表等开展专题协商，共商共议，优化了设计方案，确保了工程项目的顺利实施。

三是紧盯焦点，协商暖民心。坐落于红谷滩区的南昌西站，约有 40% 的高铁乘客会转乘地铁。针对高铁到站旅客转乘地铁遇到的二次安检烦恼，省、市、区三级委员高度关注，反复与相关单位"面对面"协商，点对点沟通，成功推动南昌西站实施"双铁联运"安检改造，让出站的旅客们可以直接换乘地铁，以此为典型成功推出了一系列便民"硬核"举措，以协商的力度有力提升了"民生温度"。

三、创新实干，展现政协委员"新作为"

在协商过程中，注重发挥"赣事同心"工作室示范作用，大力推行"1+3+3+3"工作模式。

"1"，即：以党建为引领。确保全区各镇、街道政协工作联络组始终在党的领导下协调一致地开展工作。

第一个"3"，为规定动作。把提案办理、社情民意信息、信息宣传工作融为一体，通过调研找准改革难点、创新要点、突破重点，提供有针对性的建议，更好地为党委、政府科学决策服务。

第二个"3"，为自选动作。围绕党政所需、群众所盼、政协所能，开展重点调研、重点视察、重点协商，走出了一条"党委领导、政府支持、政协搭台、各方参与、服务群众"的基层协商民主创新实践之路。

第三个"3"，为创新动作。注重培育协商文化，大力支持委员进社区、进机关、进企业开展"三进"基层活动。进社区，以 141 个全区协商议事平台为载体，建立政协委员挂点联系村社机制。进机关，每年对两家区直（驻区）部门开展民主评议，评议结果报区委、区政府作为年度综合考核的重要依据，使政协的"软监督"达到促进工作的"硬效果"。进企业，鼓励委员与企业家多形式沟通交流，共同探讨解决企业发展中的难题，帮助企业解决操心事、烦心事、揪心事，为企业发展创造良好环境，切实为改革发展增添动力、激发活力。

（发言人：罗贤明，红谷滩区政协党组成员、副主席）

以"文化之力"彰显"政协之为"

政协景德镇市昌江区委员会

千年瓷都景德镇拥有深厚的陶瓷文化底蕴。深入学习贯彻习近平总书记考察江西，特别是亲临景德镇考察调研的重要讲话精神，将陶瓷文化融入人民政协协商工作，为把"千年瓷都"这张靓丽的名片擦得更亮贡献政协智慧和力量，形成具有独特魅力的人民政协协商文化，具有重要的现实意义和时代价值。

一、在把握陶瓷文化的"三个特征"中领悟陶瓷文化的力量

千年窑火铸就了景德镇"集天下名窑之大成、汇各地良工之精华"的独特历史文化现象。陶瓷文化的精神特征至少有三：

特征之一：求真务实，开拓创新。陶瓷是科技、艺术的精美结合。水、火、土的使用，各异的造型、不断改进的工艺，无不体现求真务实、开拓创新的精神。景德镇瓷业每一次飞跃发展，都伴随着创新与突破，正是因为有着求真务实、开拓创新的精神，使景德镇成为中国陶瓷生产与艺术中心。

特征之二：齐心协作，合群共生。景德镇生产陶瓷的各工序环环紧扣、相互依存，在群体性劳动中角色分明、相互协调，形成一套分工明确、操作规范、链接完整的产业化生产体系。这种分工协作的生产模式，堪称集体主义的合作典范，是促成景德镇陶瓷生产群体性、规模性和先进性的重要社会基础。

特征之三：兼收并蓄，包容开放。门户开放是景德镇瓷业历千年而不衰的重要原因。景瓷把龙窑、葫芦窑的特点与北方馒头窑的优点结合，创建了我国传统窑炉的典范镇窑。在陶瓷贸易上，明清时期就在全国各地开拓市场，并使陶瓷"行于九域，施及外洋"，形成"陶舍重重倚岸开，舟帆日日蔽江来"的壮观景象。

二、在将陶瓷文化融入人民政协协商工作中展现协商文化的"三大魅力"

将景德镇陶瓷文化融入人民政协协商工作，可以使政协委员、政协干部在陶瓷文

化中得到熏陶，使人民政协协商文化产生独特的魅力。

一是求真务实的魅力。政协要像一千多年来景德镇陶瓷人那样，把求真务实体现到各项工作中，聚焦党和国家中心任务履职尽责，积极主动地服务改革发展稳定大局，关注经济社会发展的重大问题和人民群众关心的热点难点问题，察实情、讲实话、办实事、出实招、求实效。

二是精益求精的魅力。作为专门协商机构，人民政协在政治协商的过程中要精益求精，在多次调研、反复协商之后，形成像景德镇陶瓷那样精美极致的高质量协商成果，为党委、政府科学决策提供有价值的参考。

三是包容和谐的魅力。人民政协作为最广泛的爱国统一战线组织，要弘扬景德镇陶瓷"匠从八方来，器成天下走""行于九域，施及外洋"的精神，使各种看法在政协内部得到充分表达，使各种利益诉求得到反映和关切，使各种智慧得到交汇和融合。

三、在激活陶瓷文化的"三个力量"中彰显政协之为

新时代的瓷都政协要把陶瓷文化与政协协商相结合，以陶瓷"文化之力"的强劲动能，彰显把"千年瓷都"这张靓丽的名片擦得更亮的"政协之为"。

一是激活陶瓷文化的求真创新力，在培育新质生产力的新动能上彰显政协之为。瓷都政协要聚焦培育新质生产力的新动能，深入大中小企业一线开展调查研究。着力引导全市全面贯彻"三新一高"理念，坚持数字经济和实体经济深度融合，加快产业数字化、智能化、绿色化步伐，推进产业基础高级化、产业链现代化，构建"陶瓷、航空、精细化工和医药"+文化旅游+其他优势产业的"3+1+X"特色产业体系，实现景德镇产业结构迈向中高端、产业平台大提升和产业实力大突破。

二是激活陶瓷文化的协作奋进力，在营造全域融合发展的新格局上彰显政协之为。瓷都政协要紧紧围绕"坚持以陶瓷产业为根本、以交通共联为基础、以设施共建为核心、以要素共享为保障，促进不同产业、不同区域之间的资源共享和优势互补，构建景德镇全域融合发展的新格局"建言议政。用好"赣事好商量·畅快办""赣事好商量·两区融合"基层协商议事平台，着力构建"跨党派、跨界别、跨市区"的协商议事格局，推动昌江区和高新区稳步实现"基础设施互联互通、产业发展协作协同、生态环保联建联治、改革开放共促共进、公共服务共建共享"。

三是激活陶瓷文化的开放和合力，在打造对外文化交流合作新平台上彰显政协之为。瓷都政协要激活陶瓷文化的开放和合力，围绕提升陶瓷文化的传播能力深入调研，推动全方位、宽领域、多融合地打造景德镇对外文化交流新平台。通过举办政协委员

国际陶瓷文化讲座，讲清楚、道明白中华陶瓷文明千年不衰的道理。以陶博城为新引擎实现陶瓷"买全球、卖全球"目标。鼓励支持政协陶瓷界艺术工作者，通过高水平的作品展览，释放景德镇既能"宣传出去"又能"吸引过来"、既能"跳出瓷都看世界"又能"敢叫世界看瓷都"的强大能量，彰显作为"国家文化交流客厅、国际文化交流名城"的无穷魅力。

（发言人：程步才，昌江区政协党组书记、主席）

共绘城市文化之美　助推文化强区建设

政协萍乡市湘东区委员会

　　湘东区是一个典型的工矿区，在城市文化建设方面有很大提升空间和发展潜力。近年来，在省、市政协的精心指导和中共湘东区委的正确领导下，湘东区政协深入学习贯彻习近平文化思想，充分发挥专门协商机构作用，着力在建言资政和凝聚共识上双向发力，在共商城市文化之美、助推文化强区建设上开展了一些工作、取得了一定实效。

一、广泛凝聚共识，当好文化铸魂践行者

　　一是坚持以党的创新理论凝心铸魂。落实第一议题和学习座谈制度，健全完善以政协党组理论学习中心组学习为引领、覆盖全体委员的学习制度体系，三个习近平新时代中国特色社会主义思想学习座谈小组开展经常性活动。

　　二是加强学习培训。开设"中共党史学习教育"主题读书群，分专题学习，激励委员将学习成果转化为为国履职、为民尽责的使命担当。常态化开展委员教育培训，注重强化文化艺术素质熏陶，延伸文化内涵，让委员们更加坚定文化自信。依托委员履职平台开设委员学习专栏，及时发布学习辅导资料，服务委员提升履职能力。

　　三是发挥文化聚人心、暖民心、强信心的重要作用。通过开展如大型节庆日庆祝活动、"世界读书日"活动、"委员大讲堂"活动等形式多样的文化活动，充分展现各党派团体、社会各界人士坚定不移跟党走的鲜明政治立场。健全委员联系界别群众制度机制，开展"三进一联系""送文化艺术下乡"等活动，引导委员立足岗位，发挥专长，引领广大群众积极参与城市文化建设，营造共治共管、共建共享的浓厚氛围。如：政协委员、湘东区牵手爱心志愿者协会会长文兰英发起"古老傩舞·牵手少年传承非遗文化行动"，组织300余名志愿者成立牵手爱心傩舞团，在乡镇小学设立傩舞传承基地5个，开展志愿活动200多场；政协委员、萍乡市"河小青"志愿活动发起人彭启萍引领1100余名志愿者开展"我是河小青，生态湘东行"志愿服务活动，共创河畅、水清、岸绿、景美的生态环境。

二、积极建言资政，当好文化发展推动者

一是注重大会发言质量。打通城市建设"最后一公里"大会发言，通过一届政协委员持续几年密集调研、反复发声，促成城市建设近 2 公里路段的"中梗阻"问题得到彻底解决，为湘东区"一河两岸"20 公里文化生态走廊建设、滨河新区发展奠定了坚实基础。"加快滨河新区文化建设""提升公共文化服务"等 6 篇文化方面大会发言得到区委、区政府主要领导批示，均转为重点提案进行督办，助推湘东区文化中心、龙舟文化公园、24 小时城市智慧书屋等一批文化项目建设。

二是注重精准选题。近年来，组织开展了"非遗文化进校园""红色文化传承与保护""文化与旅游深度融合"等 12 个议题专题调研、视察、民主监督等活动，为区委、区政府科学决策提供有益参考。如：关于"城市功能与品质提升"调研成果，问题找得准、建议提得实，获区委书记批示。通过助力乡村振兴，深挖整理湘东傩文化、红色文化资源，进一步擦亮"中国傩文化之乡"金字招牌，助推打造凯丰故居、刘型故居、老关株萍铁路红色展览馆等一批红色教育基地。

三是注重推动成果转化。加强与党政部门协调衔接，发挥政协协商式监督特色优势，用好委员视察、监督协商等形式，健全完善成果报送、办理、反馈等闭环机制，切实推动成果转化落实。如：围绕"文化与旅游深度融合"持续开展调研、视察活动，召开专题议政性常委会会议，提出提升幸福景区品位、做优做强江口村文旅品牌、打造哎马乐园、山猫王国乡村振兴样板等对策建议，为全省旅发大会在萍乡、在湘东的成功举办贡献了智慧力量，助推湘东区入选全国首批文化产业赋能乡村振兴试点。

三、发挥组织优势，当好文化建设参与者

一是加强"书香政协"建设，培育书香文化。不断扩充延伸活动阵地，创新活动载体，丰富活动方式，开展经典诵读、读书分享会等线上线下委员读书活动 50 余次。

二是搭建履职平台，推动履职下沉。推进"赣事好商量+"协商平台建设在湘东的实践，创建"有事'湘'商"协商品牌，先后搭建下埠镇、东桥镇、峡山口街等 11 个基层特色协商平台，打造了区政协文艺界委员工作站和夏云剑、丁顶天 2 个委员工作室，组织引导委员下沉一线参与基层协商活动、服务群众特色活动，开展"微协商""微建议"等活动 160 余场，送文化下乡活动 30 余场。

三是积极传播转化，提升影响力。深入挖掘整理湘东文史资源，先后编撰出版了《稻种》《诗画湘东》等文史资料，持续以文化人、以史育人、以情聚人，厚植"家国"情怀。

（发言人：黄彩国，湘东区政协党组书记、主席）

协商赋能共绘城市文化之美

政协赣州市章贡区委员会

城市文化是一座城市的灵魂和名片。一座赣州城，半部宋代史。近年来，章贡区政协深入学习贯彻习近平文化思想、习近平总书记关于加强和改进人民政协工作的重要思想，聚焦"走在前、勇争先、善作为"目标要求，立足江南宋城主城区、核心区定位，广泛凝聚共识、汇集各方力量，将城市文化建设融入各项职能中，以协商拓展城市文化效应，赋能城市文化发展，形成协商民主与城市文化互动融合、互为促进的良好工作局面。

一、传承城市特色"基因"，构建全新协商议政格局

"千年宋城、福寿章贡"。从唐朝末年卢光稠择址兴建虔州城，到明清时期官民共议修缮福寿沟；从明朝正德年间王阳明推行"南赣乡约"确定"乡约会"，到新时代全市上下纵深推进"赣事好商量+"基层协商议事室建设，赣州有着深厚的历史文化底蕴和久远的协商民主传承，为城市繁荣发展提供了肥沃土壤，也为推进新时代协商民主建设提出了更高要求。

区委全面加强对政协工作的领导，区委常委会坚持听取区政协党组专题汇报，坚持将政协协商成果转化落实情况列入全区重点督查事项；区党政领导带头出席区政协专题议政性常委会会议，研阅批示政协履职成果；区"两办"坚持认真研究政协履职成果，逐一分解任务、明确责任、督导推进，形成协商成果报送、批办、交办、督办、反馈工作闭环，让政协"软协商"成为落实"硬任务"，有效保证了政协政治有地位、建言有方向、出力有舞台。区政协牢牢把握专门协商机构职能定位，将协商民主贯穿履职全过程，创新形式组织政协委员在全会前夕开展集中视察，坚持召开协商民主对话会；先行先试开展"委员·书记面对面""委员·区长面对面"专题议政性常委会会议，逐步构建起以全体会议全面协商为龙头，常委会会议、主席会议专题协商为重点，专门委员会、界别对口协商，提案办理协商为常态的协商议政新格局。如 2023 年，围绕打造国家区域医疗中心和医药健康产业发展升级两

大课题，通过议政性常委会会议，与区委书记、区长和有关职能部门"面对面"协商，意见建议得到重视，区委、区政府督查室跟进督办，采纳转化情况在区政协常委会会议上作专项通报。这一做法得到省、市政协推介。

二、延续城市历史"文脉"，发挥专门协商机构作用

北宋时期，赣州成为全国三十六大城市之一。现存完整的宋代古城墙、古浮桥、福寿沟等众多历史遗迹是赣州辉煌的象征。让宋城文化在新时代焕发新的光彩，是每一个赣州人的职责和使命，也是章贡政协履职建言的重要切入点。

为此，区政协坚持每年确定一个宋城文化发展相关议题，综合运用专题调研、专项视察、专题民主监督等履职方式，持续为唱响"江南宋城、福寿章贡"文化品牌建有用之言、献可行之策。如，根据区委主要领导点题，区政协领导带队就"打造宋城文化品牌"课题开展调研，调研报告得到区委、区政府和市政府的高度重视，"强化市区联动、厘清发展定位、深掘历史资源"等建议被纳入市、区联动打造和发展宋城文化品牌的具体举措。2024 年 5 月底，区委主要领导再次点题，区政协就"宋城文化与旅游产业融合发展"课题开展蹲点调研，切实为宋城文化焕发生机、实现效益提出更多针对性的意见建议。与此同时，在区委的重视支持下，全面启动《虔城风华·章贡宋韵》文史编撰工作，发挥政协文史资料"存史、资政、团结、育人"重要作用，目前已完成 7 大章 22 篇目 20 余万字初稿，得到区党政主要领导肯定，有望于 2024 年 10 月之前出版发行。

三、共绘城市美好"愿景"，彰显政协履职为民新作为

习近平总书记指出：人民城市人民建，人民城市为人民。作为人民政协，就要顺应人民群众的期盼，让人民群众发表意见更方便，表达诉求更有序，不断增强人民群众的获得感、幸福感和安全感。

为此，区政协积极探索推进基层协商民主建设的务实举措，在镇（街道）、村（社区）、园区企业打造"赣事好商量·虔城协商"议事平台，把协商议事会议开到群众"家门口"，提高政协工作的开放度和群众参与度，让百姓走进政协。为让群众与委员常见面、问题建议常反映，基层协商成常态，各镇（街道）联络组纵深开展"委员之家"建设活动，将委员分成若干小组与社区（村）开展网格化结对联系，并设置"委员接待日"，公开委员姓名、照片、联系方式等个人信息，挂牌作战破除沟通壁垒，让委员更接地气，密切联系群众。为让协商建议事事有回音、件件抓到位，各联络组组长

发挥自身多重身份优势，邀请镇（街道）党政领导、区政协委员、党代表、人大代表和居民代表参与协商，汇集各方意见，助推协商成果转化运用，确保了各议事室常态化运行、特色化发展。如，针对二孩政策全面放开后首个小学一年级入学高峰现象，在水南街道召集各方代表，召开"章江新区义务教育均衡发展"基层协商会，既反映了基层群众的诉求困惑，又展现了职能部门的务实担当，有效增进了彼此的理解认同，真正让广大市民感觉到政协就在身边，委员离我们很近。

（发言人：杨忠万，章贡区政协党组书记、主席）

让协商文化之花在基层越开越艳

政协宜春市袁州区委员会

习近平总书记强调："在中国社会主义制度下，有事好商量，众人的事情由众人商量，找到全社会意愿和要求的最大公约数，是人民民主的真谛。"中国特色社会主义协商文化不仅是中华优秀传统文化不可或缺的一部分，也是发扬全过程人民民主的重要文化基础，是 75 年来人民政协履职实践的智慧结晶和文化形态。近年来，袁州区政协大力践行协商民主，倾力打造"赣事好商量 画好同心'袁'"基层协商议事品牌，协商解决了一大批群众关心、政协所能的"关键小事"，得到了党政肯定、群众点赞，为基层社会治理及经济发展赋能添力。

一、强化建章立制，保障协商文化之花在基层绽放

一是议题征集机制求"新"。开展好基层协商议事活动，关键要选准选对协商议题，要创新协商议题征集方式，主动深入群众问计于民、问需于民，把"冒热气""接地气"的意见建议收集上来。利用乡镇赶集、街道农（集）贸市场等人员密集场所，开展"欢迎您有事来商量"赶集征题活动，原则上每个乡镇（街道）每月至少开展 1 次赶集征题活动，群众通过扫一扫"社情民意'码商议'"二维码或者填写纸质登记表，就可以便捷反映涉及群众切身利益的问题和意见建议。截至目前，通过赶集征题活动已收集相关问题 87 条，已协商解决 62 条。

二是协商议事机制求"精"。明确协商程序和协商要求，科学精准选配协商主体，采用"选、调、配、吸"方式进行委员分组，让346名政协委员全部下沉到 33 个乡镇（街道、园区）协商议事平台。各活动组精心组织开展基层协商议事，在做好调研等前期准备工作基础上，采取"群众提问、委员建议、部门答复"等方式，现场协商解决实际问题。2023 年，袁州区政协开展基层协商议事活动 65 场，委员参与率达 80% 以上，解决实际问题 48 个。

三是成果转化机制求"通"。构建协商议事成果转化工作闭环，避免协商议事活动成为"半拉子工程"。2023 年，袁州区政协办联合"两办"印发《关于加强政协

社情民意办理工作的通知》，以"三办"的名义下发《转办单》，将协商议事活动形成的社情民意转办至相关单位，同时呈送区委、区政府分管领导。2023 年由"三办"联合转办区级社情民意信息 104 件，办结率达 100%。

二、聚焦共识共为，推动协商文化之花在基层开花结果

一是倾情增进民生福祉。紧紧围绕涉及人民群众关心的养老、医疗、教育等民生问题，开展基层协商议事，列入协商计划，努力通过建言献策、座谈协商，把实事办实、把好事办好，不断增进民生福祉。针对子女外出务工、老人独自在家问题，珠泉街道政协工作联络组对辖区全面摸底登记，与 9 名孤寡老人建立点对点联系服务，不定期上户进行走访慰问，切实解决养老就医难题。

二是倾心助力城乡建设。积极围绕和美乡村建设、集镇建设、道路交通等议题开展协商议事活动，委员们为老百姓议出了一条条公路、一排排路灯、一个个健身场所，让群众切身感受到政协离自己很近、委员就在身边。比如，金瑞镇政协工作联络组围绕"金西大道路面破损坑洼"等问题开展协商议事活动，全长 1.2 千米、造价 360 万元的金西大道铺设柏油路项目顺利完工；又如，南庙镇政协工作联络组围绕"白马村道路待修缮"问题开展协商议事，争取到项目资金，解决了出行烦心事。

三是倾力助推社会治理。充分发挥政协联系广泛、智力密集的制度优势，聚焦信访稳定等社会治理难点开展协商议事，集中研究探索社会治理新模式。比如，水江镇政协工作联络组围绕"乡贤+社会治理""成立爱心教育基金会"开展多次协商议事活动，吸引更多诸如字节跳动 CEO 梁汝波等水江籍乡贤投身家乡建设，协调解决矛盾纠纷。2023 年 5 月，成立全市首家乡镇爱心教育基金会，募集资金 269.28 万元，首批资助金额达 57.75 万元，受益师生达 205 人。

三、把握经验启示，让协商文化之花在基层持续飘香

一是必须坚持党的全面领导。袁州区委今年 3 月召开首次全区基层政协工作会议，大力支持成立 33 个乡镇（街道、园区）政协工作联络组，以及创建政协委员"赣事好商量　画好同心'袁'"基层协商议事平台，着力构建"党委领导、政府支持、政协主导、部门联动、多方参与、服务群众"的协商格局，为开展好基层协商议事活动把好政治方向、夯实坚实组织保障。

二是必须坚持以人民为中心。始终坚定"人民政协为人民"的根本政治立场，积极推动政协工作重心下移、委员力量下沉、协商触角下延，深入基层一线、街头巷尾、

田间地头，注重选择切入口小、针对性强、关注度高的问题作为协商议题，通过"小切口"来解决"大问题"和"大民生"，不断提高人民群众的获得感、幸福感、安全感。

三是必须坚持广泛凝聚共识。区政协基层协商议事活动认真执行"第一议题"制度，不断筑牢协商议事共同思想政治基础。主动协调解决群众矛盾纠纷，架起服务群众"连心桥"，让协商议事平台成为社情民意"直通车"、社会矛盾"减压阀"，持续为经济社会发展凝聚强大合力。

（发言人：钟文锋，袁州区政协党组成员、副主席）

书面发言

推进协商文化与南昌城市文化
相互融合促进的实践与探索

政协南昌市委员会

党的二十大报告提出，协商民主是实践"全过程人民民主的重要形式"，近年来，南昌市政协始终把发挥专门协商机构作用，作为促进民主科学决策的重要举措，在推进协商文化与"红色、绿色、古色、金色"的南昌城市文化相互融合、相互促进上进行有益探索。

一、选好协商文化主体与开展高质量调研相结合，发扬南昌"红色文化"

南昌是一片红色热土，是军旗升起的地方。南昌的革命文化厚重，红色资源富集，革命遗迹众多。充分调动南昌红土地上各方面人才的智识优势，是高质量开展协商的重要前提。

一是选好协商文化主体。协商文化对文化主体的资质提出了要求，必须具有认同并支持政治参与的协商意愿，拥有协商所需要的知识、技术、文化层次的协商能力。如何选配一支好的委员队伍，南昌市委常委会多次进行研究，打破往届主要从市内产生委员的惯例，吸纳了大量在昌院校、省属科研院所、省直单位、金融机构、医疗机构等方面高层次人才。委员中，硕士研究生学历以上占42.4%，45%拥有中高级以上专业技术职称。这样一支相对高素质的队伍，为政协履职提质增效奠定了良好基础。

二是发挥协商主体优势开展高质量调研。南昌市红色资源虽丰富，但随着经济社会的发展、人民群众文化需求不断提高，革命历史遗迹保护利用工作还存在不足。2023年市政协组织委员专门成立调研组，深入朱德军官教导团、贺龙指挥部旧址、八一起义纪念馆、新四军军部旧址陈列馆等革命场馆调研、座谈，多名政协委员从不同角度，为进一步传承红色基因、推进红色发展建诤言、献良策、出实招。

三是推动协商成果转化，进一步发扬南昌"红色文化"。委员结合调研和自身专业积极建言献策，如提出加强文化与旅游的深度融合，提供"+非遗""+文创""+特色展演""+沉浸式体验""+VR"等红色旅游新业态，通过增加游客的参与度和体验感，同时提升文旅知名度和影响力，实现经济效益和社会发展的良性循环。委员们的建议为党委政府提供了参考，截至 2023 年底，南昌红色旅游热潮不断升温，红色景区预订量实现大幅增长，南昌"红色旅游""红色乡村""红色景区"等成为用户搜索排名前几的关键词。

二、推动协商文化与中国传统文化相融合，传承南昌"古色文化"

习近平总书记在文化传承发展座谈会上指出："我们党开创的人民代表大会制度、政治协商制度，与中华文明的民本思想，天下共治理念，'共和'、'商量'的施政传统，'兼容并包、求同存异'的政治智慧都有深刻关联。"这就从文化根源上深刻揭示了我国政治协商制度与中华优秀传统文化的紧密关系。

协商文化起源于中国传统文化。一是"民本"观念孕育中国特色社会主义协商民主文化底蕴。中国共产党的智慧之举就是通过协商民主的形式来吸纳各界人士，凝聚各方力量，采纳各种意见和建议，最终使得每一项政策的出台和实施都更加民主化与科学化，以此来实现真正的人民当家作主。二是"共和"观念描绘中国特色社会主义协商民主文化底色。孔子在《论语》中曾说"礼之用，和为贵"。中国特色社会主义协商民主制度正是吸取了传统文化中的"共和"思想的精华，将中国共产党和各界人士紧紧地团结起来，发挥了社会主义集中力量能办大事的优势。三是"中庸"思想塑造中国协商民主文化基因。中国特色社会主义协商民主深受"中庸"思想影响，中国共产党领导的多党合作和政治协商制度就是采取中和的机制来消解各方矛盾和利益需求，"中庸"思想完美地体现在了决策之前和决策过程之中。

协商文化反哺中国传统文化。南昌是国家历史文化名城，具有 2200 多年的历史，人文底蕴深厚，历史遗迹众多，文物资源丰富。近年来，在城乡建设特别是旧城改造、城市更新中，如何用好历史文化资源，既努力做到守住城市根脉、传承历史文脉，又使其融入城市生产生活，围绕这一问题市政协成立多个调研组，先后深入南昌汉代海昏侯国遗址公园、万寿宫历史文化街区、中国工艺美术大师博物馆等，对历史文化资源遗址、纪念场馆等进行实地考察，并通过多形式调研提出了具有操作性的意见建议。其中，提出的"出台扶持博物馆事业发展的相关政策办法，打造主体多元、结构优化、富有活力的博物馆体系"建议得到党委政府高度重视。2023 年，南昌出台《南昌市非国有博物馆扶持办法》，进一步激活城市传统文化资源，为城市文明进程增辉添彩。

三、营造协商文化氛围与打造特色协商品牌相联合，发展南昌"绿色文化"

近年来，市政协将城市生态环境建设作为协商重点，先后召开"彰显山水特色，建设生态都市""推进绿道建设，打造宜居宜业宜游的生态都市"专题协商会，效果显著。在此基础上进一步探索打造协商特色品牌，依托"赣事好商量"拓宽基层各类群体有序参与基层治理渠道，在南昌城市人居环境和生态保护上建言献策，更好地把人民政协制度优势转化为国家治理效能。

一是健全制度化协商平台。按照省政协关于"以'赣事好商量'品牌赋能各地政协协商工作，打造江西政协整体形象"的要求，以"赣事好商量·'三有'在洪城"的形式和工作品牌标识，巩固拓展原有"三有"协商议事平台。通过制度化设计，巩固扩大政协和基层双向融合、双向服务的互促共赢格局，集聚多方合力巩固深化协商工作实效。

二是着力打造基层特色协商工作品牌。推广"幸福圆桌会""有事来说"等基层治理品牌，拓宽基层各类群体有序参与基层治理渠道，积极探索创新更多富有界别特点、地域特色的协商履职载体。例如南昌县大沙村在农村人居环境整治过程中嵌入"三有"协商议事程序，先后组织开展"破旧农房拆除矛盾调解""污水管网改造管理"等协商议事会，邀请党员代表、政协委员、村民代表、施工代表等共同协商，营造"有事好商量"氛围，汇聚为民办实事合力，为农村人居环境整治赋能增效。

三是畅通政协委员参与协商议事渠道。鼓励市、县（区）政协委员依托政协协商平台就地就近参与协商活动、开展群众工作，支持政协委员有序参与基层协商。以"不建机构建机制""工作延伸、委员下沉"等形式，用好政协委员工作室、政协委员活动之家、社情民意信息联系点等资源，搭建更多常态化制度化的协商平台和载体，畅通政协委员参与协商的渠道。

四、发展协商文化与建立协商工作机制相结合，铸造南昌"金色文化"

近年来，南昌坚持以习近平总书记考察江西重要讲话精神为引领，发挥作为唯一一个与长三角、珠三角以及海西经济区相毗邻的省会城市优势，全面落实省会引领战略，深入推进"一枢纽四中心"建设，经济社会发展"含金量"十足。南昌市政协把服务助推南昌经济社会高质量发展、不断提高城市发展"含金量"作为主攻重点，创新搭建"洪城协商·委员市长面对面"工作机制。2023 年，进一步修改完善了 6

项工作机制，在制度创新方面，重点突出三个方面：

一是创新选题机制。紧紧围绕市委、市政府中心工作精准选题，聚焦党政所谋、发展所需、群众所盼的大事要事，通过党政领导点题，政协各参加单位、各级各部门征题，政协委员荐题，政协专委会报题等多种形式相结合，遴选确定议题。二是创新反馈和督办机制。市政协办公室会同有关专门委员会落实督查督办责任，根据市党政领导阅批意见，及时向有关部门发送督办提醒函，了解掌握协商成果采纳、落实情况，压实部门办理责任。切实在发现问题、解决问题上下功夫，并在一定范围内通报督查督办结果，提高落实实效。三是创新评价机制。将有关部门成果转化运用情况纳入全市综合考核，作为市政协对部门、县（区）、开发区、湾里管理局"加强党委对政协工作的领导"考评的重要依据。将委员提交建议等纳入委员履职考核办法，每年开展"洪城协商"金点子评选。制作播出"洪城协商·委员市长面对面"协商成果专题电视片，传播协商共识，取得较好成效。

南昌自 2022 年搭建协商平台"洪城协商·委员市长面对面"工作机制以来，已召开协商会 13 场。会上，政协委员们为南昌市委、市政府建言献策上百条，为南昌城市经济社会高质量发展贡献政协智慧和力量。

（执笔人：徐　峰）

瓷都老厂区厂房更新改造利用的文化启示

政协景德镇市委员会

城市文化建设是一个复杂而重要的过程，它涉及城市居民的精神追求、文化传承、公共设施建设等多个方面，是一个长期而复杂的过程，需要政府、社会、居民共同努力。简而言之，需要通过制定规划、加强保护、创新发展、完善设施、营造氛围等多方面的措施，才能推动城市文化的繁荣和发展。景德镇作为一座具有悠久历史和独特陶瓷文化的城市，其城市文化建设具有独特的魅力和挑战。

近年来，景德镇市深入学习贯彻习近平文化思想和习近平总书记考察江西重要讲话精神，从坚定文化自信的高度，全面加强城市文化挖掘整理与保护传承，努力使各具特色的城市文化活起来、传下去。为助力市委、市政府做大做强这篇文章，景德镇市政协把城市文化建设作为近年来重点视察调研的课题，先后多次组织政协委员和相关职能部门负责同志就城市文化建设工作进行专题调研，并形成《关于发展旅游产业，打造旅游名城的调研报告》《加快旅游集散体系建设，助力夜经济高质量发展》《构建全域融合发展，推动打造半小时经济圈》《全力推进景德镇御窑遗址申遗工作，助力国家试验区建设》等一系列推动城市文化建设的调研文章，为市委、市政府科学决策献计出力。下面，就以老厂区老厂房更新改造利用为例，浅谈景德镇市政协在助力城市文化建设中获得的一些启示。

2019年，住房城乡建设部复函同意景德镇市开展老厂区老厂房更新改造国家试点工作。几年来，景德镇市以国家陶瓷文化传承创新试验区建设为抓手，统筹推进老厂区老厂房更新改造利用试点工作，成立了工作领导小组，制定了工作实施方案，建立了综合调度机制，强化了资金保障，积极创新、多措并举，着力保护和利用好不可再生的历史文化遗产，有序推动城市更新和高质量发展，努力走出一条老工业城市转型发展新路径。目前，各项试点工作任务均已圆满完成。

启示一，加强顶层谋划，健全工作机制

一是形成一套机制。成立老厂区老厂房更新改造利用试点工作领导小组，由市长

任组长，分管副市长任副组长，市直 20 余个部门、相关区政府及市直国企组成成员单位，实行领导小组例会制，坚持每月定期召开一次调度会，对各项目实行点对点调度，集中协调解决项目推进中的重点难点问题。二是厘清权属权责。明晰行政归属及经营管理单位界限，有效盘活国有老厂区老厂房闲置资产。如陶阳里历史街区以政府和社会资本合作（PPP）模式投资建设运营，健全利益共享及风险共担机制，保障建设运营资金来源。三是坚持"两问结合"。"一问"专家，委托专业技术团队，组织成立专家智库，从技术上保证工作稳步推进，确保项目的科学性；"二问"群众，坚持以人为本，广泛征求意见建议，坚持将人民群众意愿与实际项目推进相结合，增强人民群众的获得感和幸福感。

启示二，加强科学统筹，有序推进试点

一是合理选择试点范围。结合当地实际，在景德镇老城区 14 个国有瓷厂及其周边服务配套区域选取重点老厂区、老厂房，分期分批逐步更新改造，改造范围总占地面积约 2760 亩，改造总建筑面积约 260 万平方米。二是科学确定时间进度。第一阶段，一年出成效，搭建试点工作服务平台，确定试点工作开展方向，初步完成重点项目设计方案，有序推进重点项目实施。第二阶段，两年树标杆，持续完善制度配套和管理方法，探索技术标准和规范创新，建立专家跟踪评估机制和项目监察机制，分期分享项目成果和实施经验。

启示三，创新工作举措，攻克难点堵点

一是创新组织模式。明确与优化老厂区老厂房更新改造实施流程，区分整治类、改建类、拆建类三类更新模式，分别制定整体改造实施流程，明确项目权利主体、实施主体、监管审批主体等多方主体职责。成功试行建设项目"全过程咨询+知名设计师参与+工程总包"机制，由项目实施单位委托 1—2 家具有一定技术实力的服务协调单位，以服务协调单位为纽带，建立技术服务平台，实行技术服务平台承担"规划—建设—运营"全过程咨询模式，结合工程总包机制，推进重点项目的高效落实。二是创新审批模式。结合行政审批制度改革要求，优化老厂区老厂房更新改造利用项目立项、土地审批、规划许可、施工许可、竣工验收、不动产登记等环节审批手续，简化办事程序，开辟绿色通道，探索联审、联验制度。制定《景德镇老城区老厂区消防设计指引》《景德镇陶阳里建国瓷厂及御窑厂片区建筑消防设计指引》等 10 余份文件，为项目审批管理提供有效支撑。三是创新技术工艺。在确保质量安全的前提下，采用一系列新技术新工艺。如陶溪川东侧配套项目采用红砖装饰外墙施工，通过多样化砌

筑方式，提升建筑与周边环境匹配度；采用三层夹角玻璃幕墙系统，减少室内噪音，提升建筑物保温节能性能。艺术瓷厂项目采用碳纤维等多样化加固手段对废弃房屋进行加固改造，既节能环保，又有效提升房屋安全性。

启示四，坚持项目运营，打造精品亮点

一是设计引领。建立清晰明确的设计方法体系，在老厂区与城市发展协同、塑造公共空间、功能提升优化、改善交通与景观风貌等方面提出了系统性的指导方法。梳理老厂区老厂房改造设计与上位、相关规划控制内容的传导逻辑，提高老厂区老厂房规划设计的可实施性。二是精品打造。根据各改造片区地域位置、区位优势，分地块聘请国内外优秀设计团队，进行一对一设计，既还原陶瓷元素本色，又彰显各自特色。如在雕塑瓷厂、景陶片区等陶瓷产业聚集区，重点打造陶瓷商业业态。陶阳里历史街区重点打造陶瓷博物馆、体验馆等形式的陶瓷科研展示业态。陶溪川重点打造集陶瓷、旅游、音乐、歌剧、住宿为一体的"混合业态"。三是科学运营。陶溪川一期采用混编专业团队和业主团队联合运营模式，克服完全外包式运营公益效益不足和业主自行运营缺乏效率的弊端，取得良好成效。如陶溪川一期"邑空间"项目，为近6000名"景漂"创业青年提供实体空间，充分满足年轻人教育培训、创业就业、日常服务、定居生活的长期需求。

启示五，协调城市空间，展现瓷都特质

一方面，针对老厂区老厂房的规划设计方法缺乏体系统筹与指引、忽视老厂区老厂房与城市发展和城市文脉的关系、与城市现行规划控制内容存在部分冲突等问题，建立与城市协同发展总体框架、注重规划传导、重塑公共导向空间、筛选具有产业弹性的新功能、构建人本位优先的交通系统，完善优化规划设计方法论。另一方面，针对老厂房建筑修缮改造、景观风貌提升中出现的修复程度不明、设计语汇失序等问题，采取控制修复创新尺度、弱化结构加固影响、保留墙身屋面体系、统筹地下空间利用、利用保留的历史遗存、转译生产与生活、重塑空间历史情景、引导废弃设备利用等设计原则与具体方法。

虽然景德镇老厂区老厂房更新改造利用取得了一定的成绩，但这是一个长期课题，需要各方协同配合，以点扩面、纵深推进，加大保护力度，通过设计引领、深度挖掘、统筹提升，提高老厂区老厂房资产运营能力。同时，在现有的组织实施、规划设计、审批管理、适宜技术标准、工艺创新等经验基础上，加强宣传推广，为建设景德镇国家陶瓷文化传承创新试验区走出一条新路径，力争为全国各地有效盘活老厂区老厂房资源提供景德镇参考。

（执笔人：郭　奇）

打造"书香政协"品牌　助力城市文化建设

政协萍乡市委员会

习近平总书记高度重视新时代文化建设，提出了一系列新思想新观点新论断，形成了具有里程碑意义的习近平文化思想。萍乡市政协深入贯彻落实习近平文化思想，立足政治协商、民主监督、参政议政职能，坚持建言资政和凝聚共识双向发力，着力打造"书香政协"品牌，引导政协委员和机关干部在书香浸润中强思想、增本领、促履职、聚共识，助力城市文化建设。

一、加强思想引领，在书香中永葆政治坚定

政协机关是政治机关，讲政治始终是第一位的要求。萍乡市政协认真落实"第一议题"制度，坚持把学习习近平新时代中国特色社会主义思想，尤其是习近平文化思想等党的最新创新理论，作为党组会议、常委会会议、主席会议、机关党组会议的"第一议题"，领导干部带头学原文、读原著、悟原理，筑牢信仰之基、补足精神之钙、把稳思想之舵。搭建多层级学习平台，建立健全系统性、灵活性、常态化的学习机制，形成以党组理论学习中心组学习为主导，以党课讲授、专家辅导、委员读书会为主体，以常委会述职、委员沙龙、委员之家等为拓展的立体化学习矩阵，实现从党内到党外、常委到委员、委员到界别群众的读书格局。通过系统化常态化读书学习，引导广大政协委员、机关干部职工深刻领悟"两个确立"的决定性意义，进而引领界别群众不断提高增强"四个意识"、坚定"四个自信"、做到"两个维护"的政治自觉、思想自觉、行动自觉。换届以来，开展各类读书学习活动近百次，参与活动的委员、机关干部职工和界别群众超过 4000 人次。

二、做好融合文章，在书香中促进履职尽责

习近平总书记对全国政协开展委员读书活动作出重要指示，要求全国政协"组织广大政协委员多读书、读好书、善读书，努力提高思想水平和能力素质"。政协委员

通过读书学习增长知识、增加智慧、增强本领，提高建言资政水平和凝聚共识能力，更好服务党和国家中心工作。萍乡市政协将"读书＋履职"深度融合、相互贯通，指导委员"为建言资政而读书、在建言资政中读书"，用书香厚植履职根基，积极为城市文化建设献计出力。提出"站位要高、选题要准、情怀要真、准备要足、视野要宽、调研要深、协商要广、功底要厚、措施要实、转化要好"的调研十要素，按照"不学习不调研，不调研不协商"的原则，结合年度重点协商议题，经常性邀请专家学者举办培训讲座，组织开展针对性的读书研讨活动，深化对有关重大问题的认识，开拓协商议政思路，使书香变成资政的"金句子"，化为创新的"金点子"，打造履职的"金钥匙"。换届以来，向省政协提交了《整合三地资源，唱响大武功山旅游品牌》调研报告，为唱响大武功山品牌提供了萍乡方案；以《湘赣边区域合作是革命老区高质量发展的新途径》《跑出江西种业振兴加速度》等为题在省政协全会上作口头发言；受邀参加长株潭政协主席联席会议，市政协主席聂晓葵在会上作交流发言，宣传推介萍乡，呼吁加强两地红色资源挖掘和红色文化研究，并与湘潭市政协签署了文史工作合作框架协议；向市委、市政府提交《深入推进我市中心城区城市功能与品质提升的建议案》《推动文化产业赋能乡村振兴建议案》《且以诗意共远方　谱写融合新篇章——关于推动萍乡文旅深度融合助力全域旅游发展的调研报告》等近20篇高"言值"转化好的协商成果，得到省、市领导的亲笔指示和充分肯定，在围绕中心、服务大局，助推转型升级高质量发展中发挥出政协不可替代的作用。

三、坚持守正创新，在书香中激发潜能活力

读书学习是人民政协的优良传统，"书香政协"建设是弘扬这一优良传统、赋予新时代内涵的具体体现，是政协事业发展的强大助推器。萍乡市政协创新"书香政协"建设内容、形式和平台，充分发挥专委会基础作用、委员主体作用、界别优势作用，培育书香文化、打造书香品牌、引领书香热潮、营造书香氛围，以守正创新为萍乡城市文化建设赋能。拓展"书香政协"建设内容，将文史资料征编作为"书香政协"建设品牌打造的重要内容，发挥政协文史"存史、资政、团结、育人"的社会功能，以庆祝新中国和人民政协成立75周年为主题开展文史资料征编工作；全力推进"知青岁月""萍乡历代名人"等征编工作；组织专业力量，对萍乡工业文化进行抢救性挖掘整理，精心编撰出版了《近代工业在萍乡》，彰显了萍乡深厚的工业文化底蕴和独特的城市精神力量。丰富"书香政协"建设形式，在广大政协委员中开展履职践诺"七个一"活动，以开展一次理论宣讲、参加一次履职培训、撰写一篇调研报告、讲好一个履职故事和践一诺、献一策、提一案为主线，力促委

员写好履职"作业"。先后以"吟诵红色经典·铸魂书香政协"和"读萍乡　品萍乡　爱萍乡"为主题，连续两年成功举办了"4·23"世界读书日活动，各民主党派市委会、市工商联、各县（区）政协积极参与，广大政协委员和界别群众一起颂经典、忆峥嵘、聚共识、话团结，在活动中感悟思想伟力，在学习中厚植家国情怀，增强了"书香政协"的影响力、感召力和吸引力。打造"书香政协"建设平台，依托"智慧政协"建设，创新打造"'赣'事好商量'萍'常会参谋"协商平台、"委员之家"界别联系平台、"书香政协"读书平台，让读书交流时时在线、议政建言永不断线，为委员不受时空限制履职创造条件。

（执笔人：卢政武）

为城市文化建设贡献智慧力量

政 协 宜 春 市 委 员 会

宜春市政协深入学习贯彻习近平文化思想和习近平总书记考察江西重要讲话精神，立足专门协商机构性质定位，结合宜春城市文化特点，聚焦月亮文化、温泉文化、禅宗文化、红色文化认真开展协商调研，提出了一系列具有针对性和操作性的意见建议，为推动城市文化建设贡献智慧力量。

一、深耕月亮文化，加深月亮文化情感共鸣

从 2007 年至 2023 年，宜春市已举办 17 届月亮文化节，经过 10 多年的深耕细作，进一步深化了拜月习俗、挖掘了爱情故事、丰富了月亮景点，月亮文化已深入人心，2022 年、2023 年，明月山成为《人民日报》"超级月亮"直播地之一，2016 年、2017 年被央视评为"最美赏月地"，月亮文化已成为宜春城市文化的重要标志之一。2023 年 6 月，市政协组织住宜省政协委员、市政协委员围绕"打造特色鲜明的地域文化 IP，推进明月山文旅融合发展"主题，开展视察活动。委员们认为，目前，宜春月亮文化的情感载体还不丰富，缺少让人眼前一亮的内涵和场景，承载月亮文化的赏月地、情景剧、文创产品等有欠缺，游客对明月山月亮的情感寄托还不强烈。因此提出，做足"最美赏月地"这篇文章，建设赏月台、丰富夜生活、开发"月亮女神"文创产品，推动以"愿携嫦娥故乡行"为主题的探月工程科技馆落户，推出"寻月"之旅、"追忆"之旅，让游客感受传统文化的魅力，加深对月亮文化的情感共鸣，增强爱情表达亮点，设立"举手近月"和"双向奔赴"打卡点等 11 条参考价值较高的建议。该视察报告获市委主要领导高度肯定，并被相关部门充分吸纳为工作思路和举措。近年来，市政协聚焦月亮文化建设，深入协商调研、积极建言献策，向市委、市政府提交了《培育文旅融合新业态　激发文旅消费新活力》建议案、《关于进一步弘扬月亮文化的调研报告》等，委员们撰写了《让文旅烟花为"月亮之都"增辉》《关于丰富月亮文化节，火热宜春经济的建议》等提案和社情民意信息，提出具体困难和问题，给出务实对策和建议，为推动月亮文化的承载体不断丰富、月亮文化美誉度不

断提升贡献了力量。

二、厚植温泉文化，提升富硒温泉珍稀价值

温汤温泉是国内外罕见的富硒（硒 0.015 毫克／升）高品质多用途温泉，有"华夏第一硒泉"的美誉。富硒温泉是康养度假所依赖的重要资源，其含有 27 种对人体有益的纯天然矿物质及微量元素，可饮可浴，对风湿病、关节炎、心脑血管等慢性疾病有缓解效果，温泉文化是宜春城市文化的重要一环。但目前，对富硒温泉的深层次开发利用还有欠缺，抗衰养生、医学美容、保健食品、康复疗养等延伸产业发展不足。在 2023 年 6 月省市政协委员围绕"打造特色鲜明的地域文化 IP，推进明月山文旅融合发展"开展视察活动时，委员们高度关注富硒温泉的开发利用问题，精准提出富硒温泉的珍稀价值还未得到充分利用，在大量调研的基础上提出提升"泉以硒为贵"的康养附加值、推出"躺平"的硒式生活方式、拍摄并宣传新温汤人群体的"温汤生活"等建议获得采纳，为温泉文化与养生、与解压相结合，提供了发展路径参考。市政协还围绕"加强明月山温泉资源的合理开发与利用"专题开展协商议政，从供需矛盾、资源污染、利用层次三个方面，详细分析了存在的主要困难和问题，从强化科学规划引领、推行梯级开发利用、全力做足养生文章、大力加强资源保护、创新推介宣传形式五个方面，提出了 13 条建议，为促进明月山温泉资源合理开发利用，提升温泉利用效益，提供了决策参考。

三、传承禅宗文化，促进社会发展和谐稳定

宜春是禅宗圣地，在禅宗的演变发展史上有着独特的地位，禅宗文化资源丰富、底蕴深厚，禅宗文化已成为宜春一张响亮的城市名片。市政协认真贯彻落实习近平总书记关于宗教工作的重要论述，积极发挥专门协商机构自身优势，建言献策、广泛协商、重点监督，推动禅宗文化在传承和弘扬中华优秀传统文化、促进社会和谐中发挥积极作用。市政协组织宗教界别委员围绕"宗教场所文物保护管理和利用"等主题，积极开展协商建言，推动了宗教场所文物保护工作，在实现宗教中国化道路上发挥了积极作用。围绕"打造宜春禅宗文化品牌"等课题，积极开展专题协商，推动禅宗文化与全域旅游结合起来，带动民宿、餐饮、购物等第三产业大发展。组织专家学者和宗教界委员加大对禅宗文化的研究力度，推动出版《宜春禅宗史话》《宜春禅宗志》等，整理编撰了《禅宗圣地——宜春》《禅林楹联资料选》等一系列禅宗文化宣传产品和风光片，设立了中国社会科学院世界宗教研究所禅宗祖庭文化研究基地，举办了

中国宜春禅宗祖庭文化高峰论坛，展现了宜春无与伦比的禅宗文化魅力，在省内外及社会各界产生了重要影响。举办"宝峰讲坛"，邀请全国著名专家学者，定期开展专题讲座。举办道德经文化及应用博士学术论坛，贯彻落实习近平总书记关于推动中华优秀传统文化创造性转化、创新性发展和"坚持我国宗教中国化方向"重要论述，对哲学经典中符合社会和谐、时代进步的内容进行新思考新理解新阐释。

四、挖掘红色文化资源，加强红色文化资政育人

红色资源是我们党艰辛而辉煌奋斗历程的见证，是最宝贵的精神财富。宜春是红色革命的重要发源地，秋收起义在铜鼓首次打出了工农革命军的旗号，万载湘鄂赣革命根据地是土地革命时期全国十三块革命根据地之一，袁州会议是我们党和军队战略思想转变的重要会议，宜丰黄沙大捷是反"围剿"时期我军以少胜多的经典战例，红色文化铸就了宜春城市文化的鲜明底色。宜春市政协先后围绕"挖掘红色文化资源　传承宜春红色基因"专题开展协商调研，针对《关于加强宜春红色资源保护和宣传的建议》开展重点提案督办，委员们反映《关于加强红色文旅融合推动红色基因传承》等社情民意信息，积极建言利用好红色资源，推动开展了"讲述好故事，闪耀正能量""红色文化进宗教场所"等主题活动。市政协积极推进红色文化资源搜集、整理、研究和红色文化作品的创作，推动出版《宜春革命遗址通览》《回望峥嵘读初心——发生在宜春红土地上的经典革命故事》《宜春抗战史话》；袁州区水江乡出版了《水江红色故事》《永远的丰碑》《红色记忆——水江苏区革命斗争史话》三本红色书籍，制作了以水江籍革命烈士黄开泰为原型的电视剧《三陀古传奇》。依托各地红色遗址、纪念馆、陈列馆，努力推动红色资源转化为党员干部理想信念教育资源和青少年爱国主义教育资源，使红色遗址和红色场馆成为全市的爱国主义教育基地和精神文明建设阵地，有效发挥了红色文化资政育人的作用。

（执笔人：袁　钰）

以高质量协商为城市文化建设赋能

政协南昌市东湖区委员会

习近平总书记指出，"文化是城市的灵魂。城市历史文化遗存是前人智慧的积淀，是城市内涵、品质、特色的重要标志。" 2023 年文旅消费强势复苏，从"淄博烧烤"到"哈尔滨冰雪""甘肃麻辣烫"，"地名＋爆款级现象"的背后折射出城市发展酝酿出来的独具特色的文化魅力在推动地区经济发展中具有重要作用。去年"滕王阁""万寿宫""大士院""铛铛车""八一广场升旗""音乐节"等词汇刷屏各路社交平台，让南昌频频登上网络热搜，一跃晋升网红城市 TOP10 行列。2023 年国庆期间，东湖区重磅推出的具有南昌文化属性 IP、全新原创音乐节品牌——南昌星驰音乐节，国庆连续 3 天吸引近 6 万人次参加（其中外省人数过半），全网话题量 4.95 亿+。要发挥政协作为专门协商机构优势，以高质量协商促进城市文化建设。

一、发挥调查研究优势，倾力文化设施建设释放城市文化魅力

东湖区作为南昌历史文化名区，有着丰富的历史文化资源和深厚的底蕴，拥有八一起义"一馆五址"中的四址，全市唯一的 5A 级景区滕王阁，千年古刹佑民寺以及辖区大大小小各类红色、绿色、古色等景点 30 余处，历史文化建筑 97 处 110 栋，国家省市非遗项目 26 个。区政协一直致力于组织政协委员参与全区文化活动建设当中，比如，充分发掘"孺子书房"、南昌红色记忆展示馆、梁书美术馆、东湖意书房、湖畔美书阁等公共场馆的文化功能定位，组织政协委员开展"全民悦读·书香政协"走读活动，通过把委员读书活动与政治协商、参政议政紧密结合，更好地推动委员学习所得转化为建言资政成果。这既是东湖"书香政协"品牌的彰显，又是东湖城市文化建设的生动实践。同时，组织政协委员深入文化源地开展调查研究，先后提交了《关于把扬子洲农民运动纪念碑建成扬子洲片区爱国主义教育基地的建议》《关于打造历史文化街区的调研报告》等多篇调研报告，为区委、区政府决策提供科学有力依据。

今年以来，随着滕王阁北园免费开放，八一桥头"白猫""黑猫"打卡平台的开辟，烟火大士院、百年嘉宾楼全新亮相，一批高起点规划、高品质配套、高水平运营的文

化打卡点位应运而生，实现景区"还江于民、还岸于民、还景于民"。同时，东湖区积极推动国家级非遗项目"南昌清音"巡演活动，多次参演文化和旅游部、中央文明办"春雨工程"边疆巡演、红色文化演出、文化进万家系列主题文化志愿服务巡回演出等公共文化活动，让城市文化绽放绚烂光彩、独特魅力。

二、发挥建言资政优势，助力文化产业发展焕发城市经济活力

文化是经济发展的"助推器"。近年来，东湖区创新引入或培育"文化+"企业，紧扣"夜游、夜演、夜宴、夜购、夜娱、夜宿"六大业态，将区域文化故事与地域特色进行提炼，培育了夜东湖·蛤蟆街、南昌蓝海夜食代等一批夜间经济消费街区；开发了寻梦·滕王阁、ARVR 数字艺术互动等一批有独特 IP 价值的夜间消费项目，形成夜间文旅消费的独特性、差异化卖点。滕王阁江右文化数字体验馆获全国 2023 年文化和旅游数字化创新示范优秀案例，是江西省唯一入选的发展数字化文化消费新场景优秀案例。目前东湖区有江西省文化产业示范基地 4 家、南昌市文化产业示范基地 5 家、江西省文化产业园区 1 家、南昌市文化产业园区 2 家，有江西省服务业龙头企业 1 家、江西省省级现代服务业集聚区 5 家、江西省版权示范单位、示范（园区）基地 1 家，文化产业规模优势和集聚效应已经显现，形成了一批高质量的文化产业集聚区。

区政协始终坚持与区委、区政府的重点工作同频共振，发挥建言资政优势，重点聚焦新兴文化业态和文化产业发展趋势，区政协各专委会、各民主党派和人民团体认真撰写了《把南昌传统美食文化植入我区文化旅游圈实现商旅文融合发展》《关于开展东湖研学"打卡"项目，促进文创旅游产业发展的建议》等报告，提出了推动文化产业发展、文商旅融合发展等一系列具有针对性的意见和建议。

三、发挥协商民主优势，致力文化品牌宣传提升城市文化形象

东湖区立足历史文化保护传承创新和城市更新，以文化空间、交通空间、生态空间三类更新为重点，探索城市老旧小区改造、核心区街区更新、老旧工业厂房改造、传统商圈改造与全域旅游相结合的有机更新路径，更新打造百花洲文旅街区、胜利路步行街、樟树林文化生活公园、东湖意库、大士院美食街区等一批文旅、商业、街区共生共荣的共享社区，形成可持续更新模式，不断塑造城市文化品牌，提升城市文化形象，让市民游客纵享城市发展成果，感受城市文化魅力。

为更好地传承和保护辖区内文化资源，区政协围绕唱响"人文东湖""千年南昌

看东湖"文化金字招牌，充分发挥参政议政和民主监督的作用，开展东湖区"不可移动文物的保护与利用"民主监督活动，提交了《关于在旧城改造过程中深挖历史文化底蕴，做好文物建筑保护工作的建议》《关于扬子洲传统文化保护与利用的建议》《关于打造东湖区红色文旅品牌的几点建议》《关于对百花洲再提级打造赣鄱特色地标性夜间文旅街区的建议》等重点提案，专题调研滕王阁三期项目并提出了建设性的意见和建议。此外，区政协还通过开展"兴家风、淳民风、正社风"活动，打造基层民主协商"三有"活动品牌扬子洲镇乡村文旅产业发展和文教北社区管理的"三有"协商活动被省市电视台专题播放。东湖区荣获 2023 中国市辖区旅游综合竞争力百强区，南昌市滕王阁景区被评为 2023 年江西省"风景独好"旅游名景区，南昌市孺子书房东湖意库馆（意书房）获 2022 年长三角及全国部分省市最美公共文化空间大赛"优秀公共文化空间案例"。

（执笔人：陈贞珍）

找准"加装电梯"小切口
做好"协商为民"大文章

政协南昌市西湖区委员会

习近平总书记强调，要践行人民城市理念，不断满足人民群众对住房的多样化、多元化需求，确保外来人口进得来、留得下、住得安、能成业。近年来，西湖区政协在践行人民城市理念、聚焦美好生活需要中，找准"既有住宅加装电梯"切入口，大力推进"赣事好商量·幸福圆桌会"，当好城市建设参与者、实践者、推动者。履职实践效果得到省、市政协好评。《人民政协报》《江西日报》等主流媒体相继报道。2023年4月，中共江西省委、江西省人民政府、政协江西省委员会首次联合表彰，授予区政协"十二届江西省政协工作先进履职单位"称号。

一、倡导"平等有序"，引导共谋共建，让协商更有"泥土味"

西湖区是南昌市的老城区，老旧小区301个、2773栋，未安装电梯6544个单元，10.77万户。既有住宅加装电梯，有"利好"，更有"刚需"。但实际是"好事难办""一梯难装"。面对窘境，坚持"从群众中来，到群众中去"，最广泛凝聚共识。

一是"高位推"与"常态导"共同发力。区委、区政府主要领导带头深入楼栋参加"幸福圆桌会"，与居民群众围坐一圈，倾听群众呼声，真诚回应群众关切，带头增信答疑解惑。区里其他党政领导积极深入挂点包片社区，体察民情，广聚民意。参与各街道（镇）、社区（村）积极组织"幸福圆桌会"，有商有量，有呼有应，实现"决策需求"与"民众诉求"有效对接。

二是"面对面"与"键对键"协调联动。广泛开展茶叙、座谈、票决、上门走访等形式，广泛征求意见建议，制作宣传标识200多条，发放宣传资料6000多份。充分运用公众号、微信群等，宣讲"政策红利"，征集"金点子"，广泛凝聚共识。如绳金塔街办利用"金塔议事"工作群，就促进永叔路68号加装电梯难点、堵点展开热烈讨论，点击量达5000多人次。

三是"请进来"与"走出去"有效对接。及时邀请省住建厅、市建委领导和相关职能部门到西湖实地察看，现场答疑释惑，共同协商解难。区政协主要领导率领调研专班，先后赴杭州、南京、合肥等地考察取经。区政协主席会议成员挂点包片，访民情、作调研，形成并报送建议案 9 份，为"难事办成"聚智聚力。

四是"单声部"与"多重唱"同频共振。研究出台《西湖区既有住宅加装电梯工作实施方案》，协商制定《西湖区围绕"既有住宅加装电梯"开展"三有"活动实施方案》，成立协商活动领导小组，建立调度、信息、情况通报等工作机制，召开区政协助推"既有住宅加装电梯"工作部署会，组织专项工作培训，形成专人对接、专班推进、专项调度的良好状态。

二、倡导"兼容并包"，重视群策群力，让协商更含"烟火气"

协商民主离不开基层群众的广泛参与。调研发现，意见统一难、资金筹措难、协调各方难、后续管理难等问题极易造成加装"卡壳"、好事难成。对此，用好委员所专所长所力，先后召开"幸福圆桌会"150 多场次，画好民心民愿同心圆。

一是疏导"实打实"，解忧"心贴心"。兴柴南苑针对一楼业主利益受损，既"一对一"地沟通协调，争取支持；又"集合众智"形成"让利于民、适度补贴"的对策，好商好量，互惠互利。金茂小区加装电梯时，一楼住户业主认为影响通风、出行，多次到街办上访要求停工。该社区在多层面做工作的同时，组织业委会代表、电梯施工方和投诉业主现场会商、反复论证，形成"加装廊桥"方案，获得一楼业主同意。

二是激励"一个人"，带动"大多数"。注重影响有影响力的人。二七南路 65 号一单元加装电梯，所在社区针对"群众意愿强，但没人牵头"，采取个别谈、民主推的办法，协商推荐 1 名老党员"牵头"。恒辉花园加装电梯时，所在社区针对"建设运维资金难收"，召集居委会、业委会、楼组长、居民代表等协商，形成"党员带动、居民互促"的意见，较好促进问题解决。

三是贯穿"全过程"，商定"各要素"。针对"建""管""用""修"等各阶段难点热点问题，开展全生命周期协商。如兴柴南苑小区协商形成"按照楼层，比例出资""后期参加业主交纳的费用，按比例返还前期业主"等"用梯公约"。南海行宫检察院宿舍通过协商，推选产生"电梯顾问""电梯主管"。二七南路北社区依托业主委员会，协商成立了小区加装电梯自治联席会，对建、管、用、修全过程监督。

三、倡导"美美与共"，广泛凝心聚力，让协商更显"专业度"

既有住宅加装电梯面对千人千面，涉及千头万绪。聚焦达成共识、政策优化、机制推进等方面，深入实践全过程人民民主，开好群众家门口的圆桌会，力争"一拍即合""一按就达"。2021年7月至2024年5月，全区完成加装并投入使用电梯117台。

一是变"抽象式宣传"为"体验式推介"。注重培树典型、以点带面、示范带动。加大金茂社区加装电梯宣传，组织体验参观，增强交流互动，形成示范效应，让盆景变成风景。如南烟小区先组织居民代表外出参观考察，现场了解施工情况，体验电梯乘坐，后征集意见建议，让业主在思想认识上"更上一层楼"。

二是变"一事跑多窗"为"一窗办多事"。既有住宅加装电梯涉及6部门、12项流程。为解决加装业主"报审烦、报批慢"等问题，召开协商会，组建"西湖区既有住宅加装电梯工作群"，建立联合办公提速机制，开辟"绿色通道"，推行"集成服务"，确保"畅通无阻"。

三是变"硬性执行"为"柔性操作"。围绕《西湖区既有住宅加装电梯指导手册》《西湖区既有住宅加装电梯服务指南》等实施细则开展协商，推动健全完善容缺审批机制、《施工单位参考库》《电梯公司参考名录》等，提供借鉴服务。

四是变"被动参与"为"主动靠前"。遴选30名具有相关资质的政协委员为"常务协商员"，通过邀请、推荐、委员作业等形式，参与各街道（社区）协商议事活动，提供法律、工程、物业管理等方面支持。建立消防、维护、检测等常态长效机制，靠前做好施工管理、安全监督、秩序维护、后期运维指导等，帮助人民群众把好"幸福门"，赢得党政各级和人民群众点赞。

（执笔人：刘　健）

续底色　显特色　添亮色
以政协履职之笔画好城市文化新蓝图

政协南昌市青云谱区委员会

习近平总书记强调，"文化是城市的灵魂""保留城市历史文化记忆，让人们记得住历史、记得住乡愁""要保护好城市历史文化遗存"。近年来，青云谱区政协在省、市政协的关心指导下，坚持发挥人民政协专门协商机构作用，聚焦工业文化遗存保护开发、城南龙灯非遗文化传承创新、汪大渊名人文化品牌打造，结合文史收集、专题协商、提案办理、调查研究等经常性工作，将城市历史文化保护传承与政协履职相融合，不断提升青云谱区文化软实力，为加快建设"生态人文都市区、产业创新未来城"、打造新时代南昌中心城区新样板凝聚向心力、汇聚正能量。

一、有商有量赓续工业文化底色

工业遗存作为历史文化遗产的重要组成部分，是中国式现代化的物质缩影，承载了行业和城市的历史记忆和文化沉淀。青云谱区最鼎盛时辖区内各类工业企业达 257 家，诞生了"新中国工业历史上的十个第一"，被誉为"江西工业的摇篮"，是全市乃至全省独有的工业遗存。近年来，区政协围绕工业文化遗存保护开发利用，在建言资政和凝聚共识上双向发力。

"提得好"凸显协商精准度。区政协深入挖掘青云谱工业历史文化，历时三年出版发行《机声三家店——工业青云谱》图书，得到政协委员和社会各界的高度关注和广泛肯定。大家纷纷表示工业文化记忆是青云谱作为江西工业摇篮独特的精神烙印，传承了青云谱"敢为天下先"的时代精神，有必要作进一步地发扬和传承。因此，区政协将"工业文化遗存保护开发利用"确定为常委会会议协商课题，按照"一位主席会议成员牵头，一个专委会承办，邀请一个界别的委员参与"的机制，对协商课题实行项目化运作。

"说得对"确保协商有效性。区政协坚持调研于协商之前，以高质量调研助力高质量协商，确保"说得对"。围绕"工业文化遗存保护开发利用"课题，区政协副主席牵头成立调研小组，带领小组成员先后赴景德镇珠山区、浮梁县等地学习考察，结合区实际，形成了调研报告，提出的洪都老厂区保护开发利用、工业文化遗存分类分级保护等意见建议，得到了区领导的肯定，实现了调研成果的有效转化。

"商得实"提高协商转化率。区委主要领导带头参加"青云协商·委员书记面对面"专题协商会，与政协委员、基层群众、职能部门齐聚一堂，就"工业文化遗存保护开发利用"进行深度协商，拿出实实在在的工作举措，议出共同发展的广泛共识。区委主要领导高度重视，将协商会开成了工作部署会，现场要求职能部门认真梳理委员的意见建议，积极吸收采纳、细化落实到实际工作中。

二、有始有终彰显非遗文化特色

中国非物质文化遗产是中华优秀传统文化的重要组成部分，是中华文明绵延传承的生动见证，代表着中华民族独特的精神标识和身份认同。青云谱区的城南龙灯是江西省级非物质文化遗产，迄今已有 700 余年历史，先后亮相春晚、江西文化发展巡礼展、"百姓大舞台　直播好精彩"江西省优秀文艺节目会演等重要活动。近年来，区政协通过强化提案跟踪督办，积极促进成果转化，助推城南龙灯非遗文化创新性发展、创造性转化。

接续提。区政协连续多年收到不同委员关于城南龙灯非遗文化的相关提案，2021年，万国华等 9 名区政协委员联合提交《关于推动城南龙灯非遗文化进校园的建议》；2022 年，郭华等 5 名区政协委员联合提交《关于打造城南龙灯观光工厂的提案》；2023 年，区政协委员持续发力，提交《关于加强非遗文化传承、推动城南龙灯产业发展的提案》，助推城南龙灯非物质文化遗产开发和保护。

精准办。区政协将"清单"理念贯穿提案办理全过程，引导委员采用"三段式"提案撰写格式实现"清单式提案"，围绕城南龙灯非遗文化的 3 个提案和 11 条具体建议"清单式交办"到承办单位，区文广新旅局、区教体局等相关承办单位针对提案建议逐条回复、"清单式办理"，提升提案答复的精准性和有效性。

回头看。区政协出台《提案办理"回头看"工作办法（试行）》，联合区委办、区政府办建立常态化督查机制，对往年办理结果为"已经解决"的若干提案、多次提交的提案进行回头看、再督办。其中，针对城南龙灯非遗文化的相关提案，组织委员到城南小学、城南龙灯产业基地进行了实地督查，现场感受提案办理成效。

三、有为有位增添名人文化亮色

作为推动历史前进的优秀文化的创造者和传统文化继承者，是城市文化命脉和集体记忆的一部分，是历史长河中积淀的文化瑰宝。推动历史名人文化发掘传承，将名人效应转化为城市文化标识，能赋予城市独特的魅力，具有不可替代性。出生于青云谱的汪大渊是元代著名民间航海家，是"清朝中期以前出洋最远的航海家之一""有史料记载的第一个到达大西洋的中国人""最早到过澳洲的航海家"，被国外学者尊称为"东方的马可·波罗"。近年来，区政协在保护传承、活化利用历史名人文化资源上做深功夫，深入挖掘和宣传汪大渊人物事迹，全面提升城市文化软实力。

深调研。区政协坚持把调研作为履职的第一环节，坚持区委交办课题和政协自主课题相结合，建立主席会议成员领衔负责机制，围绕全方位推进文化强区建设、工业文化遗存的保护开发利用等课题深入调查研究。区政协主席牵头成立调研课题组，深入挖掘汪大渊历史名人价值，今年成立"打造汪大渊'走出去'的开放文化品牌"调研课题组，为发掘汪大渊精神内涵、激活文化名人 IP 建言献策。

真落实。区政协积极争取区委、区政府支持，推动调研成果转化落实。纪念汪大渊、竖立塑像等一系列建议得到落实，区政府在象湖风景区建设 12 米高的汪大渊铜像和总面积 2000 平方米的汪大渊纪念广场，成为展现南昌"一带一路"历史文化的新名片。活用多媒体影音方式，拍摄的《大国海图——汪大渊的海上传奇》纪录片在央视十套播出，进一步加大汪大渊的影响力。

塑品牌。区政协深入挖掘汪大渊"开阔的眼界、开放的思想、开拓的精神、开创的举动"精神内涵，推动汪大渊"走出去"开放文化品牌建设，推动汪大渊故事进读本、汪大渊故里换新颜、汪大渊 IP 成系列。在南昌市花博园内筹建的江西名人馆中，为汪大渊设立专题展厅，逐步提升区域品牌影响和城市吸引力，助力南昌文化强市建设。

（执笔人：黄小平）

以"协商之力"助推"文化塑城"

政协南昌市青山湖区委员会

　　青山湖区地处江西省会南昌市城东，是英雄城的发源地，因辖区风景秀美的青山湖而得名。辖区内有天香园、豫章书院、幸福渠、699创意产业园、罗家广场以及谢埠老街等一批城市文化地标，先后荣获2020年、2021年度江西省文化产业重点县（市、区），2021年全省文化产业高质量考核位列全省第一名，被文化和旅游部命名为"中国民间艺术之乡""中国民间艺术（灯彩）之乡""中国民间文化艺术（龙舞）之乡"。

　　为贯彻落实文化强省战略，加快推进文化强市、强区建设，区政协深入学习贯彻习近平文化思想和习近平总书记考察江西重要讲话精神，聚焦"走在前、勇争先、善作为"的目标要求，发挥人民政协的职能和优势，把助推文化事业繁荣发展作为履职尽责的重要内容，使文化基因融入时代脉搏，让文化馨香涵养城市气质，切实以"协商之力"助推"文化塑城"，为全区经济社会高质量发展凝聚共识、汇集力量。主要做法是，立足"三个坚持"，推动城市文化高质量发展。

一、坚持保护与开发并重，让文化地标"火"起来

　　近年来，青山湖区加快实施城市更新行动，全面改造旧小区、盘活老厂区、扮靓老街巷。如何在城市更新改造中让文化地标留得住乡愁、记得住历史？区政协充分利用"有事多商量、有事好商量、有事会商量"（以下简称"三有"）协商议事平台为城市更新中历史文化的保护与开发建言献策。区政协建议实行"留改拆"并举，以保留利用提升为主，遵循规划统筹、设计引导，以人为本、民生优先，敬畏历史、延续文脉的原则进行改造。

　　石泉公园是区文化地标之一，建于20世纪80年代，是一个供周边居民休闲娱乐的小型中式景观公园，后期因城市发展变迁逐渐荒废。区委、区政府在推进城市更新中计划将石泉公园打造成集民俗文化、旅游打卡为一体的集聚地，树立农村人居环境提升的青山湖样板。为更好完成石泉公园的提升改造，区政协以"三有"协商切入石泉公园改造，召集村委会、村民代表、专家学者、设计单位、政协委员等多方力量参与协商公园改造具体事宜并达成改造共识。改造后的石泉公园为闹市中

忙碌的人们增添了一方幽静的小憩场所，成为南昌又一"网红打卡地"。修建于 20 世纪 90 年代的江纺中心花园，作为原国有企业江西棉纺织印染厂的地标建筑，承载了许多江纺人的回忆。随着时代变迁和企业改制，其内部设施老旧、绿化不均、亮化损坏等问题凸显，无法满足周边居民的生活休闲需要。为此，青山路街办将江纺中心花园改造列入议事日程，街办政协联络组利用基层民主协商"三有"活动，组织政协委员、党员代表、居民代表、设计方代表等多方人士围绕"江纺花园改造"议题展开讨论，商定将江纺中心花园重新规划布局，融合江纺记忆打造成"网红打卡地"的改造方案。如今，走进江纺中心花园内，宽阔平整的柏油路，清爽怡人的绿化带，白色的欧式凉亭，各类休闲座椅、健身器材、儿童滑梯等设施焕然一新，成为江纺居民休闲娱乐的好去处。类似的案例还有很多，区政协通过"三有"议事平台积极介入城市更新，为改造建言献策，妥善处理好了保护和发展的关系，注重延续城市历史文脉，让人们记得住历史、留得住乡愁。

二、坚持历史与现代融合，让城市发展"优"起来

习近平总书记指出："一个城市的历史遗迹、文化古迹、人文底蕴，是城市生命的一部分。文化底蕴毁掉了，城市建得再新再好，也是缺乏生命力的。"南昌东站位于青山湖区境内，作为南昌的东大门，南昌东站的开发与建设对于提升南昌城市形象具有重要意义。区政协秉持历史文化与现代产业相融合的原则，发挥人才荟萃、智力密集、联系广泛的优势，通过大会发言、调研视察、"三有"协商、委员提案、社情民意等形式，积极为南昌东站建设把脉问诊、献计出力。

早在南昌东站规划选址之初，区政协在多种场合为东站选址"鼓与呼"，后经省市相关部门反复科学论证，南昌东站最终"落子"青山湖区。自此，建言南昌东站建设便成为区政协履职的重头戏，也成了政协委员建言的高频词，仅委员提案就超 40 件。本届区政协换届之初，区委主要领导点题，要围绕"南昌东站和高铁新城建设"开展协商建言。随即，"南昌高铁东站新区产业发展"被列为区政协常委会会议专题协商议题。

如何将现代产业与历史文化相得益彰是调研协商的一个重要方向。调研中委员们发现，就在高铁东站不远，还如明珠蒙尘般静卧着一条历史悠久的谢埠老街，这条老街自明洪武年间开埠以来，至今已有 600 多年历史。历史上的谢埠老街曾十分繁华，有"不到谢埠街，不算到过南昌"的美誉，意大利传教士利玛窦来南昌即由此处登岸。1945 年日本投降后，这里曾是国民党南昌县政府所在地。1949 年，还进行过一次"谢埠之战"，是解放南昌的"最后一枪"。随着时间的推移，尤其是 20 世纪 60 年代，因赣抚平原排灌工程致使抚河改道，客货船只不再经过谢埠街，她渐渐失去了昔日的

光彩。在调研中委员们意识到，文化是一座城市的独特印记，也是一座城市的根脉和灵魂，更是推动城市发展的深层次力量。因此，区政协建言在南昌东站建设中要注重历史与现代的融合，让沉睡的文化资源"活"起来。

在随后召开的区政协常委会专题协商会上，区委主要领导高度评价区政协提出的建议，区政府积极采纳，投资1500万元通过修复利玛窦教堂、万寿宫等古建筑、打造"谢埠之战红色教育馆"、引入商业媒介等形式对谢埠老街进行提升改造，改造后的老街面貌焕然一新，再现了谢埠老街曾经的繁华，得到了省、市领导和各界群众的高度肯定。特别是随着南昌东站的开通，到这里游玩打卡的市民、游客络绎不绝，为高铁新区擦亮了一张亮丽的"名片"。

三、坚持质量与效益统一，让文旅产业"旺"起来

青山湖区高度重视文化事业发展，把文化强区建设纳入"十四五"规划，先后出台《关于鼓励和扶持文化产业发展的若干优惠政策（试行）》《青山湖区做大文旅产业经济总量三年行动实施方案（2021—2023）》等20项支持文化产业发展的政策措施。区委有号召、政协有行动，政府有部署、政协有落实。推动城市文旅产业高质量发展成为区政协一直深入思考、探索实践的重要课题。

区政协围绕全区文化产业发展，坚持质量与效益统一的导向，在促进文旅资源整合、挖掘特色宣传元素、提升旅游供给等方面频频亮招。仅本届政协就先后围绕"发掘特色文化资源，优化旅游产业布局""建立文旅商融合机制，推动青山湖全域旅游发展，打造区域旅游集散地"等课题开展调研协商，委员们提出《促进青山湖区文化产业发展的建议》《关于推动文化创意+设计，促进生产性服务业发展的建议》等提案。通过连续多年持续关注文旅产业发展，有效推动了699文化创意园、泰豪动漫产业园、江西流量经济产业园、赣江教育科技文化产业园、8090梦工厂、太酷云介产业园、520Park文创公园、驭世界·电竞产业园等9个文化产业园建设，全区形成了集文化创意、影视制作、动漫游戏、文化科技融合等业态于一体的现代文化产业格局。

2023年，全区共有规上文旅产业企业56家，比上年增加30%，全年营收达到40.1亿，占全区服务业的"半壁江山"。同时，加快传统文化资源转化利用，将红、绿、古特色文化开发成文创产品，推出了青山湖、海螺书屋、流量经济等一系列文创产品的文化IP。699文化产业园、520Park文创公园先后举办"青山湖针纺文化旅游消费节""浪漫520，爱在南昌城"等一系列活动，依托青山湖区的优势产业——针纺产业，将非遗文化展演与T台走秀等有机融合，促进文旅产业旺起来、区域旅游热起来。

（执笔人：彭　伟）

以政协协商赋能城市文化建设

政协南昌市新建区委员会

城市文化是城市建设的灵魂和根基，是提升城市吸引力、竞争力、影响力和软实力的核心因素。习近平总书记指出："城市是人民的城市，人民城市为人民。"新建区政协坚持人民政协为人民，深入践行以人民为中心的发展思想，紧扣"好新建·美生活"主旋律，充分发挥人民政协专门协商机构作用，积极运用专题协商、提案协商办理、反映社情民意、"三风"文化建设、编撰文化文史资料等履职方式，助推打造城市文化名片，促进城市文化繁荣。

一、广泛协商议政，精心打造文化惠民大餐

区政协利用大会发言、常委会会议协商、"新建协商·委员区长面对面"等协商形式，开展了"以文塑旅显内涵　以旅彰文提品质——好新建·美生活品牌引领的几点思考""推进中医药传承创新发展，弘扬中医药文化""加快孺子书屋建设，推动公共图书馆向基层延伸和服务市民"等专题协商和民主监督视察活动。通过广泛协商和民主监督，有效推进公共文化共建共享，推进公共文化服务体系建设，推动公共文化服务标准化、均等化，不断满足基层群众精神文化需求，扩大新建文化的影响，提升新建城市形象。助推兴建了欣悦湖文化中心、1家抱朴书屋、1家美术馆、10家孺子书房，建设了16个标准乡镇综合文化站、257家农家书屋，覆盖率均达到100%，打通公共阅读服务空间"最后一公里"，年均提供文化服务达上百万人次。

积极践行全过程人民民主，建立健全协商议事机制，全面推广"春季辞旧迎新圆桌会、夏季纳凉消暑板凳会、秋季左邻右舍谈讬[①]会、冬季凝心聚力围炉会"的新建"三有"协商议事"四季"品牌，围绕群众普遍关心的热点、难点问题，广泛开展了乡贤文化建设、完善社区文化设施等基层民主协商"三有"活动，促进了文化活动开展。2023年全区开展了系列文化惠民活动2300余场、文化队伍培训8次，安排文化专项

---

① 讬，赣方言的一个词语，相当于北方方言中的唠嗑。

资金 280 余万元、奖补资金 18 万元，完善了公共文化设施，丰富了市民文化生活，保障了文化活动顺利开展。截至目前，全区文化馆、图书馆、博物馆均免费对外开放，为市民免费提供舞蹈、声乐等文艺培训，并常态化开展读书会、摄影展、书画展、拓片展等活动。

二、抓好提案办理，大力推动文化强区建设

政协提案是人民政协的一项全局性工作，是政协委员履行职能的重要方式、重要载体和重要渠道，是政协工作的重中之重。近年来，区政协把做好提案工作作为开展民主监督工作的重要抓手，充分发挥督查利剑作用，坚持重点提案领衔督办，区政协提案委遴选出《关于对西山万寿宫文化的保护与利用的建议》《关于加强对汪山土库保护和利用的建议》等重点提案，由党委政府主要领导领衔督办，通过市场化运作引进社会资本对汪山土库进行投资和保护利用，将西山文化旅游特色小镇项目列入了全区重大重点项目，目前正在有序建设之中。

提案工作，关键在"办"。用好提案督办协商方式，是切实提升提案办理质量、促进提案成果有效转化的重要方式。区政协选取事关基层治理和群众生产生活的提案，开展基层协商活动，引导各承办单位全面认识承办政协委员提案工作是自觉接受法律监督、民主监督的基本要求，切实提高问题解决的比例，提升人民群众和政协委员满意度，实现按时办复率、答复函规范化率均为 100%。区委书记出席"新建协商·书记委员面对面"区政协重点提案办理成果转化专题调研协商会，促进成果转化。

三、弘扬"三风"文化，不断提升城市文明程度

区政协按照南昌市政协统一部署，深入开展"三风"活动，推进"三风"文化建设。积极打造"三风"文化示范点，在规划建设上，全区重点挖掘文化内涵，融入文化元素，凸显新建文化特色，着力提升打造一批具有"三风"文化元素，能体现新建人文特色、能突出"三风"主题的"三风"精品示范点，增强示范点的可感性、可视度。在城区心怡广场、礼步湖公园、长埕街道、欣悦湖街道社区等打造了一大批具有新建文化特色的"三风"文化街、文化长廊、文化墙。今年，继续结合"两整治一提升"行动，持续实施"三风"文化点位建设工程，进一步弘扬"三风"文化。把开展"三风"活动与委员进社区活动相结合，通过组织委员开展送政策、送法律、送科技、送文化、送健康、送文明、送关爱等系列活动，让群众在参与中得到实惠、获得精神滋养，

增强精神力量，扩大政协社会影响力。

四、反映社情民意，积极助推文化产业发展

新建文化发展繁荣，很大程度上得益于区政协委员反映的社情民意信息。区政协始终把反映社情民意信息作为联系界别群众、活跃政协工作、深化履职成效的一项重点工作。当前区文化产业发展小而散、多而杂的现象，影响力不大、聚集度低，同质化现象严重、产业效益不明显等已经成为制约文化产业发展的一个重要难题。区政协委员通过深入调研，反复论证，撰写了《让地名文化为城市文明加分》《挖掘阳明文化内涵，赋能我省文旅产业发展》等有关文化方面的社情民意信息，为大力发展文化产业建言献策，得到了党委、政府的高度重视和积极采纳。

五、编撰文史资料，深入挖掘厚重历史文化

新建是千年古邑，历史文脉悠久，人文积淀丰厚。区政协高度重视文史资料征编工作，把文史资料征编工作作为政协履行政治协商、民主监督、参政议政职能的一种独特方式，积极发挥文史资料"存史、资政、团结、育人"的作用，深入挖掘新建特色文化，努力保护好、传承好历史文化遗产。面对丰富的文史资源，精心组织本区部分文史爱好者，搜集素材，查阅史料，挖掘考证，筛选整理，编辑出版了《南昌市新建区姓氏志》《新建景观诗选》《新建历代人物录》等文史资料，为宣传推介新建灿烂历史文化打造了一张亮丽的城市"名片"。加强文史资料交流和宣传，向全区乡镇、部门单位及区级图书馆、文化馆赠阅文史书籍，先后与陕西兴平、广东中山、赣州石城等 30 余个兄弟县（市、区）政协组织开展发行、文史资料互赠活动，扩大了政协与社会各界的联系，多角度宣传推介了新建文化。

（执笔人：黄云松）

协商与城市文化的互融共促

政协九江市柴桑区委员会

围绕协商与城市文化的互融共促，柴桑区政协做了一些工作，有一些体会和认识。

一、注重"两个结合"，不断深化协商与城市文化互融共促的思想认识

"结合"的前提是彼此契合。"有事好商量、众人的事情由众人商量，找到全社会意愿和要求的最大公约数，是人民民主的真谛"政协协商制度与城市建设"兼容并包、求同存异"的政治智慧相通。近年来，柴桑区政协全面落实"有事先商量"基层协商民主建设要求，搭平台强基础，遵程序守规范，抓选题促履职，着力从协商与城市文化互融共促方面进行有益探索，协商解决了城门街道孔家新村环境脏、乱、差等一批群众关注度高、涉及利益面广的急难愁盼问题，充分说明"协商与城市文化"互融共促是有迹可循、大有可为的。

"结合"的过程是思想解放。"第二个结合"是又一次的思想解放。人民政协作为政治组织，要坚定文化自信、秉持开放包容、坚持守正创新。以柴桑区为例，正因为历任政协班子持之以恒将"团结和民主"政协协商文化核心理念融入城市建设当中，让大部分农村变迁历史"印记"在城乡融合发展过程中得以留存，为擦亮"千年柴桑、贤母之乡、岳飞驻地、渊明故里"城市文化名片增添了不少成色，进一步坚定了我们的文化自信。又如"南昌都市圈"的国土空间规划范围涵盖南昌、九江、宜春、上饶、抚州等地，要在2035年基本建成现代化都市圈，各地比以往任何时候都迫切需要一批助推高质量发展的协商与文化成果。

"结合"的结果是互相成就。一方面，政协协商文化把其独有的特点与价值融入中华优秀传统文化，以理性"商量"激发了城市文化的活力，在城市文化繁荣发展方面起到积极推动作用。从"和而不同"到"凝聚共识"，城市文化润泽于民，实现了从传统到现代的跨越，发展出富含协商元素的现代形态。另一方面，城市文化又充实了协商文化的生命力，在推动政协协商向基层延伸过程中产生了良好社会反响。从"堂

前议事、众人筹谋"的商量传统到"众人的事情由众人商量"的民主真谛，让经由"结合"而形成的政协协商新文化成了中国式现代化的独特文化形态。

二、把握"四组关系"，始终坚持协商与城市文化互融共促的正确方向

准确把握"守正与创新"的关系。守正是创新的根基，唯有守正才能真正推动创新。结合具体实践，在推进城市文化繁荣发展时，一定要遵循"不调研不协商、先调研后协商、无准备不建言、不充分不报告"协商规则，特别是针对一些涉及政史类别的题材，务必要广泛听取意见、多方进行考证、从严从实把关，坚决杜绝出现意识形态方面的错误。只有在守正的前提下，才能进行下一步的创新，激活城市文化"一池春水"。

准确把握"革故与鼎新"的关系。革故是鼎新的前提，鼎新是革故的结果。政治协商文化的生长，离不开中国共产党的政治实践，离不开中华优秀传统文化的滋养，离不开人类文明优秀成果的启迪。同样，一个城市文化的繁荣，既离不开本乡本土的文脉传承，又离不开对其他文明的兼收并蓄。因此，要勇于直视外来文化入驻的现实问题，敢于祛除一切不合时宜的"老旧皇历"，善于建立利于长足发展的崭新机制，让其经过实践检验之后真正成为助推本地高质量发展的制胜法宝。

准确把握"推陈与出新"的关系。处理好推陈和出新的关系是其创新发展的本质要求，意味着在传承和发展协商与城市文化的时候，需要既尊重传统，又注重创新，以推动广义文化事业的健康发展。如在城市建设领域，可改革旧有物业"一家独大"管理模式，引入居民自治、红色物业、智慧社区等"多元共治"的新理念新技术，并进一步夯实"有事先商量"协商议事平台基础，丰富协商实践形式，以提升管理质效。

准确把握"固本与兴新"的关系。牢记"固本"是做大存量的基础，"兴新"是提升质量的关键。放眼全省来看，可以继续利用月度协商会议、"赣事好商量"等平台，围绕打造"三大高地"、实施"五大战略"，持续为中心工作和重点任务献计出力，让"南昌都市圈"城市文化更加绚烂多彩。立足本区实际，区政协将按照"大抓落实年"活动部署，时刻与党政保持同频共振，既要保留原有"规定"动作，又要守正创新"自选"协商模式，持续提升建言质量，以一域之光为高标准高质量建设长江经济带重要节点城市添彩。

三、增强"四种能力"，持续放大协商与城市文化互融共促的乘数效应

增强政治把握能力，争做"知行合一"的践行者。深入贯彻落实习近平文化思想、

习近平总书记关于城市工作重要论述和习近平总书记考察江西重要讲话精神，扎实开展解放思想大讨论活动，最终实现"以思想破冰引领发展突围"目标。聚焦城市更新等系列攻坚行动，坚持不懈开展"双聚双建"助力活动，引导委员当好决策参谋者和实践推动者，切实把政协独特优势和资源渠道转化为策应九江高标准高质量建设长江经济带重要节点城市的强大合力。

增强调查研究能力，争做"知无不言"的好参谋。一是精准选题。坚持问题导向，围绕党政高度重视、各界广泛关注、基层期盼已久、群众呼声较高、政协职能所及的热点难点堵点淤点痛点问题，精选调研课题。二是精心组织。主动到群众意见多的地方去，到工作做得差的地方去，到困难较多、情况复杂、矛盾尖锐的地方去，拜人民为师、向人民学习，了解群众真实想法、找出问题症结所在。三是精准建言。练好走基层的脚力、看问题的眼力、谋事情的脑力、提建议的笔力，这种能力和水平越高，调查研究质量就越高，党政决策的设计就越科学。

增强联系群众能力，争做"知情明政"的暖心人。委员要面向界别群众深入阐释关于城市工作等一系列重大决策部署的重大意义，不断增进其对党的创新理论的"四个认同"，把党的主张转化为社会各界广泛共识和自觉行动。各级政协可以围绕城市建设等主题，常态化开展"微协商、微建言、微监督、微服务"等活动，收集整理群众需求清单、委员资源清单，并将有需求且有资源的项目作为平台履职内容；用好用活"有事先商量"协商议事平台，通过平等对话、理性沟通，着力推动"城市怎么建？群众说了算！"的真知灼见转化为发展成果，让群众"人没白来""话没白说"。

增强合作共事能力，争做"知小谋大"的智多星。以举办庆祝人民政协成立75周年活动为契机，密切同各民主党派人士、无党派人士、民族宗教界人士、港澳台侨人士和新的社会阶层人士的团结联谊，认真倾听其关于协商与城市文化互融共促方面的宝贵意见，在坚持一致性和多样性统一基础上，碰撞出思想火花、实现求同存异。支持各民主党派、工商联、知联会等参加单位独立开展调研协商，提交集体提案、社情民意和大会发言，邀请其参加集体视察、协商议政、监督评议等活动，持续扩大合作共事"半径"，共同奏响与党政同频共振、同向发力的和谐乐章。

（执笔人：柳鸿斌）

厚植协商文化　推进城市治理现代化

政协九江市浔阳区委员会

浔阳区地处九江市中心城区，城市基层治理是城区工作的重点和难点，区政协充分发挥政协作为社会主义协商民主重要渠道和专门协商机构作用，深入推进"有事先商量"基层协商民主建设，共开展协商活动306次，各级党组织采纳议事成果268件，委员参与612人次，通过政协协商助推城市治理已在基层形成共识，培育和发展协商文化，赋能城市治理，及时化解矛盾，有效促进和谐，让协商文化充满活力，为助力形成共建共治共享的城市现代化治理模式贡献了政协智慧。

一、把握协商文化的内核要义，助力城市治理方向正确

政协文化的核心是协商文化，协商文化的内核要义就是社会主义核心价值体系和中国特色社会主义基本精神，其本质就是坚持中国共产党的领导。在推进城市治理过程中，各级党组织发挥战斗堡垒作用，不断增强政治领导力、思想引领力、群众组织力和社会号召力，确保城市治理始终保持正确政治方向。区政协在开展"有事先商量"协商民主建设活动中，把坚持党委领导作为首要的政治原则，一方面，在区、街道、社区三级分别建立以区委书记、街道党工委书记、社区支部书记为第一组长的协商民主建设领导小组组织架构；另一方面，在协商议事程序的确定议题、专题调研、协商议事、组织回复、成果转化"五步工作法"中，从议题的确定要经基层党组织审定，到形成共识后，要有同级党组织的回复，形成一个有始有终的闭环，把党委的领导贯穿始终。"有事先商量"让党的领导在城市治理中发挥引领带动作用，确保协商议事活动组织有力、推进有序、落实有效，为城市治理始终坚持正确的方向提供了根本保障。

二、融入协商文化的价值理念，释放城市多元共治效能

从宏观上来看，城市分工多样、利益群体复杂、价值追求多元，城市治理需求呈

现多样性特征；从微观上来看，群众的意愿是具体的、复杂的、价值追求多元的。要实现城市治理现代化，就要尊重并适应基层社会的多元需要，释放城市多元共治效能。人民政协作为专门协商机构，协商民主贯穿政协履职全过程，有深厚的协商意识和丰富的协商经验，区政协通过搭建"有事先商量"平台，将政协协商的触角延伸到街道和社区，把"有事多商量，遇事多商量，做事多商量"的协商理念融入城市治理，在溢浦街道莲花池小区、甘棠街道香榭丽舍小区治理过程中，鼓励居民参与自治，从"要我整治"转变成"我要整治"，一些群众迫切需要破解的停车难、非机动车无序摆放、小区物业管理等难题得到了有效解决。在这个过程中，城管、住建、民政等多个职能部门的力量得到广泛调动，第三方服务机构、施工单位积极参与，"协商于民、协商为民"的理念深入基层、融入民心，为城市治理构建"人人有责、人人尽责、人人享有"共同体提供了多元共治的人文环境。

三、构建协商文化的制度体系，夯实城市治理现代化的四梁八柱

信息化时代的到来，给城市治理带来了新的机遇和挑战，涉及的内容越来越广，是一个庞杂的系统工程。政协在基层开展协商议事活动、植入协商文化，要有制可依、有章可循，才能有效推进政府治理、社会调节、居民自治的良性互动，实现协同发力。2020年以来，区政协通过下发《关于发挥政协专门协商机构作用推进协商民主建设的实施意见》《浔阳区"有事先商量"基层协商民主建设实施方案》《"有事先商量"工作考评办法》等一系列文件，从协商内容上看，实现了从针对地方发展的大事要事向围绕涉及群众利益的小事难事的转变；从协商主体上看，实现了从各界代表人士向基层党组织、政府部门、群众代表、各界代表人士共同参与的转变；从协商成果上看，实现了从通过建言献策助推问题解决，向倾听各方意见形成共识、直接解决问题的转变。从协商内容、协商主体、协商成果几个方面入手，市、区两级政协委员全部下沉到社区，完善"有事先商量"组织制度、队伍建设、考评办法，政协协商发挥协商组织构架完备、程序规范、渠道畅通等优势，夯实了城市治理现代化的四梁八柱。

四、丰富协商文化的载体形式，注入城市治理的鲜活动力

城市治理解决的是新形势下人民内部矛盾，需要激发人民群众的内生动力，依靠人民群众的智慧和创造力实现民事民管、民事民议、民事民办、民治民享。协商文化有着对社会主义先进文化和中华民族传统文化的自觉认同，具有团结合作、平等相待、

兼容并蓄、求同存异、体谅包容的内涵。县（市、区）政协"开门就是群众，出门就是基层"，处于人民政协的一线和前沿，也是传播协商文化的一线和前沿。区政协通过搭平台的方式把协商议事会开到居民家门口，营造平等、自由、公正、宽松的协商文化环境，让各种意愿充分表达，激活群众的聪明才智，激发城市治理鲜活动力。区政协委员们作为参与者和推动者，发挥自身优势，制作"有事先商量"活动小视频、创作《扬帆时代》《共创辉煌》《党派来的人》等政协协商歌曲、话剧小品，以群众喜闻乐见的形式在基层潜移默化地传播协商文化，引导协商文化深入人心。

（执笔人：周庆吾）

深耕城市文化底蕴　助推重要节点城市建设

政协九江市濂溪区委员会

城市文化是一座城市的"根"与"魂"。九江，因区位而兴，因文化而盛。为高标准建设长江经济带重要节点城市，市委提出了"打造三个区域中心，建设一个美好家园"的发展战略。濂溪区立足城区优势，在加快建设区域文旅中心上勇毅前行，区政协充分发挥专门协商机构优势，履职尽责，善作善为。

一、坚持以文溯源，注重历史文脉赓续传承，变文化故事为发展名片

历史文化是一个地方的资源禀赋，濂溪区历史悠久、底蕴深厚，形成了名人文化多姿多彩的浓厚氛围。区政协坚持以文溯源，充分挖掘人物历史文化的丰富内涵，持续做好两张"文化名片"。做亮"濂溪先生"名片。宋代理学鼻祖周敦颐，他的《爱莲说》已流传千年，先生一生钟爱九江并视其为第二故乡，亦是长眠于此，濂溪更是因他而名。为全力扩大濂溪文化影响，区政协积极发挥文史资料作用，编撰出版《周敦颐集译注》《周子遗芳集译注》《九江濂溪书院》系列书籍，不仅填补了我国古籍出版史上对周敦颐作品既注又译的空白，更为濂溪精神的赓续传承起到积极的推动作用。还充分发挥政协联系广泛的特点，组织各民主党派、工商联及参加单位，携手各地市县政协拓宽视野，与周敦颐出生地、居留地缔结友好政协，共同传播周敦颐理学思想和濂溪崇莲尚廉文化。为大力弘扬周敦颐理学文化、濂溪文化，区委成立周敦颐研究会，创新搭建"濂溪讲坛"平台，全力打造濂溪书院暨中华国学研学基地，2023 年 7 月，举办了纪念周敦颐逝世 950 周年暨九江·濂溪首届理学文化论坛。唱响"德珩故里"名片。《五四宣言》的起草者、九三学社创始人之一的许德珩先生是濂溪区虞家河乡人，他的事迹激励着一代又一代的家乡人。区政协致力深挖红色文化资源，大力弘扬许德珩爱国主义精神，促使社会各界凝心聚力，推动发展。在区政协委员的建议下，2022 年，区委成立了九江市濂溪区许德珩研究会，对许德珩先生的爱国思想和民主情怀进行充分研究，以高质量的研究成果进一步增强濂溪文化的生命力和影响力。九三学社濂溪区支社、虞家河乡委员小组，积极助

力许德珩纪念馆建设，政协委员主动向纪念馆捐赠珍贵历史文献资料百余份，为许德珩研究提供强大助力。在今年纪念五四运动 105 周年之际，举办"五月之歌"许德珩诗歌专场朗诵会，充分利用文化影响力，将爱国主义种子深深根植于新时代青年心中。

二、坚持以文会友，注重时代文化创新发展，变文化生活为发展效益

城市文化是一项既要面子又要里子的工程，区政协充分发挥优势，用一个个"金点子"助力濂溪城市文化"破圈"，助推经济社会高质量快速发展。文旅融合跑出"加速度"。就如何利用区内丰富的文旅资源，让诗与远方的美好憧憬落户濂溪，委员们深入调研，在政协全会上发言讨论，建议根据市"三大攻坚行动"，以打造区域文旅中心为抓手，重点打造城市夜经济。委员的建议得到区委、区政府的及时采纳，位于濂溪区芳兰湖公园的"九江之夜"文旅街区开街首夜就吸引13万人次游客打卡，实现"文旅+夜经济"完美融合，以中国传统宫灯为主体的沉浸式休闲文旅街区"万家灯火"项目高频亮相央媒，也为九江文化旅游再添新地标，"夜游濂溪、夜购濂溪、夜品濂溪、夜宿濂溪"的特色夜经济品牌逐渐形成，真正让濂溪的夜晚"亮"起来，商圈人气"聚"起来，夜间消费"火"起来，群众生活"乐"起来。同时根据委员建议，在街区内挂牌全省首家"文旅街区短剧基地"，开展"跟着微短剧去旅行"微短剧创作活动，为文旅街区的持续火爆、"夜经济"持续繁荣注入新的动力，带来新的机遇，创造新的经济增长点。2023 年，全区接待游客逾741 万人次，同比增长 12.7%；旅游总收入逾80.6 亿元，同比增长 22.1%。茶叶经济绘出"新蓝图"。国家历史文化名城九江是明清时期著名的三大茶市之一，作为中国名茶之乡和茶市码头所在地，一山一江一湖，赋予了濂溪区无与伦比的灵秀。这里，茶历史源远流长，茶文化底蕴深厚，茶品质久负盛名。近年来，濂溪区坚持以大项目为支撑，立足产业生态化，依托"茶产业"、围绕"茶文化"、壮大"茶市场"做文章，加快推进九江市茶市项目建设，让"绿水青山"实实在在转化为"金山银山"。区委有号召，政协有行动，为了让"三茶"统筹的发展理念在濂溪生根发芽，区政协充分发挥职能优势，围绕茶产业相关课题积极开展调查研究、视察监督、议事协商，不断助推濂溪区茶产业做大做强。2023 年全区共有 128 家茶叶经营主体，2 家国家级茶叶示范合作社、2 个省级茶产业园和 2 家省级龙头企业。年产优质庐山云雾茶500 吨，综合产值达 3.6 亿元。今年，区政协将"做旺九江茶市"列入重点协商议题，充分发挥专门协商机构作用，创新履职方式方法，深入基层调查研究，为濂溪区茶产业高质量发展贡献智慧和力量。

三、坚持以文化人，注重城市文明和谐推进，变文化和谐为发展合力

　　文明，是一座城市的幸福底色，全国文明城市，是最具价值的城市品牌。在推进和谐文明城市建设过程中，区委、区政府主要领导"出题"，区政协上前"领题"，将团结民主和谐友好的氛围变为城市发展的动力。民主监督掷地有声。紧跟区委、区政府中心工作，将民主监督职能与参政议政职能深度融合，针对完整社区建设、公共文化服务、民生工程项目如文化艺术中心建设等开展民主监督，助力重大决策落地，让民主监督有力度的同时更加温暖民心。在创建文明城市工作中，区政协主动扛责，对全区创文工作进行全方位视察监督，对于发现的"如何破解农贸市场环境之困""如何提升全民创建意识"等突出问题，主动纳入政协协商课题，深入调研、积极建言，助推文明创建工作成为造福居民的"民生工程""民心工程"。2023 年，还将文明创建工作列入年度民主监督议题，通过对"红黑榜"点位实地查看、听取工作通报、开展表态发言等方式，推动全区文明创建工作再上新台阶。协商议事花开有果。坚持打造具有地方特色的"有事先商量——濂事连心"基层协商议事品牌，着力在强化实践、强化设计、优化机制、强化联动上下功夫，不断丰富政协协商文化内涵，提升基层社会治理效能。按照有阵地、有标识、有制度、有流程、有活动、有实效的"六有"建设标准，打造既规范有序又各具特色的基层协商议事平台 93 个，科学的协商过程，合理的协商流程，有效推进了社会治理和群众自治的良性互动。三年来，全区各级协商议事会积极组织开展各类形式灵活、主题突出、富有实效的协商议事活动 500 余场次，诸如老年人社区养老、安置点还房分配等一批问题得到解决，为城市和谐文化打下了坚实基础。

（执笔人：欧阳东振）

发挥委员在城市文化建设中的主体作用

政协景德镇市珠山区委员会

陶瓷是中华瑰宝，是中华文明的重要名片。景德镇的城市文化建设，凝聚了众多政协委员的不懈努力、呕心沥血与辉煌成就，突出展现了政协委员在一座城市的文化建设中应当发挥和具有的主体作用。尤其是作为景德镇中心城区的珠山区，可以说，景德镇陶瓷的根与魂都在珠山，珠山区政协委员对于这座历史文化名城城市文化建设的影响就更为广泛和深远。

近年来，珠山区政协高度重视城市文化建设，致力于引导政协委员广泛参与文化事业和产业的繁荣与发展，广大政协委员以珠山区政协持续开展民主政治协商、加强城市文化建设相关工作为平台，发挥了政协委员主体作用，为千年瓷都的文化复兴、陶瓷文化的传承创新、城市文明建设的推陈出新作出了重要贡献。

一、活化城市空间，擦亮"千年瓷都"亮丽名片

城市文化艺术品位的彰显塑造，既是提升城市环境品质、展现城市特色风貌、体现城市人文关怀、增强城市竞争力的重要手段，更是景德镇推出国家试验区建设"五陶"空间布局，用心擦亮千年瓷都这张亮丽名片的应有之义。

因传承而古老，因创新而年轻。今天的景德镇，试验区建设的"五陶"中，有"三陶"都在珠山区，陶源谷、陶阳里、陶溪川各美其美，蕴藏着陶瓷文化的不同基因，散发着一座文化名城的隽永韵味，区政协委员在其中发挥了重要作用。

珠山水土宜陶，"饶玉"之美晚唐五代就已名动天下，一千年前的陶源谷，孕育了让宋真宗倾心不已的湖田窑影青瓷，这座城市也因御赐"景德"年号而得名，陶源谷艺术生活街区是景德镇的"瓷之源，镇之初"。

陶源谷聚集了大量的陶瓷艺术家、"景漂"人才，他们对陶源谷新时代的建设发展起到了巨大作用。瓷源境大器窑房的陶艺家吴江中、三宝蓬艺术聚落的"景漂"人才肖学锋、真如堂陶瓷文化有限公司的陈倩君，他们不但生长在这座山谷，还把艺术造诣、思想精粹凝聚在这座山谷，他们构建的艺术空间，成为陶源谷最火热的"网红

打卡点"。

星移斗转，陶阳十三里成为瓷业中心，六百年的明清御窑厂，每一件器物都专供皇家享用，无数精美瓷器被打碎封入泥土，这些瓷片里，有景德镇最丰富的历史和文化信息，陶阳里历史文化街区是景德镇陶瓷基因的"活化石"。

一代又一代工匠艺人，成就了陶阳里的文化底蕴。2023 年 10 月 11 日，习近平总书记考察御窑国家考古遗址公园时，孙立新、冯绍兴、张玲玲三位珠山区政协委员现场聆听了总书记的殷殷嘱托，非遗传承人孙立新委员现场为总书记表演了 20 秒一笔画完《婴戏图》，总书记看后，带头为他鼓掌，赞赏他们的手上功夫和工匠精神，鼓励他们秉持艺术至上，专心致志传承创新。

高耸入云的烟囱、锯齿形屋顶、烙印着语录的红砖墙面……曾经的国营宇宙瓷厂华丽蝶变，吸引"景漂"创客的目光，陶溪川文创街区是景德镇年轻人的"造梦空间"。

众多的"景漂"艺术家在陶溪川集聚，他们中不少成为区政协委员，参与助力陶溪川利用工业遗产吸引创意文化产业聚集、人才聚集、社会关注度聚集，共同打造了独具魅力的文创街区。

二、繁荣文化事业，在"高原"之上再攀"高峰"

衡量一座城市文化建设和发展的状况，最重要的标尺是文化事业和文化人才的整体质量。

区政协把陶瓷艺术家和"非遗传承人"作为这座城市最宝贵的财富和资源，历史上的景德镇，"窑火千万家"令人神往，"白如玉、明如镜、薄如纸、声如磬"造就倾城美器。今天的景德镇，一样对世界敞开怀抱，珠山区的政协委员中，许多都是陶瓷艺术家和"景漂"人才，他们在生活里用匠心创造传奇，同样，作为政协委员，他们也在这座城市的建设发展中，描绘令人赞叹的丹青画卷，为景德镇的城市文化建设贡献自己的力量。

区政协委员中，艺术家委员多，年轻委员数量也很多。这也反映出珠山区政协是一个充满朝气和活力的大家庭、大团体，与景德镇这座城市海纳百川、涌动青春活力的气质不谋而合。

创新的传奇要由创新的城市来讲述，而人是构成传奇的核心要素。作为区政协委员，许多艺术家在各自艺术领域取得突出成就，也是对景德镇城市文化建设的一种支撑。正是有无数追求卓越的设计师族群，他们流连于陶源谷、陶阳里、陶溪川，用脚板丈量这座城市的文化足迹。那么多精益求精的艺术工匠，他们驻足于古镇珠山的大街小巷，与这座城市的文化根脉碰撞交融，他们中的许多人都表示，珠山是一座创新之城，这与其他城市的气质截然不同。

区政协委员中，还有许多人在从事教育工作。无论是大学生教育还是义务教育阶段，景德镇的教育氛围中总是氤氲着更多的艺术和文化气息。珠山是陶瓷文化科研院所集聚的硅谷，是陶瓷产业"产学研"融合的孵化器。无论是哪个年龄段，都可以在这座城市的课堂上仰望星空、在菁菁校园里启迪智慧，教育为宜居珠山添上了最生动的注解。政协委员助力，珠山是文脉风华的教育之城。

政协委员在梦想、艺术、青年、创新、教育等领域发挥了巨大作用，形成独特的城市文化个性与城市标识。这样的优势，为景德镇文化事业在"高原"之上再攀"高峰"打下坚实的人才基础。

三、提升文化产业，多措并举为文化蓄势赋能

区政协为支持陶博城国际陶瓷博览运营平台运行，通过积极引导宣传，先后有戴颖等 6 位区政协委员入驻陶博城经营，实现了政企共赢。区政协委员刘志坚牵头招商，积极投资布局五星级酒店，为景德镇打造高质量文化旅游城市助力，项目正在洽谈中。

陶瓷直播电商异军突起、火爆网络，区政协委员既是这一波热潮的亲身参与者，更是电商新业态的受益者，他们对这样的发展趋势感同身受。区政协委员正在努力推动实施 5G、人工智能、虚拟现实、增强现实等技术在艺术创作、生产传播、商品消费等环节的应用，积极培育新业态、新模式，优化传统陶瓷产业结构布局并加速调整，提升产业发展整体实力和竞争力。

区政协坚持平台在一线搭建，调研在一线开展，问题在一线协商，思想在一线引领，共识在一线形成，力量在一线汇聚。围绕区委、区政府的中心工作，区政协积极发挥委员主体作用，以专委会为单位，围绕"助力陶源谷文化艺术生活街区发展的几点建议""关于提升校园周边综合治理水平守护学生身心健康的调查研究""关于立足珠山文化旅游独特资源禀赋推动民宿产业高质量发展"等进行调研视察，并形成了具有一定调研分量及参考价值的调研报告，通过各种途径报送相关单位及领导。

委员主动作为，参与景德镇陶瓷文化品牌建设，提档升级"陶源谷论坛""三宝陶瓷艺术周"等文化展和国际交流活动的影响力和美誉度，积极参与创作反映时代呼声、展现人民奋斗、振奋民族精神、陶冶高尚情操的文化产品，为人民群众提供更多更好的精神食粮。

四、培育文明示范区，弘扬社会主义核心价值观

区政协积极引导委员，就千年瓷都在深化文明城市建设中面临的重点、难点问题

进行了考察，并充分发挥作用。区政协按照各专委会职能，把深化文明城市建设工作具体细分，按照精细化、规范化的要求，逐一落实，切实整改，不断提升市民文明素养。通过制度管理、精细管理、目标管理、问题管理、严格管理，做到全员、全面、全过程的综合管理，不断深化文明城市建设。

区政协通过"赣事好商量·珠事顺利"协商议事平台，邀请职能部门、政协委员与群众三方召开专题协商议事会，成功调解陶阳里御窑景区周边老城区改造项目矛盾纠纷，得到了群众广泛好评。

区政协组织广大委员从陶瓷文化传承创新出发，讲好政协履职故事，及时总结挖掘履职工作亮点成效，发出政协"好声音"，协助市政协办好《政协视窗》栏目，通过政协"小窗口"展示珠山政协委员履职风采。

为传承好陶瓷文化，讲述好珠山故事，区政协积极挖掘、抢救、保护地方文化资料，由区政协文史委负责，完成了省、市政协交办的《知青岁月》文史资料收集和整理，并完成《珠山印迹》的编撰，发挥文史资料"存史、资政、团结、育人"的独特作用。

（执笔人：占　毅）

以红色为引擎书写"赣事好商量+"安源篇章

政协萍乡市安源区委员会

安源，是一个有着光荣革命传统的地方，一度被誉为"中国的小莫斯科"和"无产阶级的大本营"。革命时代爆发的安源路矿工人大罢工运动使得安源染上了"革命血色"，孕育了具有独特内涵的安源红色文化。近年来，安源区坚持以人民为中心的发展理念，立足于让群众的获得感和幸福感更强，持续擦亮"安源红"品牌，抓民生办实事，安源人民的幸福底色更加厚实。安源区政协坚持以习近平文化思想为指引，以红色为引擎，以"赣事好商量+"为抓手，积极打造"协商'安'心事"平台，推进政协协商与基层协商有效衔接，在绘就服务群众、助推幸福的"民生画卷"中发挥了重要作用。

一、打造"红色驿站"，搭建为民服务平台

按照"党委领导、政府支持、政协搭台、各方参与"的工作思路，统一使用"赣事好商量+协商'安'心事"平台标识，打造三级协商载体：以区政协机关党员活动中心为依托建立"委员之家"；以镇街、村（社区）、企业为依托建立"红色委员驿站"；以委员界别、委员自身专长和实体为依托，组建以委员个人名义冠名的工作室。目前，已建成 11 个各具特色的红色委员驿站、1 个委员之家、4 个委员工作室和 12 个线上协商议事厅。

二、抓实"红色议事"，畅通为民解忧渠道

一是注重精准选题。全方位把握"精准"协商要求，制定"1+11+N"协商计划，即区政协年度协商工作计划+11 个政协工作联络组工作计划+委员自选课题调研，梳理出红色教育培训、美丽乡村建设、集团化办学等民生关注的"红色议事"重点课题，分别列入区、镇（街）年度协商计划。

二是注重开放协商。依托"赣事好商量+协商'安'心事"协商平台，召开"红

色屋场会""现场会",开展"上门协商""现场协商",把互动交流作为深入协商的着力点,让政协走进群众,既宣传政策、解疑释惑,又了解实情、博采众智。引导相关责任部门积极回应、平等互动,在民主协商的氛围中广汇良策、共谋发展,实现了"问答式协商"向"互动性协商""闭门式协商"到"开放式协商"的转变。

三是注重大会发言。充分利用好"赣事好商量+协商'安'心事"红色协商议事活动的智慧结晶,以市、区政协全会大会发言、建议案、提案、社情民意信息等形式报送协商成果,并做好成果转化的跟踪问效,切实推动"红色议事"协商成果落地生根。如,《把丹江打造成科创城先行区》《"建管一体"推进老旧小区改造再升级》《想方设法推动我市义务教育优质均衡发展》等 3 篇市政协大会发言,得到了市委、市政府主要领导的重要批示,其中《把丹江打造成科创城先行区》作为市政协重点提案进行督办。

三、践行"红色志愿",助推为民成果转化

区政协坚持把群众呼声作为第一信号,践行"红色志愿",做到群众有所呼、政协有所应,群众有所盼、委员有所言,为推动民生热点难点问题解决发出了政协声音。

一是在幼有所育上用力。为助推我区高质量创建全省婴幼儿照护示范区,全面促进区婴幼儿照护(0—3 岁)服务体系建设,破解生育、养育痛点,区政协调研组开展了专题调研,邀请数位准妈妈与区政府领导、政协委员、有关部门负责人,共同就我区托育机构建设发展问题进行协商讨论,提出的加强规划布局、丰富服务模式、培养专业人才等相关建议,在我区出台的《安源区三孩生育服务保障支持政策(试行)》中得到了充分采纳和吸收。此次协商活动被《人民政协报》专题报道。安源区入选全国生育友好先进县区,全省托育服务工作推进会在这里召开。

二是在老有所养上用心。将"委员驿站""委员工作室"工作职责与基层治理相结合,切实把人民政协的制度优势,转化为社会治理效能。如,以"红色委员驿站"为依托,聚焦老城区居家养老开展专题调研,形成了《打造"安源红"邻里之家社区养老平台 整体推进社区养老事业高质量发展》为题的调研报告;区政协主要负责人在市政协全会上提交了《关于推动"安源红邻里之家"的建议》提案,提出了出台社区养老建设标准、推广安源经验、加大财政支持力度、增加设施支持等建议,为打造"安源红"邻里之家系列民生品牌建言献策。目前,安源区已建成 59 家"安源红"邻里之家居家养老服务站,老年人的获得感、幸福感、安全感不断提升,安源红"邻里之家"养老服务改革获评全省全面深化改革优秀案例。

三是在出行安全上用劲。实施党政"一把手"领衔督办重点提案机制,遴选一批

重点提案，由区委、区政府、区政协班子成员领衔督办，高位推动提案落实。如，区委主要领导多次跟踪督办重点提案协商进度，推动建成了萍乡卫生职业学院路段人行天桥，有效保障周边居民和学生出行安全，协商成效被《江西政协报》予以宣传报道。利用"委员之家""委员驿站"等阵地，收集《关于整治南门桥和南正街交叉路口电线裸露的问题》《关于在达秀桥与滨河南路连接处增设斑马线的建议》等社情民意信息 400 余条，得到有关单位精准落实和有效解决；组织开展"增加燎原学校区域公交线路"等红色协商议事活动 285 次，协调解决了一大批民生问题，不断满足人民群众对美好生活的向往。

四是在教育发展上用情。着眼推进安源中学高中教育高质量发展，在广泛调查研究的基础上，形成的《关于推进安源中学高中教育高质量发展的调研报告》，得到了区委主要领导的高度重视，亲自召开现场座谈会，专题部署推进安源中学高中教育高质量发展工作。为了促进安源区义务教育优质均衡发展，区政协调研组对区义务教育阶段集团化办学情况进行专题调研，形成了《关于提升集团化办学效能，促进教育高质量发展的调研报告》，提出了强化教育集团顶层设计、进化管理能力、深化人事改革，优化经费结构、催化资源共享等建设性意见，为区教育均衡优质协调发展献计出力。

（执笔人：敖　翔）

让"钢花"在城市美丽绽放

政协新余市渝水区委员会

新余因钢设市，渝水因钢设区。自新钢成立以来，给渝水这座赣西小城深深地烙下了开放、创新、坚韧、包容的钢铁文化品格。为进一步挖掘和整合渝水钢铁文化资源，提升城市品质和竞争力，推动城市高质量发展，区政协充分发挥政协专门协商机构作用，深入调查研究、积极建言资政、广泛凝聚共识，助推渝水工业旅游迈上新台阶。

一、全面调研挖掘，让渝水钢铁文化更有"魂"

委员撰写的《关于新钢山上片区及周边工业遗址抢救性保护和旅游开发利用的调研报告》，得到时任市委副书记的批示，认为"选题有意义，意见建议有价值"。为此，拉开渝水政协挖掘渝水钢铁文化的序幕。广大政协委员深入渝水工业腹地，对江西钢铁厂、花鼓山煤矿、江西钢丝厂、江西长林机械厂等国有企业，通过查阅资料、走访老职工等形式，搜集钢铁故事、记录钢铁记忆，整理相关文史资料3万余字，向市、区两级政协提交关于保护工业遗址、开发工业旅游方面的社情民意和提案30余件，为党委、政府决策提供了参考。让老前辈留下的钢铁文化遗产得到了精心守护，让渝水钢铁文化更好地传承下去。目前，新钢山上片区及周边工业旅游开发各项建设正如火如荼：该项目投资4410万元，改造面积47875平方米。

二、积极建言献策，让渝水钢铁文化更有"颜"

在旅游消费升级、制造业向服务业延伸、城市更新等大背景下，如何将渝水钢铁文化发展为工业旅游成为渝水推动城市经济增长、促进城市转型、构建城市形象的重要举措。1958年7月，新余钢铁公司成立，到1960年底，新钢职工人数达36400人，其中上海籍职工占比80%。为抚慰上海籍老职工的乡愁，保留"钢铁"记忆，渝水区独具匠心地将厂区村改造与工业旅游开发相结合，并将老上海风情街的建设纳入区级重点项目。如今，这条街不仅传承着渝水钢铁文化的底蕴，还承载着新钢职工对故乡的深深怀念和眷恋，成为市民休闲娱乐、退休职工缓解乡愁的绝佳去处。

为了进一步激发老上海风情街经济发展活力，渝水区政协远赴上海、江苏等地考察，提出了三点建议，得到了区委、区政府的全面采纳。一是建议推进"老上海风情街文化+""非遗+文创"等融合发展模式，实现老上海风情街旅游业的可持续发展和社会效益的最大化；二是不断整合新钢钢铁文化资源，打造高品质的旅游景区，融入"文化+""非遗+"旅游发展模式；三是建议全方位规划完善文化街区配套设施，不仅保留老上海的建筑风格，还将推动街区立体停车场、公共厕所以及相关基础设施建设。

三、深入协商议政，让渝水钢铁文化更有"料"

"良山锅贴"，一款来自江沪的味道，却在南方的小城里流行了近 30 年。二十世纪七八十年代，为了响应国家号召，湖南、上海、江苏、重庆、山东等全国五湖四海的产业工人，纷纷搬迁到新余渝水，他们带来的不只是发展，更是饮食文化的盛宴。新钢美食步行街，位于新余市渝水区园南路，始建于 1990 年，作为新余重要的生活地标和"深夜食堂"，承载了一代代新余人的城市记忆，一度被誉为新余的"美食风向标"。为了留住这一记忆，避免新钢美食步行街被时代淘汰，区政府决定进行改造升级，区政协选派了各界别政协委员代表 10 余名，全程参与了该改造项目的前期调研等工作，参与协商会、调度会、推进会等 10 余次。其中，"新钢美食步行街改造应主动引入文化体验新业态，注重引入符合当地发展的传统老字号、百年老店、'国潮'文创等优质业态，汇聚当地特色民宿和新余渝水当地美食，让消费者吃得起、记得住、会回头"和"要充分利用新钢美食步行街推广本地产品，通过直播和短视频展示产品特色和制作过程，吸引年轻消费者"等建议得到了主管单位和建设部门的高度重视，并被一一落实到规划图纸和营销方案中。

四、发挥政协优势，让渝水钢铁文化更有"趣"

在渝水钢铁文化的挖掘和开发中，年轻一代不是围观者，更应该是参与者和建设者，要让青年成为渝水钢铁文化的传承者与创新者。为充分发挥政协人才荟萃、智力密集、联系广泛的优势，区政协组织广大政协委员中的青年学者、企业家、艺术家和干部等开展专项研讨会。就如何构建渝水钢铁文化图谱体系、如何精准提炼其内核内涵并使之更具吸引力与独特性展开了积极探讨。其中，艺术界委员提出的将新钢烟囱涂绘成青花瓷的设计方案，这一创意将工业元素与文化艺术相结合，不仅具有极高的艺术审美价值，还为渝水工业旅游增添了更多的趣味性与观赏性。游客们可以亲身感受这一创意带来的视觉冲击和艺术享受，进一步了解和认识渝水钢铁文化。另一名委员充分利用其 MCN 机构的资源优势，通过旗下拥有 300 多万粉丝的抖音账号，积极宣传渝水钢铁文化。瞄准年轻受众，抢占移动端市场，运用自媒体手段扩大影响力，并积极寻求让渝水钢铁文化破圈的流量策略。这些举措不仅让更多人了解和认识渝水钢铁文化，还为它的传承与创新提供了新的契机和可能，使之在游玩和传播的过程中变得更有趣。

五、丰富协商平台，让渝水钢铁文化更有"为"

渝水区与市同城，总人口约 69 万人，城区常住人口约 53 万人，随着城市化进程推进，原来各国有厂社区全部移交地方，其中单新钢就移交职工及家属约 10 万人，基层治理面临着新的挑战。渝水区结合渝水钢铁文化基因，创新推出了"钢城红"党建联建品牌。区政协积极探索"赣事好商量·渝快议"品牌与"钢城红"品牌的对接，发挥委员工作站作用，探索政协委员参与基层治理的新模式。按照"组织共建、资源共用、服务共享"原则，引导政协委员参与社会治理，走出一条党建引领、优势互补、协作共享的基层治理新路子。首先就是高标准规划建设社区委员工作站，充分利用社区"城市会客厅""睦邻议事厅""圆桌会"等居民自治平台，在社区、业委会、物业公司"三位一体"议事协商基础上，全面推动政协协商下基层活动，探索多级联动协商新模式。其次就是充分发挥结对双方自身优势，建立轮值议事、双向报到、清单认领等制度，选派业务能力强、综合素质高的政协委员到社区担任协调员，围绕群众需求，召开联席会议，走访居民群众，帮助解决实际困难。

"炉火照夜明，钢花映彩霞，铁锤声声急，工业强区梦"。提升渝水钢铁文化影响力、推动渝水工业旅游发展，需要做好精细"大文章"、布好长远"大棋局"。区政协将始终坚持问题导向，发挥专门协商机构作用，发挥智力密集和委员跨学科、跨界别、跨领域的优势，积极主动建言献策，为谱写中国式现代化渝水篇章贡献智慧力量。

（执笔人：张菊花 罗 元）

以协促文 以商助城

政协鹰潭市余江区委员会

文化兴则城市兴，文化强则城市强。如何挖掘城市文化价值，增强城市文化竞争力，是实现城市繁荣发展的关键。社会主义协商文化作为我国协商民主实践形成的特有文化，在推动城市文化建设开创新局面、迈上新台阶方面大有可为。近年来，余江区政协立足职能定位，充分发挥协商民主重要渠道和专门协商机构作用，大力培育协商文化，以"赣事好商量·余民同心"协商议事工作为抓手，聚焦推进余江城市文化建设，摸清家底、提出建议、凝聚共识，探索了协商文化与城市文化有机融合，以协促文、以商助城的基层协商民主实践之路。

一、以"高质量"协商赋能摸清城市文化"厚家底"

城市文化体现在城市记忆和城市文化遗产的积累上。城市记忆是城市居民对城市的情感认同和归属感，它源于城市的历史、文化和传统。

（一）**保护文物建筑，搭建城市文化的"大支架"**。经考古研究考证，余江拥有五千年的农耕文明历史，文化底蕴厚重。近年来，余江区政协为助力挖掘和保护余江文化瑰宝，每年年初制定常委会工作要点、年度协商计划时必然有文化建设课题，先后开展了"加强文物普查与保护""古镇保护与开发利用""加强红色历史文化传承"等专题调研协商，提出了"强化组织领导、实现多元投入、推进保护开发、强化营销宣传"等建议，促进了安仁古城墙、余江县衙、龙溪书院、汪家源赣东北红军指挥部旧址等文物建筑和历史遗迹的修缮保护，助力擦亮古色文化、做强红色文化。

（二）**抓好史志编纂，细耕传承历史的"责任田"**。余江区政协始终认真履行存史资政、团结育人的职责和使命，先后编撰出版了5辑《余江文史资料》，理清了余江革命斗争史、血防简史、创新创业史等历史脉络，赓续了红色血脉。出版了《上海知青在余江》《红色余江》《余江政协志》等文史专集，促进余江与上海的交流交往、延续了沪赣情，促使广大青少年了解家乡、热爱家乡，激励委员懂政协、会协商、善议政。提升了城市文化的传播力、增强了城市文化的向心力，提高了城市文化的美誉度。

（三）挖掘名人文化，树立城市底蕴的"好形象"。余江历史上涌现了汤汉、桂萼等一批有重大影响的名人学士，近代又涌现了邹韬奋、吴迈等为代表的风云人物。区政协为助力名人文化的传承、提升城市文化的影响力，开展了"余江名人文化资源的创新传承"的专题调研，提出挖掘名人文化、展示名人文化、传承名人文化等建议，促进了一江两岸名人文化公园、韬奋书院等的建成，靓化了城市形象、传承了名人精神。

二、以"高言值"协商赋能擦亮城市文化"高颜值"

余江古韵悠长，人杰地灵。血防文化、韬奋文化、雕刻文化、眼镜文化熠熠生辉、远近闻名，是宝贵的城市文化和精神财富。区政协以"高言值"协商赋能将文化元素融入城市建设之中，彰显城市特色、提升城市颜值、提振城市魅力。

（一）汇聚"委员+"智慧，完善城市规划。区政协坚持彰显特色、提升品位、展示魅力的原则，邀请熟悉本土文化的政协委员、文化界知名人士、艺术设计界别委员等参与城市文化建设规划讨论，将余江"三大文化""两种精神"等优秀文化元素融入城市建设文化规划。提出了主城区做精血防文化和雕刻文化，城东新区做美韬奋文化，老县城锦江镇和中童镇做靓古镇文化和眼镜文化的总体框架，突出建筑布局的合理性、建筑设计的艺术性，营造优美的城市建筑风格。

（二）开辟"直通车"通道，扮靓城市窗口。城市窗口是展示城市文化和城市风貌的重要载体，城市"软实力"想要提升，"硬件"基础必须要打牢。通过协商余江在高速路口、国道衔接处、市民集中休闲区等，设置突显韬奋故里、血防圣地的大型景观节点，依托马鞍岭森林公园建设血防文化主题公园，依托韬奋公园建设韬奋文化主题公园，依托一江两岸建设历史名人（乡贤文化）公园，把历史事件、名人精神充分体现在城市建设中。

（三）开展"微协商"活动，构建城市标志。要想朝着文化强区方向前行，更好满足人民群众对美好生活的向往，就必须加快推进重大文体设施的规划建设，给城市文化事业的发展再加一脚油门、添一把柴火。一直以来，余江区存在博物馆、美术馆、游泳馆缺乏，图书馆设施老旧、馆室破旧等问题，为解决这些问题，余江区政协多次组织专题调研，以社情民意、提案的方式供党政领导参考决策，最终促成余江三馆（博物馆、美术馆、图书馆）、韬奋体育馆、国家血防纪念馆等的落地并成为城市地标建筑，同时充分运用城市零星地块和社区小绿地建设文化宣传设施，充分展示余江特色文化，大力弘扬社会新风尚、家风家训、社会主义核心价值观等，让优秀文化融入群众生活。

三、以"高效能"协商赋能画好城市文化"同心圆"

（一）**延伸协商触角，提升城市温度**。委员工作室、乡镇政协工作联络组，镇街村居全覆盖的协商议事二维码，群众聚集处的协商议事亭，学校的青少年模拟政协提案等，实现"协商的主题在哪里，主体就在哪里，场地就在哪里"。围绕城市的软文化建设，城市的就业、养老、医疗、教育、全域旅游等促进城市文化发展的议题，将不同层面的人、不同地区的人聚到一起、商到一起，使协商更富温度，让基层群众切实感到"委员就在身边、协商就在家门口"。

（二）**丰富文化活动，浓厚城市氛围**。注重以文化人、凝聚人心，建立区政协委员文化活动中心，全天对市民开放，经常性组织美术、书法、摄影等各项主题比赛，丰富了委员和群众的文化艺术生活。通过举办"迎七一端午诗会""春节楹联大赛"等群众性文化活动，弘扬余江精神、传承本土文化，激发了广大政协委员和人民群众爱党、爱国、热爱家乡、建设家乡的热情。

（三）**贴近群众协商，凝聚广泛共识**。不断完善"赣事好商量·余民同心"协商议事平台，从重点打造到全面推进、从建好用好到常态长效。将委员按界别分成 15 个小组，发放调查问卷 600 多份，走街串巷征求群众意见，将协商平台搬入社区、企业、学校等基层单位，开展了"我为创建献一计""委员话宅改"等与群众生产生活息息相关的协商活动，让党政领导、相关部门、界别委员、群众代表等，面对面交流、心贴心协商，解决了一批道路积水、停车难、充电难、出行难等居民的操心事、烦心事、揪心事，使协商既接"地气"又赢"人气"，凝聚起建设美好家园的磅礴力量。

（执笔人：王婷平）

集政协协商之智　增城市文化之力

政协鹰潭市月湖区委员会

文化兴则城市兴，文化强则城市强。地方文化是一个城市持续发展的核心体现，它具有不可取代的文化内涵和独树一帜的专属价值，能为一个城市树立起无形的品牌效应。如何挖掘城市文化价值，增强城市文化竞争力，是实现城市繁荣发展的关键。党的十八大以来，习近平总书记高度重视文化建设，着眼于实现中华民族伟大复兴，围绕推进文化自信自强、铸就社会主义文化新辉煌、建设中华民族现代文明作出一系列重大部署，领导推动新时代文化建设取得历史性成就、社会主义文化强国建设迈出坚实步伐。

有事多商量、遇事多商量、做事多商量，政协协商是寻求最大公约数的过程，是凝聚社会共识、促进社会团结的过程，是画出最大同心圆的过程。要用好政协协商这一有利法宝，在保护弘扬城市文化、延续城市历史文脉、促进城市文化建设上广泛凝聚共识，积极建言献策，提高协商实效，为助推城市文化建设、增强城市持续发展能力集智聚力。

一、协商促进城市文化建设，要突出政治引领

要坚持党的全面领导。中国共产党是中国最高政治领导力量、是社会主义事业的领导核心，只有坚持党的全面领导，才能坚持正确的政治方向、政治立场、政治言论、政治行为，才能确保协商方向与大局合拍、与发展同频、与民心相符。要有服务大局意识。政协协商议题的确定、协商计划的制定都要紧扣围绕中心、服务大局这个主旋律，切实做到党和国家工作重心在哪里，政协协商就跟进到哪里，力量就汇聚到哪里，作用就发挥到哪里。要加强政治引领。既要发挥政协党组在提高政治站位，善谋全局、把牢方向，定准基调的掌舵、把关、引领和堡垒的作用；又要确保政协党组在民主协商中不缺位、不越位，努力实现政协协商政治效果、政策效果、社会效果、治理效果相统一，把协商民主优越性落实到实践。

二、协商促进城市文化建设，要注重调查研究

习近平总书记强调："调查研究是谋事之基、成事之道，没有调查就没有发言权，没有调查就没有决策权。"人民政协作为专门协商机构，要坚持"不调研不协商""先调研后协商"原则，切实做好协商前的调查研究。调研内容要深入浅出，深入挖掘地域文化内涵，依托地域文化的宝贵资源，发展地方特色文化产业，提升城市文化软实力；调研方式要灵活管用，充分与提案办理、界别活动、专委会工作等密切结合；调研组织要因地制宜，对重大调研议题采取统分结合的办法，明确分管领导和责任委室，变"大部队"为"小分队"，变面面俱到为重点突破；调研力量要内外兼顾，尽可能把有专长的常委和委员吸收进课题组，并邀请相关专家学者参与。通过充分的调研，让委员在各类协商活动中做到言之有据、言之有物，真正实现建言建在需要时、议政议到点子上，真正促进城市文化事业和文化产业发展。

三、协商促进城市文化建设，要坚持民本思想

江山就是人民、人民就是江山，打江山、守江山，守的是人民的心。人民立场是我们党的根本政治立场，弘扬中华优秀传统文化，擦亮城市文化名片，必须从人民立场出发，用马克思主义观察时代、把握时代、引领时代。坚持人民至上，坚持人民立场真抓实干。在协商推进城市文化建设上，人民政协必须坚持以人民为中心，广纳民意、广集民智、广聚民言，准确把握人民群众的愿望需求，遵循规律把人民群众的美好愿望转化为现实。要把握城市韵味，发扬传统文化风貌，加大宣传力度，多角度、全方位传递正确价值导向，加强精神文明建设，提升人民群众的获得感、幸福感、安全感。要坚持协商于民、协商为民，密切联系群众，发挥群众的主动性积极性，增强人民群众对故里家乡的感召力和凝聚力，铸造城市文化品质，提升城市文化自信和精神气质。

四、协商促进城市文化建设，要丰富协商平台

城市文化要在继承中发展、在发展中创新。协商推进城市文化建设需要广泛多层的协商平台和丰富的协商实践作为载体，在实践中丰富协商活动、拓展协商内涵，从而实现资源共享、合作共赢。不断完善协商会议活动，搭建新的协商平台载体，是将协商成果转化为促进城市文化建设相关工作的重要推手。要搭建机制化、常态化的协

商参与平台，完善以全体会议为龙头，以专题议政性常委会会议和专题协商会为重点，以对口协商、界别协商、提案办理协商等为常态的协商议政格局。做好擦亮"赣事好商量+"品牌，建立委员工作室微协商、委员议事厅等协商平台，实现与党政领导高端对话、与基层党组织一线议事；充分运用新一轮科技革命和产业变革成果，以建设智慧城市为契机，探索开展网络议政、远程协商平台，做到会上会下广纳群言、线上线下同步讨论；帮助指导乡镇、社区搭建村（居）民议事厅、民主恳谈会等协商平台，推动政协协商与基层协商有效衔接，让协商更加贴近人民群众，更好满足人民文化需求，增强人民精神力量。

文化是决定城市活力、潜力和创新能力的重要因素，推动城市发展必须大力推动文化繁荣兴盛。要坚持以习近平文化思想为指引，发挥人民政协专门协商机构作用，将"赣事好商量"作为推进江西省政协协商促进城市文化建设、提升城市文化内涵、增强城市文化自信和竞争力的重要平台，为助推文化强省建设贡献政协智慧力量。

（执笔人：宋　霜）

充分发挥协商民主
在助推城市文化建设中的重要作用

政协赣州市南康区委员会

南康是中国实木家居之都，现代家居产业文化特色明显，经济、文化和对内对外交往十分活跃。建制历经了县、市、区，是赣州市人口逾百万的产业功能区。区政协发挥专门协商机构独特优势，在与区委、区政府同题共答"城市建设发展依靠谁、为了谁的根本问题，以及建设什么样的城市、怎样建设城市"重大命题过程中，坚持协商民主，广泛凝聚共识，努力培育协商文化，聚力打造产业文化，助力塑造城市文化，赋能城市发展。

一、立足主责主业，培育协商文化

习近平总书记指出，人民政协在协商中促进广泛团结、推进多党合作、实践人民民主，既秉承历史传统，又反映时代特征，充分体现了我国社会主义民主有事多商量、遇事多商量、做事多商量的特点和优势。南康区政协积极推进"有事多商量、有事好商量"协商议事工作，多形式培育协商文化。

协商工作制度化。党的十八大以来，习近平总书记关于加强和改进人民政协工作的系列重要论述，为进一步做好人民政协工作提供了根本遵循。南康区政协强化制度建设，建立健全了委员联系界别群众、联动协商等工作推进机制。全面加强"两支队伍"建设，提高履职能力，特别是今年，委员规模增加了 61 名，达 296 名。强化委员的政治参与，使协商民主成为践行全过程人民民主的重要方式。

协商活动常态化。发挥委员主体作用，有为才有位。搭建"7+25"委员协商履职平台，除了日常的学习培训、委员履职和界别活动外，南康区政协还主动谋划，倡议引导委员积极参与"双一号工程"和疫情防控、助推高质量发展等中心大局工作中。委员的协商、调研等下沉到项目一线、攻坚主战场、市场、车间和田间地头，干部群众真切感受到委员就在身边，政协离我们很近。

协商互动质效化。把协商文化培育与双向发力、服务发展衔接沟通。既开展决策前、决策中、决策后协商，既关注"三重一大"，又聚焦痛点堵点。城市品质提升、城区双水源建设、城区学校布局、城市文化传承、道路命名更名、推进家具"油改水"等"面对面"协商，党政领导主动参加，群众代表积极发声，在协商中集众智、谋良策、聚共识，较好实现了"一件事"推动"一类事"，"点"的工作助推"线"的延伸和"面"的覆盖。"委员·区长面对面"协商已成为政协高质量协商履职的一张亮丽名片。

二、立足区情实际，打造产业文化

现代家居产业是南康的首位产业、富民产业，历届区政协，委员人数最多的群体就是来自产业队伍，协商内容最多的也是产业发展。从1993年南康第一家民营家具企业成立以来的30余年，区政协引导委员准确把握时代脉搏，通过协商履职助推产业高质量发展、绿色发展。

围绕产业的发展开展协商"接力"。始终坚持围绕服务中心大局开展协商议事活动。南康区政协协商履职的过程，贯穿了家具产业的放量发展、粗放发展、转型发展、高质量发展，再到打造具有全球影响力的家具制造之都的全过程各方面。区政协和广大委员就产业发展开展了一场30多年"不歇脚"的履职"接力"，协商履职从最初的"放水养鱼"拓展到如今的加快发展新质生产力、优化营商环境、加快南康家居拓展海外市场等，形成了独特的产业协商文化，营造了浓厚的"有事好商量"氛围。

协商定义"南康精神"。文化是城市的精神内核。南康区政协发挥人才荟萃、智力密集的优势，挖掘整理文史资料，开展了系列专题协商。协商定义了"无中生有、敢闯敢拼""工匠精神"等"南康精神"，充分体现了南康历史文化的特征和全区人民的价值追求，改变外界对南康人只会做家具的刻板印象。与市档案馆联合摄制了《档案里的南康家具》，编纂出版了《客家·南康印象》等图书。

增加产业"美誉度"。坚持议政议在点子上，建言建在关键处。协商商出生产力、提升竞争力。建园区、促转型、品牌化、智能化、多元化、走出去等意见建议转化为成果，助推赣州国际陆港"四区合一"融合发展、千万平方米标准厂房建设、家具大市场更新提升、产业绿色发展等。继2022年抢占东南亚市场后，2023年，南康家具首次在米兰国际家具展亮相，还通过国际班列深入中亚腹地。

三、立足宜居宜业，塑造城市文化

"安居乐业"自古以来就是城市所追求的理想。南康区政协坚持通过协商以文化人、以文化城，将历史文脉和现代文明融入城市发展、市民生活中，为塑造城市文化、打造宜居宜业城市贡献政协力量。

提升城市引领力。坚持提升城市引领力，汇聚发展正能量。推动政协协商与基层治理有效衔接，打造了幸福社区协商议事室等一批多元主体参与平台，激发了基层活力。开展青年友好城市建设、加强异地商协会建设等协商，激发城市活力、动能，让青年人进得来、留得住、能成业。围绕优化营商环境持续开展面对面专题协商，助推优化营商环境，全省考核由 2021 年的第 57 名跃升到 2022 年的第 17 名，2023 年又前进到第 2 名。

提升城市凝聚力。人心是最大的政治。南康区政协坚持围绕民生实事项目开展选题调研和专题协商，发挥职能优势、坚持履职为民、开展暖心协商，助力民生福祉。在区政协的推动下，各项民生实事落到实处，多年来民生支出和新增支出"七个位"均位居全市第一。开展老旧小区改造、新就业形态劳动者权益保障等协商，暖蜂驿站、共享换电等系列为民举措不断推出。

提升城市影响力。城市，让生活更美好。南康区政协找准定位，精准发力，围绕教育高质量发展、建立区域医疗中心、推动孵化园区提质增效、加快中小企业数字化转型、推动文化产业繁荣发展、提升文旅体融合发展竞争力等方面开展高质量协商，坚持系统谋划，推动文化、教育、卫生、体育等纳入城市品牌建设，持续提升城市"软实力"，把"实木家具制造之都"城市品牌擦得更亮。

（执笔人：钟恢森）

彰显"赣事好商量"品牌
打造协商文化亮丽名片

政协赣州市赣县区委员会

赣县区充分发挥"赣事好商量"协商议事的品牌优势，借助客家文化的深厚底蕴，通过搭平台、建机制、抓协商、聚共识，解民忧、促发展，初步形成"党委领导、政府支持、政协搭台、各方参与、服务群众"的协商格局，强化广大人民群众对于协商议事的认同感，扎根于客家文化的土壤中，与客家人的团结协作、和谐包容融为一体，逐步形成一种协商文化，成为赣县一张靓丽的文化名片。

一、着力提高"赣事好商量"协商文化的领导力

坚持党的全面领导是习近平新时代中国特色社会主义思想的最鲜明特征、最重要内容。要始终把坚持文化建设领导权放在重要战略地位。因此，要始终坚持党的全面领导下推进"赣事好商量"协商议事，最大限度保证协商结果与党的路线方针政策相一致，最大程度把群众凝聚到党组织周围，最大力度夯实党在基层的执政基础，确保基层协商民主建设方向不偏、焦点不散。具体要做到"三个强化"。一是要强化党委领导。要以党委名义成立推进基层协商民主建设工作领导小组，党委主要负责同志任第一组长，党组书记任组长，组织、宣传、统战、政法等相关领导任副组长，相关单位负责同志为成员，构建党委领导的组织架构，高位推动工作落实。二是要强化政协督导。政协要主动作为，积极推动委员下沉基层协商议事，在党委的领导下加强对工作的调度、协调和督导，确保工作落到实处。三是要强化协同推进。乡镇基层党委具体负责本地"赣事好商量"协商议事工作的推进，切实发挥乡镇政协工作联络组作用，把政协委员等协商主体团结在党组织周围，在党的领导下开展协商议事活动。通过加强组织领导，让"赣事好商量"协商平台建得下、推得开，协商活动能开展、真管用，在基层散发旺盛的生命力。如印发《关于在全区政协委员中开展"下基层、到网格、促协商、提能力"活动的通知》，把全部政协委员落实到协商议事室中挂点联系，参

与"赣事好商量"协商议事、联系界别群众等工作，对政协委员参与"赣事好商量"协商议事建立了区政协牵头协调、乡镇党委领导管理的机制，实现了"委员沉下去、履职活起来"，让群众更加真切地感受到"政协很近，委员很亲"。如城南社区协商议事室把电梯加装作为解决群众急难愁盼问题的协商议事的切入点，赢得了群众的赞誉，使"老楼加梯"作为"赣事好商量"基层协商民主议事平台的生动实践，成为提升群众获得感、幸福感和满意度的"幸福梯"。

二、着力提高"赣事好商量"协商文化的向心力

习近平总书记指出，"要坚定文化自信，推动社会主义文化繁荣兴盛"。新时代推进伟大社会革命，必须高度重视发挥文化的重要支撑作用。要着力提高"赣事好商量"的文化向心力，不断增强协商议事成效，聚焦当地党政工作的要事、民生改善的实事、社会治理的难事，着力解决群众"急难愁盼"问题，把"赣事好商量"打造成党委政府的"好帮手"，人民群众的"连心桥"。具体要通过"三个融合"，推进委员联系服务界别群众和基层协商议事相衔接、相促进。一是融合委员"下基层到网格"活动，做到"真联系"。要求政协委员落实到协商议事室中挂点联系，认真参与"赣事好商量+"协商议事，同时到所在网格开展联系服务界别群众等工作，让委员广察民情、广纳民言、广聚民心，实现"委员沉下去、履职活起来"；让群众更加真切地感受到"政协很近，委员很亲"。二是融合"金牌委员"创评，做到"有标杆"。印发《关于在全区政协委员中开展"金牌委员"创评活动的通知》，树立鲜明导向，引导委员更好联系服务界别群众，更好参与"赣事好商量+"协商议事，并从中评选、表彰"金牌委员"，以标杆示范激励和带动广大委员争当社情民意"观察员"、矛盾纠纷"调解员"、人民群众"服务员"。三是融合资源阵地，做到"多元化"。利用"赣事好商量+"平台资源，融合建设"委员之家""书香政协"等，打造委员深入基层一线新窗口、联系服务群众新阵地，架起一座座委员与群众心连心、共发展的"连心桥"。延伸"赣事好商量+"协商议事触角，组织委员走进田间地头、农家小院、社区广场、车间工地，探索开展"田园协商""纳凉协商""广场协商""圆桌协商"等，让委员履职成效辐射更多界别群众，让政治协商理念深入社会、深入基层、深入群众。

三、着力提高"赣事好商量"协商文化的凝聚力

要坚定文化自信，将"赣事好商量"的品牌文化纳入社会治理体系、融入社会生活、深入受众心灵，更加注重协商文化宣传阐释。要着力推动"赣事好商量"开花结果，

让协商成果转化为人民群众的获得感和幸福感,转化为社会治理效能。具体要建立"三个机制"。一是建立承接转换机制。依托"赣事好商量"平台收集的建议线索、协商议题,有的转化为提案、社情民意信息形式进行参政建言;有条件的提交协商议事会开展协商,对经协商达成共识并需要有关部门承办的协商事项,报推进基层协商民主建设工作领导小组办公室备案,督促有关部门承接。二是建立落实交办机制。建立健全协商成果"形成、报送、受理、交办、办理、落实、反馈"7个环节、全流程闭环式成果转化机制,确保协商成果落到实处。三是建立监督反馈机制。协商成果落实情况在一定范围内公开,接受群众监督,同时,党委、政府督察部门对协商成果落实情况进行督察,政协采取民主监督、调研视察、民主评议等形式,监督协商成果转化,推动问题解决。

四、着力提高"赣事好商量"协商文化的协同力

要坚持人民至上的理念,注重提高协商文化的协同力,集民智、聚民心、合民力,要将协商文化发展与人民精神需要结合起来,把协商文化的根基建立在祖国大地上,扎根在人民群众需要的地方,成为一种文化精品。要把"赣事好商量"打造成委员提升能力、促进履职、展现风采的好舞台。具体要通过"三个聚焦"来推动委员联系界别群众工作,打造协商文化的协同力。一是聚焦政策宣传宣讲。组织委员深入界别群众宣传阐释党和国家重大决策部署以及省、市、区各级党委政府的中心工作,引导界别群众提高对党的创新理论的理解,对党的大政方针的认同,对各级党委政策措施的支持,从而更加坚定地感党恩、听党话、跟党走。二是聚焦解决群众问题。组织委员深入基层一线,了解收集界别群众的困难问题和思想状况,倾听群众意见建议,对收集到的问题和建议,通过提案、社情民意信息、调研报告等向党委、政府建言资政,或在当地党组织的领导下,依托"赣事好商量+"协商议事室等协商平台,认真组织或参与协商活动,推动相关问题解决。如医卫界就医疗集团建设组织委员深入城区医疗机构开展界别调研活动,为群众的急难愁盼和所思所想"鼓与呼",深受界别群众及相关部门好评。三是聚焦社会公益事业。开展"委员活动日""界别活动周""界别活动月"等主题实践活动,发挥界别自身特点、优势和专长,开展政策咨询、技术指导、法律援助、科普宣传、义诊送医、文化下乡、扶贫帮困、捐资助学等惠民便民服务和公益活动,履行委员社会责任。如科技界组织委员开展送科技下乡活动,积极助力乡村振兴,反响热烈。

(执笔人:廖新宇)

贡献政协智慧　助力城市文化建设

政协上饶市信州区委员会

习近平总书记强调，"文化是城市的灵魂。城市历史文化遗存是前人智慧的积淀，是城市内涵、品质、特色的重要标志。"近年来，信州区深入挖掘人文自然资源，不断擦亮"饶有信去"品牌，每年安排文化旅游项目资金 1000 万元，支持全区文旅项目创建，提升城市形象，尽显魅力信州活力。信州区政协准确把握人民政协性质定位，充分发挥政协专门协商机构作用，紧紧围绕文化旅游强区建设，组织专题调研、开展协商活动、安排委员视察，为信州城市文化建设中的堵点难点寻良方、解难题，助推信州城市文化建设高质量发展。

组织专题调研，深挖城市文化内涵。一是主动聚焦党委、政府中心工作，开展专题调研协商。以保护好信州传统文化街区为切口，深入信州水南历史文化街区、福州市三坊七巷等地进行调研，形成《聚焦打造区域消费中心城市，培育信州文化街区的思考》调研报告，助力信州文化街区建设。二是运用好政协平台，在深入调查研究的基础上，召开以"如何进一步做大文化产业，让文化产业成为信州支柱产业"为主题的专题议政性常委会会议，会上提出将夏布画、串堂班、采茶戏等传统文化项目融合到当代艺术创作中的建议，在政府推进沙溪老街文化街区项目中得到充分吸纳。沙溪非遗展示馆、镇史馆利用"声、光、电"等现代技术充分展示了夏布制作过程、信州历史名人，进一步弘扬信州传统文化。三是充分发挥政协委员主体作用，动员政协委员参与到城市文化建设的行列中来，为信州城市文化建设建言献策。在区政协六届四次会议期间，区政协委员杨海燕提出《发布城市旅游路线，推出江西上饶信州 logo 歌曲和文创产品的建议》，引发创立信州城市文化品牌热议，今年信州区将发布一首歌曲、一个 logo、一张地图、一套文创产品等带有城市符号的作品，吸引各方力量聚"信"发展。四是锚定信州特色文化，助力擦亮城市名片。区政协组织委员调研江西省唯一的少数民族社区——信州区汪家园畲族社区，深挖畲族文化风情，提出《关于民族风情文化街区建设纳入中心城区重点项目规划》的建议，进一步挖掘信州地方畲族文化素材，建设一批有民族特色的文化设施，丰富信州城市文化内涵。

开展"好商量"协商，激发城市文化活力。一方面重视基层"好商量"，突出基层意识和特点。2023 年，信州区政协出台《关于开展"为民服务在身边——好商量　商百事'赣'事好商量"活动实施方案》，140 个"赣事好商量"协商议事室开展协商活动 375 场，其中关于城市文化建设近 100 场，水南街道开展"做好传承与创新　优化天官巷文化街巷"协商议事活动，促进水南文化传承与保护；吉阳山社区围绕"打造满足居民群众业余生活需要的活动空间"议题召开"好商量"协商议事会，建设小区休闲活动场所，满足人民群众对文体生活的需求。"好商量"关于城市文化建设的主题涉及传统文化传承、里弄小巷改造、绿化带建设、路面改造等方方面面，以"微改造"方式促进城市文化建设更新。另一方面发挥专题"好商量"重要作用。2024 年 4 月，信州区政协印发《关于开展"转角遇见爱·城市品质提升""饶城百巷·文化提升"专题"好商量"基层协商议事活动的通知》，各镇、街道围绕信州街头转角、百条巷道开展专题"好商量"88 场；紧扣明信片式美景、文艺范式风景、烟火气式场景、旧时光式佳景等"四景"协商讨论，以小场景、小切口点缀信州城市街角，拓展信州城市文化新空间，促进信州城市文化提升建设。

安排委员视察，助推城市文化建设。一是深入一线摸实情，2023 年，为贯彻落实信州区《关于全面融入长三角一体化发展打造区域消费中心的支点和基点的实施意见》，信州区政协多次组织政协委员前往一线，开展"城市功能与品质提升"专题视察活动，围绕城市品质的宜居、韧性、创新、智慧、绿色、人文等方面积极建言献策，为现代化魅力信州建设提出了可行性意见和建议。二是精准发力促落实，开展关于"我区无物业小区物业化管理工作"专题视察并召开座谈会，推动完善"西市格格"基层管理服务品牌，提升城市精细化管理水平。三是上下联动抓共促，联合市政协开展"提升云碧峰国家森林公园环境品质"专项民主监督活动，有序推进云碧峰森林公园环境品质提升各项工作，努力建成人民群众满意的优质公园，打造信州旅游新地标。

城市文化是一座城市的气质所在，它不仅体现了城市的内在实力、外显活力和发展前景，更是一个城市软实力和核心竞争力的体现。信州区政协将持续深入学习贯彻习近平新时代中国特色社会主义思想，在推进信州城市文化建设中贡献政协智慧。

（执笔人：刘山钰）

推进"赣事好商量"广丰实践
深耕厚植富有政协特色的协商文化

政协上饶市广丰区委员会

党的二十大报告指出，"人民民主是社会主义的生命""协商民主是实践全过程人民民主的重要形式"。中国特色社会主义协商文化伴随协商民主的发展而发展，并对发展全过程人民民主产生重要的推动作用。近年来，在省、市政协的精心指导和区委的坚强领导下，广丰区政协认真践行全过程人民民主，坚持协商于民、协商为民，优化协商环境，深化协商机制，创新协商形式，深入推进"赣事好商量"广丰实践，持续树好"党建+好商量"品牌，有力推动政协协商向基层延伸，让富有政协特色的协商文化深入寻常百姓家。

一、进一步优化基层协商民主的外部环境

（一）培育全社会的协商民主文化。首先，增强公民的民主意识，提高民主参与、民主管理的能力，增强公民对社会的主人翁意识和责任意识。其次，构建公共政治的文化环境，努力实现公民在普遍的政治文化满足基础上产生政治文化认同与政治参与热情，构建公民共有的政治文化。自推进"好商量"基层协商民主议事工作以来，广丰区政协始终把坚持党的全面领导贯穿于"好商量"工作始终，紧扣党政所想、政协所能、群众所盼，积极构建"党委重视、政府支持、政协主动、各方配合"的基层协商民主建设工作新格局，培育协商文化，浓厚协商氛围。

（二）提高群众的协商参与能力。基层协商成效好不好，在一定程度上取决于群众遇事协商的意识和能力强不强。在实践的过程中，着力引导群众既充分表达意见和诉求，又进行理性平和的协商和沟通，让不同观点碰撞、融合，通过商量出共识、出办法、出感情、出团结，促使协商议题更加聚焦、讨论更加深入、成果更加丰富。注重发挥协商文化的解难题、助发展的重要作用，进一步加强引领，使基层协商赢得更多群众支持和社会认同，从"要我参与"到"我要参与"，让"好商量"蔚然成

风，从而进一步提高群众的协商参与能力。在实际操作中，在乡村两级政协联络组长、联络员以及广大委员参与的基础上，择优选取模范党员、"五老"人员、乡贤等人员参与协商议事活动。每次协商会根据议题需要，利益相关方参会率要超过半数，保障群众知情、表达和监督等权利。

二、进一步深化"好商量"协商议事机制建设

（一）强化委员作用，规范运行流程。政协主导、主推的"党建+好商量"协商议事，必须组织政协委员全过程有序参与，在有效服务基层治理过程中凸显政协元素，彰显政协力量。要围绕为谁协商、谁来协商、协商什么、在哪协商、如何协商、协商结果如何运用等关键问题，不断完善协商规则，优化议事流程，确保从"好商量"到"商量好"、从"议得好"到"办得好"。主要从执行"确定协商议题、开展调查研究、召开协商会议、督促结果落实"四步流程上下功夫，在规范流程的同时，确保每个步骤都让委员"唱主角"，使"党建+好商量"基层协商议事机制更好地服务基层治理、服务人民群众。同时，要做好委员下沉工作，完善委员履职评价和激励办法，推动政协委员就近、就便参与"好商量"协商议事活动。按照"就地、就近、就便、就熟、就愿"的原则，将 35 名住区市政协委员和 222 名区政协委员全部下沉到各乡村协商议事室，实行"挂乡联村"机制，并把每个月 26 日定为委员活动日，明确委员在"好商量"协商议事工作中的"职"与"责"，发挥委员主体作用，扩大各方参与，形成工作合力，大力激发乡村两级推进"好商量"工作的积极性和主动性。

（二）加强制度化、规范化、程序化建设。坚持"有事好商量，众人的事情由众人商量"，着力推进基层协商民主制度化、规范化、程序化，让群众在参与"好商量"协商议事中实现自我管理、自我服务、自我教育、自我监督。用制度将基层协商的内容、程序等固定下来，能够确保基层协商运转有序、充满活力。按照协商于民、协商为民的要求，完善日常参与程序，引导群众有序参与，努力实现协商效果最大化。组织参与协商人员，围绕协商议题深入群众了解情况、听取民意。以共识为诉求，完善协商文化。通过开展面对面沟通协商、线上线下互动协商、场内场外联动协商，不断扩大协商参与面，让利益相关方和各方面代表人士充分表达诉求、有序参与协商、凝聚各方共识，有效保证更多、更广泛的意见建议能够真实、充分、有效地反映到协商过程之中，真正把群众关心的事商量好。

三、进一步创新"党建+好商量"协商民主的实践形式

（一）探索更加高效的协商新途径。基层协商民主能否最终发挥作用、取得实效，

关键在于解决好协商成果转化和落实的问题。聚焦乡村振兴和社会治理，推动"好商量"协商议事从解决好"一件事"向解决好"一类事"转变提升，协商成果转化更见成效。如洋口镇围绕老街改造，先后召开 7 次协商议事会，解决了"一件事"，进一步拓展、巩固老街改造成效。如今的老街"六行五坊"样样齐全，成为周边知名的网红打卡地，先后荣获了"省级历史文化街区""省级 3A 乡村旅游点"等荣誉。如永丰街道通过开展"蓝泊湾小区垃圾分类定时定点投放"议前调研活动，组织 12 名委员开展为期六个月的调研，摸清情况、找准对策，顺利通过"好商量"协商议事会破解垃圾分类难题，为城区开展垃圾分类提供了经验模式。

（二）构建更加便民协商新格局。在原有上门协商、现场协商等模式上，融入"智慧化"协商，让群众感受到"政协离得很近、委员就在身边"。如丰溪街道组建八支网格辅导员队伍，利用"智惠丰格"社会治理平台，"线上+线下"结合、"场内+场外"联动，进一步促进"好商量"协商议事与基层治理深度融合、相互赋能，奏响了政协协商和基层协商"二重奏"。

（三）树立更加文明协商新导向。在协商议事活动过程中，广泛邀请群众代表、乡贤能人、职能部门负责人等参与协商议事，努力营造"求同存异、体谅包容、平等理性"的良好协商氛围，深耕厚植富有政协特色的协商文化。全年，广丰区"好商量"协商议事工作在"江西政协""赣事好商量""上饶政协"等公众号刊发报道 10 余篇。"广丰政协"微信公众号开设"大抓基层年"专栏，推送"好商量"协商议事活动报道、典型案例，树立了效果导向。

（执笔人：余武军）

拓展基层协商文化新路子

政协上饶市广信区委员会

自 2020 年试点基层协商民主建设工作以来，在省、市政协的精心指导下，广信区政协牢牢把握"有事好商量，众人的事情由众人商量"的实质和内涵，通过在乡村两级规范化建立"赣事好商量"协商议事平台，政协委员下沉到一线履职，创新联系服务群众方式，注重落实转化协商成果等系列创新举措，"赣事好商量"广信品牌越擦越亮，协商文化更具特色、深入人心，涌现了诸多优秀案例。其中，催生"富裕民宿村"就是一个成功缩影。

一、建立协商议事平台，助力基层社会治理

习近平总书记指出，涉及人民群众利益的大量决策和工作，主要发生在基层。要按照协商于民、协商为民的要求，大力发展基层协商民主，重点在基层群众中开展协商。2020 年，区政协启动试点工作，一是健全基层政协组织体系，成立乡镇政协工作联络组，配强组长、配备专人；二是搭建协商议事平台，在 21 个乡镇（街道）、226 个村（社区）共计建立 247 个"赣事好商量"协商议事室；三是规范协商议事流程，即确定协商议题、开展调查研究、召开协商会议、督促结果落实，每次协商议题、协商结果报同级党组织审定。把协商议事平台建在群众家门口，让群众反映身边事更加便捷、能够全流程参与，紧邻望仙谷景区的樟涧村就有了"一件事多次协商"的基础。恰逢其时，随着望仙谷景区火爆出圈，游客入住需求持续攀升，樟涧村迎来了历史性发展机遇。区委主要领导到樟涧村调研，要求华坛山镇要借助望仙谷景区"聚人气、引客流"，实现"望仙游、樟涧留"。由此，形成了"如何发展民宿产业，带动村民致富"议题，围绕议题多次开展"赣事好商量"协商议事，实践出"一件事多次协商"的案例。

二、委员下沉担当主力，充实基层协商力量

习近平总书记指出，要鼓励和支持委员深入基层、深入界别群众，及时反映群众

意见和建议，深入宣传党和国家方针政策。为充分发挥人民政协人才荟萃、精英集聚的优势，进一步加强"赣事好商量"平台基础性建设，推动基层协商民主提质增效，在乡镇（街道）设立"委员工作站"、村（社区）设立"委员联络点"，按照"就近、就便、有利、有为"的要求，将53名市政协委员和283名区政协委员，以"挂乡联村""进站入点"的方式，统一安排下沉到乡村履职，协助组织开展好"赣事好商量"活动。明确由委员主导协商议事四个环节，让委员当主力、唱主角，全过程组织、全流程参与协商议事，一线服务群众，切实助力基层社会治理。樟涧村在两位下沉委员用心倾注和积极主导下，围绕议题"商"出了发展民宿致富路、"量"出了和美乡村新标杆，每一次协商的参与群众都在增加，每一次协商的共识成果都落地见效，村民经历了对民宿发展从"试试看"到"大胆干"再到"铁了心"，对政协组织和下沉委员从"陌生"到"熟悉"再到"认可"，对"赣事好商量"从"被动"到"主动"再到"认同"的心路历程。

三、创建"委员服务日"品牌，服务群众"零距离"

习近平总书记指出，人民政协要广泛联系和动员各界群众，协助党和政府做好协调关系、理顺情绪、化解矛盾的工作。2022年初，区政协创设性设立每月20日为"委员服务日"，作为委员"下沉"履职的固定服务时间，打通联系服务群众"最后一公里"，通过开展专门性、集中式、常态化服务活动，实现服务群众"零距离"。这一天，统一组织委员进村（社区）、进楼栋、进家庭，通过"固定+流动"场所、"线下+线上"渠道、"约定时间+随时随刻"方式，开展政策咨询、法律援助、社情民意、问题意见和"好商量"议题征集。在樟涧民宿进入常态化建设运营阶段中，随之而来涉及租赁、装修、经营等问题暴露，诸多村民法律意识较为淡薄，村民之间、村民与游客或租户产生矛盾时有发生，依托"委员服务日"，区政协专门组织开展专场活动，邀请在法院任职法官的政协委员及律师委员，到樟涧村面向广大村民宣讲法律知识，对村民的问题进行解疑释惑，这场犹如"及时雨"的宣讲活动，助推了樟涧民宿健康有序发展，也为后期高质量开展协商议事、达成共识提供诸多助力。

四、注重成果落实转化，协商品牌扎根基层

习近平总书记指出，我们要坚持有事多商量，遇事多商量，做事多商量，商量得越多越深入越好，推进社会主义协商民主广泛多层制度化发展。区政协坚持议一件办一件、办一件成一件，每次协商议事会议后，把协商成果报同级党委供决策，及时跟

踪结果执行进度、听取成果转化情况报告，切实做好协商的"后半篇文章"，以更大力度推动协商议事活动从"走过场图形式"向"深协商真办理"转变，推动好商量工作从"议得好""达共识"向"办得好""出成效"转变。目前，围绕"如何发展民宿产业，带动村民致富"，樟涧村已经开展了10次协商议事会，通过一次次协商，一件件协商成果见效，一个个问题迎刃而解，完成了一次又一次的华丽蜕变，推动了民宿产业从无到有、从有到全、从全到优、从优到强，"赣事好商量"走进了全体村民的心头。截至目前，全村累计已经发展民宿110家、床位1450余张，农家乐25家、餐位1000余个。2023年，接待游客76万余人次、旅游综合收入6840余万元，今年第一季度接待游客17万余人次、旅游综合收入1180余万元，实现了"望仙游、樟涧留、村民富"，演绎了"赣事好商量"催生"富裕民宿村"的生动故事，引来"中央媒体政协行"，被中国新闻网、央广网、人民政协网、《光明日报》《人民政协报》等30多家中央、省级媒体集中报道，省政协以此案例首次制作漫画版协商故事。2024年3月，樟涧村"一个村的8次'好商量'"作品，荣登由中央网信办主办的2023中国正能量网络精品征集展播活动。

"望仙游、樟涧留，民宿村里忆乡愁"已传播到广信区全境，独特的基层协商文化渐入全区广大群众心中。区政协将坚持在实践中探索、在探索中创新，积极唱响"赣事好商量+"品牌，深耕樟涧村"一件事多次协商"的经验做法，厚植这一独具特色的基层协商文化，在基层社会治理中贡献政协智慧力量，为奋力谱写中国式现代化广信新篇章而努力奋斗！

（执笔人：吴　斌）

擦亮"赣事好商量·吉事广议"品牌
助推城市体育文化建设

政协吉安市吉州区委员会

"协"以成事促发展，"商"以求同聚共识。近年来，吉州区政协深入学习贯彻习近平文化思想、习近平总书记关于加强和改进人民政协工作的重要思想、习近平总书记考察江西重要讲话精神，持续擦亮"赣事好商量·吉事广议"协商议事品牌，深入推进协商平台建设，常态化开展基层协商民主议事活动，一批"急难愁盼"问题得到有效落实和解决，有效探索了"党委领导、政协搭台、各方参与"的基层协商民主实践之路。以区政协开展"城市体育文化协商"为例，通过梳理总结基层政协在弘扬协商文化、丰富协商形式、促进协商成果落实等工作中的做法与经验，为政协协商在助推文化强区建设提供一定参考。

一、主要做法

吉安市委、市政府全力打好打赢"十大攻坚战"以来，区政协聚焦做强做旺中心城区发展目标，发挥专门协商机构作用，有力彰显了政协在提升城市文化，推进高质量发展的重要作用。

（一）**完善协商平台——协商方式活**。近年来，区政协全面推进全区各乡镇街道"赣事好商量·吉事广议"协商议事平台建设，对协商平台的总体要求、工作机制、组织保障等作出明确规范。要求政协委员全部下沉到各镇街，每月聚焦一个协商主题，开展一次协商议事。2023 年，吉州区政协从各协商平台协商主题中精准选择党委政府工作重点、社会治理焦点问题，开展了一系列的调研、协商、民主监督活动。其中"城市体育文化协商"课题邀请了部分委员、专家、群众代表与党政部门负责人参加。为让协商取得实效，调研组先后赴多地学习考察，从不同角度剖析问题根源，对关键点深讨论透，确保形成科学合理、可操作性强、具有针对性的协商意见，最终推动城市体育文化问题的切实解决。

（二）聚焦问题再协商——协商方向明。坚持问题导向开展协商议事，有的放矢，精准调研。区政协要求各镇街协商平台必须建立在广泛征集、充分调研的基础上召开协商议事会，要敢于发现、提出、反映问题，条理清晰地提出建议，做到言之有物。接到"城市体育文化协商"课题后，区政协调研组立即召集相关部门、体育协会组织、运动场馆相关负责人开座谈会，发放调查问卷，摸清在城市体育文化建设中的短板和着力点。针对问题制定协商方案，对收集到的问题认真查摆，举一反三，力求做到资料翔实、论证全面、说服有力，意见建议切实可行。

（三）集中审题再协商——协商议题准。为确保做到协商为民不偏移，区政协提出"集中审题"协商选题模式。即先由区政协各专委会会同各镇街委员活动小组聚焦重点领域和重点问题进行深入讨论、反复论证，从中选择一批重点课题提交区政协主席会集中审题，再从中优先选择重点协商议题报区委通过后组织实施，实现协商议题更加精准。2023 年，开展的"城市体育文化协商"调研就是长塘镇在协商议事平台深入调研基础上推荐的课题。该协商议题有针对性地解决了城市体育文化方面存在的痛点问题，取得了良好的社会效益。

二、主要亮点

"前半篇"要扎实，"后半篇"更要精彩，区政协要在"转什么""怎么转""如何转好"上求突破，认真做好"后半篇文章"，使调研成果转化取得实效。

（一）完善制度促转化。针对协商成果转化上普遍存在的重答复轻落实、重承诺轻落实、落实中"最后一步"无法到位等问题，区政协制定下发了《区政协协商成果办理规程》等制度文件，对协商成果报送、批阅、交办、督查、反馈等环节作出明确规定，并纳入督查范围。"城市体育文化协商"课题结束后，区委、区政府立即把城市体育文化纳入"十大攻坚战"和《吉州区城市社会发展"十四五"规划》重要内容，出台相关配套政策，着力打通城市体育文化发展"最后一公里"。目前，篮球、游泳、足球、瑜伽协会相继成立，竞选出有影响、善管理、讲奉献的协会班子成员。区教体局出台《吉州区星级体育协会考核办法》，对各协会进行规范管理；制定《吉州区 2024 年群众体育活动计划》，确保日日有活动，周周有赛事，月月有精彩。

（二）项目跟踪促转化。协商成果如何尽快从"纸上"落到"地上"，是区政协协商工作的重中之重。2023 年，为解决城市体育文化体育场馆设施不足、体育文化用地困难的问题，调研组协同项目投资企业实地走访了全区五个街道，围绕功能空间、人口规模、服务半径、设施标准、用地形态等，实地挑选条件适合的零散地块打造若干体育场馆或口袋体育公园。经过多方考察和验证，已找到合适的地块用于建设综合体育场馆，区住建局已将其列入微地块改造攻坚任务清单，该项目预计 2026 年投入使用，建成后将大大改善周边居民的体育健身需求。

（三）报告延伸促转化。不让政协协商成果"束之高阁"，而要回声嘹亮，就要在协商报告的基础上，多手段、多渠道地推进协商成果转化。2023 年，区政协就以"城市体育文化协商"调研报告为基础，结合多位体育界、经济界委员的意见建议，向吉安市政协报送社情民意《关于打造一批"体育口袋公园"的建议》以及大会发言《点燃全民健身热情共享群众幸福 IP》。同时，区各项体育赛事精彩纷呈，区第一届 CBO"吉贝源"杯男子篮球联赛、"新绿源"杯男子篮球联赛（中年组）比赛、"'庐陵新年最吉安'2024 年区第七届'迎新杯'全民健身运动会"轮番上演，"体育文化+经济""体育文化+消费""体育文化+旅游"氛围进一步浓厚。

三、工作体会

（一）政治引领稳方向。区政协党组始终坚持把党的领导贯穿于协商全过程，就推进"赣事好商量·吉事广议"协商议事平台进行了多次专题研究，并得到了区委的充分肯定和支持。制定出台《关于推进"赣事好商量·吉事广议"协商议事平台规范运行实施意见》等多个规范性文件，明确了协商议事要以党的建设为引领，围绕以做强做旺中心城区为统领打好打赢"十大攻坚战"科学选题、精准立项、深入调研、充分协商。目前"赣事好商量·吉事广议"协商议事平台已经成为吉州区具有广泛影响力的协商品牌。

（二）延伸基层接地气。脚下有泥、心中有数，知情明政才能更好地参政议政，为此，区政协多措并举促进协商议事工作向基层延伸。出台了《吉州区政协领导联系指导基层协商民主工作安排》和《吉州区政协委员协商议事"三个下沉"方案》等多项具体规定。持续推进政协领导力量下沉、政协委员下沉、政协专委会工作下沉，做到"三个对接"，实现"三个覆盖"，打通政协协商工作和力量向基层延伸的"最后一公里"。目前，"赣事好商量·吉事广议"协商议事平台已实现 10 个街道、乡镇全覆盖，逐步形成"在基层开展调研、在基层协商问题、在基层化解矛盾、在基层凝聚共识"工作体系。近两年通过协商议事平台共收集社情民意信息 200 余条，召开协商议事会 100 多场次，为群众解决急难愁盼问题 120 多件，尤其是吉州区在探索创新"一格八员、一网三色"社会治理新实践中，坚持小切口选题，聚焦老百姓"身边难事""关键小事"，打通社会治理"最后一米"。该做法被评为江西省全面深化改革优秀案例。

（三）**协商文化暖人心**。协商文化就是"有事好商量，众人的事由众人商量"的协商自觉。区政协始终营造平等、自由、公正、宽松的协商氛围，在协商过程中解疑释惑、提振信心、协调关系、化解矛盾，不断增强人民群众的参与感、获得感、幸福感和认同感。同时，积极提高政协协商民主的吸引力和参与面，强化人民群众对政协协商民主的认知。近两年来，区政协以制度建设为主抓手，在思想引领、委员履职、自身建设等方面推动协商文化制度化、程序化，先后出台多个类别规章制度，推动了广泛多层制度化的协商体系建设，促进了协商文化建设有本可依、有基可立。

（执笔人：黄茜茜）

凝心聚力助推"文化之城"建设

政协吉安市青原区委员会

习近平总书记深刻指出，文化关乎国本、国运。党的十八大以来，习近平总书记坚持把文化建设摆在治国理政的重要位置，站在全局和战略高度，提出了一系列新思想新观点新论断，指引新时代文化建设取得历史性成就，形成了习近平文化思想。景色是城市的形象，经济是城市的体魄，文化则是城市的灵魂。城市文化是城市形象传播的关键因素，在一定程度上可以说，城市是以文化论输赢，从城市文化角度传播城市形象能增强人们对城市的准确理解和感性认知，凝聚公众注意力，增强外地公众对城市的向往和兴趣，进而提升城市影响力。

习近平总书记强调，人民群众是社会主义协商民主的重点。涉及人民群众利益的大量决策和工作，主要发生在基层。要按照协商于民、协商为民的要求，大力发展基层协商民主，重点在基层群众中开展协商。"赣事好商量+"作为省市县政协发挥专门协商机构作用的创新载体，可以推动政协协商与基层协商有效衔接、相互赋能，能够充分发挥政协独特优势，广泛凝聚共识、汇集多方力量，将城市文化建设融入政治协商、民主监督、参政议政等各项职能中，创新拓展城市文化社会效应，构建文化建设大平台，形成文化发展新格局，助推塑造城市文化品牌，建设"文化之城"。

一、深入学习贯彻党的创新理论，以更高站位推进"赣事好商量+城市文化"

习近平新时代中国特色社会主义思想是引领中国、影响世界的当代中国马克思主义、二十一世纪马克思主义，是新时代中国共产党的思想旗帜和精神旗帜，是我们党和国家必须长期坚持的指导思想。"赣事好商量+"的成功实践，根本在于这一重要思想特别是习近平总书记关于加强和改进人民政协工作的重要思想的科学指引。要持之以恒强化理论武装，坚持用党的创新理论武装头脑、指导实践，深入学习贯彻习近平文化思想和习近平总书记考察江西重要讲话精神，围绕举旗帜、聚民心、育新人、兴文化、展形象的使命任务，立足红色文化资源丰厚的省情实际，发挥政协优势特长，为助推文化建设贡献政协智慧与力量。

二、坚持立足基层实际，以更实举措建好"赣事好商量+城市文化"

现在，"赣事好商量+"品牌越来越响、氛围越来越浓，基层协商平台越来越实、作用越来越大，进一步扩大了政协协商参与面和基层群众工作覆盖面。要利用好赣事好商量平台，做好协商城市文化文章。要注重质的稳步提升，对现有的委员工作室建设情况、开展履职活动情况和发挥作用情况进行"回头看"，对照更高标准找差距、补短板。要统筹量的合理增长，因地制宜加快推进拥有丰富红色文化资源、红色文化内涵深厚、众多红色历史遗址的行政村"赣事好商量+"委员工作室建设，让城市红色文化的价值和作用得到充分彰显。

三、强化文化强省导向，以更大力度用好"赣事好商量+城市文化"

城市与城市的竞争，归根结底还是文化的竞争，从一定意义上说，城市文化是一座城市综合实力的集中体现。要充分发挥政协文化优势，充分利用基层协商平台，积极挖掘城市本土文化。要充分发挥人才荟萃、联系广泛优势，积极参与城市文化传承保护利用工作，挖掘、阐释好城市文化资源的多重价值。要精心选择议题，围绕特色文化、城市精神、文化资源、文化品牌等推进城市文化建设开展协商，围绕建设文化强省进一步凝聚共识、贡献智慧。如青原区政协参与全国政协组织的徐霞客游线标志地寻找与论证工作，申报的 4 个片区共 17 个自然和文化遗存点通过全国终审论证，丰富了文化旅游内涵，扩大了对外影响力。要以基层协商平台为载体，加强政策宣传，广泛凝聚共识，引导和鼓励广大下沉委员深入基层挖掘本土文化资源，指导各地对各自的特色文化不断提炼、升华，形成自己的区域品牌，不断推进城市文化繁荣发展。

四、创新拓宽传播渠道，以更强手段拓展"赣事好商量+城市文化"

探索"文化+协商+传播"新模式。一是数字化传播。以数字智慧平台为核心，以政协杂志、网站、公众号为重点的"刊、网、端、微"融媒体平台，形成"传统与数字"联建、"网上与网下"联动、"内宣与外宣"联合的政协宣传工作格局。二是户外传播。精心设计城市视觉符号，精准提炼城市宣传口号、城市徽标，推广城市文化墙的设计和创新，通过个性化视觉效果，有效传播城市文化信息，形成城市强大的"文化 IP"。三是对外传播。着力构建以建设协商文化培育展示点为重要抓手，以协商议事为示范引领，以讲好协商故事为传播手段，以理论研究为重要支撑的工作格局，卓有成效地开展好新时代的城市文化对外宣传，从而提升城市的知名度、美誉度和影响力。

五、着力提高履职成效，以更好作为赋能"赣事好商量+城市文化"

加强"协商与城市文化"理论研究，在理论与实践的相结合中推进协商文化进入人们的日常工作与社会生活，增强城市文化具有深远影响力、凝聚力和竞争力的共识。在谋划重点协商方向及相关调研课题中可适当增加城市文化专题，借助基层协商平台的文化功能，更加紧密地联系文化界委员开展特色活动。开展关于城市文化的协商活动过程中，主动邀请群众代表参与商前调研和协商活动，帮助他们增强协商意识、掌握协商方法，以春风化雨、润物无声的方式传播协商文化、弘扬城市文化，让"赣事好商量+"品牌深入人心，为文化强省提供有力文化条件和精神支撑。

（执笔人：梁景晗　郑智轩　郭　琳）

打造"书香政协" 添彩"文化临川"

政协抚州市临川区委员会

文化是一座城市的独特印记，也是一座城市的根脉和灵魂，更是推动城市发展的深层次力量。临川区历史悠久，人才辈出，文化底蕴深厚，素有"文化之邦、才子之乡"的美誉。如何充分发挥政协优势，传承发展好临川文化，让才乡文化资源"活"起来、"火"起来、"亮"起来，达到凝聚人心、汇聚民力、助推发展的最佳效益，是临川区政协一直深入思考、探索实践的重要课题。近年来，临川区紧密结合临川实际，紧扣"才子之乡、文化之邦"特质，将临川文化建设融入政治协商、民主监督、参政议政等各项职能中，深入推进"书香政协·文润临川"品牌建设，以协商来传承、丰富、弘扬临川文化，以文化来充实、促进、升华"书香政协"，相辅相成，相得益彰。

一、以文化风，涵养政协委员书香气质

临川文化是临川这座城市的鲜明气质，也是临川区政协推进协商民主的重要精神资源。临川区围绕"书香政协·文润临川"主打品牌，将临川文化深度融入政协协商全过程中来，让"书香浓、文气盛、临事通、心力聚"成为临川区政协最鲜明的特质。

一是协商阵地厚植临川文化底蕴。在全国最大的仿宋式书院建筑、展现临川文化的重要窗口——临汝书院，打造了中共党员委员工作站，使委员们时时浸润在深厚的临川优秀传统文化当中。为纪念王安石而命名的荆公路五皇殿社区，文化底蕴深厚，历来是临川的文化、教育中心，被列为"江西省第三批省级历史文化街区"。在此创建了"荆公协商吧"，让古建筑焕发新的生机，进一步增强了"书香政协·文润临川"的底蕴。为增加政协机关文化氛围，开辟了"书画长廊"，展览书法、绘画作品100余幅，这些体现优秀传统文化、歌颂临川、展现时代风貌的古今诗词歌赋和画作，使整个政协机关充满了书香气息。

二是优秀委员擦亮临川文化名片。临川区充分发挥优秀政协委员的作用，不断传

播临川文化。临川区政协委员、区文联主席何桑阳对王安石、汤显祖、晏殊、陈自民等一大批临川历史文化名人的前世今生如数家珍，具有扎实深厚的临川文化功底。她带着自己多年研究临川文化的成果走上讲台，用一场场学研分享"盛宴"，掀起了品读临川文化的风潮。徐建元是省级非物质文化遗产传承人，他以《临川四梦》、曾巩《局事帖》以及长 20.13 米、宽 1.1 米的国内目前最长、最大的竹编画《清明上河图》等诸多精品力作，斩获第六届中国非遗博览会一等奖等诸多奖项，还在抖音展示竹编技艺和作品，成为"非遗"网红，进一步扩大了临川传统文化的影响力。此外，刘咏根、许彬凯、周小平……许许多多的委员都将临川文化内化于心、外化于行，以深厚的临川情怀、清晰的身份认知和昂扬的精神面貌，全力弘扬临川文化，彰显临川风采，成为临川文化的一张张"活名片"。

三是通过界别活动彰显临川人文魅力。开展"千年拟岘台·临川风雅颂"等专题讲座，让委员们深刻体会到了临川文化的深厚底蕴和独特魅力，增强了文化自信和对临川的认同感。"国学讲堂——学《习近平用典》金句"将习近平总书记的讲话、临川名士的勤政故事以及临川当下的发展实际紧密结合，为广大政协委员、党员干部呈现出一堂生动的读书课、深刻的历史文化课、别开生面的廉政教育课，使党的创新理论和临川文化知识入脑入心，成为"书香政协·文润临川"品牌的主打内容。同时，邀请临川区知名 90 后青年作家刘骏文等临川文化新名士参与的阅读交流分享活动，充分彰显了临川文化与临川政协"活水源流随处满，东风花柳逐时新"的新气象。

二、以文化力，助推临川经济繁荣发展

文化是民族软实力，更是一座城市发展的原动力、一个区域发展的生产力。临川政协将"善作为"目光聚焦于"以文化力"，让城市的发展力筑牢文化的软实力，让文化的软实力涵养城市的核心竞争力。

一是强化示范，引领临川文化风潮。通过全覆盖的学习体系和常态化的文化活动，将分布在各个行业的临川区政协委员锻炼成了一支对临川文化有高度认同感的模范群体。通过举办党史音乐会、谷雨诗会、"非遗"公益培训班、红色主题文艺会演、书画大赛……一系列文化惠民服务活动为群众送上了一场场丰盛的"文化大餐"，让热爱文化的种子在临川人民心中生根发芽。同时，在临川区融媒体中心、临川发布开设"委员风采"专栏，积极通过主流媒体开展政协文化履职活动的宣传报道，力求全方位、多媒体讲好文化故事、协商故事、委员故事，带动更多群众参与到"文化临川"建设的生动实践中来。

二是积极履职，助力临川文化发展。《临川区康养产业发展情况》调研报告、《临

川区传统村落保护和利用面临的问题及建议》提案、《深度挖掘临川文化　助推临川旅游业发展》社情民意……一篇篇优质调研报告、提案、社情民意信息，将临川文化发展等各方面的实际情况以及群众对文化建设的意见建议、传播弘扬临川文化的好言良策等收集、分析，及时传达给党委政府，频频被高度重视、充分采纳。文昌里历史街区、临汝书院、临川大剧院、仙盖山景区、桂仙峰景区、温泉景区、灵谷峰景区等文旅项目使临川这座城市的文化内涵不断得到丰富和展现，临川文化地标不断更新，彰显城市文化的成果凝聚着政协委员多年来持之以恒的努力。

三是开拓创新，探索跨区合作路径。结合"做强做优南昌都市圈""深化昌抚一体化"区域协调发展战略部署，临川区政协聚焦临川区与南昌市西湖区深化战略合作规划，立足两地资源禀赋、特色优势，与西湖区政协联合开展政协委员共商文旅融合发展协商交流活动。两地政协委员互访，考察重点文旅项目，并交流分享文旅发展典型经验。"建议充分利用两地文化馆、图书馆、博物馆等文化资源进行馆际合作""可以开展两地景区门票互免互惠活动，促进两地文旅消费升级""希望能携手打造旅游精品线路和文化旅游产品"……委员们提出的许多宝贵意见建议被纳入两区战略合作框架协议，将为两地文旅发展带来新机遇、提供新思路、开启新起点。

三、以文化人，锻造政协委员履职能力

临川区政协坚持把读书学习、"书香政协"作为政协委员落实"走在前，勇争先，善作为"的目标要求的具体举措，让"书香政协"真正成为委员学习交流的重要平台、开阔眼界的重要窗口、启迪思想的精神高地、联系群众的重要载体和提高能力的重要途径。

一是以高标准打造学习平台。临川区政协在区文化馆、区图书馆、临汝书院和政协机关委员工作站建设了教育培训基地、红色历史展馆、"委员书屋"等学习平台，其中机关"委员书屋"藏书3000多册，其他"委员书屋"藏书均超过1000册。2023年，临川区政协还依托厦门大学优质教育资源，搭建委员教育平台，举办了"委员履职能力提升"培训班，对提升委员履职能力和热情有明显实效。

二是以高要求推动委员学习日常化。临川区政协定期通过线上、线下平台推荐阅读书目，紧密围绕党的最新政策、理论知识，充分研究委员所需的文化知识和业务知识，编印学习资料方便委员自学，定期以中共党员委员为引领者组织读书沙龙、知识讲座、小组学习等学习活动，积极深入基层宣讲宣传实现以教促学，并把学习情况纳入委员履职考核。

三是以高效率促进学习成果转化。临川区政协全力完善委员"理论力+文化

力=履职力"学习体系，坚持学有所用、学以致用、学用相长，使委员理想信念更坚定、履职功底更扎实，思维能力更强、建言质量更高。通过高质量提案、社情民意、调研报告等途径，彰显委员将学到的知识转化到维护核心、建言献策、促进发展、为民代言的突出成效。

当前，"书香政协·文润临川"品牌建设正稳步推进，未来，还需不断将文化力转化为履职力，在省、市政协的悉心指导下，在全体政协委员的共同努力下，临川区政协必将在"文化抚州、梦想之舟"的发展道路上稳步前行，迈上更高的台阶，必将在书香政协的道路上越走越远，取得更为显著的成果，进一步以"书香政协"之力为"文化临川"添彩。

（执笔人：冯　乐　罗　懿）

拓展政协文化属性 弘扬东乡特色文化

政协抚州市东乡区委员会

城市文化兼有城市元素和文化属性的特点，文化繁荣和城市发展水乳交融，相互渗透、相互促进，协同进步。近年来，东乡区政协紧密结合东乡实际，深入发掘和利用东乡丰富的文化资源，坚持学以致用、做好结合文章、加大履职力度，助推东乡文化事业高质量发展。

一、坚持学以致用，深刻领会文化传承的重要意义

地方特色文化和优秀传统文化作为推进政协工作的重要载体，已成为人民政协凝聚人心、汇聚力量、服务发展、增进和谐、维护统一的重要力量。一是传承传统文化的客观需要。传承城市文化要立足东乡文化传统，结合实际情况，彰显自身特色和优势。而蕴含在人民政协的多党合作文化、民族团结文化、社会阶层信义文化和海内外同胞同根文化等是城市文化的重要组成部分，通过开展政协文化工作，就是保护优秀的传统文化，弘扬传播中华文化，为中华文化的大发展、大繁荣以及提高我国文化软实力起到添砖加瓦的作用。二是政协事业发展的现实需求。随着改革开放的不断深入，人民政协工作越来越呈现出空前的广泛性、巨大的包容性、鲜明的多样性。政协的工作对象成分比以往更加复杂、思想更加活跃，政协的大团结大联合不仅仅在于简单的形式上的团结，更重要的在于文化、思想上的认同，在于深层次的共同的价值取向。要实现这样的目标就特别需要构建共通的文化价值理念，在思想上达到统一。只有统一思想，才能调动一切积极因素，团结一致，奋发有为，实现人民政协事业高质量发展。三是联系界别群众的根本优势。在人民群众中宣传社会主义文化建设的方针政策，大力宣传政协文化所蕴含的"爱国、团结、奉献、奋斗"的时代精神，最大限度地激发人民群众参与社会主义文化建设热情；鼓励、支持非公有制经济积极参与社会主义文化建设，引导非公有制经济人士爱国敬业、诚实守法、互助友爱，积极承担社会责任，投身扶贫济困、助学助孤等公益事业。引导非公有制经济以多种形式参与和投入文化事业、文化产业发展，投身文化实践，树立

良好形象，打造更多的非公企业文化产业品牌。

二、做好结合文章，全面拓展人民政协的文化平台

人民政协是以制度化的形式推进文化形态发展的重要平台。东乡自明正德七年（1512）建县以来，逐渐形成极具特色的书法文化、历史文化、红色文化等，共同构筑了东乡的城市文化自信。区政协始终致力于利用东乡文化基因，推动特色文化沉淀，做好新时代东乡文化的更新阐释。一是以书法文化扩大各界人士交流。东乡书法文化底蕴深厚，名人辈出，先后被命名为"中国楹联文化县""中国书法之乡"。东乡区政协以书法文化为纽带，邀请各界书法爱好者，齐心打造东乡的书法文化名片，着力提升东乡文化软实力。扎实开展书法文化传承活动，如开设书法论坛，团结更多的书法爱好者关注东乡，支持东乡发展；因势利导，联合多部门举办跨界别的书法文化活动，促进与各界人士的交流和沟通，充分发挥各界人士在文化建设中的积极作用；积极推进书法活动进社区、进企业、进课堂，进一步推动东乡文化事业的发展和繁荣。春节前夕义务写春联，是东乡文化界别委员每年都要开展的活动，此项活动受到各界群众的一致好评。二是以历史文化拓展政协工作领域。东乡自古人文昌盛，哺育了许多彪炳史册的历史名人。近年来，区政协积极组织开展王安石后裔寻"根"活动和学术研讨活动，凝聚王氏后人、广大专家学者，以学术交流促进经济、文化及其他领域的交流与合作，整合各方面文史资料，打造反映王安石、吴伯宗等历史文化名人的文史精品，宣传他们的历史功绩、学术思想，弘扬爱国爱民的民族精神，不断拓展政协工作领域。同时，联合有关部门加大对历史名人文物古迹保护力度，特别是王安石故里——上池村大量古建筑与遗迹，通过专款的形式，对这些文物古迹加以挖掘保护，让荆公思想和文化得到很好的继承、保护和发扬。三是以红色文化凝聚人心汇聚力量。东乡是块红色的土地，方志敏、邵式平、舒同、王震等革命前辈在东乡战斗和生活过的地方都已经成为爱国主义教育基地。区政协充分利用这些红色文化资源作为革命教育基地，在"七一""八一""十一"等重大节日，组织政协委员和各界人士，采取参观革命教育基地、缅怀革命先烈、举办红军事迹报告会、观看革命题材教育片等方式，开展革命传统引导教育和理想信念教育，使政协委员和机关干部真诚拥护和自觉接受党的领导，齐心协力为东乡社会经济发展献计献策。

三、发挥政协优势，深入发掘协商文化的丰富内涵

在城市文化建设中应充分发挥人民政协专门协商机构作用，扎实履行政治协商、

民主监督、参政议政职能，把协商民主成果转化为城市文化的治理效能。一是为城市文化发展凝聚广泛的社会共识。区政协把"界别连心桥"作为"赣事好商量"和"中共党员委员工作站"的承接载体和有效延伸，注重发挥学习交流新载体作用，深入开展委员全员宣讲，组织各界别委员开展集中宣传宣讲7次、点对点宣传宣讲70多人次，推动市委唱响"一大品牌"、实施"六大战略"、推进"三大建设"决策部署落实落地落细。着力打造以凝聚共识为目标的"委员讲堂"，政协委员登上讲台，宣传党的政策、传播科学知识、交流履职体会。2024年以来，邀请具有专业知识背景的经济界别委员围绕金融、税务、招商政策等主题，举办专题知识讲座5期，让学习交流特色更鲜明、方式更活跃、成效更扎实。二是为城市文化发展贡献直接的智力支持。为策应市委、市政府"大力发展康养产业、建设康养名城"的需要，区政协牵头组织开展了关于加快推进生态康养产业高质量发展专题调研，进一步摸准发展生态康养产业的家底，查找存在的问题，找准发展的方向和路径，形成《因地制宜 错位发展 全力策应抚州市生态康养名城建设——关于东乡区加快推进生态康养产业高质量发展的调研与思考》的调研成果供区委、区政府决策参考，得到了区领导的充分肯定。2024年，首次将《挖掘保护乡土文化，助推我区文化强区建设》纳入年度协商计划，为提升全区文化软实力贡献政协智慧和力量。三是为城市文化发展留存翔实的文史资料。文史资料收集编撰是政协的优良传统，征集史料是政协文史工作的一项基础性任务，也是政协工作优势互补，形成合力，精选集萃，多出精品的有效途径。近年来，先后出版发行了《回忆人民公社》《亲历抗美援朝》《王震在东乡》《诗意东乡》《品读东乡》《东乡历史名人故事》《中国梦·委员情》等图书，开展了舒同、王震、涂官俊等历史文化名人史料征集，组织了6个中国传统村落文化文史资料编撰，同时收集了《关于我区古村古建保护与利用》《弘扬红星农垦文化，发展红色旅游》《保护革命历史遗址》等社情民意，为东乡经济文化发展贡献政协智慧和力量。

城市文化工作为新时代政协工作提供了新思路、新抓手、新途径、新载体，增强了政协工作的亲和力、渗透力和感召力。东乡区政协将以推进文化事业工作为己任，依托地方特色文化优势，积极培育人民群众参与的积极、向上、健康的文化产业，实现政协工作与经济社会发展双赢，为加快东乡经济社会各项事业发展发挥应有的作用。

（执笔人：吴忠鸿）

署名文章

弘扬南昌城市精神
构建闭环协商工作机制的实践与思考

肖玉文

近年来，南昌市政协认真贯彻落实习近平总书记关于加强和改进人民政协工作的重要思想，将发挥好专门协商机构作用与弘扬"大气开放、诚信图强"的南昌城市精神结合起来，探索构建专门协商机构闭环运行机制，充分发挥人民政协在助推南昌改革发展中的重要作用。

一、把握"大气"这一重要保障，构建协商于决策之前的决策咨询机制

习近平总书记指出："能听意见、敢听意见特别是勇于接受批评、改进工作，是有信心、有力量的表现。"尊重不同的声音和意见，不仅有利于党政科学民主决策，同时反映了各协商主体特别是党政领导干部的胸怀和气度。南昌市委先后制定《关于充分发挥人民政协协商民主重要作用的实施意见》《关于新时代加强和改进人民政协工作的实施意见》等制度文件，推动在多层次、全方位协商格局中听取不同声音和建言。

一是坚持大气选用，遴选高层次人才。委员是人民政协履职的重要人才资源，选优配强委员队伍，不应囿于"一地一隅"、限于"所在所有"，而应最大限度、最大范围地将各类人才聚集起来，为我所用。南昌市委打破往届主要从市内产生委员的惯例，吸纳大量在昌院校、省属科研院所、省直单位、金融机构、医疗机构等隶属关系不在南昌的高层次人才，占比五分之一。其中，拥有硕士研究生学位的超过42%，拥有中高级以上专业技术职称的占45%，为履职提质增效奠定了良好基础。

二是坚持大气定题，选准针对性课题。坚持决策之前先听取政协意见，完善政协年度协商工作计划的议题提出机制，采取党政领导点题、职能部门征题、政协委员荐题等上下结合的形式，聚焦打造"一枢纽四中心"建设、全面落实省会引领战略确定协商议政主题。近年来，市政协就建设青年发展型城市、医药产业转型升级、促进全

民健身、电子信息产业发展、促进文旅消费、高层民用建筑火灾防控、发展会展经济等开展调研协商，均是事关改革发展和民生福祉的重大问题。

三是坚持大气协商，探索创新性机制。创新建立和完善"委员·市长面对面"协商机制，每2个月举行1次，与市政协议政性常委会会议、专题协商会等重要会议和活动一并统筹安排，并建立健全反馈机制，规定协商成果的报送、部门反馈落实情况的形式和时限。两年来共完成13项"委员市长面对面"协商课题，通过协商取得较好成效。各县（区）政协均因地制宜出台专门文件，实现"委员县（区）长面对面"工作机制全覆盖。

二、把握"开放"这一重要内涵，构建协商于群众之间的多方参与机制

人民政协协商民主是公民有序政治参与的重要渠道，坚持开门协商、开放协商，是发展协商民主的必然选择。南昌市政协坚持有事多商量、有事好商量、有事会商量，着力搭建"赣事好商量·'三有'在洪城"协商议事平台，在服务基层社会治理中发挥了重要作用。"三有"活动被评为"南昌市市域社会治理创新引领奖"。西湖区政协打造的"幸福圆桌会"被民政部评为全国基层治理创新典型案例。

一是坚持党委领导、政府支持、政协有为，搭建全覆盖的商量平台。市委印发《关于开展基层民主协商"三有"活动的指导意见》，明确议题筛选审定、协商主体确定、事先知情通报、议事活动开展、成果运用反馈等工作机制。全市各县（区）均以党委名义制定下发制度性文件，政府保障工作经费。按照"组织延伸、委员挂点、有效衔接"工作要求，因地制宜广泛搭建"幸福圆桌会""有事来说"等协商议事平台，实现社区（村）全覆盖。

二是坚持精准选题、充分协商、协同督办，构建全链条的商量机制。在选题上，以老百姓"所思、所想、所急、所盼"为导向，已开展的协商中民生议题占90%，涉及老旧小区改造、加装电梯、充电桩及停车棚、社区养老托幼等切口小、关联广的民生问题。在协商上，实行政协领导、委员主持或联合社区负责人"双主持"制度，推动各类主体和利益相关方充分发表意见建议，努力达成协商共识。在督办上，县（区）政协主席会议成员、政协委员、机关干部挂点指导联系，县乡联动、分类指导、有序推进，促进协商成果转化。

三是坚持有机融合、资源聚合、媒体联合，汇聚全方位的商量合力。推动政协履职与"三有"协商有效衔接，动员委员通过"三有"活动了解社情民意信息，积极建言献策。发挥市各民主党派、工商联等界别资源优势，通过"三有"活动牵线搭桥、

捐资助力。召开现场会，举办交流研讨，开展媒体采风，携手南昌广播电视台打造南昌市首档民生实事协商电视栏目《赣事好商量·"三有"在洪城》，开播两年来已播出 69 期；联合江西电视台推出《赣事好商量·南昌在行动》栏目，目前已播出 11 期，营造了协商民主广泛多层化、制度化发展的浓厚氛围。

三、把握"诚信"这一内在要求，构建协商于实施之中的民主监督机制

诚信，是推进协商民主的应有之义。人民政协依章程开诚布公开展民主监督，有利于坦诚相见、畅所欲言，不断巩固已有的政治共识，在消除隔阂和分歧中形成新的共识。南昌市切实把政协民主监督贯穿于重大工作实施全过程，让政协民主监督更加彰显活力。

一是完善高点谋划的统筹机制。根据年度工作安排，选择若干重大工作、重点工程、重要事项提交政协开展民主监督，并列入市委、市政府、市政协三家办公室联合发文的协商工作计划，作为市委的一项制度安排，要求各部门认真做好配合工作，创造条件让委员全程参与，跟踪了解进展情况，收集反映群众诉求，找准工作不足，提出意见建议，有效保证了政协民主监督的大力度、制度化开展。

二是完善高效实施的运行机制。对每项监督课题，都针对性制定工作方案，力求人员、任务、责任、时间、方式"五明确"，并由主席会议成员带队，综合运用调研、视察、提案、专项监督等形式开展，务求实效。近年来，先后就"加快孺子书屋建设，推动公共图书馆向基层延伸和服务市民""打通断头路，畅通微循环""助推新就业形态规范有序发展"等重大工作落实情况开展监督，成为全市重大工作有序实施的重要助力。

三是完善高标准推进的落实机制。始终坚持监督就是支持、监督就是服务的理念，真心帮助部门改进工作、解决问题，赢得党政领导的充分肯定，推动部门对民主监督态度发生了根本性转变，变抵触、消极为欢迎、积极，主动邀请、接受政协监督日渐常态化。市政协开展的重大监督，均是相关部门与政协沟通的结果，充分体现了相关部门对政协民主监督工作的重视和期待，凸显了政协民主监督在推动重大工作进展中的独特作用。

四、坚持"图强"这一落脚支点，构建协商于落实全过程的成果转化机制

发展协商民主，最终要体现为服务强国建设、民族复兴的实际成效。南昌市积极

探索成果转化机制，并把政协建议转化和提案办理情况列入高质量发展考核范畴，为推进政协履职成果落地落实建立了有力保障机制。

一是构建党政领导批办机制。对党委、政府领导的批示件，实行部门"一把手"负责制，部门主要负责同志亲自负责、重点督办、抓好落实。2023 年，市委、市政府主要领导主动带头参加政协重要协商活动，市党政领导积极阅研采纳委员意见建议，对政协履职成果作出批示 37 次，其中书记、市长批示 20 次，引领形成委员意见深度交流、各界诉求充分表达、协商民主纵深发展的良好局面。

二是构建提案跟踪督办机制。完善重点提案调研办、一般提案尽快办、相关提案归类办的督办机制。2023 年，市委、市政府、市政协领导领衔督办 32 件重点提案。其中关于"加强我市绿道系统建设""多方共建社区基金焕发老旧小区新活力""加大打击防范电信网络诈骗力度""加强 0—3 岁托幼机构建设"等一批建议贴近民生、群众关注，通过办理落实取得了良好的社会效益。市政协提案委被省委、省政府、省政协表彰为"政协工作先进履职单位"。

三是构建机关协同促办机制。把加强制度建设作为促进成果转化的重点，针对性改进和完善政协履职制度和工作机制程序。近年来，按照"优化一批、固化一批、强化一批"要求，对梳理出来的 56 项制度进行"废改立"，修订完善了覆盖履职工作、组织管理、内部运行、委员服务等各方面制度机制 27 项，努力构建职责明确、运转协调、规范有序、务实管用的制度体系，为高质量履职强化了制度保障。

（肖玉文，南昌市政协主席；原载《江西政协报》2024 年 5 月 24 日第 3 版）

协商式监督为城市文化建设助力赋能

占　勇

近年来，九江市政协深入学习贯彻习近平总书记关于加强和改进人民政协工作的重要思想，准确把握协商式监督的性质定位，坚持以政协组织为依托、以程序机制为保障，以"察、问、评、书"为要诀，大力开展城市文化建设协商式监督系列活动，推动公共文化服务高质量发展。

一、以"察"为先，把握"三优势"，让协商式监督在城市文化建设中"贴得紧""融进去"

"察"即委员视察。相对于其他民主监督形式，委员视察具有三点优势。一是更具依据性。《政协章程》规定："中国人民政治协商会议全国委员会和地方委员会组织委员视察、考察和调查……"委员视察作为一种监督形式"师出有名"。二是更具组织性。委员视察的组织性明显，尤其是组织者的高规格和参与者的高层次以及因集中进行的高态势，使得视察更增权威性。被视察单位重视程度更高、配合视察更主动，委员因此顾虑更少、发现问题更仔细、发表意见更充分。三是更具广泛性。城市文化建设视察，内容丰富、程序严格，所涉及的工作往往是社会关注的热点、党政领导关心的重点，更为聚焦瞩目。通过委员集中视察，不仅有利于发挥政协民主监督功能，也能够形成有影响的社会舆论效应，从而促进工作提质增效。

九江市政协不断加强委员视察工作，推动出台了《九江市历史文化名城保护办法》《九江市历史建筑保护条例》《九江市新型公共文化空间建设实施方案》。同时，有针对性地开展城市文化建设情况监督，仅2023年，就提交了20余篇调研报告、发言材料和提案，经过整理提出100多条意见建议，涉及市委、市政府10多个委办局、3个区政府，处理问题30余个，展现了"察"出"真问题"、推动"真解决"的视察效率和成果。

二、以"问"为镜，搭建"三平台"，让协商式监督在城市文化建设中"靶向准""落点实"

"问"即电视问政。这是协商监督公开问政的"特色功能"，也是民意表达、舆论监督、民主协商的一个重要渠道，要做好"三个搭建"。一是搭建一个"问题曝光台"。以问题为导向，确定协商事项。设置"问政现场""委员有话说""群众来电"等环节，把问题曝光、把矛盾解剖，由政协委员、各界群众和相关代表对问政部门开展当面问询，推动相关责任单位及时制定整改方案、明确落实责任，进而推动问题解决。二是搭建一个"政策宣讲台"。以政策为导向，界定问题性质。在"问政进行时，政务直通车"栏目中，以"主持人对话部门一把手"的形式，宣传政策法规，回应市民关切。进一步深化界别群众对党政决策部署的理解和把握，把党的政策和主张转化为社会各界的共同意志和自觉行动。三是搭建一个"工作展示台"。以责任为导向，分清纠错对象。问政现场，政协委员、专家学者、市民代表等监督主体，不是简单生硬地直面问题提出批评或反对意见，而是有理有据把问题摆出来、把建议提出来；政府及有关部门不是被动机械地听意见、作答复，而是敞开心扉把职责讲出来、把想法说出来、把难处提出来。

九江市政协"电视问政"自 2015 年启动以来，通过不断优化创新、提质增效，已对 16 个市直部门开展电视问政，推动解决涉及交通出行、教育医疗、城市管理等方面问题 3800 多个，扩大了政协影响力、汇聚了发展正能量，有效助推城市文化建设环境的提升。

三、以"评"为尺，做到"三结合"，让协商式监督在城市文化建设中"接地气""有声势"

"评"即民主评议。在城市文化建设中，把民主评议作为深化协商式监督工作的"突破口"和"度量尺"，不仅要坚持民意导向，注重测评结果，还须做好"三个结合"。一是把民主评议与视察工作结合起来。评议前将视察情况罗列整理，作为参考。评议中让界别委员"动"起来，让现场氛围"浓"起来，让市民自发参与进来。评议后及时把一些社会各界反映强烈的热点、难点问题撰写成建议案、提案或以社情民意信息专报的形式报送党委政府及相关部门，促进有关问题解决。二是把民主评议与电视问政结合起来。民主评议要范围"广"、过程"真"、效果"实"，同样要置于监督之中，防止走过场。每次开展电视问政都邀请媒体加大报道力度，集中将评议大会内容在电视上全程播放，营造了良好舆论氛围，拓展民主评议的深度和广度，扩大政协民主评议的社会影响力。三是把民主评议与考核情况结合起来。民主评议不能全靠打分，否则会出现评议结果与考核结果不一致的情况。因此，对民主评议所收集意见的社会影响面，既看被评议部门和单位对所收集问题的整改落实情况，也看有关被评议部门和单位年度考核结果，再将综合情况协商讨论，确定若干部门和单位作为下一年协商监督重点对象。

九江市政协将民主评议融入"有事先商量"协商民主工作中，与提案、社情民意信息办理等有机结合，动员政协委员和社会各界积极参与，多渠道收集人民群众意见建议。比如，组织政协委员和市民代表对市教育局《关于推进市区中小学名校集团化办学的建议》提案的办理情况进行了民主评议，从组织领导、制度建设、面商沟通、答复规范、办理落实等 5 个方面进行了现场打分。还通过政协委员和市政府分管领导、市教育局负责人面对面地沟通与交流，形成了对提案质量和提案办理结果的双向评价。

四、以"书"为方，实现"三提高"，让协商式监督在城市文化建设中"显刚性""有实效"

"书"即协商监督建议书。2022 年 5 月，九江市政协出台了《民主监督（协商）建议书实施办法》，明确对委员比较关注、社情民意信息比较集中、委员群众反映比较强烈的工作和事项，向对工作重视不够、整改不力、效果不明显、回应不及时的部门和单位发出建议书，督促其整改落实。该办法实施后，带来了三个明显效果。一是提高了协商式监督的操作性。在以往的协商中，对发现的问题往往以口头建议的形式为主，致使一些意见得不到有效落实。民主监督（协商）建议书，能够直指"病灶"提出建议，有的放矢帮助整改，在彰显民主监督力度的同时，进一步体现协商式监督的温度。二是提高了协商式监督的针对性。党委政府的大力支持是该制度顺利实施的"法宝"，政协组织与政协委员更加深刻认识到要把党委政府关注的或正要抓落实的事项作为协商式监督的重点，各专委会更加积极组织委员通过视察、走访和约谈，准确报送建议书，把一些重要情况和群众意见及时提醒反馈给相关部门。三是提高了协商式监督的实效性。在建议书发出后，相关专委会紧盯接"书"单位，跟踪办理情况。若整改落实不力，白色建议书将"升级"为黄色建议书，继续督促其改进。对于仍不接受、不执行或虚假执行的部门和单位，按规定向市委、市政府报告，确保监督效果"不打折"。相关单位更加主动邀请政协委员围绕共同关注的主题"有事先商量"。对政协委员通过组织形式提出的重要意见建议，有关职能部门认真研究，有问必答，极大提高协商式监督的实效性。

利用"小药方"，做实"大文章"。2022 年 8 月，首份建议书送达给了市行政审批局。委员通过提案、视察、社情民意等渠道并结合前期电视问政整改问题的情况，提出"建立针对业务调整的常态化培训机制"等建议。接到建议书后，市行政审批局迅速对照建议逐项进行整改，通过健全政务服务标准化体系等措施，回应建议书提出的问题建议，实现政务服务提质增效。实践证明，在城市文化建设协商式监督中推行建议书制度，进一步提高了民主监督实效，丰富了城市文化建设中协商式监督的履职实践。

（占　勇，九江市政协主席；原载《江西政协报》2024 年 5 月 31 日第 4 版）

深入贯彻新发展理念　助推南昌城市工作持续提升

万　敏

一切伟大的实践，都需要科学理论的正确指引。习近平总书记关于城市工作的重要论述，深刻揭示了中国特色社会主义城市发展规律，深刻回答了城市建设发展依靠谁、为了谁的根本问题，以及建设什么样的城市、怎样建设城市的重大命题，为推动新时代城市工作指明了前进方向、提供了科学指南。

城市发展与城市治理要尊重城市发展客观规律。认识、尊重、顺应城市发展规律，端正城市发展指导思想，是做好城市工作的基础前提。省委十五届四次全会把省会引领战略作为五大战略之一，强调要把做强省会摆在优先位置，全面提升南昌综合实力和发展能级。深入实施省会引领战略，是贯彻落实习近平总书记关于区域协调发展的重要论述的应有之义，也是加快打造核心增长极、全面提升江西发展位势的现实需要。其中就包含遵循城市发展客观规律，做强省会城市带动全省发展，是区域经济发展的一般规律。目前南昌在省会城市中的规模和地位都比较弱，这要求必须坚持实施区域协调发展战略，跨越"地市墙"，实现大团结，以更高眼光、更高水平开放，推动更高质量发展，大家唯有休戚与共，以善算"大账"的手笔，进一步强化南昌与赣江新区、九江、抚州等地深度融合，加快推进基础设施互联互通、公共服务共建共享、优势产业协同发展，全面提升区域协调发展水平。

城市发展与城市治理要有系统思维意识。城市的规划、建设、治理、经营，每一个领域的问题都与整个城市的其他方面密切相关。不能头痛医头、脚痛医脚，它是牵一发而动全身，涉及经济社会的方方面面，所以要在开展城市工作中严格树立"系统思维"。在全市层面，甚至是更高层面考虑问题，打破行政区域桎梏，在研究先行的基础上，推进"多规合一""参与性规划"，开展系统治理、综合施策，促进城市治理体系和治理能力现代化。比如，深圳城市绿道规划设计做了很多创新性的举措，其中最重要的一点就是深圳城市绿道规划设计充分体现了系统的理念，遵循统一规划的原则，分为省立绿道、城市绿道和社区绿道，绿道互相连通，不仅供市民休闲游憩、运动健身，还串联起一个个经济单元，形成结构合理、衔接有序的绿道网络。专项规划依托现有的山体、水系、绿地等自然环境，与公园、风景名胜区、历史古迹、文体旅游设施、居民聚居点等相连通，发挥绿道连通自然生态和历史人文节点的作用，绿道网络还与公共交通网络相衔接，完善交通换乘系统，提高绿道的可达性。这是一个很好的案例。做绿道设施建设时，一方面要提供休闲游憩场所，另外一方面要推动经济发展，没有业态嵌入的绿道是不完善的。

城市发展与城市治理要树立"大城管"理念。城市是人民的城市，是所有市民的生活共同体。城市治理不是政府的"独角戏"，应是集聚各方的"共同体"，做好城市管理，既需要党委、政府及其组成部门的力量，更离不开全社会的参与和行动，如果仅仅依靠城管人员管理南昌几百万人口的城市，即使有三头六臂，也难以把城市管好。比如，小区业委会建设和监管问题，业主委员会至今没有法律上的主体责任，一定程度上存在"有权无责"情况，难以对其有效地监管，有关部门也只有强调要求，没有具体处置权限。应树立"大城管"理念和"一盘棋"思想，一方面，要建立以综合决策和协调管理为特点的"大城管"模式，统筹行政管理资源和社会管理资源，以权威性的城市管理综合协调机制，促成城市管理各专业部门之间、各层级之间的良好协同关系；另一方面，要建立城市管理领域公共治理的理念，明确城市管理是多元主体的公共管理，由单纯政府职能回归政府和社会的共同责任，建立起以政府宏观调控、保障服务、社会广泛参与的全新城市管理体制，紧紧依靠人民、不断造福人民、牢牢植根人民，发动全社会构建城市治理共同体。这就要求不仅要问计于民，更要注重问需于民，让广大群众在享受城市品质的同时，更能享受城市管理带来的便利服务。

城市发展与城市治理要延续城市历史文脉。习近平总书记指出，城市规划和建设要高度重视历史文化保护，不急功近利，不大拆大建。要突出地方特色，注重人居环境改善，更多采用微改造这种"绣花"功夫，注重文明传承、文化延续，让城市留下记忆，让人们记住乡愁。在城市高速发展的今天，"千城一面"几乎成为众多城市所遇到的普遍问题，城市越来越需要属于自己的文化标志。比如，在城市发展"退二进三"的进程中，许多老工业面临关停并转的局面，大量工厂停产搬迁，房地产开发随之跟进，许多有价值的工业遗产正面临不可逆的拆毁，宝贵的工业遗产正以不可想象的速度消失，守住城市文化命脉成为必须面对的一大难题。南昌是国家历史文化名城，具有 2200 多年的历史，人文底蕴深厚，历史遗迹众多，文物资源丰富。在城市建设中要牢固树立保护意识，在建设的过程当中要时刻坚守底线。特别是城市规划要因地制宜，"因风吹火，照纹劈柴"，留住城市特有的地域环境、文化特色、建筑风格等"基因"，既要保护古代建筑，也要保护近代建筑；既要保护单体建筑，也要保护街巷街区、城镇格局；既要保护精品建筑，也要保护具有浓厚乡土气息的民居及地方特色民俗。

（万　　敏，南昌市政协副主席；原载《江西政协报》2024 年 6 月 7 日第 4 版）

围绕城市文化建设协商监督要突出问题导向

徐红梅

近年来，九江市政协深入学习贯彻习近平文化思想，认真担负新的文化使命，聚焦城市文化建设，发挥政协协商式监督作用，助力推进城市文化创造性转化、创新性发展。

把坚持和加强党的全面领导，提高政治站位贯穿城市文化建设协商式监督始终。城市文化建设作为党和国家的重大方针政策和重大决策部署，对其履行协商式监督，是时代所托、发展所需。一是把牢政治定位。要把履行政治责任放在第一位，加强思想政治引领，着力通过发挥协商式监督作用，增进各方面对党政有关城市文化建设决策部署的认同，并转化为社会各界的共识和自觉行动，筑牢共识共为、团结奋进的政治基础和社会基础。二是把准功能定位。协商式监督的功能价值是合作包容，是在参与中监督、在监督中参与，在支持中监督、在监督中支持，是一种具有商以求同、协以成事等特点的建设性监督。三是把好职责定位。协商式监督的主体是政协委员，无论是议题设置、参与层次、监督方式还是监督效果，都应体现人民政协专门协商机构的特色。要在协商监督中增进有效解决问题的政治共识，实现建言资政和凝聚共识双向发力，最大限度地把党委有关城市文化建设决策部署落实下去、把各方面智慧力量凝聚起来。连续多年，九江市政协围绕"创文"中心工作，向市委呈送《关于四川泸州市创建国家文明城市的考察报告》；包保一个区的"创文"工作，组织政协委员、机关干部向各界群众做好政策宣传阐释；精心建设并依托委员工作站（家），打造"双聚双建——委员助力创文工作"平台，先后组织开展协商式监督活动90多次，报送监督性建言400多条。

坚持把发扬协商民主，突出问题导向贯穿城市文化建设协商式监督始终。要突出问题导向，充分发挥人民政协专门协商机构作用，将三项职能综合运用并融合贯穿城市文化建设协商式监督始终。一是坚持调优监督视角，对准城市文化建设焦点问题。发挥人民政协在城市文化建设中的协商式监督作用，必须全面聚焦党委政府有关城市文化建设重大部署、中心工作，突出阶段性的主要矛盾以及矛盾主要方面，扭住贯彻执行中的关键问题实施监督，尤其是围绕城市记忆的消失、城市面貌的趋同、城市建设的失调、城市形象的低俗以及避免城市环境的恶化、城市精神的衰落等方面突出问题，开展协商式监督，协助党委政府解决问题、改进工作。二是坚持用好监督方式，增强城市文化建设监督效应。通过专题视察、电视问政、民主评议、协商式监督建议书等"察、问、评、书"一体化监督，构建全体会议监督、常委会会议监督、专门委员会监督以及界别监督等多层次监督体系，增强民主监督内涵、扩大协商工作的民主监督影响。三是坚持优化监督机制，提升城市文化建设监督合力。要强化知情明政、协调落实、权益保障等履职机制建设，在开展城市文化建设决策部署贯彻落实情况的监督工作中，坚持把握监督方向和原则、节奏和力度，做到谋划监督有计划、开展监督有主题、实施监督有载体、落实监督有成效，促进协商与监督优势互补、履职成果互促互进。近年来，九江市政协组织主题书画展，宣传抗洪精神；加强对"保护张谋知百年建筑"等提案事项跟踪督办，办出成效；将"老城区（棚户区）改造拆迁应妥善处置尚存的民国等历史时期的老建筑"等，列入年度协商工作计划，协商推动出台《九江市历史建筑保护条例》《九江市文物保护管理办法》等法规制度。

坚持把发挥政协优势，广泛凝聚共识贯穿城市文化建设协商式监督始终。一是发挥协商式监督的制度优势。人民政协有着联系面广、代表性强、智力密集的优势，大多数委员都是各行各界精英，更能提出独到见解、破题对策，更能及时反映各界诉求，并将之有效转化成开展协商式监督的意见建议，发挥协商式监督直面问题、化解矛盾、协调关系、增进共识的作用。这对于提高党委有关城市文化建设精准决策，确保行稳致远，有着不可或缺的独有价值优势。二是发挥协商式监督的界别优势。要突出全过程人民民主的实践要求，以"开门"方式开展协商式监督，把协商式监督作为界别活动和联系群众的重要内容，扩大界别群众有序参与，走实新时代党的群众路线。重视以界别名义提交大会发言、集体提案和开展调研、视察，围绕城市文化建设决策部署的落实情况，以协商式监督推动有关问题得到落实。三是发挥协商式监督的联动优势。人民政协协商式监督要通过有效方式聚焦城市文化建设，加强同行政监督、司法监督、社会监督、舆论监督等监督形式的协调配合、联动衔接，形成共建共治共享的协商式监督大合力，提升城市文化建设工作治理体系和治理能力现代化。近年来，九江市政协部分界别和委员针对"庐山别墅保护与利用刻不容缓""打造城市红色地标树立九江红色文化品牌"等历史文化遗产保护问题，提出监督建言，在省、市领导重视、批示下，文物得到有效保护；实行向全市人民法院系统遴选派出民主监督员制度，推动设立九江历史文化保护法庭；将电视问政协商式监督与舆论监督、社会监督链接起来，对文化职能部门有关工作情况进行监督，释放"1+2>3"的监督效能；开发启用"有事先商量"微信报送线索小程序，让老百姓更方便快捷地参与到协商式监督中来。

（徐红梅，九江市政协副主席；原载《江西政协报》2024 年 6 月 14 日第 3 版）

以高质量协商共绘城市文化之美

王　芮

协商文化在我国有根、有源、有生命力，具有深厚的文化积淀。要进一步弘扬协商文化，以高水平协商共绘城市文化之美，找到全社会意愿和要求的最大公约数，有效发挥在城市文化建设中凝聚更广泛、更稳定的社会共识功能，为助推"文化强市"建设集智聚力。

坚持保护传承与开发利用双线耦合，协商夯实城市文化根基。通过协商有效挖掘城市文化的资源禀赋，在传承与创新、历史与现代、功能与价值的张力中探索出保护与发展的双赢路径，积极为城市文化的创新与发展夯实基础、创造条件。一方面，要突出庐陵文化保护传承，挖掘庐陵文化内涵。把历史文化的传承创新、庐陵文化的发扬光大、红色文化的挖掘弘扬、民俗文化的焕新添彩融入协商平台建设。采取集中培训、专题讲座、在线学习、研讨交流等形式，引导政协委员深刻理解城市文化，为更好开展专题调研和协商座谈等夯实理论基础。另一方面，要突出文化开发利用，彰显庐陵文化价值。吉安市是孕育庐陵文化的人文故郡，古城庐陵历史悠久，"一船载入梦、一河越千年"的后河梦回庐陵、"庐陵文化第一村、万岁军将军故里"的渼陂古村，"观千年窑火、品宋朝文化"的吉州窑、"一林蕉雨分窗绿，四面书灯映水红"的白鹭洲书院等精美景区有效丰富群众文化生活，"吉山秀水""夜庐陵""幸福城市"等城市形象深入人心。要通过对物质文化资源进行产业开发，实现物态转换和价值提升，使其在城市文化建设过程中的功用最大化，也要深入探寻庐陵文化的深层含义，宣传主流价值观，引领道德风尚，使之能够在历史长河中留得住、传得久、走得远。

坚持创造性转化与创新性发展双轮驱动，协商激发城市文化成长。培育城市文化，既要坚持地域文化特色亮点的发扬，也离不开中华优秀传统文化的滋养，同时还要深刻把握创造性转化与创新性发展之间的关系。对于创造性转化，需要在形式上与时代发展的要求相契合；对于创新性发展，则需要赋予城市文化新的时代内涵。一方面，要通过协商激活城市文化的生命力。坚持群众在城市文化培育和协商民主实践中的主体地位，通过"恳谈会""院坝会""板凳会"等生动活泼的协商形式，把握群众对城市文化的需求。也要紧盯群众关切的操心事、烦心事、揪心事，主动发挥自身优势，为维护群众的利益出谋划策，为化解群众的矛盾进行协商规劝，同政府、群众、社会一起打造文明祥和的城市生活。另一方面，要通过协商以科学的眼光对待城市文化。善于借鉴，革故鼎新，明晰城市文化培育的载体，凝聚多方合力，激发其"成长力"。培育独有的文化特色，形成有鲜明个性的城市形象，让城市成为有生命力的魅力之城，不断增强广大群众对吉安的归属感、幸福感和依恋感。

坚持大景区建设和全产业链打造双维突破，协商共创城市文化辉煌。积极组织政协委员以城市文化为主题，开展专题调研协商活动，扎实推进政协委员有序参与基层协商，有效服务基层治理，推动建言资政和凝聚共识双向发力。一方面，要实施大景区建设行动，为城市文化赋能。大景区是文化的有形载体、旅游的基础平台、地方的形象标识。吉安虽有深厚的文化底蕴，现有国家 A 级景区 53 家，但是 5A 级景区只有 1 家，4A 级景区 18 家，景区在全省、全国知名度不够高。依托庐陵文化特殊的资源禀赋和区位优势，把大景区建设作为重中之重，为培育城市文化搭建载体和平台，提升庐陵文化旅游产品的供给能力。另一方面，要实施产业链打造行动，为城市文化增色。旅游产业是多元富民产业，也是品质产业，能够带动 100 多个相关行业。坚持以游为核心，以吃住行游购娱等传统要素为配套，打造集观光旅游、特色餐饮、文体娱乐、演艺体验、特产购销为一体的一条龙服务项目，推动文旅产业链式开发、深度融合。

坚持传统媒体和新兴媒体双向发力，协同丰富城市文化体验。活用老百姓喜闻乐见的形式进行解释和宣传，从而引导主流价值，凝聚思想共识，推动群众观念更新，为培育城市文化营造良好氛围。一方面，要动员群众参与，讲好城市故事。通过广播、电视、报纸、期刊以及宣传栏等传统媒体渠道，打造城市文化的主流。同时，通过老百姓易于接受的方式去挖掘报道培育城市文化的典型案例，通过榜样示范起到引领助推作用，不断传播特色的城市文化，让老百姓享有更加充实、更为丰富、更高质量的文化体验。另一方面，要发挥群众智慧，参与协商文化建设。新媒体让协商插上了"科技的翅膀"，可以通过短视频、网络直播、社交 app 等新媒体平台展现协商案例、分享协商经验、反馈协商意见等，既能够有效提高群众协商议事的积极性和参与度，又能够将协商文化的理念转化为协商实践的动能，真正让广大群众体会到协商的魅力，在多个维度提高协商文化的延伸力。

（王　芮，吉安市政协委员；原载《江西政协报》2024 年 6 月 21 日第 3 版）

协商聚力促治理　千年古城换新颜

—— 修水县政协在助推宁州古城建设中的探索实践

王位华　　陈景略　　周军强

习近平总书记强调："把全过程人民民主融入城市治理现代化，构建人人参与、人人负责、人人奉献、人人共享的城市治理共同体。"践行全过程人民民主与推进城市治理体系和治理能力现代化相互贯通、相辅相成。修水县政协积极发挥专门协商机构作用，强化凝聚共识职能，既当建言者，又当参与者，将深化全过程人民民主实践，贯穿于推动宁州古城规划、设计、改造、管理、运行、更新等全过程，进一步激发市民参与城市治理的热情，切实做到在协商中建好城、在协商中管好城。

一、聚协商之力，助力编好古城"焕新"文本

千年等一回，十年磨一剑。自唐德宗贞元十六年（公元 800 年）在凤凰山下置县治以来，修水县城北老城区历经 1200 多年沧桑，镌刻着历史、传承着记忆，是赣北文化传承发展与延续的重要载体。随着岁月侵蚀、城市拓展，面积仅 1.4 平方公里的老城区逐渐暴露出物质性、功能性老化和结构性、空间性衰退等问题，人口密度高、建筑密度高、交通密度高的"三高"现象十分突出。改造城北区、保护老建筑、留住城市记忆、赓续历史文脉……成为修水人民共同的期待，也成为修水政协人"走好协商路、做好建言事、干好助力活"的新舞台。

（一）聚焦人民关切持续建言。充分保护和挖掘利用好老城的历史人文资源，始终是修水政协人关注的重点。2014 年，秉持着"多方参与"的原则，修水县政协组织专题调研并形成《关于义宁古城旅游开发历史文化元素设置的调研报告》，首次向修水县委、县政府建言恢复完善宁州古城，打造修河历史人文景区。在县政协组织的问卷调查中，86% 以上受访居民建议：加快对老城进行修缮改造和开发利用，刻不容缓。为此，政协此项协商议题被县委列为重点工作，县委十六届六次全会提出按照历史文化名城标准建设"宁州古城"。2020 年，通过召开社会各阶层座谈会、网上发布等形式，

广泛听取各党派团体、各界别委员、社会各界对《宁州古城修建性详细规划》意见建议，宁州古城成为《历史文化街区规划》《修水国家旅游休闲主体功能区总体规划》及《修水县老城北区"生态修复、城市修补"概念规划》最重要的篇幅内容。

经过六年的调研论证和学习考察，2021 年 1 月 31 日，修水县四套班子联席会议专题听取老城改造情况汇报，并票决一致通过启动宁州古城项目开发建设。当年，县委、县政府成立老城改造工作领导小组，统筹推进宁州古城项目开发建设。

（二）锚定发展格局创新建言。随着《长江中游城市群发展规划》深入推进，国家部委批复了"通平修"国家文化产业和旅游产业融合发展示范区建设。修水县政协又针对区域发展格局中的城市治理工作新情况、新问题开展调研，并建言县委、县政府立足国际视野、对标国家战略，规划建设以宁州古城为核心的国家级修河旅游度假区，朝着申报"国家历史文化名城"目标奋斗。在古城建设过程中，县政协又联合政府有关部门多次外出调研，借鉴国内古城改造更新的成功经验做法，2022 年推动我县与业界头部企业北京伟光汇通集团签订合作协议，编制《宁州古城概念策划及运营方案》，将策划和运营理念贯穿项目建设全周期。

（三）搭建协商平台落地建言。充分发挥政协委员在城市治理、联系群众等方面的积极作用，探索建立"委员联系界别群众"机制，按照"协商平台搭建到基层一线"的要求，县政协在城北老城区先后设立 1 个委员之家、4 个"有事先商量"协商议事室、1 个"云协商"视频协商平台，辖区社区依托"有事先商量"板凳会及时感知收集民声民情民意。"委员站家进社区、政协委员进街巷、委员视察到现场"，打破政协委员议事厅在接待群众时资源相对分散的局面，以整合优化各方资源，有效解决市民急难愁盼问题。同时，县委书记、县长带头督办城市治理有关提案，带领相关部门与政协委员、社区居民"面对面"，就牵头领办的重点提案开展面商，为宁州古城发展群策群力。有关部门高度重视提案办理工作，把政协调研课题和委员发言中提到的好的建议、意见纳入当前重点工作中，做好成果采纳转化，推动提案成果落到实处，助力古城改造治理。

二、聚监督之力，带头演绎古城"改造"故事

习近平总书记指出，老旧小区改造是城市更新的一个重点，也是一项民生工程，既要保留历史记忆和特色风貌，又要解决居民关切的实际问题。宁州古城改造一头连着民生、一头接着发展，是党委政府推进的重点项目，也是广大群众期盼的民生工程，更是政协协商议事助力的重要议题。

"不做旁观者、不做局外人。"宁州古城项目启动以来，作为县委指定的牵头单位，

县政协领导牵头驻点、组成专班队伍、制定行动方案，推动老城改造和街区建设各项工作有效落地，按照建设规划逐步推进小区治理、旅游规划、文化保护等工作。

（一）坚持协商引领共建，将规划引领、因地制宜执行到位。规划优劣决定着项目成效。县政协在牵头推进时，坚持以申报国家历史文化名城为目标，聘请中国城市规划设计研究院编制了《修水历史文化名城保护规划》《修水古城保护与更新规划》和《修水历史文化街区修建性详细规划》，确定改造目标、路径及方式等，明晰了"补文化体验功能、显历史山水文脉、优配套服务设施、提建筑景观品质"的更新策略。2019年以来，按照总体规划、有机更新的思路，采取分批、分期、综合的方式，有计划、有步骤地稳步推进了协调区和核心区更新改造，并形成全省乃至全国县级城市更新的修水模式，全省党建引领城市基层社会治理现场会、全市城市功能与品质再提升工作现场会先后在修水召开。

（二）坚持协商推动改造，使老城形象、品质和内涵不断提升。按照"适度疏解人口＋人居品质提升＋文旅产业导入"的工作思路，坚持问题导向，实施了卫前、衙前、百汇、古尚洲、东盟佳苑等8个片区老旧小区改造，先协调区、核心区和拓展区先后完成改造升级。新建了卫前、西摆、万坊3个社区一站式党群服务中心，成为建设完整居住社区和打造十五分钟便民生活圈的示范。目前，总投资超15亿元的宁州古城改造更新项目经过五年紧张施工，2024年全面竣工，老城居民幸福指数显著提升。

（三）坚持文化保护共享，让历史文化、城市生态永续利用。习近平总书记指出："历史文化是城市的灵魂，要像爱惜自己的生命一样保护好城市历史文化遗产。"县政协充分发挥政协文史工作"存史、资政、团结、育人"的独特作用，将县政协文史馆建到宁州古城，提出了"在城市记忆上抓重现、在城墙遗址上创特色、在滨水空间上做文章"的意见建议，树立以文化意识指导城市建设的理念，坚持传承与创新并举，高标准建设，抓住一件，干好一件，带动一片。

（四）坚持协商为民共治，把民生诉求、以人为本贯穿始终。习近平总书记强调："推进城市治理，根本目的是提升人民群众获得感、幸福感、安全感。"在宁州古城更新改造中，修水县政协探索创新电视问政民主监督，对城市管理工作专题问政，建立完善"发现—派单—处置—考核"工作制度，使其成为公众反映问题、推进社会监督的重要渠道。在解决民生痛点上，尊重民众呼声，全面对雨污管网、屋面防水、沿街立面改造、店招标牌规整、建筑风貌及道路、照明等市政配套改造，新建城北中心幼儿园、改扩建二小和散原中学，以看得见摸得着的成效赢得居民的拥护和支持。在破解征拆难点时，先后推动实施四期房屋征收拆迁，征拆民房800余户、公房330户，拆除各类违章建筑1400余户，化解了蓝氏祠堂前土地收储等5起积压20余年的信访难题，既最大限度保障群众合法权益，又为老城改造扫除障碍。在疏导交通堵点中，通过委员提案提议、视察推动，先后落实打通外围西黄路、优化内部路网通畅性、新建停车场（库）、宁红大桥西段拓宽改造等措施，老城新增地下停车位 600 余个、地上停车位 2000 余个。

（五）坚持对口协商共建，使资源盘活、文旅产业互促共赢。 秉持"策划、规划、建设、运营、管理"五位一体理念，通过与相关部门开展对口协商，推进运营前置激活低效资源，引进组建专业化运营公司，对盘活的老祠堂、老建筑导入文旅新业态，以经营城市激活老城活力，让新老建筑共存、文化产业共生。目前，宁州古城街区已签约落户影聚汇、练兵场、德克士等业态，闲置多年的老祠堂也将因宁河戏、修水贡砚等非遗文化注入而重焕生机。在最大程度保存街区历史风貌的前提下，古城修缮改造历史建筑 4.5 万㎡，新增仿古建筑 2 万㎡，新增可运营商业面积约 6.5 万㎡，新增就业岗位 1500 个，全年旅游综合收入超 10 亿元，成为我县文旅融合新亮点、全域旅游新引擎。

三、聚治理之力，助力写好古城"长治"文章

习近平总书记指出："城市治理是国家治理体系和治理能力现代化的重要内容。一流城市要有一流治理，要注重在科学化、精细化、智能化上下功夫"。宁州古城改造工作深得民心，焕然一新的老城，如何通过加强治理来"保鲜"，如何提升城市管理现代化水平成为新课题、新挑战。

（一）在加强物业管理上破题。 县政协通过调研发现，老城区之所以"老旧"，既有背街小巷多、建筑密度大、居民结构复杂等因素，也有存在封闭管理难、物业费收缴难、维修保障难等三难现象，这些问题很大程度上源于物业管理的缺失。为此，县政协专门组织政协委员、民主党派，专门就老旧小区物业管理工作开展实地调研，广泛听取意见，认真分析研究，把准了问题"脉搏"，形成《厘清职责 设立机构 完善设施 多措并举加强老城区物业管理工作》的调研报告，开出了"党建赋能与基层创新并重、政府推动与市场调节并重、监管服务与基层治理并重"的破题"良方"。并针对部分物业企业服务不到位、小区停车难、乱搭乱建、业主欠费等问题，提出了可行性、操作性强的意见建议。经过建章立制、破旧立新，老城散居楼栋纳入全过程物业管理，物业管理由乱到治。

（二）在推进文旅融合上解题。 文化是旅游的灵魂、旅游是文化的载体。为此，县政协组织委员深入古城开展"促进文旅融合发展"重点提案督办活动，市县两级政协委员针对古城改造先后提出了《关于创新管理助推老城城旅融合发展的思考》《关于加快我县特色美食品牌化建设，着力发展宁州古城特色美食文化产业的提案》《关

于更好提升老城改造的美化、亮化成果的建议》《提高文旅项目运营管理水平 促进我县旅游业高质量发展》等一系列提案、建议，建议从"有声""有色""有味""有品"四个方面对古城旅游活动进行精心策划，吸引更多游客来到古城，在丰富多彩的活动项目中细品修水味道、古城特色。鹦鹉街区成功创建省级旅游休闲度假区，宁州古城成为修水创建修河国家级旅游度假区的核心。

（三）在挖掘文化魅力上续题。在文化嵌入上，全面延续"九井十八巷"老城肌理、文脉和格局，建言打造鹦鹉街传统历史文化街区和秋收起义红色文化街区，对31个老祠堂、特色街巷等历史建筑"修旧如旧"，规划恢复通远门遗址公园、八贤祠、西摆码头、犀津望月等文化地标，与"一河两岸"景观提升项目联动推进，既为市民提供高品质的公共活动休闲空间，也为外来游客创造印象深刻的特色体验，推动了红色文化、祠堂文化、非遗文化在宁州古城焕发生机，彰显活力。在史料传承上，县政协组织全县文史专家，深度挖掘宁州古城历史、人文、社会、自然等资源，总结提炼形成本土特色文化体系，出版编印《宁州古城》史料书籍，深度融入"宁州古城"建设，彰显城市个性、提高城市品位、增强美丽县城成色。在文化惠民上，依托"有事先商量"协商议事平台、新时代文明实践中心等平台和载体，组织一系列导向鲜明、富有本地特色、群众喜闻乐见的文化活动，推动形成诚信和谐友爱的新型邻里关系，持续提升市民素质。

千年古城华丽蝶变，既是修水县政协参政议政的丰硕成果，更是基层民主协商的生动实践。只要始终站稳人民政协的人民立场，才能在履职作为中"不偏道、不抢道、不绕道、不落道"；只要始终坚定政协机构的政治站位，政协工作才能做到"政治协商有高度、民主监督有力度、参政议政有深度、凝聚共识有温度"；只要精准把握政协专门协商机构性质定位，基层政协才能成为"党政决策的助手、发展惠民的帮手、团结民主的推手、参政议政的高手"。

（王位华，修水县政协党组书记、主席；陈景略，修水县政协文化文史和学习委副主任；周军强，修水县政协四级主任科员）

做城市文化建设的示范者、参谋者、助推者

赵木林

政协委员是人民政协履行职能的主体，也是人民政协工作的"源头活水"。政协委员人才荟萃，智力密集，是推进城市文化建设不可多得的力量。人民政协深入学习贯彻习近平文化思想，助推城市文化建设，应重视发挥委员在政协工作中的主体作用，积极搭建平台、创造条件，充分发挥委员的界别代表、专业特长、协商民主、团结联谊等作用，在建言资政和凝聚共识上双向发力，积极为城市文化建设贡献政协委员应有的智慧和力量。

一、充分发挥委员的界别代表作用，在带头参与中做好城市文化建设的示范者

政协委员是来自社会各界的精英和代表人士，发挥其界别代表作用，带头参与城市文化建设，是促进城市文化建设的有效举措。

一是发挥界别委员在文化传承上的带头作用。来自文化文艺界别的委员是该界别的代表人士，也是城市文化建设的骨干力量。以庐山市政协为例，庐山市注重发挥文化文艺界委员的骨干作用，带头参与和推进城市文化建设。如庐山市政协委员李平寒作为国家级非遗项目金星砚制作技艺的国家级传承人，三十多年来一直专心钻研金星砚制作技艺，获得了多项世界级大奖。为做好金星砚的传承保护工作，他拿出全部积蓄成立了庐山市金星砚文化博物馆—庐山市星汉砚斋，倾心向市民和游客传播金星砚制作技艺，使金星砚制作技艺成为庐山市文化建设的一张亮丽名片。

二是发挥界别委员在文化创新上的带头作用。创新是文化永葆生机的源泉，是推动文化发展的不竭动力。政协委员作为文化创新的践行者，要担负起新的文化使命，推进文化创新，增强文化优势，将文化创新的成果与人民分享，将文化创新的成效由人民来评价。如庐山市政协委员、国家级非物质文化遗产西河戏传承人程月华，出生在梨园世家，将生活中的点滴、家长里短、亲情故事融入西河戏中，用文化的创新成

果化解邻里矛盾、促进邻里和谐。

三是发挥界别委员在文化发展上的带头作用。政协委员是社会各界、各行业的代表人士，文化层次高、专家型人才多，理所当然应在相关专业领域的文化建设中走在前列，以自己的模范行为影响人、带动人，为城市文化建设发展作出积极贡献。委员也要主动参与城市文化建设，助力完成目标任务，结合本职工作，把自己的专业特长和知识技能转化为实实在在的智慧贡献。如九江市政协委员、庐山市二中副校长宋汶，带头成立名师工作室，为青年语文教师成长和教学水平的提高起到了较好的示范和推动作用。

二、充分发挥委员的协商人才作用，在建言资政中做好城市文化建设的参谋者

政协委员是名副其实的"人才库""智囊团"。增强委员对城市文化建设的责任感和紧迫感，立足自身的条件和特点，积极围绕中心、服务大局，找准结合点和切入点，积极建言献策、凝聚共识，为党政推进城市文化建设当好参谋助手、搞好服务。

一是注重加强对城市文化建设重大事项的协商。通过政协全会、常委会会议、主席办公会和民主评议电视问政等多种形式，及时就城市文化建设的重大事项在决策之前进行协商和决策实施过程中的重要事项进行协商。近年来，先后开展了城市文旅演艺业发展专题常委会会议协商、城市文化建设民主评议电视问政等活动，组织委员就城市文化建设等提出了意见建议、凝聚了广泛共识，受到了相关部门的欢迎和好评。

二是注重开展对城市文化建设重大课题的调研视察。调研视察是政协履职的经常性工作，也是政协委员参与城市文化建设的前提和基础。近年来，把组织委员围绕城市文化建设的重大问题开展调研视察作为重头戏来抓，如开展庐山市非遗文化传承发展、庐山文旅演艺业发展、杏林文化传承创新发展等调研视察 10 余次，形成了一大批有内容、有分析、有建议的调研报告，以正式文件的形式报送市委、市政府及有关部门，受到了高度重视和充分采纳。

三是注重运用提案、社情民意的综合推动作用。提案是政协委员履职最直接、最有效的方式，近年来，每年组织委员提交助推城市文旅发展的调研报告、提案和社情民意信息高达 30 多篇，提出有价值、有针对性和可操作性的意见建议 200 多条，真正为城市文化建设建睿智之言、献务实之策、出现实之力。

三、充分发挥委员的界别联系作用，在团结联谊中做好城市文化建设的助推者

政协联系面广、影响力大、凝聚力强，发挥政协大团结、大联合的功能，获得广泛的力量支持是推进城市文化建设的重要基础。一是积极引导委员做好城市文化建设的宣传员。组织委员深入界别群众，大力宣传城市文化建设的决策部署和目标任务，畅通民主渠道，让城市文化建设得到广泛的支持，发挥更大的作用。二是发挥委员专长做好城市文化建设的服务员。通过开设委员讲堂、委员国学讲堂、委员城市文化讲堂等方式，组织委员积极讲解和传播城市文化和乡土文化。在城市文化建设项目规划论证和建设管理过程中，党委、政府每次都积极征求相关界别委员的意见建议，积极安排委员参与城市文化项目建设工作专班，三是建设书香政协做好城市文化建设的领航员。采取"请进来""走出去"相结合的办法，开展委员培训，为委员提升文化素养充电赋能。成立政协书画室，开展送书画进社区、进企业、进界别等活动。将委员读书活动融入"委员站家"建设和"有事先商量"协商议事活动之中，引导委员深入界别群众中开展读书活动，营造重视读书、崇尚读书的浓厚氛围。

（赵木林，庐山市政协党组书记、主席）

干出县级政协新作为　打造城市文化新品牌

——浅谈永修县政协助力城市文化建设情况

张义红　杨细焱

习近平总书记指出："文化是城市的灵魂。城市历史文化遗存是前人智慧的积淀，是城市内涵、品质、特色的重要标志。"而多年的城市化进程后，各地城市建设已由规模扩张向品质提升转变、由注重外在形象向内涵元素的提升转变。作为县级城市，城市功能的完善、文化元素的融合、地方文化的思维，还存在短板。对此，近年来，永修县政协积极履行"三大职能"，以"有事先商量"、调研视察和反映社情民意信息等形式，在城市文化建设方面协商议政，取得了较好的成效。

一、发挥政协力量，助推城市文化建设

（一）以开展调研视察为手段，协商城市文化建设。近年来，县政协每年制定协商工作计划，"八委一办"各基本承办 2 个调研课题和 1 个专题视察，尤其是开展城市文化专题调研视察活动，对城市书房、新时代文明实践中心和网吧及娱乐场所运行情况进行调研；开展对"大国工匠"、职教园区等文化内涵项目专题调研，解决了通信不畅、文化配套等问题。特别是针对坐落城市核心圈的湖东湿地公园的建昌阁，是难得的历史遗存建筑，县政协积极协调，整合建昌阁，高标准建设政协文史馆，投入资金近 100 万元，集政协历史、政协工作、永修自然景观、历史文化和委员工作站为一体，成为政协对外的重要窗口和城市亮丽名片及委员联系交流的重要平台。同时，政协系统强化城市文化意识，结合党建主题党日、政协委员志愿者等活动，到革命烈士纪念塔、王金燕革命教育基地和廉政文化基地进行革命文化教育，洗礼思想。

（二）以开展民主监督为职能，建言城市文化建设。近年来，县政协每年开展 6 个职能部门的民主监督和 2 个执法部门的电视问政工作，重点问政住建局、城市管理局、文化旅游新闻出版局，重点关切城市建设，监督问效，建言资政，有效推进了社

区文明创建，有效缓解了停车难、图书馆利用率不高等问题。通过委员提案，监督问政，收集社情民意信息，每年提出城市建设特色发展意见 10 多条，如增强湖东公园业态、打通永修高速入口至职教园区路网、强化社区文化建设等，解决城市发展的实际问题。在城市品质提升行动中，县政协主动靠前，既建言资政，又勇挑重担，领衔城市建设专班，实现夜宵摊点整体搬迁，建设龙虾一条街；实行街面门店招牌统一装修、统一风格，提升城市品质，彰显特色城市文化。

（三）以服务发展大局为目标，推进城市文化建设。投资 5 亿元建设的占地 262 亩的县文体艺术中心，于 2020 年 12 月建成。面对如何最优化使用问题，积极落实县委主要领导的工作安排，由县政协牵头开展功能布局的专题调研，提出了建设性意见。随后，投入 2000 万元，将县图书馆、县博物馆、县文化馆、样式雷纪念馆和县新时代文明实践中心搬迁至县文体艺术中心，形成"四馆一中心网络"。建立了一呼百应、刚性调度的工作机制，形成了"中心吹哨、部门联动、各方参与"的工作格局，成为辐射永修全域的文化实践阵地。开展"双聚双建"——委员助力城市文明创建工作，对政协牵头的创文片区，组成 7 个小组，各由一名副主席牵头，开展文明宣传、志愿者活动、扫卫生、清垃圾、整内务等活动，形成良好行为规范，养成良好文化素养，营造人文环境。领衔县委、县政府重点工程专班工作，县政协主要领导领衔城市建设中火车站改造工程，征地拆迁，改造提升，打造永修"包容、大气、开放"的城市形象。

二、发挥委员优势，反映城市文化短板

城市文化建设是一个城市综合实力的反映，不仅事关城市形象和品位，而且关系居民精神生活和文化素养。近年来，针对城市建设和运行情况，多次组织县政协委员到全省、全市的有关县区调研，调研视察发现，各地对城市建设关注度相对较高，但城市建设依然面临一些问题，特别是城市文化方面容易忽视的问题，对永修具有审视作用。

（一）投入力度不是很大，建设重视程度需进一步提高。经济发展是硬道理，文化建设是软实力。过去的一段时期，各地注重经济的发展、注重指标的考核、注重税收的项目，而对城市文化的跟进、人文环境的打造，与经济社会的高质量发展显得不相称，在城市建设投入资金中占比相对较少，导致城市文化建设存在一定短板。

（二）城市特色不是很亮，历史文化传承需进一步加强。随着城市化进程的加快，多数城市文化建设结合地方实际不够，追求规模扩张，追求"穿衣戴帽"，追求大广场宽马路，忽视了特色与个性的追求，城市面貌有同城化迹象。在推动城市发展上，因新修商业街而放弃历史古街，因公园的修建而拆除了佛教寺庙，因城市道路拓展而

砍掉成排遗存古树，因行政东迁而废弃了文化电影院，存在上了新项目、遗弃了"老古董"，偶有历史遗存被遗弃，抑制了城市历史文化品位的彰显。

（三）文化产业不是很强，文化管理体制需进一步理顺。城市文化包罗万象，市场文化执法主体较多，有文广新旅局、消防、市监、城管等，社区文化则归社区管理。人文文化多为宣传部门主导，而历史文化按不同类别由文化部门、统战部门分类管理。可以说，有些城市文化管理存在各自为政、多头管理、职能交叉、工作错位、衔接脱节等情况。而在城市文化产业发展上，省会城市、地级市城市发展较好，其他县（市、区）落差较大，重大文化项目少、辐射面广的文化基地少，多是功能配套性文化场馆，如图书馆、城市书房等；不少地方历史文化遗存项目，也是零星散落的。

三、发挥资政职能，建言城市文化建设

他山之石，可以攻玉。纵观全省城市文化建设实际，借鉴城市文化建设中的成功经验，结合县政协近年来的调研视察，正视永修城市文化建设现状，需抓好以下几个方面工作。

（一）抓规划，谋长远，绘好城市文化蓝图。城市文化具有建筑的有形风格和人文的内在思维，其建设具有不可逆性、社会性、长期性和地域性等特点。如何抓好城市文化建设，需要科学合理的规划、系统全面的部署、一抓到底的落实，这务必做到"三严"。一是严明目标定位。从地域特色、经济发展、民风习俗、历史文化等层面综合考虑，要紧扣"争创江西历史文化名城"的定位，打造好"样式雷""王经燕"和国际候鸟湿地三张名片，既要把好总体风格，更要有个性，以形成城市独特的审美意境，二是严把产业方向。产业方向要"旧与新"联动，突出"样式雷、王经燕和非遗民俗"三大板块，保护历史文化遗存；重点打造"艺术中心、环球缤纷城和大国工匠"三大引擎，发展现代文化产业。产业谋划要超前，既要考虑近期建设，更要考虑长期目标，避免短期行为和重复建设。三是严格执行实施。要增加规划权威性，一旦形成，就要通过一定的决策程序加以实行，决不能因领导人的变动而变动，绘好一张图，安排一班人，制定作战图，明确时间表，加以落地见效。

（二）抓产业，上项目，提升城市文化功能。城市文化功能内容丰富，既涉及城市功能建设，又包括文化载体，还孕育着地方特色。发展城市文化，需注重承载性，完善配套设施，强化城市功能，从实际出发，抓住重点，上好项目，提升城市文化品质。作为永修来讲，要打造好"三种文化产业"。一是"走在前"打造"数字"产业文化。以建设"智能化"城市为契机，快速发展"数字"文化，率先建设县区数字文化城市，布局好县艺术中心功能配套项目，实施数字化改造与建设，发展数字创意、网络视听、

线上直播等传媒业态，上好艺术文化项目，开展好体育赛事项目，充分发挥其承载作用；加强政府数字文化项目建设，将数字文化无缝融入政务办事中心、物流智能平台、数据信息中心等建设之中，形成全方位、通透式、直观性的文化景观。二是"勇争先"打造"引擎"文化产业。发展城市文化，需勇于争资争项、争创一流，引进主导产业、重大项目、重点产业，提升城市文化带动力。推进好环球缤纷城项目，打造集接待、会务、商务、文化为一体的综合体，提升对外接纳力和影响力；助推大国工匠项目，打造技术人才产业园，融入南昌都市圈，承接南昌技术、文化、培训、教育等各方面产业。三是"善作为"打造"民俗"文化产业。规范、健康发展城市"小文化"产业，做好网吧、台球、KTV 等娱乐产业，防止打"擦边球"，净化城市文化环境；普及"基础"文化产业，提高群众文化活动的参与度，提高城市书房的覆盖率，打造好社区文化，建造好体育设施场馆，营造积极向上、健康活泼的生活兴趣。

（三）抓特色，出亮点，打造城市文化品牌。城市文化的特色是一个城市的独特内涵，更是一个城市的独有品牌。城市文化的特色，反映出一个城市的文化资源和历史底蕴，体现了一个城市的地理环境与人文环境，来源于一个城市人民群众的思想风貌和道德品行。因此，如何在城市文化建设上抓特色、出亮点，需要在两大层面下功夫。一是在挖掘历史文化上求特色。历史文化是一个地方的特色，具有传承性、区域性和独特性，要挖掘好本地历史文化资源，弘扬优秀传统文化。作为永修来讲，在抓好丫丫戏等 25 个非遗民俗文化品牌的同时，要重点打造好"样式雷"文化品牌，由乡镇为文化基地、县城为宣传主平台，实现城乡融合，打造"样式雷"纪念馆，积极策划"样式雷"文化旅游节、专题展览会等活动，争创江西历史文化名城。二是在现代化文化设施上出亮点。文化设施要体现地域性和差异性，人无我有，人有我特，人特我优。要发挥独特的地理优势打造城市文化品牌，利用修潦河穿县城而过入鄱阳湖，打造"一河两岸"文化景观长廊，上文化商业街、有餐饮娱乐加持，营造"隔江犹唱后庭花"的文化气息。要打造标志性文化休闲基地，永修湖东湿地公园坐落县城市中心，总面积 4000 亩，水域面积 2800 亩，是居民休闲的最大聚集地，要进一步挖掘湖东公园潜能，增加公园业态，如增加水上娱乐项目、儿童乐园项目，入驻书法协会、诗词协会等团体，形成业态丰富的标志性公园品牌。

（四）抓机制，强宣讲，完善城市文化管理。城市文化管理是一项系统而复杂的工作，它既有城市管理，又有文化发展；既包含组织机构，又包含协调运行。一是坚持组织引领，抓管理体制，提升协调管理能力。围绕"统一指挥、主责清晰、各方协作、高效运行"的目标要求，县委、县政府出台城市文化发展目标方案，明确工作定位、部门主责、产业方向、执法主体、管理模式。要强化文化产业发展主体责任，定目标、定任务、定时限，持之以恒抓好落实；要扎实推进城管队伍下沉社区、下沉小区，抓好城市精细化管理；要整合文化市场执法队伍，形成"1+N"执法模式，防止政出多门、职能交叉、频频执法现象。二是坚持双向发力，抓文旅融合，提升管理文化元素。城市文化不是一个孤立的文化形态，它与乡村文化紧密联系，相互影响，要注重城乡文化结合，加强城乡文化交流。要重点围绕"三张名片+真如禅寺"，抓好文旅融合一体化管理，抓好乡村+城市一体化管理，既抓"样式雷"乡下祖屋修建与管理，又抓县城"样式雷"纪念馆推介，既寻根"王经燕"农村足迹，又办好"王经燕"干部学院，既打造好吴城国际候鸟湿地景观和云居山国际禅修院，又要搞好城市宣传推介，做到城乡文化互动。要设计好城市 logo，一个城市管理最直观的表现就是城市标识，要挖掘文化资源，彰显地方特色，制作好永修城市标识，提高永修的知名度和识别度。三是坚持文化铸魂，抓教育宣传，提升市民文化意识。市民的文化意识是城市建设的根本，是城市文化的参与者、管理者和监督者，提高城市文化综合实力，离不开提高市民的文明素质。要以社会主义核心价值观为引领，加强教育宣传，开展社区文化进楼道、"小手拉大手过马路"、干群联动等活动；宣讲好人好事，开展遵守交通规则、文明礼貌待人、爱护公共财物等活动，传递正能量，弘扬主旋律，促进市民提升理想信念、价值理念和道德观念，提升城市文化软实力，形成文明、知礼、互助、向上的新风尚。

（张义红，永修县政协主席；杨细焱，永修县政协秘书长）

用好"协商"法宝　做好三篇文章
为人民城市建设凝心聚力

黄斯文

城市工作在党和国家工作全局中举足轻重，是中国式现代化的必由之路。就做好城市工作，党的十八大以来，习近平总书记高屋建瓴、思想深刻、考量深远，发表了一系列关于城市工作的重要论述，深刻分析了我国城市发展面临的形势，深刻回答了城市建设发展依靠谁、为了谁的根本问题，以及建设什么样的城市、怎样建设城市的重大命题，是做好城市工作的基本遵循。政协作为政治组织和专门协商机构，要深入学习贯彻习近平总书记关于城市工作的重要论述，践行"人民城市人民建，人民城市为人民"重要理念，用好"协商"法宝，做好"群众动员、群众评价、群众参与"三篇文章，努力为人民城市建设凝心聚力、献计出力、实处着力。

一、把握城市建设的"国之大者"，聚识做好群众动员文章

城市是我国各类要素资源和经济社会活动最集中的地方。全面建设社会主义现代化国家，以中国式现代化全面推进中华民族伟大复兴，必须抓好城市这个"火车头"。党的二十大报告就城市建设做出了明确的决策部署，提出了思想指引、实践要求、具体任务和工作目标。政协作为政治机关，旗帜鲜明讲政治是第一位的，要提高政治站位，立足人民政协为人民的本质属性，紧扣人民城市建设的"国之大者"，把助力人民城市建设作为推进政协履职作为的重要抓手来认识把握，坚持做到党委、政府把城市建设推进到哪里，政协工作就跟进到哪里；群众对城市建设期盼集中在哪里，履职重点就聚焦在哪里，确保政协履职紧扣中心、服务大局。

（一）把准城市建设的人民性。习近平总书记指出："做好城市工作，要顺应城市工作新形势、改革发展新要求、人民群众新期待，坚持以人民为中心的发展思想，坚持人民城市为人民。这是我们做好城市工作的出发点和落脚点。"人民性是人民城市的根本属性，是人民城市的核心要素和内在逻辑，更是人民政协的本质属性，这要

求政协要时刻牢记为人民服务，始终代表人民的利益，始终为人民谋幸福。做好城市建设，必须充分发挥人民政协"人民性"，坚持广大人民群众在城市建设和发展中的主体地位，组织动员群众参与到城市建设中来，充分激发"人民城市人民建"的真切动力，构建城市建设人人有责、人人尽责、人人享有的生动格局。

（二）**把准城市建设的统战性**。人民政协是统一战线的组织，是多党合作和政治协商的机构，是人民民主的重要实现形式，体现了中国特色社会主义制度的鲜明特点。人民政协的"统战性"要求人民政协要最大限度调动一切积极因素，团结一切可以团结的人，汇聚起共襄伟业的强大力量。做好城市建设，必须充分发挥人民政协统战性，把政协工作聚焦到为党争取人心、汇聚力量这个最大的政治上，把讲政治具体地、现实地体现在为做好城市建设凝聚共识工作上，把政协委员及其所联系的界别群众最广泛最紧密地团结凝聚在党推动城市建设工作的周围，让群众心往城市建设一处使、劲往城市建设一处用，重点引导委员在城市建设中不当看客、不做旁观者，自觉深入对口联络的社区，主动向群众介绍城市建设的政策方针，听取群众的诉求，反映群众的呼声，让群众在政协的平台上凝聚起来。

（三）**把准城市建设的民主性**。实行人民民主，保障人民当家作主，要求在治国理政时在人民内部各方面进行广泛商量。政协协商民主是社会主义协商民主和国家治理体系的重要组成部分，通过协商于决策之前和决策实施之中的制度化实践，让党委政府在政协同各界代表人士就改革发展稳定重大问题和群众最为关切的问题深入协商，听取意见建议，统筹将多元化诉求表达纳入理性化程序化轨道，做到既顺应多数人的普遍愿望，又采纳少数人的合理诉求，推动工作更加顺乎民意、合乎实际，实现好、维护好、发展好人民群众的根本利益。做好城市建设，必须要发挥政协在全过程人民民主制度程序和参与实践中的重要作用，推动"有事好商量，众人的事情由众人商量"制度化实践，持续深入做好"协商在铃"赣事好商量文章，引导不同利益的群众在城市建设中积极参与、相互尊重包容、协商沟通、寻求共识，让城市建设的全过程成为践行人民民主的全过程。

二、把握城市建设的协商主题，聚智做好群众评价文章

城市是一个复杂的系统，城市工作是一个系统工程，涉及规划、建设、管理三大环节，三大环节做得好不好，最终要用人民群众满意度来衡量。在发挥政协专门协商机构作用，助力人民城市建设这项中心任务中，就必须聚焦群众满不满意这个关键，用系统观念、整体思维、实践方法，把政协协商职能嵌入到城市建设中，把群众评价融入协商环节中，做到与城市建设的各项工作脉搏同起伏、共律动。

（一）**围绕规律选题**。城市发展是一个有规律可循的自然历史过程，遵循城市发展规律是促进城市高质量发展的必然要求。城市高质量发展历来是党政所想、发展所需、群众所盼的关键所在，把握这个关键所在，政协才能在城市建设的历史规律演变过程中，精准抓住中心任务，精确瞄准堵点问题，做到定位准确、站位高远，有位有为。

政协要紧扣城市建设这个协商议政主课题，深化对城市发展规律的认识。尊重和顺应"城市和经济发展两者相辅相成、相互促进""城市发展是农村人口向城市集聚、农业用地按相应规模转化为城市建设用地的过程""城市规模要同资源环境承载能力相适应"等做好城市工作必须遵循的三条规律，结合本地城市建设的特点，围绕群众不满意的堵点、痛点，因时因势分门别类将城市建设大课题分解为"基础设施""旧街改造""交通出行""创文创卫"等具体的小课题，用小切口将"宏观工作"转化为"微观操作"，用具体任务将"党政关注"转化为"政协工作"，将之列入年度协商计划、年度工作要点重点实施，让政协协商助力城市建设更加精准、更有发力点。近年来，分宜县政协把握本地城市建设规律，紧扣党政决策部署，与中心任务同频共振，梳理城市建设的短板不足，连续多年谋划推出"口袋公园建设""打通断头路""老城老路改造""农贸市场管理"等调研课题 6 个，通过召开专题议政性常委会会议、专题议政性主席会议、专题协商会等方式，提供政协方案，助力党委、政府更加科学决策。

（二）**围绕民意选题**。反映社情民意信息是人民政协重要的经常性、基础性工作，是履行政治协商、民主监督、参政议政职能的重要方式，是社会舆情信息汇集和分析机制的重要组成部分。城市的核心是人，关键是 12 个字：衣食住行、生老病死、安居乐业。城市建设建得如何，城市工作做得好不好，群众最有发言权，也最有广泛深刻的民情民意诉求。把握城市建设这一社情民意领域情况多、诉求多的现实特点，把城市建设的社情民意重点、群众评价重点作为调研课题，深入群众"发现问题"，挖出问题根源，努力提供更具针对性、更富含金量的意见建议，才能以"政协信息之能"服务"城市发展之为"。

政协要聚焦"衣食住行、生老病死、安居乐业"这 12 个方面，制定城市建设建言献策长效机制，畅通民意表达渠道，把群众对城市建设的满意度评价记录下来，把群众喜怒哀乐的表情包、群众牵肠挂肚的揪心事反映上去，充分运用协商座谈、调研视察、大会发言、提案撰写等履职方式和载体，发挥政协人才荟萃、智力密集优势，提供真知灼见、群众期盼给党委政府，确保群众对城市建设的要求融入城市建设的全过程，推动城市建设不断更新改造，更好地顺应人民群众的新期待。分宜县政协每年向政协委员、政协参加单位、民主党派等群体定期发出城市建设社情民意征集通知，先后开展"我为创文创卫献良策"征集活动 3 次，组织专题协商活动 13 次，推动解决"发光斑马线设备安装"等微小问题 60 余个，破解"小区用地规划""小区晾衣杆设置"等重点难点问题，其中规范"小区晾衣杆设置"的协商方案，为全县小区治理提供了参考。

（三）围绕问题选题。党的十八大以来，我国城市发展取得新的历史性成就、迈上新的历史性台阶，但也面临着城市治理现代化水平有待提高、开创人民城市建设新局面有待提升的新情况新问题。对各地而言，城市工作问题不是静止的，是随着形势的变化、实践的推动而不断发展变化，往往一个问题刚解决，就会冒出一个新问题，这就要求政协学会把握矛盾的运动属性，用发展的眼光发现、研究、解决问题，把握"老问题"中的"新变化"，抓住新情况新问题的关键所在，创造性地推动问题解决。

政协要坚持问题导向，围绕城市管理服务、改善人居环境、增强城市活力、优化城市结构、完善城市功能、传承历史文化等制约城市建设的关键问题精准发力，每年将城市建设的重点难点问题纳入协商工作计划，统筹运用跟踪视察、成果转化督查等方式，深入调查研究，提供破解构成城市诸多要素、结构、功能等方面问题的政协方案，推动城市建设发展取得新成效。分宜县政协坚持以解决问题为导向，盯着问题去，追着问题走，持续关注城市道路交通、城市水体整治、城市停车场、城市文化展示馆、小区棋牌室整治等问题，形成"调研成果报送——成果转化落实——回头看跟踪视察——整改促提升"的工作闭环，做到年年持续发力、久久为功，促成新建口袋公园、城市文化会客厅，优化交叉路口，新建公共停车场，打通断头路等 34 个（条）。

三、把握城市建设的合力共为，聚力做好群众感受文章

习近平总书记对城市工作提出了"五大统筹"要求，其中明确指出要统筹政府、社会、市民三大主体，提高各方推动城市发展的积极性。城市建设必须把让人民安居、宜居放在首位，把最好的资源留给人民。这既是让城市建设成果更多、更公平地惠及全体人民的体现，又是让人民群众在城市生活更方便、更舒心、更美好的现实要求。政协要从履职角度出发，发挥人民政协凝心聚力作用，统筹政府、社会、市民三大主体力量，在民主协商中增进团结，在合作共事中巩固团结，在共同奋斗中深化团结，切实把政协的制度优势运用好，使之转化为基层治理效能，最大程度把群众力量凝聚起来、发挥出来，实现城市的共治共管、共建共享，不断增强群众获得感、幸福感、安全感。

（一）以平台促治理。把促进大团结大联合贯穿政协助力城市建设的工作环节，紧紧围绕城市建设的任务要求，打造"协商在铃"协商平台 2.0 版本，与街道社区共建联建 10 个政协委员工作站，引导委员工作站与街道社区紧扣"城市品质的体验度"，

依托所在街道社区特点，开展"一站一治理特色"创建工作，为城市增添更多暖意、惬意、诗意的特质贡献政协力量，让政协协商的制度优势转化为基层治理效能。分宜县政协聚焦"城市更新""小区治理"等基层治理课题，推出"协商在钤·民生微实事"系列协商活动、"民生微实事"协商"回头看"活动，撬动了城区基层党组织广泛参与协商议事活动，助力推动"背街小巷环境改造""文化元素布景""交通标识设置"等10个协商治理特色的形成，赋予了城市美学、城市人文、城市温暖，让文化可感知、城市可阅读、群众可享受。

（二）以监督促提升。把群众实际感受作为城市建设协商成果落实的切入点，强化民主监督职能，立足提案、社情民意、调研报告等反映城市建设的实际情况，突出专项监督、现场视察，探索开展监督性提案督办，探索建立城市治理专项监督组、民生建设专项监督组，以加强民主监督工作的组织化、专业化程度，提高监督的有效性和精准性，让城市建设规划、建设、管理都体现人民意志、保障人民权益，切实做到人民城市为人民。分宜县政协聚焦城市建设每年至少安排一项民主监督，两件重点提案办理，两次城市建设"看亮点、看变化"专项视察，让委员、群众代表在体验式、沉浸式履职场景中，提出更好的城市建设改进举措、意见建议，更好地推动发展之变、城市之变、惠民之变。

（三）以委员促和谐。把委员队伍的活力充分激发，深化"专委会+界别+活动小组"的委员联系界别群众模式，将175名委员编成15个活动小组，紧扣"让老百姓过上更好的日子"这一宏伟而又朴素的目标，抓住家家户户的"小愿景"、老老少少的"新期盼"，组织开展"委员服务为民""委员履职建言""党政主要领导批示落实情况反馈"等活动，引导委员在春风化雨聚民心、迈开步子聚民智、撸起袖子解民忧的履职过程中，组织群众依法表达诉求、维护权益，营造和谐稳定、心齐气顺的社会环境，把党委政府想干和在干的城市建设的事，变成群众支持和关心的事，最大限度为城市发展减阻力、聚合力，让更多的群众感受城市之美、赞叹城市之变、尽享城市之好。

（黄斯文，分宜县政协党组书记、主席）

奏响文旅大会"协"奏曲

——丰城市政协以有效履职服务旅发大会

张小平　　熊雷辉

习近平总书记在教育文化卫生体育领域专家代表座谈会上指出，文化产业和旅游产业密不可分，要坚持以文塑旅、以旅彰文，推动文化和旅游融合发展，让人们在领略自然之美中感悟文化之美、陶冶心灵之美。2023 年，宜春市文化和旅游产业发展大会在丰城成功举办，得到社会各界一致好评，省文旅厅领导点赞："县级市的文旅大会，办出了省级的水平！"这里面，离不开全市上下的辛勤和汗水，也凝结着丰城市政协的智慧和力量，饱含着委员们的默默奉献和付出。换届以来，丰城市政协紧紧围绕旅发大会的举办主题，立足丰城产业基础和发展优势，充分发挥专门协商机构作用，助力做强"丰水宝地，情义铭城"旅游形象，为保障旅发大会顺利举办齐心奏响"协"奏曲。

一、尽政协之责，为成功办会赋能

一方面，调研协商议出"施工图"。思路决定出路，眼界决定境界，格局决定结局。明晰全市文旅融合发展的方向是成功举办旅发大会的前提。市政协主席会议成员连续两年在全市务虚会上围绕文旅大会鼓与呼，引发共鸣，得到市委认可。围绕"旅发大会怎么办"，市委书记亲自点题，市政协成立调研专班，走出去、沉下去，往深处走、向高处谋，先后前往天津、共青城等地学习考察，同时摸清市内唯美养生谷、剑邑文化博览园、爱情花卉小镇、玉华山、云姑岭等重点旅游资源实情，通过座谈、问卷调查、统计分析等方式，最终形成《关于助推我市全域旅游发展的建议案》提交市委常委会审议，梳理归纳的"做好全域旅游总规划、打造一批重点文旅项目"等 8 条建议被全部采纳，有效助力高标准编制《丰城市文化旅游发展总体规划》《丰城市"十四五"文化产业发展规划》、制定《2023 年宜春市文化和旅游产业发展大会工作方案》，为成功举办旅发大会明确方向、厘清思路提供了科学参考。

另一方面，"两平台一提案"商出"路线图"。方向和目标确定后，具体操作是关键。市政协依托平台优势、提案形式，组织委员围绕"旅发大会看什么"精准建言：以"剑言邑政·赣出丰采"协商平台为依托，33 个乡镇（街道）委员工作站、14 个委员特色工作室（其中 6 家与文旅有关）积极组织委员开展调研，借助营商环境政协委员感受指数平台，把办好旅发大会作为今年第二季度专题感受内容，紧抓 16 件聚焦旅发大会的提案，持续跟踪督办问效，通过"线上+线下""调研+座谈"等形式，从全市现有的众多景点中，按照"看新不看旧"的原则，精选出唯美养生谷、剑邑文化博览园、爱情花卉小镇 3 个参观点供市委决策，为市委清晰画出旅发大会"路线图"贡献了政协智慧。

二、展政协之长，为点位提升助力

一是助力唯美养生谷重启。总投资 110 亿元的中国丰城国际旅游康养城——唯美养生谷项目曾因各种原因一度陷入停滞，针对这种情况，市政协组织委员开展专题调研项目重启事宜。省政协委员、江西和美陶瓷有限公司总经理施少刚积极与企业总部对接沟通，市政协主动跟进、多方奔走，协助市委、市政府推动项目正式启动。换届之初，经市政协建议，将项目总经理许俊涛推选为市政协常委，许俊涛常委一心扑在项目上，为项目建设竭尽全力。同时，他多次向市政协主要领导、分管领导汇报，市政协主席会议专题研究，为解决项目推进过程中的堵点、难点出谋划策。经过多方努力，唯美养生谷于 2023 年 10 月盛大开园，并成为旅发大会的主会场。该项目的顺利启动为丰城文旅事业发展注入了强劲动力。

二是助力剑邑文化博览园塑形。市政协主动担当，明确由副主席赛男同志、二级调研员晓群同志具体负责点位所有工作。为让博览园"活起来""火起来"，前期分别在 2023 年 8 月、9 月举行绿马音乐啤酒嘉年华、丰城首届秋季藏品交流会两场大型预热活动，吸引浙江、福建、上海等 300 多名省内外收藏家参展，近 2 万人参加。改造提升中，始终紧扣"丰城元素"，围绕剑文化、水文化、瓷文化、非遗文化，精心打造了雕塑文化展示馆、洪州窑青瓷馆、古家居文化展示馆、丰城近现代地方史料馆、中医药典籍馆等多类场馆，以实物、多媒体等形式讲述丰城 1800 年的文化底蕴。目前，博览园已成为广大市民体验丰城传统文化的打卡地。

三是助力爱情花卉小镇升级。爱情花卉小镇作为"老牌"景点，多次承接国家、省级会议，但长期受业态单一、游客难留的困扰。针对小镇存在的短板，市政协把如何增强游客体验、丰富小镇业态、强化小镇内涵、促进品质提升作为这次点位提升的重点，形成了以项目招引促小镇提质升级的共识。市政协常委会专题协商，同时发挥政协人才荟萃优势，积极对外招商。先后引进客商打造了流浪舱区、精品帐篷区、浪漫小木屋区、亲子活动区、游乐园等项目，让宾客尽情享受爱情花卉小镇里的慢时光；精心开发了"中式水上婚礼"，以古朴、喜庆、热烈、张扬的气氛感染来宾……随着委员建议的落地，实现了游客从"看风景"到"追场景"的转变。

三、倾政协之力，为会务服务添彩

一是筹划精。市委点将，市政协接过后勤接待的总任务，主席牵头，抽调骨干力量成立工作专班，制定、细化全面方案，在人员协调、宾馆住宿、餐饮安排、小戏演绎等方面，把每个细节都想深想透，坚持问题导向，强化精品意识，确保"零差错"。"龙光盛宴""孺子家宴"是本次旅发大会的重头戏，专门策划美食争霸赛，组织全市33个乡镇（街道）分5个片区预复赛，评选出丰城十大热菜、十大凉菜和30个特色小吃，精选丰城特色美食。为保证菜品最佳口感，在原材料上抓细抓实，全过程监督食材从现场到餐桌，确保肉类食材当天宰杀当天到，蔬菜当天采摘当天送。为展现丰城厚重的历史文化底蕴，召集相关人员反复打磨，在"孺子家宴"中演绎"徐孺下陈蕃之榻"的经典片段，在"龙光盛宴"中品味"龙光射牛斗之墟"的文化内核，听故事、品历史、谈发展。

二是参与实。市政协立足委员自身岗位特色和能力专长，广泛发动委员积极参与旅发大会重点建设项目、历史文化传承、景区（点）改造提升工程、环境容貌整治、服务接待等多领域具体工作。广大委员把岗位当作舞台，以实际行动支持旅发大会的召开。环境整治组的委员们高标准、严要求，下足"绣花功夫"，狠抓景区沿线的环境整治，美化、亮化，着力城市"颜值"提升；面对极大的交通安保压力，交通安保组的委员们周密安排，强化交通疏导、突出重点部位管控，用昼与夜的坚守保障了大会交通秩序；作为本次大会的亮丽风景线——解说员，也有委员的身影，她们接受密集培训1个月，背诵数万字讲解稿，用最美的声音讲述丰城故事、以最甜的微笑展示丰城形象；文化界的委员们，引导广大文艺工作者发挥抖音、公众号等平台作用，广泛宣传本次旅发大会的盛况。

三是服务细。大处着眼，小处着手。大会召开前期，市政协多次组织全要素演练，对入住酒店进行试住，明确屋内水果等物品的摆放、空气的净化、设施服务的提供等，让每一位宾客在丰城感受"家的温馨"。会议期间，政协机关干部、委员们主动当好旅发大会的联络员、服务员、宣传员，为八方来宾提供接送、报到引导、酒店入住等"一对一"服务。比如：因天气突然降温，为保证嘉宾在晚上观摩点位时不感冒，建议市委为每位嘉宾准备了一条保暖的小围巾。考虑到参观有半天时间，为让宾客喝到恒温茶水，组织志愿者头天通宵烧好开水，提前测量水温，反复测试灌装茶水时间，最终把冲泡茶水最佳时间定为凌晨 5 点。随后，组织志愿者凌晨 5 点用 80 度的水泡菊花茶，等水温降至 40 度后立刻装杯，确保每位宾客随时都能喝到 40 度左右的温茶。通过对每个细节的把控，让宾客在欣赏舞台美景的同时，感受温情、温暖。会议结束后，向每位嘉宾发送了一条温馨的祝福短信。

三点体会：

一是离不开市委的充分信任和大力支持。从助力规划、方案的出台，建言线路、点位的确定和提升，协商接待方案的制定，尤其是后勤保障这副担子交给政协，这些都充分体现了市委对政协的信任。市政协在工作推进当中遇到的困难和问题，市委都在第一时间要求相关乡镇和部门单位全力配合、抓紧落实，全市上下形成了齐心协力办盛会的合力。

二是离不开各级政协组织强大的凝聚力。政协机关干部积极主动、敢于担当，助力点位提升、专注后勤服务、参与"一对一"对接等；部门单位的委员群策群力、各尽所能，结合自己本职工作服务大会；乡镇（街道）充分发挥 33 个乡镇（街道）委员工作站作用，组织委员参与优选一批"丰城味"美食、"丰城范"工艺品，处处彰显了政协组织的凝聚力、战斗力。

三是离不开所有政协委员的倾情付出。住丰省、宜春市政协委员，以及全市所有委员都以不同的形式为旅发大会献计出力。比如：市政协常委、文广新旅局局长黄欢既发声又抓落实，推动"嗨丰城"文旅小程序和康养、研学、森林自驾 3 条精品旅游路线的开发；市政协委员、原文化馆长陈欢全程参与志愿者和礼仪人员的培训，以及小戏的排练；政协委员甘泰之创办的洪州窑青瓷文化工作室精心钻研陶瓷创意产品，这次旅发大会伴手礼之一的陶瓷随身水杯就是他们的精品力作……委员们以"功成必定有我"的奉献精神和"功成不必在我"的团队力量，助力了本次旅发大会的成功举办。

政协协商不停步，文旅发展动力足。丰城市政协将继续坚持以习近平新时代中国特色社会主义思想为指导，以此次旅发大会的成功举办为起点，筑同心、集众智、聚合力，充分发挥专门协商机构作用，在文旅发展上讲好政协故事，让丰城成为人人向往的"诗与远方"。

（张小平，丰城市政协党组书记、主席；熊雷辉，丰城市政协秘书长）

透视城市更新中协商文化的"万安实践"

——万安县北门河十八口塘片区改造的实践与启示

郭慧娟　谢慧萍

党的二十大报告提出,坚持人民城市人民建、人民城市为人民,提高城市规划、建设、治理水平,加快转变超大特大城市发展方式,实施城市更新行动,加强城市基础设施建设,打造宜居、韧性、智慧城市。根据《江西省城市功能与品质再提升行动方案》《建立城市体检评估机制,推进城市高质量发展示范省建设实施方案》的要求,吉安市万安县北门河十八口塘生态修复项目,成功入选江西省城市体检转化城市更新项目第一批优秀案例。万安县政协积极参与,通过"一线好协商"平台,充分发挥作为专门协商机构在城市更新中的作用。

一、协商是城市更新改造中全面征询民众意愿的重要途径

历史上的北门河,曾经一度被称为万安城的"龙须沟"。它曾是一处"一潭死水,蚊蝇滋生"的地方,区域水体水质污染严重,城中村内配套基础设施建设落后、规划管理无序、布局结构混乱、基础设施缺失、道路交通闭塞、供电通信线路杂乱等现象严重、消防通道阻塞、公共服务设施不完善,存在较多安全隐患,极大降低了居民的生活质量,影响城市的整体面貌。

一是问需于民。居民是否愿意参与改造?想要改成什么样?这对能否顺利推动后续工作至关重要。为落实居民改造意愿,万安县政协依托"一线好协商"品牌建设,委员下沉一线收集社情民意信息后,联系县住建局和芙蓉镇政府指导成立北门河城中村改造居民自治小组,小组由居民投票推选出的有威信、有能力、熟悉片区情况且热衷公益事业的居民组成。居民自治小组人员和干部利用中午、晚上和周末等闲暇时间上门入户,收集居民意见和建议。委员及时联系群众及意见收集小组,加强与居民自治小组的沟通,深入了解居民生活中的不便与难题,收集归纳群众意见52条,采纳34条,再在规划设计时合理融入。通过搭建沟通桥梁,推动片区居民由"旁

观者"向"主人翁"转变，确保居民改造"心声"及时被聆听，居民难题"心结"及时被化解。

二是取计于民。北门河片区的城中村情况错综复杂，尽管前期做了很多的功课，但是在项目施工过程中还是会出现这样那样意料之外的事情：这边水管挖爆了，那边地下电线不好移走。面对改造过程中存在的实际困难，下沉委员联系居民自治小组，寻找涉改居民，详细了解管线等设施布置情况，听取熟悉情况的"土专家"的解决办法，少走弯路，顺利破解堵点。在改造中，在政府解决基础配套设施的基础上，按居民自愿参与的原则，鼓励群众积极参与庭院与房屋外立面改造提升，居民按照"一院一品，一园一景"的理念对庭院进行自主设计、自行改造，引导片区内住户将房屋在不增加层数的前提下，根据业态需要进行改造，把房屋改造成特色精品民宿、美食广场、茶馆、餐厅等场所。充分发挥了群众参与改造的主观能动性，展现了群众的智慧，共同创造幸福生活。

三是借力于民。项目基础设施改造完成后，按照"街巷定界、规模适度、无缝覆盖、动态调整"的原则，根据人口分布、地理远近等实际情况，划分3个网格。北门河城中村改造居民自治小组邀请20余名社区党员参与北门河片区城中村改造的网格管理。充分激发社区党员作示范、勇争先的意识，带动乡贤代表、群众代表、志愿服务人员、法治工作人员、城市管理人员、市场监督人员、消防和环保管理人员参与，形成"一格八员"的管理体系，建立有问题网格长吹哨、各方响应，八员履责的快速问题处理机制，实现居民共治幸福。

四是还惠于民。"民生项目加快落地，将给群众带来更多实惠。"打通断头路，拓宽窄巷子，让百姓打开窗就能见到绿色，人民群众在城市生活更方便、更舒心。茶亭路、庙背路、松树下路的实施实现了片区循环。新建设停车位600多个，已基本解决居民停车难的问题。合理修建公厕、实行杆线下地、实施自来水管网和污水管网改造、绿化、亮化工程，切实提升区域环境；增设了3.3公里骑行步道，新建网红桥、亲水平台，将空余土地多点建设小游园，为村民打造良好的休闲娱乐场所。设立社区服务中心，为村民办事提供便利。县政协委员撰写提案建议利用老旧房屋改造了一座"十八滩"文化展示馆，留住了居民的乡愁。引进万安鱼头旗舰店、社区 MALL、高端精品民宿、餐饮茶楼等业态，使片区成为宜居宜业新片区，实现了区域品牌建设和片区改造工程同频共振、同步向前，群众共享改造成果。

"十八口塘这里搞得这么好的环境，首先一个感谢政协为我们发声建言。原先没改造之前，这里臭水塘垃圾成堆，道路也是坑坑洼洼，现在改造以后这里的环境是相当的好，老百姓拍手称快。"万安县芙蓉镇五丰村村民刘小平深情地说道。

二、协商实现了城市更新改造中尊重自然、因势成景

在改造设计中坚持改造与生态保护并重，坚持完善城市生态基础设施，推进"韧性城市"建设，对片区内的古樟树全部进行了摸底，针对古樟树逐个设计了景观节点，充分考虑对古樟树的保护和利用，做到了保护和开发有效衔接。一是疏浚引水。充分利用十八口塘片区湿地特点，将片区打造成生态公园，投入1000多万元从示范水库和赣江引入活水，有效缓解示范水库排涝压力，种上水生净化植物，对现有的北门河湿地公园进行升级改造，清除水底淤泥，埋入地下引水管，全面保障片区内水域清澈。二是接管清污。按照应接尽接的原则，对片区内所有污水管网进行改造，将片区内所有污水全部纳入污水管网，避免污水外流，同时对县城污水厂进行改扩建，全面提高污水处理能力。推行垃圾分类和资源化利用制度，抓好城中村生活垃圾清运处理，确保片区内雨污分流，从源头对水系进行有效治理，推动北门河、十八口塘等城中村河湖水系面貌持续好转。

三、协商文化与城市文化相互融合、相互促进

十八口塘社区依托"一线好协商"品牌建设，组织委员下沉一线深入社区社情民意信息联系点，开展"微调研""微协商"、收集社情民意等活动。通过走访群众，"零距离"与群众交流，认真收集群众反映的"急难愁盼"问题。十八口塘之前是个烂泥塘、臭水沟，影响居民出行、生活环境严重受到影响，群众反映强烈。委员们多次深入十八口塘调研，通过提案、反映社情民意、专报等方式积极向县委、县政府建言献策，推动十八口塘综合整治项目落地。

（郭慧娟，万安县政协党组书记、主席；谢慧萍，万安县政协党组成员、秘书长）

涵养"和合"文化　铸强协商品牌

——泰和县政协以传统文化赋能协商平台建设的实践探索

王志宏

习近平总书记强调，"人民政协植根于中国历史文化""协商民主是中国社会主义民主政治中独特的、独有的、独到的民主形式，它源自中华民族长期形成的天下为公、兼容并蓄、求同存异等优秀政治文化"。和而不同、美美与共的"和合文化"，是中华传统文化的精髓之一。地处庐陵文化腹地的泰和，因"地产嘉禾，和气所生"而得名，涵养了"诗书传家""以和为贵""开放包容"等城市精神，与中国历史上的"和合"文化有着很深的渊源，为全国文化先进县，日益成为"和合"文化的标志地、实践地和传播地。近年来，泰和县政协坚持守正创新，注重挖掘"和合"文化优势，积极探索将"和合"传统文化融入基层协商民主全过程，着力擦亮"吉事广议·泰和协商"工作品牌，一抓到底，一以贯之，持续将泰和文化"软实力"转化为政协履职"硬支撑"，为推进"赣事好商量"品牌建设丰富基层案例、提供泰和实践。

一、坚持"美美与共"，探索"和合"载体的"结合点"

"和合"，既包含"和谐美好"，又蕴含"和合共进"，体现着政协的工作方法。新时代市县政协的主要工作是协商，主要方式是搭台。党的二十大报告提出，"提高深度协商互动、意见充分表达、广泛凝聚共识水平"，落实这一要求，必须打造接地气、有温度、多维度的协商平台。泰和县政协在推进基层协商平台建设中，始终坚持"一室多用"，做到"不另起炉灶、不增加负担、不搞花架子"，哪里最需要就把平台建在哪里，构建了各具特色、多元共治、联动互融的协商平台载体，促进了"和合"文化和协商平台建设有机融合，实现了"各美其美、美美与共"。

（一）品牌无缝"聚合"。基层是国家治理的最末端，也是服务群众的最前沿。市县政协"开门就是群众、出门就是基层"，最大的优势是熟悉具体情况，参与基层治理有着天然优势。泰和县政协坚持共建共享共用，依托乡镇党群服务中心、综治中心、乡贤馆等场所，通过"政协组织+基层组织"，广泛搭建"泰和协商+""钟义灿说法说理室""委员心理咨询室""乡贤调解室""委员协商调解堂"等富有地域特色、标志性强、文化气息浓厚的协商品牌，以"吉事广议·泰和协商"品牌有效赋能基层治理，努力为基层社会治理提供高质量协商议政基础设施和公共产品。

（二）渠道有机"整合"。社会治理的重心在基层，难点在乡镇的村居、社区。泰和县政协坚持因地制宜，把社情民意联系点设在群众最集中的地方，拓宽社情民意"新渠道"，激活基层协商"神经末梢"，打造了独具"泰和味"的社情民意联系点。如泰和县螺溪镇的"幸福茶馆"、塘洲镇的"香樟树下话和谐"等特色社情民意联系点，实现了"民事民议、村事村办"，成了当地村民"民情信箱、共富智库"的生动案例，有力地推动政协工作阵地前移、重心下沉、触角下延、终端见效。

（三）载体多维"融合"。政协委员是桥梁纽带，一头连着政协组织，一头连着百姓，推动政协委员参与基层社会治理，夯实全过程人民民主的基层基础，是强化委员担当、更好履行政协协商职能的应有之义。泰和县政协始终坚持发挥委员主体作用，立足群众所盼、界别所长、委员所能，把协商议事平台向村、企业乃至委员等多维"微网格"延伸，创新打造钟路生委员创业议事室、张平委员科创议事室等具有政协特点、行业特色、为民特征的个人委员工作室，丰富了委员履职"新载体"，有效破解了界别委员履职"不规范、无组织、松散化"问题，让委员联系、服务界别群众"时刻在线""永不断线"。

二、坚持"和而不同"，把握"和合"履职的"契合点"

文化是一个国家、一个民族的灵魂。政协文化的核心是协商文化，有着对社会主义先进文化和中华民族传统文化的自觉认同。人民政协强调"求同存异、兼容并包、荣辱与共、囊括一切"的理念，汲取了中华民族"和而不同、贵和执中、和衷共济"的和合文化精华。泰和县政协坚持在践行"和而不同"的协商文化中，精准把好政协协商与基层协商履职"契合点"，不断传承"和合"优秀文化，涵养基层政协协商情怀，增强群众协商意识，传播基层协商文化，让协商民主"飞入寻常百姓家"。

（一）循机理，涵养协商情怀。"和合"文化蕴含着争取人心、凝聚共识、促进和谐的时代价值。工作实践中，泰和县政协坚持把制度机制建设摆在优先位置，编制规范化、标准化的"规划图""任务书"，印发《关于推进政协协商向基层延伸实施方案（试行）》《关于市县政协委员下沉基层参与政协协商活动的通知》等，制定委员工作室制度、协商流程、议事规则，明确建设任务、统一工作标准、规范运行管理。同时，深入推进"书香政协"建设，聚焦泰和特色以文化人、以文惠民，继承和发扬泰和"诗书传家""以和为贵"等和合文化优良传统，将协调、和谐、平衡等理念融入新时代协商实践，积极引导委员固守协商圆心，熟悉协商规则，掌握协商方法，当好党的政策宣传员、思想政治引领者、界别群众贴心人，通过"一根头发"影响和带动"一把头发"，有事好商量、有事多商量、有事会商量，为凝聚思想共识、更好协商履职赋能。

（二）强赋能，增强协商意识。群众路线是党的生命线，也是人民政协的生命线。泰和县政协立足实际，建立政协领导、专委会挂点联系乡镇联络组、委员工作室等制度，把调研视察、民主监督、社情民意、界别活动等有机融入基层协商平台。县政协组织委员走近"寻常百姓"，过问"家长里短"，以全县 25 个工作室、316 个社情民意联系点为平台，组织引导 221 名市县政协委员深入田间地头、庭院祠堂等察民情、听民意、解民忧，带头协商、主动协商，遇事多和百姓商量，大力营造协商氛围，鼓励委员畅所欲言、各抒己见，引导群众有序协商、真诚协商，调动基层群众广泛参与民主协商的积极性、主动性和创造性，使民心浸润"和合"之美，自觉用协商的办法来解决分歧、形成共识，让有事多商量、遇事多商量、做事多商量在基层形成文化自觉。

（三）聚合力，传播协商文化。协商文化根植于中华优秀传统文化之中，蕴含着求同存异、兼容并蓄等政治理念和价值追求，彰显了高度的文化自信。泰和县政协坚持传承中华优秀传统文化中的"和合"精神，着力培育具有泰和地方特色的协商文化，设计具有泰和地域特色的"泰和协商"标识，打造协商议事室 25 个，将泰和优秀的科举文化、苏区红色文化、广东移民文化、临时省会抗战文化、浙大西迁求是文化等元素融入协商平台建设，把"和而不同""和气包容"等协商理念深度融入基层治理，推动"协以求同、商以成事"的协商精神深入人心，弘扬在新时代，让基层群众"说了管用""说了不白说"，切实让群众感受到协商带来的变化和实惠。2022 年以来，泰和县政协组织开展协商议事活动 185 场次，推动解决群众"急难愁盼"问题 200 余个，以协商集中民智、充分表达民意、深度弘扬和广泛传播协商文化。如禾市镇组织开展"田间协商"，解决了困扰景丰村多年的 27 户农户、400 亩农田耕作灌溉和交通不便的问题。当地群众纷纷点赞"政协协商接地气、有人情味、效果蛮好"。

三、坚持"善解能容"，找准"和合"协商的"发力点"

（一）协商文化尊重差异、包容差异。习近平总书记指出"有事好商量，众人的事情由众人商量，是人民民主的真谛"。人民政协作为专门协商机构，参政不行政，建言不决策，监督不强制。泰和县政协坚持"开门协商、求同存异"，注重弘扬平等包容、善解能容的协商精神，着力探索构建"政协协商+基层治理"新模式，把协商议事、协商文化、协商理念深度嵌入基层社会治理，奋力书写新时代基层政协"赣事好商量"的泰和生动实践。

（二）开放包容，全方位遴选协商议题。习近平总书记多次强调，"涉及人民群众利益的大量决策和工作，主要发生在基层。"泰和县政协始终坚持"协商于民、协商为民"，通过线上线下、界内界外、横向纵向，采取"党政出题、委员荐题、群众点题"等方式广泛选题，重点选择切口小、关注度高的基层治理问题引入协商议事平台，让"软协商"啃下"硬骨头"。如县政协从社情民意、调研走访等渠道，收集城市文化建设难点、痛点问题 30 余个，直接促成了传统古村落保护利用、泰和文化IP、浙大求是小镇、书香泰和、文明城市创建等城市文化课题协商解决，以政协之能助推城市文化高质量发展。在这个过程中，文旅、城管、住建等多个职能部门的力量得到广泛调动，"协商于民、协商为民"的理念深入基层、融入民心。

（三）兼收并蓄，全链条确定协商主体。引导群众充分表达诉求、充分参与协商，是全过程人民民主之重。政治协商最大的魅力在于广听民意民愿，求同存异、聚同化异。实践中，泰和县政协围绕协商民主的人民性，坚持"众人的事情众人商量"，创新"政协委员+N"议事模式，坚持议题与谁有关就请谁来协商，广泛吸纳村居干部、群众代表、利益攸关方、职能部门共同参与，着力构建行业覆盖广、专业层次高、人员参与多、议事形式活的"商量智库"，切实把"麦克风"交给群众，鼓励和支持委员、界别群众讲真话、建诤言，以诚恳的态度、协商的语言、平和的语气有事多商量，促进不同思想观点的充分表达、深入交流、高度融合。通过"和风细雨"达到"润物无声"，以"高言值"凝聚"高共识"，直至达到共鸣、有效解决。如泰和县塘洲镇白口村村民通过"香樟树下话和谐"，协商建成了三栏式蓄水池，不仅重现了白口村"墨水澄井"历史景观，还有效解决了村民洗衣洗菜、浇灌畜饮问题。

（四）守正创新，全过程实践协商民主。协商民主是实践全过程人民民主的重要形式，要体现落实到政协履职的全过程、各方面。泰和政协牢牢把握"说得对、说得准、说得好"的工作定位，深化"会场+现场"形式，把协商搬到群众身边、问题现场，创新开展"板凳协商""茶馆协商""田间协商"等，让委员与群众插花坐、现场聊、当面议，让"新平台"解决"老问题"，形成一批精品案例推广宣传，讲好协商故事，让基层更真切地"触摸"协商文化，使更多群众受益协商、参与协商、认可协商。

（王志宏，泰和县政协党组书记、主席）

发挥专门协商机构作用　助推城市文化建设

王佳夏

习近平总书记指出："统筹推进'五位一体'总体布局、协调推进'四个全面'战略布局，文化是重要内容；推动高质量发展，文化是重要支点；满足人民日益增长的美好生活需要，文化是重要因素；战胜前进道路上各种风险挑战，文化是重要力量源泉。"城市文化是城市价值的重要体现，城市文化建设对城市发展至关重要。人民政协要发挥专门协商机构作用，为助推城市文化建设建真言、谋良策、出实招。

一、"顶天"+"立地"——在深入调查研究的基础上助推城市文化建设

中共中央办公厅印发《关于在全党大兴调查研究的工作方案》，为新时代新征程人民政协更好弘扬历史传统、发挥独特优势、坚持性质定位、提升履职水平提供了政治遵循、前进方向和工作方法。调查研究工作是做好人民政协工作的基本功，深入开展调查研究，是助推城市文化建设的基础。城市文化建设调查研究要"顶天"+"立地"，既眼界高远，又贴近群众。

（一）选题"上接天线、下接地气"。人民政协围绕城市文化建设开展的调查研究，要聚焦党委政府所思所想，行政部门所作所为，人民群众所盼所愿。南昌市政协近几年关于城市文化建设的调查研究，既有"着眼于大"——关于"促进文旅消费高质量发展""创新性发展南昌优秀传统文化与做大做强我市文化产业"的课题，也有"立足于小"——关于"加快孺子书屋建设，推动公共图书馆向基层延伸""保护革命历史遗迹，发展南昌红色旅游"的课题。

（二）过程"吃透上情、把握下情"。"耳闻之不如目见之，目见之不如足践之"。城市文化建设的调查研究工作要亲临一线、扎实深入，明确"聚焦什么重点内容、破解什么突出问题"，理清"找谁谈、谈什么、怎么谈"等关键环节，尤其是要在调研过程中吃透上情、把握下情，充分摸准摸透实情，绝不能蜻蜓点水、隔靴搔痒。南昌市政协课题组在开展"促进文旅消费高质量发展"调研时，为多方听取意见建议，集

思广益，前往江西科技师范大学，开展"听高校师生谈南昌文旅"活动，认真听取高校师生对南昌文化旅游发展的认识和建议；又召开"诸葛会"，通过与文旅职能部门和旅行社企业的碰撞交流，开展"头脑风暴"，为课题组修改完善调研报告和协商发言材料打开更多思路。

（三）成果"**登高望远、脚踏实地**"。城市文化建设调查研究要根据实际情况，突出问题导向，综合分析研判，提出方法路径。调研报告或建议案要做到简要说成绩，关键讲不足，重点提建议。建议的提出要注重登高望远、高瞻远瞩，提出的具体建议要脚踏实地、具备可操作性。2023 年，南昌市政协向市委、市政府提交《关于促进文旅消费高质量发展的建议案》，多条建议得到市直有关部门的采纳。例如，建议案提出，"做优做强品牌节庆活动。将烟花秀延伸到中秋、国庆等重要节假日，固定日期举行八一广场升旗仪式，打造成为全国红色热点话题"。对此，南昌市文广新旅局牵头，固定每月 1 日举办八一广场国庆升旗仪式，2023 年中秋、国庆双节期间八一广场升旗仪式现场观众超过 15 万人次，全网直播在线观看人数达 2000 万；并推出了国庆烟花晚会，吸引约 98.2 万市民游客到场观看，全网在线观看直播人数达 8000 万。

二、"守正"＋"创新"——探索多元的协商形式助推城市文化建设

"守正"＋"创新"，坚定不移地坚持党对政协工作的全面领导，紧紧围绕习近平文化思想，不断探索多元的协商形式，助推城市文化建设。

（一）用好"**洪城协商·委员市长面对面**"协商工作机制。南昌市委高度重视政协工作，主导建立"委员市长面对面"工作机制。2021 年 12 月，市委办批转《关于建立"洪城协商·委员市长面对面"工作机制的意见》，对选题机制、组织机制、协商机制、反馈机制、评价机制等各环节作出明确规定，南昌市搭建起"洪城协商·委员市长面对面"新平台。2022 年 12 月，市委办批转《关于完善"洪城协商·委员市长面对面"工作机制的意见》，对工作机制作进一步完善。2023 年 8 月，南昌市政协召开洪城协商·委员市长面对面——"促进文旅消费高质量发展"协商会，市长万广明同志率市直有关部门、县区负责同志出席会议，与委员面对面协商交流，会后形成的建议案得到省委常委、市委书记李红军同志批示并转办。两年多来，南昌市政协召开 13 次面对面协商会。各县（区）政协也因地制宜搭建了委员和县（区）委书记、县（区）长面对面协商平台，实现了全覆盖。例如 2023 年 9 月，南昌市青云谱区组织政协委员与书记面对面共谈"青云谱区工业遗存的保护开发利用"，委员们围绕老工业城区如何变"锈"为"秀"，用"好"工业遗存，讲"活"城市故事，推动工业遗存的妥善保护和合理利用，为延续城市历史文脉、弘扬工业文化精神等建言献策。

（二）开展基层民主协商"三有"活动。习近平总书记指出："有事多商量、有事好商量、有事会商量，通过协商凝聚共识、凝聚智慧、凝聚力量。"近几年来，南昌市政协广泛开展基层民主协商"有事多商量、有事好商量、有事会商量"活动（简称"三有"活动）。充分发挥县级政协组织专门协商机构作用，以县（区）政协委员、基层党政部门、乡镇（街道）、村（居）民委员会、村（居）民及相关利益方为主要参与主体，同时注重吸纳威望高、办事公道的老党员、老干部、群众代表等，围绕群众关心关切的问题广泛协商。基层民主协商"三有"活动，也在助推城市文化建设中发挥着重要作用。例如，在南昌市西湖区广润门街道政协联络组搭建的"三有"协商会中，政协委员提出，"老旧小区改造不能是'暴力拆除'，改造中要保留好社区的历史文化底蕴，继续保持有代表性的雕塑、铜像，延续历史文脉。"得到居民代表的充分认可。

（三）推出"赣事好商量"系列节目。近年来，南昌市政协与省、市媒体合作，推出全媒体协商平台《赣事好商量　南昌在行动》《赣事好商量　"三有"在洪城》系列节目，将协商地点从会议室转移到演播厅，通过节目充分展现专门协商机构协商一线的生动场景，精彩讲述政协委员深入基层、为民履职故事，也成为助推城市文化建设的重要协商载体。例如，2023 年 5 月，南昌新闻综合频道播出一期《赣事好商量　"三有"在洪城》节目，南昌市东湖区政协搭建协商平台，为助力扬子洲文化旅游发展协商献策。2023 年 12 月，《赣事好商量　南昌在行动》第 14 期在江西五套播出，讲述政协委员通过孺子书房建设协商议政，改善市民文化生活的履职故事。

（四）开展提案、建议案办理协商。多年来，南昌市、县（区）政协委员围绕城市文化建设提交了大量提案和建议案。为推动提案、建议案的办理转化，市、县（区）多次召开提案、建议案办理协商会。例如，南昌市政协召开"文化之城"提案办理协商会，通过提案办理，以点带面，进一步加大对历史遗址、名人故居、老旧建筑、传统村落等文化遗存的保护修缮力度，切实发挥文化资源的市场价值、品牌效应。南昌市青云谱区政协将重点提案办理和"青云协商·赣事有谱"协商有机融合，召开"加大文化旅游创意产品开发"重点提案办理协商会；等等。

三、"抓少"＋"管多"——发挥人才优势助推城市文化建设

人民政协作为最广泛的爱国统一战线组织，具有人才荟萃、智力密集、联系面广的优势。在助推城市文化建设的过程中，要"抓少""管多"，挖掘好、利用好"有限"的委员群体，同时发挥好"无限"的智力资源和人才优势。

（一）用好、带好、管好政协委员队伍。南昌市打破往届主要从市内产生委员的

惯例，从更高站位、更高层次、更宽视野、更大格局安排委员人选，吸纳了大量隶属关系不在南昌的高层次人才，417 名委员中，硕士研究生学历以上、拥有中高级以上专业技术职称的委员比例均超过 40%。此外，遴选聘任了一批在不同行业和领域有研究、有知名度和影响力的专家学者，建立建言资政专家库，参与协商调研、监督视察、提案督办、对口协商等工作，把专家的聪明才智转化为推动政协工作高质量发展的实际效能。政协委员和建言资政专家库中涵盖不少历史文化、城市建设领域专家学者，为助推城市文化建设发挥着"智囊团"作用。

（二）"三风"传播正能量。2015 年 4 月起，南昌市政协牵头在全市开展"兴家风、淳民风、正社风"活动（简称"三风"活动），用典型的感人事迹和崇高品格、好的行为习惯和传统美德，以及广大群众共同参与的重大活动来感染群众、影响市民，提升市民文明素养，增强市民精神力量，成为推动城市文化建设的重要抓手。活动开展以来，通过挖掘散落在民间的、群众身边的凡人善举、草根英雄，评选出 232 位（组）可见、可信、可亲、可学的"三风"榜样人物走进群众视野。编辑出版《身边的感动》《洪城凡人善举故事》等 10 余本书，成为南昌市践行社会主义核心价值观的生动教材。

（三）联谊会搭建宣传平台。南昌市政协于 2012 年发起成立了南昌之友联谊会等社团组织，将国内外江西籍和曾在南昌工作、学习、生活过的社会各界人士，以及关心、支持、参与南昌经济社会建设发展的单位和个人联络和团结起来，共同为南昌经济社会发展服务。12 年来，南昌市政协在历届南昌市委、市政府的关心支持下，久久为功，持续推动联谊会建立、发展、壮大、创新。联谊会以"天下英雄城、天下英才聚"为理念，先后在香港、深圳、上海、厦门、云南、广州、杭州、苏州等 8 个城市或地区成立工作组（分会），广泛联络南昌乡友、校友、工友、战友，为发展汇聚资源力量。尤其是注重在活动中开展对外推介，说南昌故事、讲南昌变化、谈南昌发展，广泛宣传南昌的特色亮点及发展成就，成为南昌城市文化的重要宣传渠道。

（王佳夏，南昌市政协经济委办公室主任）

助推乡土文化与城市文化相融合

冯　川

中华文化源远流长。南昌县是一个有着悠久历史和文化内涵的千年古县，公元前202 年，汉大将灌婴筑城建县，至今有 2200 多年的历史。其中，"耕读传家"是浸染在昌南大地的历史传承和文化基因，传统耕读乡土文化在这片土地上扎根生长，代代相传。比如，南昌县冈上镇月池熊村是远近闻名的"教授村"，凭借着"重学兴教"的良好家风，百余年来，村里先后出了 300 多名教授、副教授，40 多名博士、硕士。南昌县千年历史表明，文化兴则事业兴，文化弱则事业衰，唯有守护好昌南文明的千年文脉，才能实现昌南现代化，才能实现城市振兴。

一、乡土文化与城市文化融合存在的问题

乡土文化与城市文化融合存在的问题主要体现在城市文化对江西传统耕读乡土文化的冲击。

（一）城市化进程的加速。江西省的城市化进程迅猛发展，大量农村人口涌入城市，导致农村空心化和传统农耕生活方式的变迁。例如，南昌市的城市化率从 2000 年的不足 30% 增加至超过 70%，这种城市化进程带来了农村人口向城市集中的潮流，使得农村社区关系逐渐松散，传统文化传承面临断裂的风险。

（二）现代生活方式的影响。城市文化的快节奏生活、消费主义倾向和娱乐文化对传统的耕读文化形成了挑战。随着城市生活方式的传播，农村居民的生活观念和价值取向发生了转变。例如，一些农村青年更倾向于追求城市化带来的新生活方式，而对于传统的农耕文化逐渐失去兴趣和认同。

（三）文化价值观念的转变。随着城市文化的传播，一些传统价值观念逐渐被边缘化。例如，对土地、家庭和社区的重视程度减弱，这种转变对传统耕读乡土文化的传承造成了影响。同时，城市化带来的经济发展和文化碰撞也加剧了传统文化价值观念的转变。

（四）农民市民化带来的身份茫然。随着农民市民化进程的加速，许多农民面临

着身份认同的困惑。从乡村走向城市，他们面对新的生活方式和文化环境，不再是纯粹的农民，但又未完全融入城市文化，导致身份认同的茫然。例如，江西的传统耕读文化注重家族传承和乡土观念，但在城市化过程中，许多农民面临着与传统家族关系的疏远，产生了对自我身份的认知困惑。

（五）对城市文化的抗拒与接受选择。农民市民化后，面对城市文化的冲击，部分农民选择抗拒，保持传统生活方式和价值观念；而另一部分农民则选择接受城市文化，追求现代化生活。例如，在江西的一些乡村，一些老年农民拒绝放弃传统的农耕生活，而年轻一代则更倾向于接受城市化的生活方式，代际差异明显。

（六）城市文化与乡村文化的差异。随着城市化进程的加剧，城市文化与乡村文化之间的差异日益加大。例如，江西的传统文化注重家庭、土地和人情味，而城市文化则更注重个人主义、消费主义和快节奏生活。这种文化差异使得乡村文化难以在现代社会中立足。

二、乡土文化与城市文化融合的路径

（一）守护千年文脉需要与城市文化有机融合。守护千年文脉需建设文化高地。当下，基层文化场所建设仍然十分滞后。在全县实施多年的"莲花书屋"工程虽然取得一定成效，但图书、报刊来源有限，且部分科技、法律书籍内容陈旧，书籍的种类单一，特别是贴近市民工作技能等方面的书籍极少。而更值得关注的是，基层文化场所只是部分村、社区的亮点，更像是蛋糕上的点缀，还有很多村、社区还没有一个既可以议事，也可以满足居民观影看戏的场所。村、社区体育场地建设也是部分落后村庄亟须解决的头等大事，一些自然村的老年人甚至从未见过健身器材。文化广场为大众文艺民俗文化演出提供了重要的载体，但全县266个村、社区只有极少数的村、社区可以提供满足大型文艺体育节目和民俗文化表演的文化广场，文化广场的稀缺愈发凸显了文化建设的紧迫性和重要性。文化场所建设是乡土文化发展的根基，是文化文艺活动开展的依托，是建设文化高地的标志，更是传承千年文明和延续千年文脉的载体。因此，要留住千年文脉，就要加大对乡土文化高地的建设。

1. 守护千年文脉需重塑文化精神。当下，乡村"村靓水清却无聊"，乡土文化发展滞后，是返乡青年的调侃，无疑也是对乡土文化生活跟不上时代节奏的生动反映。在感慨春节"千家万户搓麻声"的老中青成年人和守着手机也不愿意拜年的小孩和年轻人，其实更应多想想，如何更好地满足人民日益增长的文化消费需求，为昌南人民的精神家园留下应有的空间。无论是政府组织采茶戏、电影、歌舞团、相声、马戏团下乡，还是踩船戏、贺郎歌、祭轿、锣鼓十八番、灯棍节及黄河灯等民俗文化的传承；无论是政府组织的"莲花经贸节"文艺节目、黄马拉松体育赛事及蒋巷农家乐文化旅游推介会等文化盛宴，还是民间自发组织的传统庙会节庆活动、舞狮赛龙舟、插秧、包粽子、重阳冬至敬老等民俗文化活动的延续，都告诉我们守护昌南千年文脉的传承和开展异彩纷呈的文化活动，就是为了让乡土文化真正活起来、火起来，以此推动昌南乡土优秀文化精神的再现与重塑。

2. 守护千年文脉需丰富文化内涵。当下，"半边天"和"夕阳红"文化活动比较红火，妇女广场舞及老年人健身活动盛行，却忽视了青年文化活动和男性文化活动应有的内容。很多 90 后、00 后不愿意留在县城全部往市区跑，不仅是因为市区收入高，而且是因为城市丰富多彩的文化生活和城市文明对他们有着巨大吸引力。针对不同群体开展相应的文化活动：如在县城推广各种舞蹈、文艺节目、唱歌和各类运动比赛。不仅有妇女广场舞，也要有男女交际舞、小孩的广播体操和年轻人的街舞；不仅有老年人的相声和下棋，也有年轻人广场表演的现代节目；不仅可以听到现在的流行曲，也有属于不同年代的流行乐；不仅有老年人在清晨和傍晚健身的身影，更有年轻人滑冰、打乒乓球、打羽毛球以及打村 BA、村足比赛等活跃的场景；只有区分不同群体，增强乡土文化建设的自觉性和针对性，才能满足不同年龄层次的居民对不同文化内容的需求和认同感，才能使优秀乡土文化内化于村民心中，指导他们的行为和丰富他们的实践，才能更好地守护千年文脉和传承千年文明，最终实现城市的全面振兴。

（二）发挥政协委员主体作用助推城市文化旅游建设。政协委员是政协工作的主体，政协职能的履行和作用的发挥，主要是通过委员政治协商、民主监督、参政议政、反映社情民意等形式来体现。南昌县政协坚持以习近平新时代中国特色社会主义思想为指导，深入贯彻中共二十大精神和习近平总书记关于加强和改进人民政协工作的重要思想，认真落实中央和省市县委政协工作会议精神及部署要求，围绕把南昌县打造成为文化旅游城市建睿智之言、献务实之策，在助推南昌县城市文化旅游建设中更好地发挥职能作用。

作为江西省首府首县，南昌县全力推进"文旅强县"建设，凤凰沟景区、原城纪·南昌城市文化街区等一批景区成为南昌乃至全省的旅游文化名片，如何依托丰富的文化资源，打造具有南昌县地方特色的文化体系，形成保护和开发文化旅游新资源并举、推进文化旅游名城建设新格局，成为换届后南昌县政协的调查研究、建言献策的重要课题。近年来，县政协高度重视文化旅游名城建设工作，充分发挥政协人才荟萃、智力密集的优势，通过提案献策、专题调研、考察视察、大会发言等经常性工作，进行协商讨论并提出建议和意见，助推文化旅游名城的打造。

1. 组建委员履职小组。南昌县政协十三届一次会议以来，根据一正七副主席的归口挂点联系乡镇的工作原则，组建了 21 个委员履职小组。县政协领导经常深入委员履职小组及委员之中调查研究、征求意见，从感情上贴近委员，与全县委员交朋友，在服务上方便委员，尽力为委员履行职能创造更好更高的履职条件。在工作中，以各乡镇委员履职小组为单位每季度开展学习、交流活动，参与重点课题调研、重大重点工程视察等活动，以此来提高委员参政议政水平。

2. 明确各专委会的联系指导作用。南昌县政协各专委会每年积极围绕全县重点中心工作任务，组织对口联系指导委员履职小组的政协委员参加调研、视察活动。换届以来，县政协各专门委员会先后在旅游文化、经济发展方面策划和组织实施了 10 多次活动，设计内容涵盖广泛，包含全县旅游、文化、历史名人、民俗等多个方面。

3. 建立激励机制。南昌县政协在每年的全会上选出 40 名左右的优秀政协委员、10 名左右的优秀提案人、15 个左右的优秀调研课题、12 个左右的社情民意先进个人进行表彰，积极营造全县政协委员争先进、比贡献、谋发展、促和谐的浓厚氛围，真正做到把积极履行政协职能与平时立足岗位建言献策、建功立业统一起来。

4. 发挥民主监督机制的作用。通过建立健全反映社情民意信息工作专班，拓展了委员及委员联系的界别，群众能及时了解民情、体察民意，把委员对经济和社会发展的真知灼见，把社会各界的利益诉求及意愿，准确、及时、快捷地反映到党政领导，使群众关注的民生问题得到及时解决。同时，充分利用加大提案交办督办的力度、开展"澄湖新语·委员县长面对面"和年度重点课题协商计划等多种形式，为委员履行民主监督职能搭建广阔的平台。

（三）充分发挥政协专门协商机构作用积极建议有关部门加强文化融合。

1. 加强教育与传承。加强对传统文化的教育，特别是在学校教育中加入对传统耕读和乡土文化的课程设置。例如，可以通过编制《江西乡土文化读本》等教材，让学生了解和感受传统文化的魅力，培养他们对传统文化的认同感和自豪感。

2. 建立文化交流平台。利用现代科技手段建立文化交流平台，促进城乡文化的交流与融合。例如，可以建立江西传统文化数字图书馆、乡村文化微信公众号等平台，通过互联网将传统文化传播到城市，让城市居民更多地了解和参与到乡村文化传承中来。

3. 发展文化旅游产业。利用江西丰富的历史文化资源，发展文化旅游产业。例如，可以开发乡村游、农家乐等项目，吸引更多人前往乡村体验传统耕读生活，增加对传统文化的认知和理解。同时，要加强对文化旅游景点的保护和管理，确保传统文化的传承和发展。

4. 倡导绿色生活方式。通过倡导绿色生活方式，弘扬传统的耕读理念。例如，可以通过开展乡村环保志愿活动、推广有机农业等措施，让城市居民重新认识土地与自然的重要性，从而促进传统文化的传承与发展。

在城市化进程的冲击下，江西传统耕读乡土文化面临着重大挑战，但也蕴藏着发展的机遇。通过加强教育与传承、建立文化交流平台、发展文化旅游和倡导绿色生活方式等举措，可以实现传统文化与城市文化的融合发展，实现传统文化的传承与创新。江西的传统文化将在城市化的浪潮中焕发新的生机与活力。

（冯　川，南昌县政协副秘书长）

协商监督　共绘城市文化新图

范志鹏

在城市文化建设中，政协协商式监督是中国特色社会主义民主政治的重要实践形式。政协作为中国共产党领导的多党合作和政治协商制度的重要组成部分，肩负着协商、监督、参与和表达的重要职能。通过政协这一平台，可以充分发挥其桥梁和纽带的作用，促进各方面的沟通与合作，为城市文化建设提供智慧和力量。在城市文化建设过程中，政协可以通过以下几个方面来发挥其协商式监督作用。

一、坚持党的全面领导

政协开展民主监督活动时，应坚持党的领导，确保政治方向的正确性，增进各方面对党政决策部署的认同，夯实共同的思想政治基础。在城市文化建设中发挥政协协商式监督作用，首先必须坚持党的领导。政协作为统一战线组织、多党合作和政治协商的机构，其活动和工作必须在党的领导下进行。要坚持党的方针政策，在城市文化建设过程中，政协要确保其监督和协商工作符合党的文化政策和方针，要深入践行习近平文化思想、推动社会主义核心价值观的融合、促进中华优秀传统文化的传承与发展等。政协委员在参与城市文化建设中，应不断加强对党的理论和路线方针政策的学习，提高政治素养，确保在城市文化建设中的监督和协商工作能够与党的创新理论成果同步。在城市文化建设的各项活动中，要贯彻执行党的城市发展和文化繁荣的决策部署，通过协商式监督推动这些决策的有效实施。要强化政治引领，政协要发挥政治引领作用，引导各方面意见朝着有利于党的文化建设大局汇聚，形成广泛的社会共识。

二、展现政协文化

政协文化是中国特色社会主义文化的重要组成部分，充分利用各种文化符号，在政协工作中大力宣传、提倡、弘扬和践行政协文化，通过新闻媒体等渠道广泛深入地宣传政协文化建设的内涵和价值，从而增强社会各界对政协工作的认识和支持。要展现政协协商文化，可以从以下几个方面进行。要讲政治，政协协商文化以讲政治为核心，确保所有协商活动都符合国家的政治方向和政策要求。要爱国团结，政协协商强调爱国主义精神，促进各党派团体和各族各界人士的团结合作。要坚持民主协商，作为专门协商机构，人民政协在协商过程中坚持民主原则，保证各方面意见得到充分表达和尊重。要实事求是，在协商城市文化建设过程中，秉持实事求是的态度，要立足地方城市文化建设实际，基于事实和数据进行讨论和决策。要体谅包容，在城市文化建设协商过程中，展现出对不同意见和立场的理解和包容，寻求最大共识。要求同存异，在尊重多样性的基础上，寻找共同点，同时接受和尊重存在的差异。要和谐共存，通过协商达到各方面和谐共存，形成稳定而有序的社会环境。要强化监督落实，通过协商式监督，助推党委政府关于城市文化建设的决策部署落地实施，确保政策效果得到实现。政协协商文化是中国特色社会主义政治文化的重要组成部分，它体现了中国共产党领导的多党合作和政治协商制度的特点，通过协商民主实践，推动社会主义民主政治的发展。展现政协协商文化，不仅是对这一政治文化的传承和发展，也是对中国特色社会主义民主政治特有形式和独特优势的体现。

三、科学把握定位

正确认识和科学把握人民政协的性质定位，将协商式监督的内在优势转化为实际效果，确保政协民主监督的有效性和实效性。政协不是决策机构，也不是执行机构，而是协商机构，通过协商来达成共识，形成合力。科学把握政协协商机构的地位，需要从以下几个方面进行理解。一是协商民主的重要渠道。人民政协作为社会主义协商民主的重要渠道，承担着汇聚各方面智慧和力量的任务。它是广泛联系社会成员与党和政府之间的桥梁，通过政协协商可以更好地反映社会各界有关城市文化建设的意见和要求。二是专门协商机构的角色。人民政协不仅是协商的渠道，还是专门协商的机构。这意味着政协具有特定的职能和任务，即通过协商来参与和监督城市文化建设的决策过程，确保决策的科学性和民主性。三是协商民主体系的构建。党的十八大以来，党中央提出要构建程序合理、环节完整的协商民主体系，推进协商民主广泛多层制度化发展。这表明政协协商不仅是政治生活中的一个环节，而是整个协商民主体系中不可或缺的一部分。在实际操作中，政协协商不仅发生在国家层面，还拓展到了社会基层的各个方面。这种广泛的社会参与使得政协协商更加贴近民众，更能体现社会主义民主政治的特点和优势。科学把握政协协商机构的地位，需要从其作为协商民主的重要渠道和专门协商机构的角色出发，理解其在构建协商民主体系中的作用，以及在历史发展中的演变和在实践中的应用。通过这样的全面认识，可以更好地发挥政协协商在我国政治生活中的作用，推动社会主义民主政治的发展。

四、坚持平等协商

政协民主监督注重靠平等协商，通过协商来达成共识，形成合力，推动城市文化建设的各项工作顺利进行。政协成员来自各个界别，具有广泛的社会联系和影响力，可以通过平等协商的方式，促进各方面的交流与合作。政协要加强对城市文化建设的协商监督，确保城市文化建设的政策制定和实施过程公开、透明、公正。政协可以通过听取政府工作报告、参加政府组织的评估检查等方式，对城市文化建设工作进行全面监督。在城市文化建设中坚持政协平等协商监督，意味着在人民政协的协商过程中，必须遵循以下原则和做法：一要尊重各方意见。确保不同党派、团体、界别的代表能够在平等的环境中表达自己有关对城市文化建设的意见和建议，即使这些意见可能与多数或决策者的意见不一致。二要充分交流沟通。鼓励各方充分交流思想、深入探讨问题，通过沟通达到理解和共识。三要公正平等对待。在协商过程中，应保证所有参与者都得到平等对待，无论其背后的力量大小、地位高低或影响力强弱。四要保障发言权。每个人都有权利在协商中发言，参与讨论，且其发言应当被认真听取和考虑。五要重视少数意见。即使某些意见只代表少数人或少数派，这些意见也应得到重视和适当的考虑，不应被轻易忽略。六要寻求共识。在保持平等的基础上，通过协商寻求最大可能的共识，促进社会的和谐与稳定。七要建立有效反馈机制。建立有效的反馈机制，确保各方意见被听取后能够得到合理的回应，尤其是对于决策层采纳的建议和批评。八要持续改进。根据协商过程中的实际情况和效果，不断完善协商机制，提高协商质量，确保平等协商的原则得到贯彻实施。坚持政协平等协商不仅是对中国特色社会主义民主政治的实践，也是发挥人民政协作为多党合作和政治协商制度特色的重要体现。通过平等协商，可以更好地激发各界人士的积极性，集中智慧，凝聚力量，共同推动城市文化建设有序发展。坚持政协平等协商是确保人民政协协商民主健康发展的关键，有助于实现各方意见建议的碰撞，增强决策的科学性和民众的满意度，从而推动城市文化建设的发展和完善。

五、参与决策过程

政协委员是政协工作的主体，政协委员应积极参与城市文化建设的决策过程中，提出建设性意见和建议，为政策制定提供参考。政协可以通过组织委员专题调研、召开座谈会等形式，深入了解城市文化建设的实际情况和存在的问题，为政府提供决策支持。政协委员要积极参与城市文化建设的规划、实施和管理过程，充分发挥自身的专业优势和经验，为城市文化建设提供有益的建议和意见。同时，政协委员要关注城市文化建设中存在的问题和不足，及时向有关部门反映，推动问题的解决。政协要加强与政府部门的联系，建立良好的沟通机制，确保政协在城市文化建设中的监督作用得到有效发挥。政协可以通过定期召开座谈会、参加政府组织的有关会议等方式，与政府部门进行深入交流，共同研究解决城市文化建设中的问题。

六、精心组织调研

政协要组织专题调研，深入了解城市文化建设的实际情况和存在的问题，为政府提供决策支持。通过调研报告、提案等形式，向政府反馈调研结果，并提出改进建议。要深入开展城市文化建设的调查研究工作，了解城市文化建设的实际情况，发现问题、分析问题、解决问题。可以通过组织专题调研、开展实地调查等方式，全面了解城市文化建设的现状和发展趋势，为政府决策提供有力支持。要精心组织调研，这要求人民政协在参政议政时，必须做到以下几点：一要明确调研目标。根据当地的城市文化建设的需要，确定调研的主题和目标，确保调研工作有明确的方向和重点。二要制定科学调研规划。制定详细的调研计划，包括调研的时间、地点、对象、方法和预期成果等，确保调研工作有序进行。三要实现广泛参与。保证不同党派、团体、界别的代表都能参与到调研中来，充分体现人民政协的广泛代表性。四要深入一线。调研要深入居民中去、深入城市文化建设有关职能部门中去，直接了解民情民意，收集第一手资料，使调研结果更贴近实际。五要有数据支撑。在调研过程中，重视数据的收集和分析，以科学的数据支撑调研结论，提高调研的科学性和准确性。六要加强交流互动。在调研中加强与被调研对象的交流互动，通过对话、座谈、讨论等方式，深入了解城市文化建设情况，增强调研的实效性。七要综合分析。对调研所得的信息和资料进行综合分析，形成科学的调研报告，为决策提供有力支持。精心组织调研是政协履行职能的重要环节，它有助于政协更好地发挥协商监督的作用，提高决策的科学性和民主性。通过深入细致的调研，政协委员能够更准确地把握当地城市文化建设的脉络，反映民意，为党和政府的决策提供有价值的参考。

七、巧搭交流平台

政协可以搭建平台，促进政府、专家学者、市民等各方面的交流与合作，共同推进城市文化建设。政协可以利用自身的影响力和资源，组织各类文化交流活动，促进文化资源的共享和文化产业的发展。要积极引导社会各界参与城市文化建设，形成全社会共同参与、共同推进的良好局面。政协可以通过组织专题讲座、举办文化活动等方式，宣传城市文化建设的重要性，提高社会各界对城市文化建设的关注度和参与度。

八、注重跟踪实施

对于城市文化建设的相关项目和政策实施情况，政协可以进行跟踪监督，确保政策得到有效执行。通过了解政策执行情况，并向政府提出可行性建议。注重跟踪实施城市文化建设项目建设进展、建设质量、资金使用等工作。收集民众对城市文化建设项目的意见和反馈，了解民众的需求和期望，使项目更贴近民众的实际需求。同时，促进问题解决。在城市文化建设项目实施过程中，及时发现并解决出现的问题，避免小问题积累成大问题，影响项目的顺利进行。对已经完成的城市文化建设项目进行总结，提炼成功经验和教训，为今后类似的项目提供参考。要持续改进，根据跟踪实施的情况，不断完善城市文化建设项目的规划和管理，提高项目的成功率和效益。注重跟踪实施城市文化建设项目情况是政协履行职能的重要方面，有助于推动城市文化的繁荣发展。通过有效的跟踪和监督，可以确保城市文化建设项目的顺利实施，提升城市文化的品质和内涵，满足人民群众日益增长的精神文化需求。

九、积极反馈评价

政协作为桥梁和纽带，应及时收集和反馈社会各界对城市文化建设的意见和建议，帮助政府更好地调整和完善相关措施。政协可以利用自身的渠道和资源，广泛听取各方面的意见，为政府决策提供参考。政协还可以参与城市文化建设政策的评估工作中，积极评价政策效果，为后续政策的修订和完善提供依据。政协也可以通过组织专家论证、听取群众意见等方式，对政策实施效果进行客观评估。

（范志鹏，进贤县政协教科卫体文化文史和学习委员会主任）

"龙安协商"绘就城市文化之美

帅式财

城市文化是城市现代化的根基，是城市的气质和灵魂，也是城市发展的重要动力。习近平总书记指出："城市历史文化遗存是前人智慧的积淀，是城市内涵、品质、特色的重要标志。"城市中丰富的历史文化遗存是城市发展的重要资源和财富，保护和利用好城市的历史文化遗存是城市建设的题中应有之义和重要职责。保护好城市的古建筑、文物，就是赓续城市的历史和文脉。要秉持对历史负责、对人民负责的精神，妥善处理好保护和发展的关系，切实做到在保护中发展、在发展中保护。通过延续城市历史文脉、保留城市历史文化记忆，让人们记得住历史、记得住乡愁，坚定文化自信，增强家国情怀。政治协商文化是指中国共产党在革命、建设、改革开放和复兴征程上长期实践的政治协商，对于调整政治关系、建构政治制度、规范政治行为、涵养政治价值发挥了积极的作用，积淀形成了包括政治意识、政治价值、政治观念和政治心理在内的独特文化形态。具体表现为传承中华民族兼容并蓄、求同存异，有事好商量、有事多商量、有事会商量，相互尊重、平等协商。协商文化与城市文化相融合体现了习近平总书记关于"第二个结合"的时代要求，如何更好推进协商民主，实现协商文化与城市文化相互融合、相互促进是摆在各级政协面前的一个新课题。

近年来，安义县政协贯彻落实习近平总书记关于城市历史文化传承保护重要论述，发挥专门协商机构作用，打造"龙安协商"，在推进协商文化与城市文化相互融合、相互促进上进行一些有益探索，通过"龙安协商"不断提升了城市文化内涵、品质，促进了城市历史文化传承与保护，进一步增强了城市发展软实力。"龙安协商"在助力城市文化建设的同时，协商文化也得到千年古县安义历史文化的滋养，"龙安协商"品牌进一步擦亮。

一、城市文化涵养"龙安协商"

"龙安协商"命名来源于安义县古县名。据《安义县志》载："初唐，改郡为州，安义地属南昌州。武德五年（622），复置永修县，又析建昌地置龙安县（龙安故城在安义县北 30 里乌溪境内）。龙安县因龙安河（今为龙安港，尚存龙安桥破水石）而得名，龙安，龙脉起伏，安详启泰。安义县城龙津镇，古为龙安驿、龙津驿，历史久远，人文淳厚，繁华之城，锦绣之乡。据县志记载，始建于明崇祯二年（1629）的文峰塔，原名龙文塔，由吏部郎中徐大相等"倡建"，这就是安义县最早的"城市文化协商"的萌芽。安义考棚的设立也包含了城市文化协商思想，明正德十三年（1518年）析南康府建昌县的安义、南昌、卜邻、控鹤、依仁 5 乡置安义县，因县治在安义乡，故称安义县。据正德南康知府陈霖主编《南康府志卷之五·户口·安义县》载：安义县人口只有"一万四百四十二"。因此童生相应较少，所以安义县并没有设置考棚。安义县的童生们每到科举考试的时候，大多数是乘船沿潦河经万埠、青湖进入修河，再经永修县涂家埠、吴城到鄱阳湖，最后到达鄱阳湖边的南康府（府治星子县，今庐山市）参加五天的科举考试，考完后再沿河返回，这在今天是无法想象的。清道光乙酉五年（1825 年），赴南康府应试返乡的安义籍黄姓一门七个童生，因船渡鄱阳湖时，"大风覆舟"，命丧鄱阳湖的鹿泾，《江西通史》载此次重大事故为"鹿泾之厄"。为了避免道光五年黄氏一族的悲剧重演，安义乡绅商议经请示省府并奏朝廷同意，举全县绅庶之力，于道光十二年建成考棚，解决了安义县自明正德设县三百余年来，童生要舟车劳顿去南康府科考的窘境。此外魁星阁、通津亭、青云楼、观风亭等古建筑的修建，"安义四景"（东有凤凰展翅，西有台狮流涎，南有魁星点斗，北有九龙奔冈）"龙津八韵"（龙津晚渡、大唐晓钟、阳洲牧笛、台山活水、青云楼阁、观风亭榭、西山暮雨、凤坡晴雪）无不闪烁着安义先贤和古代文人墨客协商思想的光芒。因此，安义县政协"龙安协商"品牌的塑造、协商文化的形成离不开安义千年古县城市文化浓厚底蕴的滋养，更是对安义千年古县城市协商文化的传承。

二、"龙安协商"助推城市文化

近年来，县政协先后通过大会发言、委员县长面对面课题协商、常委会专题协商、专委会对口协商、提案社情民意办理协商等形式，围绕留存历史文化记忆、文化品牌建设、安义精神提炼等主题接续建言资政、凝聚共识双向发力，进一步唱响了"龙安协商"品牌，助推了城市文化建设。

（一）留存城市记忆。"万物有所生，而独知守其根"。一座城市的历史文化记忆，是城市的灵魂和精神之根。2018 年 10 月，县政协城市环保专委会针对近年来随着城市建设中历史文化记忆逐步消退的问题，开展在城市建设中留存历史文化记忆课题协商。课题报告生动再现了安义的历史文化脉络，指出城市发展中存在记忆的退化、功能的僵化、保护的弱化、建设的同化的突出问题，结合实际提出了建设一座标志性建筑、复建一座"青云阁"、打造一批将文化融入建筑的乡愁工程，推进一个街区等 9 条具体建议。2023 年，县委、县政府在采纳县政协"在城市建设中留存历史记忆"课题协商成果及雷育民委员"关于修建龙津古驿历史文化街区的思考"大会发言建议的基础上，打造建设了龙津历史文化街区，并邀请县政协教科文卫文史委部分委员全过程参与街区的规划设计、建设，广泛协商。作为安义县首个沉浸式历史文化街区，龙津历史文化街区占地面积约 6.96 万平方米，融合了安义县的历史文化和赣派民居特色，东西两区景点各具风格。东区有文峰塔、文峰公园、龙津文化广场和龙津戏台等古迹，充满了浓厚的历史底蕴；西区有商业街、安义博物馆、魁星阁印象广场和镂月云开广场等现代建筑。2024 年 2 月 3 日，安义县龙津历史文化街区正式向公众开放，活动以"龙腾凤集 繁华如津"为主题，为市民游客呈现了一场历史与现代交融的文化盛宴，赓续了城市的历史和文脉。

（二）提炼安义精神。人无精神不立，城无精神不兴。精准提炼总结"安义精神"是全体安义人民和广大关心安义发展的友好人士的共同愿望，同时，这也是全县人民政治和精神文化生活中的一件大事。县委高度重视"安义精神"的提炼，决定通过县政协这个协商民主平台，依靠集体的智慧、力量产生"安义精神"。在县委的坚强领导下，县政协成立了"安义精神"征集提炼工作领导小组，组织专门力量并会同有关部门，以对全县人民负责、对安义发展负责、对历史负责的态度和扎实有效的举措积极开展征集提炼总结工作。自 2022 年 3 月中旬启动，历经 9 个月，总体经过了广泛征集、分析提炼、反复研商、凝聚共识四个环节，提炼出"崇安重义，敢为人先"安义精神表述语。"安义精神"表述语能精准完美地将安义历史传承、地域文化、时代要求融为一体，汇聚安义高质量发展的智慧力量，激发和凝聚赣商创新发展动能，为安义文明社会创建、经济社会发展凝心聚力。此外，在"山水人家好安义"城市 IP 征集中也广泛吸收采纳政协委员的意见建议。

（三）提升城市品质。安义大桥与文峰塔、魁星阁、浮桥、通津亭一道是具有安义特色的城市人文景观，承载了几代安义人的乡愁记忆。2019 年 3 月，县政协城建环保专委会围绕安义大桥维修改造与县住建局、水务局等相关部门开展了对口协商，建议为展示安义历史文化风貌，与潦河南岸景观更好地融为一体，对安义大桥进行修旧如旧的保护性维修。协商建议得到了县委、县政府的采纳，2022 年对原大桥进行维修加固，并采用老安义大桥的同形式结构方式，确保不损害原有的历史风貌上拓宽增设，由双向两车道，实现双向四车道通行，缓解了潦河南北两岸交通通行。近年来，在县政协各种协商的推动下，新商城的建设、城市跨河发展、龙津老码头、浮桥、前进路人民路改造等城市功能短板进一步补齐，城市品位品质得到了进一步提升。

（四）激活"诗和远方"。文化和旅游，常被人戏称为"诗"和"远方"。县政协找准城市文化与旅游结合点，开展"龙安协商"履职活动，推进文化活动与旅游全产业链基本要素融合，打造具有安义色彩的品质，提升软实力，让安义走向全省、走向全国、走向世界。

2022 年 7 月，县政协主席陈伟峰带领教科文卫文史委部分政协委员"围绕安义古村运营'扭亏为盈'情况"开展民主监督。委员们围绕疫情背景下古村景区如何"扭亏为盈"，从提升运营水平、创新营销方式、深挖古村文化特色、丰富产品业态、稳固盈利板块、完善基础设施等方面，多角度、深层次、全方位进行了协商发言，与县委分管领导、古村管委会负责同志共商破解之策。

2023 年 5 月，县政协教科文卫文史委联合县历史学会，组织历史专家和部分委员开展寻找"古村记忆"文化挖掘活动，经过为期半年的深入挖掘和广泛征集、协商、论证，提出了"三街、四门、九星（塘）、十巷"恢复重建思路，重点挖掘赣商、风水、街巷等七方面文化。此次活动进一步丰富了古村旅游内涵，进一步助推了千年古村 5A 景区创建。"乡村运营"是全面实施乡村振兴战略的重要内容。

2023 年 7 月，县政协召开龙安协商·委员县长面对面——"破解乡村运营难题的方法路径"协商会，县长罗国栋与县政协委员面对面开展协商交流，共同探索推进乡村运营的方法路径。课题组针对安义县乡村运营中存在的盈利预期不明，投资意愿不强等七个方面的问题，有针对性地提出了 26 条意见建议。罗国栋充分肯定了政协的调研工作，认为调研报告质量很高，问题点得精准、建议提得到位，要求相关单位要认真研究，将好的建议整理归纳，形成制度文件、机制要求，推动全县乡村运营工作取得实效。

（五）促进文明和谐。县政协先后围绕教育优先发展、小区物业管理、邻里中心建设等课题协商，在龙津镇东门社区、蔚蓝社区，鼎湖镇城南社区，就老年代步车管理、老旧小区改造、社区路灯维修等开展"有事来说"基层民主协商，促进了一批群众急难愁盼问题的解决，通过提案社情民意推动了南昌至安义 136 公交的开通、城乡公交一体化、园区工人文化宫建设。县政协充分发挥"重要阵地、重要平台、重要渠道"作用，运用好"龙安协商"品牌，紧扣城市文化中历史、人文、建筑等要素履行政协职能，为推进城市文化建设发挥了积极作用。安义县先后被评为中华诗词之乡、全国卫生城市、全国唢呐之乡、省级文明城市。

三、城市文化成就"龙安协商"

安义物华天宝、人杰地灵。历史悠久，文化繁荣。5 万年前的旧石器时代早期，这里就已经诞生了蒙昧与文明的分野，亮起了赣鄱大地文明的第一道曙光。这里村落古朴，有赣文化和赣商文化完美结合的典范——千年古村；这里名人留痕，王羲之在长均墨山洗过笔、黄庭坚在雷湖讲过学、朱熹在台山论过道、杨万里在西山写过诗、八大山人在罗田"集过社"；这里书院流芳，龙津的文山书院，朱熹来龙津台山讲学，改名为文山，赋予文明教化之意。雷湖书院是家族书院，黄庭坚在此带出了"豫章四洪"，成为"江西诗派"的骨干力量；这里技艺传世，除"唢呐之乡"外，还有邹氏匾额板雕、帅氏硬门拳、傩文化"踩火砖"等优秀传统技艺。安义丰富的城市文化为县政协开展好"龙安协商"搭建了舞台，提供了选题。一些好的城市文化建设选题经县政协精心调研、科学论证，形成了一批具有前瞻性、针对性、操作性的协商意见建议，为县委、县政府科学民主决策提供了参考。协商成果得到县委、县政府的采纳，协商案例得到县委、县政府主要领导的充分肯定和高度评价，使"龙安协商"品牌影响力进一步扩大。

（一）**得到认可**。"政协有人才、有水平、有担当，雷育民委员关于文化品牌建设的发言是真言、善言、谏言，有思路、有办法、有点子，每一条建议都凝聚着委员的心血和智慧，具有极大的实践意义。"县委主要领导在参加县政协十一届二次会议大会发言听取雷育民委员关于文化品牌建设协商发言时点赞道。"县政协邻里中心建设课题协商报告的建议是可直接操作的真点子、金点子，边调研边采用边完善，等米下锅，直接进入操作，跟中心工作实现了无缝对接。对县政协的调研态度、意见非常认可。下一步，县政府将充分吸纳协商报告成果，出台全县邻里中心建设指导意见。"县政府主要领导在参加协商会表态时说。

（二）**获得好评**。县政协按"有"有平台场所、"事"有范围领域、"来"有机制规程、"说"有格局成效机制搭建"有事来说"基层民主协商平台，2021 年获得南昌市域社会治理成功案例，为全市"三有"活动探索了实践路径、提供了"安义样板"，成为安义开启市域社会治理现代化的一把"金钥匙"。

（三）**取得实绩**。近年来县政协聚焦城市文化建设履行职能，涌现了一批优秀履职成果。先后有《关于龙津历史文化街区建设的思考》等 10 篇调研报告，《关于城市跨河发展的建议》等 20 余个提案，《关于重建县城南、北城门的建议》30 余条社情民意，被县政协评为优秀调研报告、优秀提案和优秀社情民意。

（四）**加强力量**。县委重视支持政协工作，切实贯彻落实中央、省市关于加强和改进新时代市县政协工作的意见，坚持问题导向，聚焦薄弱环节，拿出了实招硬招。设立农业农村专委会，完善县级政协专门委员会设置。设立"委员履职服务中心"，事业编制由原有 4 人增加至 7 人。配齐配强了专委会主任，有效解决了"一人委难题"以及机关人员薄弱问题。近年来，先后交流重用干部 3 人，提拔交流到机关 10 人，政协干部与党政机关双向交流的力度明显加大，如，交流经济人资环境委原主任任县文广新旅局局长，重用提案委原副主任任县文广新旅局副局长。重视发挥文化人才作用，先后吸纳了邹氏匾额板雕、帅氏硬门拳等省级非物质文化遗产传承人充实县政协委员队伍，县政协委员履职能力得到进一步增强。

（帅式财，安义县政协经济人资环委主任）

发挥政协优势作用　助力城市文化建设

汤小勇

习近平总书记指出，"文化是城市的灵魂。城市历史文化遗存是前人智慧的积淀，是城市内涵、品质、特色的重要标志。"文化是决定城市活力、潜力和创新能力的重要因素，推动城市发展必须大力推动文化繁荣兴盛。"十四五"时期，我国城镇化建设进入高质量发展阶段，需要把文化建设摆在更加突出位置。人民政协具有智力密集、位置超脱、联系广泛、渠道畅通的独特优势，在助力城市文化建设中具有不可替代的重要作用。

一、发挥人才智力优势，当好城市文化建设的"智囊团"

人民政协享有"人才库、智囊团"的美誉，可以充分发挥专门协商机构作用，为推进城市文化建设、创新社会管理等提供雄厚的人才与智力支撑。

（一）充分发挥调查研究优势。调查研究是中国革命和建设的传家宝，也是政协工作的"压舱石"，是做好政协工作的基础。城市是文化的容器，文化是城市的灵魂。要深入推进城市建设，书写城市繁荣的华美篇章，必须深挖城市文化底蕴，在不断推进的城市化进程中，继承和发扬好城市优秀文化，延续城市文脉，用文化为城市发展赋能，这就要求人民政协充分发挥调查研究的优势，围绕城市文化建设开展调查研究，提出科学性、前瞻性、指导性、操作性的意见和建议，供党委政府决策参考。武宁县政协聚焦"城市设计"开展专题调研，提出"以文化为魂，打造活力城市，加大对武宁文化的挖掘整理力度，挖掘李烈钧等历史名人以及打鼓歌（国家级非物质文化遗产）、采茶戏（省级非物质文化遗产）等民间文化，把这些文化融入城市建设当中，提高城市建设的文化品位；建设特色文化街、兴建体现武宁历史文化的主题雕塑和文化墙；打造一台反映武宁历史人文的文艺演出，助推武宁旅游业发展"，这些建议得到县委、县政府的充分肯定和积极采纳，先后把这些文化元素融入城市规划和建设当中，打造了全市唯一的大型实景水秀演艺项目"遇见武宁"并常态化运营，创新打造"长水桥中桥"夜秀项目，开通画舫夜游西海湾项目，形成"昼＋夜"全天候旅游产品，西海湾景区成功申报国家 4A 级景区。

（二）充分发挥专题视察优势。视察是人民政协的一项基础性工作，是政协组织和政协委员履行政治协商、民主监督、参政议政职能的重要形式。武宁县政协着力构建常委会重点视察、专委会专题视察、委员小组特色视察的履职格局，近年来，围绕城市规划建设与管理、地方特色文化传承与发展、文旅融合发展等课题开展视察活动，形成了 13 篇视察报告报送县委、县政府，有力促进了武宁城市文化发展，推进了武宁文旅事业进步，武宁县主动融入"江西风景独好"形象推广活动，突出资源禀赋和最美小城特点，主打"山水武宁——一座人在画中的城市"旅游形象，专题制作《爱上武宁》等系列宣传片，编制《武宁好客气》主题曲，与专业团队合作开展县域整体宣传。创新营销模式，实施"东进南融北接西拓"营销战略，成功开拓北上广及周边省会等重点客源市场。整合各类媒体资源，宣传拓展到机场、航班、高铁。与携程、途牛等平台建立合作关系，全方位宣传武宁文化旅游。

（三）充分发挥专门协商机构优势。人民政协是社会主义协商民主的重要渠道和专门协商机构，在推动协商民主广泛多层制度化发展以及推进国家治理体系和治理能力现代化中具有不可替代的作用。在助力城市文化建设中，要切实发挥政协组织作为专门协商机构的作用，真正做到"协商于决策之前和决策实施之中"，为党委、政府科学决策提供参考，通过全体会议整体协商、常委会会议专题协商、专委会会议对口协商和基层协商等多种形式开展协商献策。武宁县政协先后围绕"大力加强文化建设，繁荣发展文化事业"等多个课题开展常委会专题协商，提出"启动博物馆建设，在城市建设中加大人文景观建设，丰富城市文化旅游业态"等建议，县委、县政府积极采纳，建设"两馆一院"（县博物馆、县规划馆、县大剧院），丰富城市文化内涵。以全域旅游集散中心为"总站台"，成立旅游船务公司，构建通达庐山西海各景点的"水上公交"，开发热气球、滑翔伞、三角翼等低空旅游产品，建成和运营武宁西海水上乐园、黄金海岸水上运动俱乐部，引领水域旅游发展和立体化旅游产品开发。县政协各委员活动小组把城市规划建设管理和文化建设作为"有事先商量"基层协商的重要议事内容，近三年来，先后围绕小区停车管理、小区物业管理、老旧小区改造、县图书馆改扩建等内容开展基层协商 81 次，提出意见建议 300 余条，为进一步完善城市功能献计出力。

二、发挥位置超脱优势，做好城市文化建设的"监督员"

人民政协位置超脱，有利于真正了解群众所想所盼，并通过政协这个平台实现上情下达、下情上达，能有效发挥民主监督、提案监督、特约监督等作用，做好城市文化建设的"监督员"。

（一）**发挥民主监督作用**。民主监督是人民政协的基本职能之一，是中国特色社会主义监督体系的重要组成部分，是人民行使监督权力的重要实现形式，在整个监督体系中，人民政协的民主监督具有不可替代的作用。民主评议是民主监督的重要形式，在城市文化建设中可以有效运用民主评议形式发挥民主监督作用。武宁县政协先后对县城管局、县住建局、县文广旅局等部门开展民主评议，对城市的规划建设管理、城市文化的传承保护等方面，提出了多项建议，促使古艾巷改造升级、豫宁公园品质提升、湿地公园功能的进一步完善。

（二）**发挥提案监督作用**。提案是政协委员履行职能的主要形式，可以在助力城市文化建设中发挥重要作用。近三年来，武宁县政协委员围绕城市文化建设，撰写《加快文旅融合打造宜居宜游城市》《关于结合人文历史推进全域旅游的建议》《关于推进武宁文化振兴的建议》《关于加强体旅融合促进武宁经济社会发展的建议》等提案39件，提出"启动县级美术馆建设""加大对国家级和省级非遗项目申报力度""挖掘民俗文化和饮食文化服务旅游业发展""建设体育场馆"等建议130余条，为挖掘历史文化和民间文化、提升城市品位、加强体旅融合、加快旅游业发展建言献策。连续五年举办"环鄱阳湖"国际自行车大赛，持续举办"山水武宁杯"马拉松赛、"山水武宁杯"ITF国际女子网球巡回赛等大型赛事活动，吸引了各地的广泛关注，有力助推了武宁体旅融合发展。

（三）**发挥特约监督作用**。由政协组织向行政执法部门选派政协委员担任特约监督员是政协委员履行职能的一种重要形式。近年来，武宁县政协共选派150余名政协委员担任行政执法部门和窗口单位的特约监督员，参与了城市建设规划论证、文旅产业发展规划论证等多个监督活动，并组织委员参与评环境、评部门等多个特约监督活动。

三、发挥联系广泛优势，凝聚城市文化建设的"新合力"

人民政协是最广泛的爱国统一战线组织。政协委员来自各个界别、各行各业，具有很强的代表性和影响力，与人民群众关系密切、联系广泛，可以为城市文化建设凝聚政协组织、职能部门和社会各界的合力。

（一）**凝聚政协合力**。人民政协始终是中国人民大团结大联合的统一战线组织，大团结大联合是人民政协组织的重要特征，政协组织要把加强思想政治引领、广泛凝聚共识作为中心环节，坚持发扬民主和增进团结相互贯通、建言资政和凝聚共识双向发力。在城市文化建设中，要充分发挥政协组织优势，可以通过委员大会发言、委员联组分组讨论、反映社情民意等形式建言献策。近年来，武宁县政协委员在全体会议上作了《党建引领基层治理提升城市管理效能》《突出文化融合助推全域旅游发展》《激活红色资源发展红色旅游》《厚植地方文化推动武宁旅游高质量发展》等大会发言16篇，聚焦全国文明城市创建、文旅融合发展等建言献策，凝聚政协委员智慧和力量，形成城市文化建设的强大合力。

（二）**凝聚部门合力**。政协提出的建议案、调研视察报告、提案、民主评议意见、反映的社情民意等履职成果都需要职能部门去落实和采纳，这就需要加强与职能部门的对接、联系与跟踪，凝聚工作合力。近年来，武宁县政协报送的建议案、调研视察报告等履职成果，均得到县委、县政府及职能部门的积极办理和采纳。围绕文化建设，武宁县政协编撰《寻迹武宁》《红色武宁》《感动武宁》等多本文史资料，以及向省、市政协报送文史资料，都得到县委宣传部、县文广旅局、县文联、县教体局等多个部门的大力支持和配合，编撰的文史资料质量较高，发挥了文史工作存史、资政、团结、育人的社会功能，得到了县委、县政府和社会各界的广泛肯定。

（三）**凝聚界别合力**。政协委员是来自各个界别的精英，具有广泛联系社会各界群众的优势，在助力全国文明城市创建、经济社会发展、城市文化建设、乡村振兴、重大项目建设、招商引资等工作中可以发挥重要作用。武宁县开展了"双聚双建——助力全国文明城市创建"活动，鼓励委员和所联系的界别群众聚焦市容市貌、交通秩序、小区物业、农贸市场及周边环境、商业集中区域管理、乱停车等突出问题，开展"我为文明城市创建献一计"以及参与环境治理、规范行车文明礼仪、交通卡口义务执勤等活动，共有200余名委员和1000余名群众参与，形成助力全国文明城市创建的强大合力。

（汤小勇，武宁县政协办公室主任）

协商在城区改造中的文化保护作用探究

——以九江市柴桑区沙河老街环境提升为例

胡　强

政协在政治生活和社会生活中都发挥着无可替代的作用。在城区改造这一涉及广大群众利益的重要事务中，政协协商的作用尤为突出。

一、沙河老街环境提升工作整体情况

沙河老街位于柴桑区沙河街道老街社区，历史可追溯到清乾隆年间，最早是一条百余米长，石条路面的半边小街，随着"陶家埠"码头的建立，吸引不少民众在此经商和定居。1917 年，南浔铁路通车后，交通更为便利，来往行人和商贾增多，商品集散中心的优势属性得到进一步强化。改革开放后，个体私营经济不断发展壮大，老街也变得愈发热闹，不仅造就了柴桑第一批"万元户"，更是沙河人休闲购物的第一选择。但是随着时间流逝，城市规模不断扩大，老街基础设施逐渐破旧，群众的实际需要已经逐渐无法满足，城区改造工作迫在眉睫。

无论是从城市功能与品质提升还是从留住老街记忆、传承城市文化等方面来看，柴桑区委、区政府对于改造老街都有着很强的意向。但是，由于老街情况复杂，居民利益诉求多种多样甚至相互冲突，仅仅依靠街道社区的日常管理无法解决根本问题，亟须借助"外力"破局。2023 年，柴桑区委和区政协组织由区知联会、区委党校牵头，沙河街道等相关部门协助，通过查阅资料、实地走访、座谈交流等形式开展了前期调研，为后续城市改造工作打下了良好基础。

二、协商在城区改造过程中的具体表现

（一）政协委员个人层面的协商。 在沙河老街环境提升过程中，主要有以下四类政协委员参与：一是本人居住在沙河街道或界别群众居住在老街的政协委员；二是本

职工作与环境提升有关的政协委员；三是被委托参与调研的政协委员；四是自身对于沙河老街文化感兴趣、主动参与的政协委员。通过这些政协委员发挥自身的主体作用，一方面，群众能够以一种更舒服的方式反映需求和建议。比如，在沙河老街调研过程中，政协委员通过联系本界别的群众甚至是自己的亲戚朋友，为聆听老街居民意见建议打开突破口；又比如，老街存在部分国企以及机关事业单位在 20 世纪 90 年代建设的公房，相关居民在街道上做工作时总有种种顾虑，但是在政协委员多次上门谈心后能够把意见说出来，这也是政协委员这一身份在政治协商过程中的优势所在。另一方面，政协委员基于专业知识和实践经验提出的高质量的意见和建议，为城区改造提供了支持。比如，沙河老街里有很多历史悠久的自建房，少数可追溯到清朝，具有较高的文化和历史价值，但在调研时发现有的已经拆除，参与调研的区政协委员就针对名绅杨宗惠清光绪年间修造的"山河里"房屋（原有德化路 7 支巷 1 号），专门向周围居民交谈请教，努力收集相关资料，为后续旧房改造和文化设施建设提供了依据。

（二）民主党派和人民团体层面的协商。在本次沙河老街环境提升工作中，主要参与的民主党派和人民团体是区知联会。区知联会成员都是党外知识分子，具有人才荟萃、智力密集、联系广泛的特点，对于城市文化传承也更为敏感。为更好推进老街城区改造，区知联会一方面加强与区内各党政部门的联系，开展各种类型的政治协商活动，如与区委党校共同开展"进群众家门　听群众心声"沙河老街居民访谈，并邀请区市监局、区供销社、区人民法院、区交通运输局、区司法局等部门参与，与沙河街道、老街社区开展座谈，力求从客观角度总结保留老街文化过程中存在的困难和问题。另一方面，区知联会积极在区外开展协商合作。考虑到老街原先是有名的商业街区和历史文化街区，为借鉴其他地区的优秀经验，2023 年 6 月，区知联会组织 10 余名会员赴景德镇开展了"历史文化街区建设"专题调研，实地探访瑶里、陶溪川、三宝村、御窑厂等特色街区，并与当地商家、社区、党外知识分子进行了交流探讨，与沙河老街发展进行了比较分析，为沙河老街改造提出了具体意见。比如对于土地庙旁边的红砖厂房，区知联会建议参考景德镇陶瓷艺术中心将原本的厂房改造成古色古香的瓷器经营市场的做法，进行内部整体改造，充分利用空间挖掘潜在商业价值。

（三）区政协行政层面的协商。在沙河老街环境提升过程中，区政协主要通过以下三种途径发挥作用：一是呈送调研报告给相关区领导。8 月，区政协向区委书记、区长、区委副书记等区党政领导同志呈送了《关于"沙河老街环境提升"的调研报告》，在介绍沙河老街基本情况、现存问题及改造中可能存在的困难的基础上，对沙河老街环境提升提出了 3 个方面 11 条意见建议。一周内，各位领导同志纷纷批示并在工作中采纳了相关意见建议。二是开展专题协商。区政协、沙河街道政协联络组通过委员之家这一平台，推动政协委员围绕沙河老街改造提升工作召开"板凳会""群众会"，对于群众理解和传承老街文化起到了一定的促进作用。

三、协商在城区改造过程中对文化建设的作用

（一）**提升决策科学水平**。首先，政治协商为城区改造提供了广泛的民意基础。政治协商平台能够吸纳各方代表，包括社区居民、专家学者、商家代表等共同参与改造方案的讨论。通过协商，政府可以将城市文化的丰富内涵纳入改造方案，从而提高决策的科学性和民主性。其次，政治协商有助于协调城区改造中的利益关系。城区改造往往涉及土地、房屋等资源的重新配置，对于城市文化等"无形资产"的关心较少。在协商过程中，政协可以充分表达相关利益诉求，通过讨论和妥协，寻求利益平衡点。最后，政治协商还能够提升城区改造决策的专业性。在协商过程中，文化领域的专家学者可以发挥专业优势，对改造方案进行科学评估和技术指导，比如在沙河老街改造时，相关学者就提出了要在公共配套设施更新中加入带有老街文化元素的设计。

（二）**提供矛盾化解平台**。针对城区改造过程中发展与文化留存之间的矛盾和冲突，政治协商同样有其独特的调解与推动作用。首先，政治协商能够促进信息的公开与透明。在改造谋划阶段，政治协商会向社会各界通报改造的意图、规划和可能产生的影响，有助于消除政府与群众之间的信息不对称，平衡双方的心理预期。其次，政治协商为利益相关者提供了参与决策的机会。通过政协会议、听证会、座谈会等形式，各方可以充分表达自己的意见和诉求，对城区改造进行评议和建议，提高决策的执行效率和社会接受度。最后，当利益冲突不可避免时，政治协商能够提供一种法制化、规范化的解决途径。通过协商和调解，避免矛盾的激化和升级。

（三）**开展改造效果监督**。政协参与城区改造不仅体现在协商前期的决策参与，更体现在改造实施的全过程及后期效果评估中。城市文化不同于房产、道路等，有专门的部门或个人进行验收。在这过程中，政协可以通过评议、视察、调研等形式，为古建筑保护、文化元素设计等方面提供民主监督，保障改造效果与民众期待相符合，为提升城市文化软实力作出贡献。

（胡　强，九江市柴桑区退役军人事务局局长）

浅析城市文化建设中专门协商机构的作用

伍云翎

城市文化是城市的精神和灵魂，是城市综合竞争力的重要体现，对城市发展至关重要。但因为城市文化建设中存在诸多问题，制约着城市文化建设发展进程。发挥专门协商机构作用，既是城市文化建设的内在需求，又能进一步推进城市文化建设进程和文化繁荣。

一、当前城市文化建设存在问题

（一）体制机制还不够完善。城市文化建设是一项系统性工作，与若干政府部门、社会组织、市场、公民均息息相关。但具体实践中，均由政府主导，其他相关的社会组织、市场、公民权力有限，各方主体存在短视行为。同时，政府部门之间在城市文化建设方面沟通不顺畅，主体责任不够清晰，职能存在交叉或重复现象，缺乏与当地城市相契合的文化建设方略和政策，导致政府在城市文化建设中的导向性作用不到位。由于城市文化建设未能形成长效机制，各方缺乏应有权力或者权责不清，文化建设运行经费不足，人才队伍力量不够，导致城市文化建设未能取得应有的效果，对城市发展和塑造作用不强。

（二）规划谋划还不够超前。城市文化建设与城市居民尤其是政府行为密不可分。当前，一些政府正处于从管理型向服务型转变过程中，在文化建设中存在错位、越位、不到位等不足，与其他社会主体缺少沟通互动，以人为本的服务意识尚显不足。同时，一些地方对城市文化建设工作不够重视，在文化保护和城市空间开发方面缺乏前瞻性眼光和整体规划谋划，导致对文化设施和资源方面投入不足，无法发挥资源配置对城市文化建设的作用，市民的文化生活和娱乐方式匮乏。如笔者所在的城市，公共图书馆、博物馆、艺术馆等文化设施的数量和质量明显不能满足市民的需求，影响了市民的文化素养和审美水平。城市文化产业的发展对于城市文化的繁荣至关重要。然而，一些城市在文化产业的发展缺乏超前规划，导致缺乏有影响力的文化企业、文化品牌，文化产品的质量和数量都有限，民众的文化活动还停留在传统模式中，难以满足市民的日益增长的文化消费需求，也无法跟上瞬息万变的新时代。

（三）民众参与还不够充分。在城市文化建设过程中，政府不是唯一的主体，但现实中其他社会主体参与程度低，尤其是文化最根本的来源市民群众更是缺乏存在感。一方面，作为一方主体的政府对城市文化建设的宣传教育力度不够，导致市民对城市文化的认识有限，对城市文化的保护和传承关心不足。这会影响市民的文化素养和审美水平，也会阻碍城市文化建设中市民的参与能力和参与程度的提升，进而影响城市文化的传承和发展。另一方面，由于生活节奏快、社会竞争激烈等原因，一些城市居民缺乏对文化的关注和热爱，导致城市文化氛围淡薄，建设城市文化的主人翁意识较弱。市民的文化消费欲望无法得到充分满足，也影响了城市文化的传承和发展。

（四）城市特点还不够突出。由于城市文化建设前期基本以政府行为为主导，因此城市文化建设趋向于行政化，这就导致许多城市在文化建设上缺乏独特性和创新性，往往只是模仿其他城市，许多光怪陆离的摩天大楼、一望无际的城市广场、空旷无迹的林荫大道等带有地标性的文化特征的建筑和设施在全国各大中小城市陆续出现，但这些城市的地标建筑并没有将城市本身的文化体现出来，反而制造了许多千奇百怪的城市建筑实物，造成了同质化严重的"千城一面"的现象。在城市文化建设中，各大城市忙于高楼竞赛，缺乏对城市自身历史、文化特色的深入挖掘和传承，无法形成独特的文化品牌和特色，没有突出体现城市特点，一定程度上阻碍了城市文化建设进程。

二、发挥专门协商机构作用的必要性

（一）协调主体关系的要求。城市文化建设涉及多个责任主体，包括政府各部门、社会组织、市场、公民等。由于没有形成长效机制，各方责任不清、权力不一，而专门协商机构正好可以弥补这一不足，充分发挥专门协商机构的作用，搭好各方沟通的桥梁，平衡各方利益，减少矛盾和冲突，使城市文化建设更加和谐、稳定。

（二）增进共识与理解的要求。协商可以汇聚不同群体、不同领域的声音。在城市文化建设中，发挥专门协商机构的作用，通过开展深入交流和讨论，可以增进群众对城市文化建设的认同和理解。这有助于形成全社会共同参与、共同推动城市文化建设的良好氛围。

（三）促进民众积极参与的要求。协商是一种民主参与的方式，它鼓励市民、专家和各界人士积极参与城市文化建设的决策过程。在城市文化建设过程中，充分发挥专门协商机构作用，可以更好地了解市民的需求和期望，使城市文化建设更加符合民意、贴近实际，这样更能激发市民的文化消费欲望，反过来促进文化繁荣发展。

（四）**激发创新活力的要求**。协商可以激发人们的创新思维和创造力，为城市文化建设提供新的思路和方法。在城市文化建设过程中，充分发挥专门协商机构的作用，通过各种交流探讨，可以使得不同群体、不同领域的人互相了解、互相学习、互相启发，从而推动城市文化建设的创新和发展。

（五）**彰显城市特色的要求**。"千城一面"同质现象的出现，使得各城市急需找准自身定位，展现出有别于其他城市的文化面貌。专门协商机构通过自身基层触角，广泛收集民意；而城市民众是对自身城市文化最熟悉和了解的人。因此，通过协商可以充分考虑城市的历史、文化、经济等因素，形成具有城市特色的文化建设方案。这有助于彰显城市的独特魅力，提高城市的知名度和美誉度。

三、如何发挥专门协商机构作用

（一）**完善体制机制建设，形成城市文化建设体系**。成立由专门协商机构牵头的城市文化建设领导小组，将政府相关部门、重要社会组织、市场主体纳入其中作为领导小组成员，并对政府部门、市场主体、社会组织、民众的职责和权力进行明晰，确保分工明确。建立联席会议制度和临时会议制度，定期对城市文化建设工作进行交流讨论，对存在的问题进行及时沟通解决。为进一步落实文化建设要求，在规定政府部门权利义务的同时，应更多赋予社会组织、市场主体权力，积极引导市场参与，凸显市场在资源配置中的作用，实现政府与市场、社会组织的共同治理。同时，还应该引导公众积极参与城市文化建设，赋予公众一定的权利，强调市民听证会的作用，以公开的方式听取公众意见，尤其是民众反映强烈的问题，要利用互联网渠道听取公众的意见，接纳公众的建议，为城市文化建设提供依据和支持，增强公众参与城市文化建设的积极性。只有形成多元参与的建设体系，才能更好地发挥各责任主体作用，共同推进文化繁荣。

（二）**推动法律政策出台，保障城市文化建设发展**。当前城市文化建设大多处于政府主导的初级阶段，由于单一思考的局限性，对城市文化建设还未形成完善系统的法律体系保障，对文化建设的整体规划缺乏前瞻性和关联性，各项制度标准尚未建立或不够精准到位。因此，专门协商机构可以利用基层民主力量和各界人士、专家力量开展调研学习，多方求证探讨，积极参与推动城市建设文化领域的法规建设，从法律层面规范为城市文化发展提供坚强保障。如协商机构可通过提案、论证等方式，推动文化保护法、文化产业促进法等相关法律法规的完善和出台。同时，协商机构还可通过提案、调研报告、专家论坛、协商会议等形式为政府整体城市规划提供前瞻性思路，和城市文化建设的各项制度规范，推进城市文化建设的超前谋划。

（三）搭建多方参与的协商平台，促进责任主体交流沟通。 牵头搭建城市文化建设交流平台，邀请政府部门、专家学者、文化艺术工作者、社区代表及公众等参与，引导各方开展信息共享和意见交流，以便达成共识。首先，可以通过议题设置与调研的方式，由协商机构提前围绕城市文化建设的关键领域和热点问题，如历史文化遗产保护、公共文化服务体系建设、文化产业创新发展等，设定协商议题。组织委员和专家深入调研，广泛听取社会各界意见，形成有深度、针对性强的调研报告。其次，可以利用协商机构的平台优势，增强公众参与城市文化建设的渠道和机会，如举办公开听证、在线征集意见等，让市民成为文化建设的参与者和受益者，增强市民主人翁意识，增强文化活动的社会基础和群众基础。再次，协商机构可通过组织文化节庆、艺术展览、文化交流活动等，与市场主体一起策划和推广城市文化品牌，提升城市文化软实力和国际影响力，同时利用媒体和网络平台加强文化传播，扩大城市文化的知名度和吸引力。

（四）加强人才培养挖掘，不断提升文化建设能力。 首先，专门协商机构应加强各界委员的培养和管理，定期组织提案写作、社情民意报送、党的政治理论等方面的学习培训活动，不断提升委员参政议政能力；加强对各界委员的管理，加强严把委员提案质量关，对数次提案质量不符合的委员采取相应措施处理。其次，推动建立文化人才的培养和挖掘机制，一方面，加强自身学习培训，鼓励校企合作、国际交流，不断提升现有人才的文化建设能力。另一方面，通过举办竞赛活动、座谈交流会、论坛、志愿活动、展示大会等，吸引更多的人的注意力，挖掘城市文化建设专业人才，并积极吸纳进城市文化建设人才库，在联席会议或者专门研讨会议上邀请其参加讨论，为城市文化建设提供支持。

（五）注重成果转化，提升文化建设参与感。 要想专门协商机构作用得到充分发挥，必须要确保将协商成果转化为具体的提案或建议案，提交给相关决策部门，推动政策制定和项目落地。一方面，协商机构要确保协商成果得到有效落实，转化为实际的文化建设项目或政策措施，因此要建立议案反馈和追踪机制，了解议案是否落地及不落地的原因和困难。另一方面，协商机构要建立健全文化项目实施的监督和评估机制，定期组织对落地议案、文化建设项目进展和效果进行检查，确保项目质量，及时调整和完善政策措施。这样，更能激发社会组织、市场、公众参与热情，增强他们的主人翁意识，激励更多的主体关注城市文化建设、参与到城市文化建设中来，形成良性循环。

（伍云翎，九江市商务局干部）

发挥政协委员作用　助力城市文化繁荣

殷　俊

城市文化繁荣是城市发展的重要标志，也是提升城市品质和居民生活质量的关键因素。在推进城市文化繁荣的过程中，政协委员应积极发挥自身优势和作用，为城市文化的发展贡献智慧和力量。

一、深入理解和把握城市文化建设的内涵和目标

深入理解城市文化建设的重要性和目标，明确自己在其中的角色和职责。城市文化建设不仅涉及城市公益文化、营业性文化活动、城市特有的节日文化等方面，还包括城市社区文化、城市内企业文化和城市的人文景观等。政协委员应全面参与并推动这些方面的发展。政协委员还可以参与文化政策的宣传和解读。他们可以通过各种渠道，向公众宣传和解读相关文化政策，增强公众对文化政策的理解和支持，促进文化政策的落实和执行。加强政协委员对城市文化建设的认识，政协委员要充分认识到城市文化建设的重要性，深刻理解城市文化建设与城市发展、社会进步的密切关系。他们应该不断学习和研究城市文化建设的新理念、新方法，提高自身对城市文化建设的认识水平。同时，政协委员还应该积极参与城市文化建设的实践活动，通过实践来加深对城市文化建设的理解和认识。

二、积极参与城市文化建设的规划和决策

通过参与政治协商、民主监督和参政议政等活动，依托其丰富的专业知识和社会经验，参与文化政策的制定过程中，对城市文化建设的规划和决策提出建设性意见和建议，帮助政府更好地把握文化发展的方向和重点，确保政策的前瞻性和适应性，促进文化设施的合理布局和有效利用，推动城市文化设施的建设和提升，丰富城市文化生活，促进文化事业的发展。通过政协机构，向政府提出相关建议，推动相关政策的制定和实施。他们可以关注城市文化建设的各个方面，如文化设施的建设、文化活

动的组织、文化人才的培养等，并提出具有针对性和可操作性的建议。政协委员应深入了解城市文化发展的现状和需求，通过调查研究、座谈交流等方式，掌握城市文化建设的实际情况，为城市文化建设提出有针对性的建议和意见提供依据。政协委员可以参与城市文化建设的监督和评估工作，促进文化事业的健康发展，确保文化资源的合理利用和公平分配。城市文化建设的过程需要持续的评估与监督。政协委员可以参与项目的监督工作中，确保文化项目的实施效果符合预期目标，并对存在的问题提出针对性的改进建议。政协委员应积极为城市文化繁荣建言献策。要围绕城市文化的传承、创新、发展等方面，提出具有前瞻性、可行性的意见和建议。同时，要关注城市文化建设中的热点难点问题，通过提案、社情民意等形式，向有关部门反映群众的呼声和诉求，为解决问题、推动工作提供支持。加强政协委员之间的交流和合作，政协委员要加强彼此之间的交流和合作，形成合力共同推动城市文化建设。他们可以通过组织座谈会、研讨会等方式加强彼此之间的沟通和交流；通过共同开展调研、视察等活动加强彼此之间的合作和协作；通过共同提出提案、反映社情民意等方式加强彼此之间的联合和协作。只有形成合力才能更好地发挥政协委员在城市文化建设中的主体作用。

三、发挥政协委员的专业优势和特长

政协委员一般都是在本单位工作成绩出色、在本职工作中具有专业技能、在本系统中具有专业特长的人士。他们可以利用自己的专业优势和特长，为城市文化建设提供专业指导。积极参与城市文化活动的组织和策划工作，推动城市文化活动的丰富多彩和深入开展。政协委员可以利用自身的影响力和社会资源，对城市的文化活动或成就进行宣传推广。通过撰写文章、参与讲座或在社交媒体上分享等举措，帮助提升城市文化的知名度和影响力。积极宣传和推广城市的文化特色和文化活动，他们可以发挥自身在文化界、企业界和社会组织中的关系网络，推动文化产业的合作与发展，促进文化产业的融合创新，推动文化产业的健康发展，提升城市文化软实力，增强城市的文化吸引力。政协委员还应积极参与城市文化建设的实践。要发挥自身专业优势和资源优势，参与文化产业发展、文化活动组织、文化遗产保护等工作，为城市文化繁荣作出实际贡献。政协委员代表各界群众，可以通过积极参与城市文化建设，发挥自身的主体作用，推动城市文化事业的繁荣和发展。只有这样，才能为城市文化建设做出更大的贡献。例如，工商联界别委员可以推动城市文化产业的发展，经济法律界的委员可以关注城市文化市场的规范和管理等。

四、加强与群众的联系和沟通

密切联系群众，了解他们对城市文化建设的期望和需求。他们可以通过调研、座谈、问卷调查等方式，收集社情民意，反映群众的利益诉求，为城市文化建设提供民意支持。同时，他们还可以将党委、政府的方针政策传播贯彻到人民群众当中，增强群众对城市文化建设的认同感和参与度。此外，政协委员应加强与社会各界的联系与合作，形成推动城市文化繁荣发展的强大合力。要加强与文化界、企业界、学术界等的沟通与交流，广泛凝聚共识，共同为城市文化繁荣发展献计出力。政协委员可以作为政府、企业、社会组织和公众之间的桥梁和纽带，促进各方的沟通和协调，推动城市文化建设的合作和发展。政协委员通常来自各行各业，能够很好地发挥连接政府与民间、不同文化群体之间的桥梁作用。例如，在城市民俗文化的传承与推广、艺术创作活动的推动等方面，政协委员可以促进资源的整合与交流。在城市文化建设中，政协委员应关注边缘化和少数群体的文化需求，推动包容性文化政策的制定和实施，使城市文化发展更加均衡和全面。完善政协委员参与城市文化建设的制度机制，要完善政协委员参与城市文化建设的制度机制，为政协委员发挥主体作用提供有力保障。要建立健全政协委员参与城市文化建设的工作机制和组织架构；明确政协委员在城市文化建设中的职责和任务；加强政协委员与政府部门、社会各界之间的沟通和协调；建立政协委员参与城市文化建设的激励机制和考核机制等。

五、参与文化教育与研究活动

参与文化教育项目的策划和实施中，尤其是在学校和社区的文化教育活动中。此外，他们还可以支持和参与文化领域的研究工作，为城市文化的深层次发展提供理论支撑。积极促进经济与文化的结合，结合本地经济特色，政协委员可以提倡和支持文化产业的发展，将传统文化元素与现代商业模式相结合，开创文化经济新模式。加强对委员的学习培训，组织政协委员参加文化建设相关的学习培训活动，提高其对城市文化建设重要性和紧迫性的认识，增强履职能力和水平。

六、不断提高自身素质和能力

不断提高自身素质和能力，以更好地履行在城市文化建设中的主体责任。他们可以通过加强学习、参加培训、交流研讨等方式，不断提高自己的政治素养、文化素养和业务能力。提高政协委员的履职能力，政协委员要不断提高自身的履职能力，以更好地发挥在城市文化建设中的主体作用。他们应该加强学习，不断提高自身的专业知识和实践能力；加强调查研究，深入了解城市文化建设的实际需求和问题；加强沟通协调，积极与政府部门、社会各界进行沟通和协商；加强监督评估，确保城市文化建设的各项工作得到有效落实。

（殷　俊，浮梁县政协委员，景德镇学院教师）

发挥专门协商机构在城市更新中的作用

谢　坤

　　城市是我国经济、政治、文化、社会等方面活动的中心，在党和国家工作全局中具有举足轻重的地位，城市也是"我国各类要素资源和经济社会活动最集中的地方"，是全面建成小康社会、加快实现现代化的"火车头"。习近平总书记指出："做好城市工作，要顺应城市工作新形势、改革发展新要求、人民群众新期待，坚持以人民为中心的发展思想，坚持人民城市为人民。这是我们做好城市工作的出发点和落脚点。"随着中国特色社会主义进入新时代，我国城市发展也进入新的时期，城市发展带动整个经济社会的发展，城市建设成为现代化建设的重要引擎。人民政协是一个有着广泛代表性的专门协商机构，在国家治理体系中有着不可替代的作用。政协协商是社会主义协商民主的重要内容。要充分发挥人民政协在协商议政和民主监督方面的作用，为推动城市工作贡献智慧和力量。

一、推动城市更新，提升城市生活品质

　　党的十八大以来，习近平总书记关于城市工作的重要论述，深刻揭示中国特色社会主义城市发展规律，深刻回答城市建设发展依靠谁、为了谁的根本问题，以及建设什么样的城市、怎样建设城市的重大命题，对于不断推进城市治理体系和治理能力现代化，提高新型城镇化水平，提升城市环境质量、人民生活质量、城市竞争力，开创人民城市建设新局面，具有十分重要的指导意义。

　　2019 年 12 月，中央经济工作会议首次在中央层面提出"城市更新"概念。2021 年，城市更新被写入政府工作报告和"十四五"规划，强调要"推进城市生态修复、功能完善工程，统筹城市规划、建设、管理，合理确定城市规模、人口密度、空间结构，促进大中小城市和小城镇协调发展"，这为创新城市建设运营模式、推进新型城镇化建设指明了前进方向。"城市更新"的提出和启动，代表我国城市发展已进入适应新时代要求、承载新内容、重视新传承、满足新需求的新阶段，标志着城市建设从"粗放式发展"进入"精细化运营"时代。

城市更新，是新时代城市工作的重要组成部分，是一种将城市中已经不适应现代化城市生活的地区做必要的、有计划的改建活动，一头连着城市发展，一头连着民生福祉。党的二十大报告指出，实施城市更新行动，加强城市基础设施建设，打造宜居、韧性、智慧城市。实施城市更新行动，就是让生活在城市的人民群众更舒心、更安心、更幸福。

城市更新是全面提升城市品质，让城市成为美好生活载体的重要内容，更新的不仅是城市环境，而且是老百姓的生活品质。一方面，城市的提升和改造，可以让群众享受更好的基础设施和更好的环境。在城市更新过程中，可以综合考虑优化城市功能布局，提升包括交通、给排水、教育、医疗、城市的综合服务水平，改善基础设施老化、优化城市生态环境等，提高城市的整体竞争力和可持续发展。对老旧小区和城中村的改造，更能直接提升城市居民的居住环境，体现"以人民为中心"的城市发展理念。另一方面，城市更新可以对一些相关产业起到激活促进作用，有助于地方经济可持续发展。城市更新可以直接带动建筑业、房地产业等相关产业的发展，增加就业，促进城市经济发展。同时，许多城市借助城市更新行动，推进智慧城市建设，也将推动数字产业快速发展和应用。除此以外，在城市更新过程中有针对性地保护和修复历史文化遗产，保留城市记忆和文化特色，对于保存和充实一座城市的历史文化内涵，避免城市的同质化发展起到重要作用。

二、抓牢性质定位，发挥专门协商机构优势

习近平总书记高度重视人民政协事业发展，强调"要发挥好人民政协专门协商机构作用，把协商民主贯穿履行职能全过程"，进一步明确了人民政协"专门协商机构"的职责定位，指出了人民政协在新时代的新方位新使命，对于将政协制度优势转化为国家治理效能，筑牢团结奋斗的共同思想政治基础，在建言资政和凝聚共识的双向发力中彰显政协作为提出了新的更高要求。

作为专门协商机构，政协具有自身的优势。一是有明确的制度要求。《中国人民政治协商会议章程》对政协工作做出了制度性的工作安排，并明确指出了人民政协的性质定位和职能职责，强调，中国人民政治协商会议是中国共产党领导的多党合作和政治协商的重要机构，是我国政治生活中发扬社会主义民主、实践全过程人民民主的重要形式，是社会主义协商民主的重要渠道和专门协商机构，是国家治理体系的重要组成部分，是具有中国特色的制度安排。二是有明确的统战属性。人民政协参加主体包括各党派团体、各界别和各行业的政协委员，人才荟萃、智力密集，具有代表性强、联系面广、包容性大等显著优势。习近平总书记强调，要把加强思想政治引领、

广泛凝聚共识作为履职工作的中心环节，指明了新时代人民政协发挥统战功能的重要方向。三是有明确的协商平台。人民政协有着从国家到县（区）的完整组织系统，健全的专委会体系和协商平台。如全省政协系统正在推进的"赣事好商量+"品牌，有效地推动全省各地打造符合本地实情的协商平台。随着协商平台作用日益发挥，各地政协的协商经验也越来越丰富，越来越常态化、规范化。

发挥专门协商机构优势，应把握的几种关系。一是协商主体与协商平台的关系。市县政协履行职能的方式，是通过搭建协商平台，为各协商主体参加协商提供条件。协商议题的不同，需要不同的协商主体参与。如文化领域的协商，就需要有针对性的以文化领域的政协委员、专家、企业、部门等利益相关方为协商主体。二是协商过程和协商成效的关系。政协的参政议政职能，决定了政协协商要有选择性。为了提升协商质效，所提出的对策建议必须有针对性和可行性，才能在推动协商成果落实中，发挥政协的智慧和人才优势，为党委政府的决策真正提供可供参考的成果，避免协商成果不接地气、束于高阁。三是理论指导和基层实践的关系。理论与实践的结合是不断推动新时代政协工作高质量发展的重要方式。上级政协掌握着更多的资源和实践经验，能够在总结基层实践的基础上，总结出可复制可推广的协商方式，有效推动下级政协开展工作。下级政协则不断用基层的实践成果来不断验证和完善上级政协总结出的经验。

三、助力城市更新的协商民主基层实践

新余市政协始终坚持党委政府的中心工作推进到哪里，政协履职就跟进到哪里，与党委政府同心同向同行，为新余加快打造新型工业强市，奋力谱写中国式现代化新余篇章建言献策、出智出力。

（一）开展深入调研，发现存在的问题及产生问题的原因。2023年，由市政府主要领导点题，市政协围绕"关于推动我市城中村综合治理"开展年度调研协商。城中村作为一种特殊的城市现象，普遍存在于各个城市。城中村在从乡村向城市转变过程中，因土地、户籍、人口等方面属城乡二元管理体制，没有完全纳入城市统一规划、建设和管理，逐渐成为城市发展的瓶颈。2023年7月21日，国务院常务会议审议通过《关于在超大特大城市积极稳步推进城中村改造的指导意见》，提出要坚持稳中求进、积极稳妥，优先对群众需求迫切、城市安全和社会治理隐患多的城中村进行改造。城中村综合治理，是城市更新的重要内容，既是一项发展工程，也是一项民生工程。

市政协调研组成员既有政协委员，也邀请了住建、城管等部门的专业人员。在调

研过程中，调研组对全市城中村现状进行了一次全面的摸底和分析，发现在近几年的工作中，城中村的整体环境得到有效提升，城市面貌有很大改观。全市主城区 224 个城中村已改造安置 174 个，主要以纳入棚户区改造为主，改造后的小区房屋质量较好，基础设施完善，配套设施相对齐全，极大地改善了村（居）民居住环境。同时，选择了毛家村、肖家坑等已改造的城中村和尚未改造的蛤蟆山、老西街片区进行实地调研，现场了解城中村改造现状、综合治理中存在的问题，并进行研究分析。

经过分析，新余市城中村综合治理存在的问题主要有：安置政策需要优化，现行的城中村棚改"一户两套"的实物安置政策，改造安置成本较高，（依据城北办毛家管理处肖家坑，袁河办岭泉管理处王坑、莲塘村等城中村改造成本综合分析）目前城中村拆迁改造安置资金平均约为 50 万元 / 户；安置房闲置率较高，浪费土地资源现象较为严重；配套设施存在短板，道路、管网、绿化、环卫等基础设施落后于城市其他地区，公共服务设施布点不均、覆盖范围不够；资金保障不充分，既无法享受新农村建设资金支持又无法争取城镇老旧小区改造资金支持；综合治理不足，城中村外来租户多、人员杂乱，房屋质量偏低、违章搭建多，街小巷窄、建筑密度偏大，管线杂乱；等等。

（二）以问题为导向，提出的对策建议要有针对性和可行性。 在摸清楚新余市城中村综合治理的主要问题后，调研组多次召集市、区两级住建、城管、规划等部门的同志召开座谈会，坚持以问题为导向，共同商讨对策建议，形成共识。大家一致认为，要解决或逐步改善这些问题，应把城中村改造治理放在城市更新的大背景下，以新余市被列入全省首批城市更新省级试点城市为契机，坚持"留改拆"并举，按照"统一规划、合理布局、综合开发、配套建设、突出重点、分步实施"的方针有序推进。

具体建议如下：一是科学规划布局。加快完成中心城区城市更新专项规划，制定城中村更新改造实施计划，科学确定城中村改造范围、改造模式、改造内容和改造时序，结合综合整治要求统筹补齐城中村设施短板，改善人居环境。二是分类推进实施。全面摸清城中村的基本情况，了解村民的改造意愿、改造所需要的资金和筹措情况等，区分轻重缓急，实行一村一策，科学合理地统筹实施。如城南办东风管理处胡家、施家、章家等危旧建筑较多，建议纳入棚改；城北办毛家、孔目江办贯早、七家山等居住环境较好，以整治提升为主，结合辅改逐步打造新型城市社区。三是抓牢创新驱动。在国家总体政策允许的情况下探索创新地方政策。土地利用方面，改造项目用地合理整合临近土地资源，实行连片整体改造；对以拆除重建方式实施的城中村改造项目，按照成本和收益基本平衡的原则科学确定容积率，因用地和规划条件限制无法实现盈亏平衡的，可通过政府补助、异地安置等方式统筹平衡。土地权属确认方面，借鉴"拆三房建三园"经验做法，在宅基地确权后再拆除附属设施。安置政策方面，提倡以货币化安置为主，借鉴"房票制"做法，鼓励团购商品房。四是拓宽资金来源。把城中村改造融入保障性住房建设、城市更新项目，做好项目谋划与包装，积极向上争取资金；通过政策性金融工具、专项债、财政以奖代补等方式，加大政策支持；鼓励民间资本参与，发展新业态，引导多方投资主体壮大经营性收入，如租赁收入、停车场、临街商铺、饭店食堂等，实现可持续运营。五是完善配套设施。纳入棚改的，配套基础设施要与主体工程同步建设、同时验收、同时交付使用；提升改造的，应全面摸清基础设施情况，实施"改、配、修"，打造完整居住社区和15分钟便民服务圈。六是强化常治长效。结合当前国家卫生城市和全国文明城市创建，开展城中村环境卫生专项整治行动，切实改善城中村环境卫生状况。改变管理模式，由管理处及村组大包大揽的管理模式，逐步向村民自治，再到物业管理模式上转变。发挥基层治理优势，以党建引领基层治理，发挥村委会、社区等基层自治组织优势，通过党员带动群众，提升村民参与自治自管的能力和积极性。

（三）注重协商质效，追踪政府部门采纳协商成果情况。新余市政协高度重视协商成果质效，切实把协商成果转化为政协助推新余高质量发展的具体举措。市政府对协商成果也高度重视，对每条意见都进行了回复。已采纳的对策建议包括：将城中村改造作为专篇纳入城市更新专项规划；向中央争取补助资金90万元，渝水区申报了2024年城中村改造项目专项债2亿元；对全市城中村情况及近期需改造更新的城中村情况进行摸底调查；2024年市本级计划投资3.7亿元，对蛤蟆山片区、杨家谢家片区、毛家片区进行整治提升，对老西街片区和铁路—贯早片区计划投资4.5亿元进行拆整结合；渝水区计划改造和提升50个城中村，以完善基础设施和公共服务配套设施为主；以创建国家卫生城市和全国文明城市为契机开展环境卫生专项整治；等等。

2024年4月，市政协调研组成员到蛤蟆山片区和老西街片区，对部分城中村改造的项目进行了回头看视察。在视察中，发现两个片区改造效果明显，如老西街片区，在调研报告中，提出了"对老旧房屋全面排查鉴定，优先改造，集中开发打造城南老西街新余特色文化街区"的意见建议，所提建议被相关部门采纳。2023年9月，渝水区启动老西街片区提升改造项目，项目总投资3000万元，对老西街片区老旧小区、城中村、学校周边进行提升改造，改造面积为17.45万平方米。截至目前，拆除危旧公、私房291户、拆迁面积9294.62平方米，对片区实施雨污分流、道路改造、管线整治；完善街区文化，新建了书香公园、红砖广场、文化长廊等休闲场所；打造老西街特色街道，老西街以统一的店招和红灯笼，提升街道"颜值"，原本破烂的水泥路成了柏油路，两边随处可见的小花圃、墙绘，给街道增添了不少活力；打通消防安全通道，建设多个点位停车场小车位108个，非机动车棚位310个。经过改造，极大改善了老西街片区居民的生活环境，一些迁出老人搬回老西街居住。

实施城市更新行动，是适应城市发展新形势、推动城市高质量发展的必然要求。作为人民政协，应该对自己的性质定位有清醒的认识，立足自己的职能，充分发挥专门协商机构优势作用，利用好政协这一平台，紧紧围绕提升城市功能品质活力，聚焦城市规划、城市产业、城市设施等方面开展协商调研，为建设优美宜居家园，推动城市可持续发展贡献智慧力量。

（谢　坤，新余市政协教科卫体委办公室主任）

新余城市文化与协商文化关系浅析

王　琴　傅艳辉

新余有着丰厚的历史底蕴，是明代科学巨著《天工开物》成书地、七仙女文化传说地、毛泽东《兴国调查》著作地。一部影响世界工业发展进程的科学巨著，一则被世人传诵千年的爱情故事，一个在新余开展的兴国调查，在新余交会，构成新余最为亮丽的三张文化名片，造就新余最为独特的文化标志。进入新时代，这些文化与社会主义协商文化相互融合、互促互进，推动新余经济社会和社会主义民主政治发展。

一、城市文化是协商文化的底色

（一）天工开物文化：工业文明与改革创新的耦合性。《天工开物》作者是明朝科学家宋应星，该书记载了明朝中叶以前中国古代的各项技术，是世界上第一部关于农业和手工业生产的综合性著作，被誉为"中国 17 世纪的工艺百科全书"。"天工"强调的是人与自然的和谐，"开物"则是一种创新精神，人类要和自然相协调、人力要与自然力相配合，巧夺天工，开创新物。天工开物文化，孕育着中国制造的工业基因，展现着独具匠心的先进技术，浓缩着工开于人的造物文化，散发着经世致用的民本思想。380 多年前的炉火，如今还在宝武新钢集团熊熊燃烧，延续着新余的工业血脉，续写着新余的工业辉煌。如今的新余，钢材产量占全省近四成，锂盐产量占全球近三成，工业文明造就了新余独特的文化标识、鲜明的城市精神——改革创新。诚如新余地名，新余即新"我"，所谓"苟日新，日日新，又日新"。

这种改革创新精神也激励和推动着新余政协事业发展，营造了特有的协商文化。政协制度建设是履职工作的经验总结和提升，也是开展履职活动的基本遵循。进入新时代，市政协先后代拟了《关于进一步加强人民政协提案办理工作的意见》《关于加强市党政部门与市政协专门委员会对口联系协商的意见》《关于进一步加强人民政协协商民主建设的实施意见》《关于加强和改进人民政协民主监督工作的实施意见》等重要文件，制定或修订《关于推进"余快协商"品牌建设的实施意见》《关于加强和改进专题调研工作的意见》《关于加强机关自身建设的意见》等政协文件，政协履职活动的制度化、规范化、程序化建设不断完善。

尤其是十届市政协以来，新余市政协对标对表新时代新要求，在"赣事好商量"协商平台建设的示范引领下，用心用情用力推进"余快协商"平台建设，形成大会协商、专题协商、"一委一品"等广泛多层制度化的协商格局。"余快协商"既有明确的地域定位，又有深厚的寓意寄托，聚焦省委打造"三大高地"、实施"五大战略"和市委"六大行动计划"目标靶向发力，精准建言，积极开展丰富多彩、经常有序、富有成效的协商活动，通过"一块协商""愉快协商"促成"快速办理"的协商闭环，实现全链条嵌入、全方位引领、全覆盖拓展，彰显"小城协商"的大情怀、大担当、大作为。在具体操作上，"余快协商"着力把握政协全会这一协商履职最高形式，充分释放大会发言"双向发力"平台效应；以年度协商工作计划为总抓手，创新开展月度协商，推动协商民主常态长效、提质增效；发挥专委会基础性作用，实施"一委一品"工程，创建9个协商子品牌，拓展和畅通"委员连万家"渠道，形成"余快协商"惠民生的生动实践。

（二）七夕爱情文化：爱情感性与协商理性的互补性。在新余众多文化遗产中，七仙女下凡故事是光彩夺目的一件瑰宝。中国毛衣女故事的最早记录，见于东晋干宝《搜神记》（卷十四），记述了豫章新喻县（今江西新余市）"男子"和"田中毛衣女"人仙相恋、喜结良缘的传奇经历。这是迄今为止史书中最早记载的"七仙女下凡的传说"，成为新余"仙女下凡地"最有力的佐证。

七夕爱情文化本质上是一种感性文化，平等、宽容和友善的民主氛围无疑有利于协商的推进和共识的达成，而协商文化是理性商量，就是以理服人，摆事实讲道理。在践行全过程人民民主中，感性和理性并不是孤立存在的，而是相互交织、相互影响、相辅相成的。一方面，感性让协商建言充满生命力和感染力；另一方面，理性确保委员建议保持内在的逻辑性和完整性。两者的结合使得协商建言既有情感的共鸣，又具思想的深度。作为协商民主的参与者和实践者，政协委员要具有为国履职、为民尽责的家国情怀，要以炽热之心行协商之事、做代言之功，离开对国家、对人民的热爱是断然不可能的。

（三）红色革命文化：调查研究与民主协商的接续性。1930年10月25日至26日，毛泽东在江西新余罗坊主持召开红一方面军总前委与江西省行动委员会联席会议，史称罗坊会议。会议讨论通过了《目前政治形势与一方面军及江西党的任务》的决议。作为罗坊会议策源地的干部群众，有责任、有义务，把罗坊会议中毛泽东、彭德怀等老一辈革命家所表现的实事求是、团结统一、民主集中、调查研究的革命精神发扬光大。其间，毛泽东同志找来8位兴国送来当红军的农民，认真细致、求真务实地了解兴国永丰区的农村状况，故称兴国调查。之后形成的光辉著作《兴国调查》是毛泽东在江西苏区时期所作的较为翔实的农村调查报告之一，兴国调查所采用的调查方法也被奉为经典。

兴国调查蕴藏着高超的调查智慧和调查艺术。从调查目的看，兴国调查属于专项调查，通过对8个家庭的观察和对永丰区"斗争中的各阶级"的调查，为正确指导土地革命打下坚实基础；从调查对象看，兴国调查属于抽样调查法，选取兴国第十区即永丰区作为调查地区，因为永丰区位于兴国、赣县、万安三县的交界，"明白了这一区，赣、万二县也就相差不远，整个赣南土地斗争的情况也都相差不远"；从调查形式看，兴国调查属于访谈法。要学习借鉴其调查精神和方法，做到紧扣主题做调查、植根人民做调查、深入基层真调查。

调查研究是谋事之基、成事之道，也是政协委员履职的基本功。人民政协作为专门协商机构，只有将调查研究与协商交流深度融合，深层次调研、高质量协商，以调查研究推进协商民主、用协商民主深化调查研究，不断提高协商议政能力和水平，深入践行全过程人民民主，多建睿智之言、多献务实之策、多聚团结之力，才能把人民政协制度优势更好地转化为国家治理效能。

按照"有常设载体、有实质内容、有特色品牌、有制度机制"的标准，新余市政协深入推进"提案办理面对面""企业家局长面对面""农事好商量""医路同行""法治惠民"等9个"余快协商"子品牌建设。一是"请进来"，坚持"开门协商"，主动邀请群众参加政协协商，反映问题、商量对策。二是"走出去"，根据议题需要，灵活选择社区广场、企业车间、田间地头开展协商议事，推动政协协商从封闭到开放、从室内到室外，让人民群众有更多渠道参与协商。三是"沉下去"，邀请职能部门领导同政协委员一起沉下去，与基层干部、群众代表一起协商解决与群众息息相关的问题。四是"联起来"，充分运用互联网，打破时间和空间限制，开展微协商、网络议政、远程协商。

二、协商文化是城市文化的彩笔

（一）仙女湖夜话：协商优化营商环境。营商环境是市场经济的生长之"土"，是市场主体的生命之"氧"。为构建"亲清"新型政企关系，新余市发起"仙女湖夜话"沙龙活动，共话企业发展，探索出一条为人才精准服务、与企业家"亲""清"与共、优化营商环境的良性发展之路。市政协主动聚焦打造"余事不求人、无事不打扰"营商环境品牌，把优化营商环境作为履职重点，开展专题调研、搭建协商平台、走访联系民企，积极助力新余营商环境优化升级，唱响了政协"余快协商"与政府"仙女湖夜话"的合奏曲。

1. 沉浸调研，靶向建言。市、区两级政协委员联动，深入政务服务办事窗口和企业开展营商环境优化升级"一号改革工程"专题调研，通过"沉浸式""体验式"调研，感受办事流程、跟踪办事成效、摸准实情、精准建言。协商报告指出存在 4 大方面 14 个问题，并提出相应的政策建议，得到市政府主要领导点赞，"所提存在问题实事求是，所提建议具有较强的针对性和可操作性"。市长办公会专题研究吸纳，最终以市委、市政府名义出台《2022 年新余市优化营商环境三十条措施》。

2. 搭建平台，共商对策。面对经济下行压力，一些行业面临不少困难。市政协贯彻落实"疫情要防住、经济要稳住、发展要安全"的重要要求，企业的痛点、堵点、难点在哪里，"余快协商"就推进到哪里。根据新余家居家装行业受疫情影响较重的情况，市政协把"余快协商"的会场搬到家居广场的现场，邀请政协委员、商户代表、职能部门负责同志一起围坐，就行业普遍存在的市场销售、融资贷款等面临的难题进行面对面协商，10 多家商户反映的创业贷款等 8 类共性问题现场得以协调解决，2063 家中小微企业和个体工商户获得 3.68 亿元创业担保贷款，24 家企业和商户领取591.5 万元免息"渝钤工贷"，这些"金点子"带来的"硬举措"，给家居家装行业添了一把"火"，助力市场消费回升。

3. 联系帮扶，用心用情。市政协主席会议成员率先垂范，主动参与"项目大会战"和精准帮扶企业等活动，挂点联系 31 家重点企业和重点项目，深入企业走访调研，问政于企、问需于企、问效于企，联系协调解决问题 40 个，收集意见建议 21 条。组织政协委员联系民营企业活动，相关情况以《议政参阅件》形式呈报市委、市政府，引起市委主要领导重视，肯定"政协委员联系民营企业所收集的情况比较具体"，市政府为此专门举办"仙女湖夜话"——政协委员联系民营企业专场活动，市政府班子成员、相关县区和部门负责同志，与 18 位民营企业家代表就 43 个问题面对面座谈，积极回应企业关切和诉求，协调推动问题解决。

（二）调研视察：做大做强文化旅游产业。近年来，新余市政协深入推进"余快协商"平台建设，聚焦市委、市政府中心工作，先后开展塑造仙女湖七夕文化 IP、工业旅游发展、推进文旅产业赋能乡村振兴等调研协商，为打造中三角旅游目的地积极建言献策。

随着文化和旅游不断深入融合发展，一个优秀的文化 IP 对于文旅项目脱颖而出至关重要。仙女湖因"仙"秀气、因"水"灵动、因"情"浪漫、因"绿"蓬勃、因"文"厚重，自然禀赋，得天独厚。但调研发现，仙女湖七夕文化 IP 的核心元素挖掘还不够，物化表现创新不足，策划营销手段不多，建议全力演绎 IP 精彩故事，高度重视 IP 物化形象，深度融合 IP 文化主题，积极开发 IP 文化产品。这些建议得到充分采纳，仙女湖区以创建国家级旅游度假区为抓手，以打造七夕文化 IP 为主线，持续发力，久久为功，"中国七夕节发源地"文化地位得到巩固，"中国七仙女传说之乡"文化标志得到提升，"仙女下凡之地、人间爱情之源"文化品牌得到增强。

为推进文旅产业发展融合发展，赋能乡村振兴，市政协组织开展月度协商，针对乡村文旅资源的发掘还不够、利用还不充分，乡村旅游点数量不足等问题，提出针对性协商建议。这些建议得到相关部门认真研究办理，目前共培育了40个乡镇（村）"一乡一特、一村一品"文化品牌，打造了一批集吃住休闲、观赏采摘、娱乐体验于一体的乡村旅游产品，形成了农家餐饮、现代农业、民俗风情、休闲度假、红色文化等多种发展模式。

（三）提案督办：留住历史与乡愁。为贯彻落实好中办、国办印发的《关于进一步加强人民政协提案办理工作的意见》，新余市专门出台了实施意见，明确规定市委、市政府、市政协班子成员每年领衔督办1件以上政协提案。在十多年实践探索中，形成了"三办"联合发文、交办督办"双促"、形成会议纪要、纳入绩效考核等一系列程序和举措。"开门办案""现场办案"，到承办大户"家里"去开会，到现场去实地查看，已成为领办提案的常态化督办方式。通过"提案办理面对面"协商平台，提案承办部门负责人和提案人，以及邀请的专家学者和部分群众代表，开诚布公协商解决思路与对策。有的重点提案综合性强，包含多个提案，办理过程没有拘泥于提案本身，而是以督办为契机，以点带面，推动整体工作上台阶上水平。

古民居、古建筑是历代先人留下来的珍贵遗产，是反映农耕文化历史风貌的"活化石"。新余古色文化比较厚重，古民居数量众多，各乡镇均有分布，虽冷落深闺，却风韵犹存。与此同时，委员们在调研中了解到，新余市古民居保护面临较为严峻的局面，现存的大部分古民居因年代久远失修，自然风化呈颓败之势，亟须资金维护修整，而保护并开发古民居资源的机制尚未形成。为此，委员们通过提案就古民居、古建筑保护和利用工作疾声鼓呼。

提案被列为年度重点督办提案，督办市领导实地视察了水北镇黄坑古村保护现状，现场召开提案督办会，听取相关部门提案办理情况汇报。会后，市委办专门形成会议纪要，对进一步加强古民居、古建筑保护与利用工作提出了具体要求。随后，《新余市传统村落和古建筑文化遗产保护发展实施方案》正式出台，明确传统村落10个、古建筑58处、红色旧址17处、古墓葬1处、古文化遗址22处，分别列入或拟列入国家级、省级或市级保护对象；制定编制保护发展规划、实行挂牌保护、建立村史档案、实施保护修缮工程等14项措施规划。

（王　琴，新余市政协教科卫体委员会主任；傅艳辉，新余市政协教科卫体委员会副主任）

发挥政协优势　助推文化繁荣

简菊生　钟团艳

习近平总书记在文化传承发展座谈会上的重要讲话，全面系统深入地阐述了中华文化传承发展的一系列重大理论和现实问题，为新时代担负新的文化使命指明了前进方向。传统文化是中华民族生存、发展的不竭源泉，是华夏儿女踔厉奋发、笃行不怠的无穷动力。走过 75 年峥嵘岁月的人民政协，有着深厚的文化积淀，构建了优良文化传统，涵养了独特的文化精神，形成了人民政协的价值理念、思维方式、工作方法，也呈现出自身独有的风格和气度。

随着中国式现代化建设步伐的日益加快，现代科技深刻改变着中国人的生活方式和价值认同，如何在日新月异的发展中把中华文明和中国人的文化基因传承下去，使其既保持特色又能在新时代迸发夺目光彩，人民政协肩负着存史资政、团结育人、凝聚共识的职责和使命，必须持之以恒，在中国式现代化进程中，不遗余力助推构建文化传承创新的新时代。2023 年 10 月，习近平总书记再次来到江西考察调研，为江西现代化建设指路领航、擘画蓝图，为推进中国式现代化江西实践注入了强大动力、指明了前进方向、提供了根本遵循。江西历史文化积淀深厚，作为中华优秀传统文化的忠实传承者、弘扬者，人民政协需要更加重视"以史资政""以文化人"，进一步激活中华传统文化的精神基因，成就新时代人民政协事业发展的精神动力和文化支撑。关于如何发挥人民政协专门协商机构这一重要力量在助推地方文化建设中的作用，有以下两点思考。

一、重视做好政协文史工作

"以史为鉴，可以知兴替。"做好文史工作是政协的看家本领，也是发挥专门协商机构特色优势的基础支撑。文史工作是人民政协最具特色的基础性工作，政协文史资料征集、编辑、出版、利用的过程，就是文化传播和建立共识的过程。中共十八大以来，习近平总书记多次发表重要讲话，强调新时代坚持和发展中国特色社会主义更加需要系统研究中国历史和文化，需要更加深刻地把握人类发展的历史规律，在对历史的深入思考中汲取智慧，走向未来。《政协全国委员会关于加强和改进新时代文史资料工作的意见》强调："坚持发挥'存史、资政、团结、育人'社会作用。"助推地方文化建设，必须深化"大文史"工作格局，充分发挥文史记录宣传功能，切实做到以文化为源，以文史为流，更好实现两者有机结合，为助力文化繁荣发展增光添彩，为坚定文化自信自强凝心聚力。

（一）坚持政治属性，把牢正确方向是做好政协文史工作的重要前提。随着中国特色社会主义进入新时代，政协文史工作的"背景板"正在发生显著而深刻的变化。政协文史工作是助力党和国家掌握意识形态工作领导权、管理权、话语权的重要力量，是反对历史虚无主义、驳斥谎言、正本清源的重要阵地，必须从"国之大者"站位谋划工作，认真贯彻落实全国政协关于"推动政协文史工作从以抢救挖掘为主转向抢救挖掘与做好经常性文史工作并重转变，从重视史料征集向更加重视史料研究、利用转变"要求，紧扣重要时间节点、围绕重大成就、着眼地方文脉精心策划选题、打造文史精品。历史悠久、文化底蕴深厚的鲜明特色，为新余市政协做好新时代文史工作提供了不竭的"源头活水"。新余市政协成功举办了"新中国成立七十年"文史资料征文活动，组织各职能部门和县（区）政协编撰出版体现地方特色、反映时代价值的文史书刊。新余市政协文史工作努力发挥好记录历史当事人、见证人和知情人第一手资料的优势，引导不同层次、不同背景、不同见解的各方面人士，以民主的方式写史，以写史的方式团结人，助力汇聚起实现民族复兴的磅礴力量。

（二）运用科学方法，提高工作质量是做好政协文史工作的重要手段。政协文史工作要努力适应现代传播方式，充分发挥各级政协文史馆文化研究和文化传播的功能和作用，将其打造为展示地方特色文化的重要平台和推动地方文化内外合作交流的重要载体。在这一过程中，不仅要调动广大政协委员的积极性，做好老政协委员及所联系的各界人士的史料征集，还要利用好外部力量，探索运用成立专家咨询委员会、建立文史资料工作人才库等方式充实文史工作队伍，形成"众人拾柴火焰高"的工作局面。在这方面，各地已经有了很多有益的尝试和探索。比如湖南省政协推出"夜读往事""委员说""有为湖湘"等一批新媒体品牌，使纸面上的史料立体生动起来。近年来，新余市政协不断向机关挖潜力，整合工作方案，发挥退休老干部优势，安排有特长的干部挑起重担。同时大胆创新，充分运用传统媒体和新媒体平台，在政协公众号开设相关专栏，召开庆祝新中国和人民政协成立70周年座谈会，大力宣传政协文史工作，在全社会营造关注、关心、支持文史工作的良好氛围，让新余文史"飞入寻常百姓家"。

（三）加强成果转化，增强社会效应是做好政协文史工作的根本目标。中共中央办公厅《关于加强和改进新时代市县政协工作的意见》对做好包括文史资料工作在内的其他经常性工作提出明确要求，如何增强实效？要充分发挥委员在文史工作中的主体作用，加强文史工作成果转化、增强社会效应，深化各级政协组织的协同联动、形成整体合力。政协文史资料的统战性、民主性，表明了政协文史资料工作与统一战线具有天然的、内在的联系，是政协发扬民主的重要渠道和特殊形式。全国政协《文史资料选辑》发刊词就指出："对于同一历史事实而所述有出入的，也可以各存其是，不必强求一致。"对此，新余市政协以"求同""成事"为目标导向，常态化组织民主党派、工商联和无党派人士开展专题视察，举办诗书摄影美术作品展、人民政协知识竞赛等系列活动，为社会各界认识新余、品读新余提供文史参考，让更多人通过文史资料"了解新余"，再到"走进新余""投身新余"。与此同时，还应加强文史工作同委员读书、委员讲堂、委员诉说等平台的互动融合，发挥好政协文史馆作为展示人民政协光荣历史的重要平台、进行文史学术交流的重要场所的作用，探索文史研究与影视创作、专题节目、纪念会、短视频相结合，使政协文史工作更加贴合大众，适应群众需求。

二、围绕文化传承创新建言献策

《中共中央关于新时代加强和改进人民政协工作的意见》明确，专门协商机构综合承载政协性质定位，在协商中促进广泛团结、推动多党合作、实践人民民主，既秉承历史传统，又反映时代特征，是新时代赋予人民政协职能定位的新内涵。如何充分发挥人民政协专门协商机构作用？一个重要方面，就是传承中华民族优秀政治文化，培育与时代和任务相适应的中国特色社会主义协商文化。而培育协商文化，绝不能凌虚蹈空、不切实际，必须在深化政协协商实践中大力传承和弘扬中华优秀传统文化，把同心同德、群策群力、求同存异、兼收并蓄、平等包容等理念全面融入政协制度建设和运行之中，更好彰显专门协商机构的性质定位和特色优势。

（一）培育协商主体，做到"能协商"。发挥人民政协专门协商机构作用，如果说协商文化是核心，团队文化则是"助推器"。发挥人民政协作为社会主义协商民主的重要渠道和专门协商机构的重要作用，培育协商主体极为关键，让基层政协的工作走出尴尬，不再取决于"书记的重视、主席的本事"。政协委员是政协工作的主体，政协机关干部是政协工作、委员履职的服务者和保障者，提高"两支队伍"的人文素养和履职能力，同样需要"以文化人"，全方位加强政协团队文化建设，不断提高政协团队的凝聚力、战斗力和影响力。可以说，学习的水平有多高，履职的水平就有多高。专门协商机构成员更需要加强读书学习，为进一步培育协商文化、发挥专门协商机构作用提供坚强有力的支撑。

为切实提升政协机关干部和政协委员的履职能力，在建设"书香政协"的大背景下应确定三个原则：一是讲政治。始终把讲政治贯穿"书香政协"建设活动全过程，更好地以理论清醒保证政治坚定，以思想自觉引领行动自觉。突出学习贯彻习近平新时代中国特色社会主义思想主题教育主线，并把学习习近平总书记关于加强和改进人民政协工作的重要思想作为重中之重。注重在学习中增强运用正确的立场、观点、方法观察问题、分析问题、解决问题的能力，在学习中进一步坚定文化自信。二是重结合。推动"书香政协"建设和政协履职工作双结合、双促进，努力使活动的过程成为加强思想政治引领、广泛凝聚共识的过程，成为提高综合素养、提升履职能力、提高建言质量、助推政协工作的过程。通过深化理论学习、强化思想武装，分析查找自身存在的问题、改进工作中存在的不足，进一步推动工作提质增效、与时俱进。三是强应用。强化学习成果转化和应用，使委员理想信念更坚定、理论功底更扎实、思维能力更强、建言质量更高。通过高质量提案、社情民意信息、理论研究等途径，使委员充分利用学到的知识维护核心、建言献策、为民代言。

（二）集中协商主题，做到"会协商"。 2023 年 10 月 11 日，习近平总书记在江西省景德镇市考察调研时指出，中华优秀传统文化自古至今从未断流，陶瓷是中华瑰宝，是中华文明的重要名片。江西是历史人文渊源之地，文章节义之邦，除了陶瓷文化，江西省红色文化、书院文化、中医药文化也是独具特色。从协商民主的内涵实质而言，政协应该加强协商文化建设，并发挥其对实践的润泽作用。2022 年江西省政协与市、县政协联合开展"奋进新征程　建功新时代　迎接二十大　委员在行动——赣江沿线政协行"活动，采取"走读+围读"，蹲点式、调研式采访等方式，切实讲好在党委、政府重视支持下，赣江沿线政协的履职故事、委员故事。笔者认为，这是一个非常好的尝试，为本地经济和文化旅游发展注入了源源不断的"活水"。

政协协商议政需要广泛关注、全面参与，但平均用力，难免就会出现主次不清、顾此失彼的情况。因此，协商选题尤为重要。新征程上，要深入贯彻落实习近平总书记重要讲话精神，围绕弘扬地方特色文化，助力构建思想共识，把提升地方文化影响力作为政协议政的重点专题，充分发挥政协人才智力优势，特别是在传播推广红色文化、陶瓷文化、书院文化、中医药文化中开展协商议政，紧扣地方文化资源发掘、特色文化弘扬和传承、文化遗产保护和活化利用、文旅融合发展等方面建言献策，献计出力，激发全社会文化引领、创新创业的活力和动力。

（三）完善协商制度，做到"真协商"。 就实践而言，要把社会主义协商民主制度落到实处，就要变"要我协商"为"我要协商"，"把人民政协政治协商作为重要环节纳入决策程序"，把协商于决策之前和决策之中具体化，做到"真协商"。只有把"真协商"作为一种理念，改变所谓"橡皮图章""鼓掌机器"问题，才能够发挥优势，不断进步。如何做好政协服务文化建设这篇大文章？笔者认为，既要参与协商又要注重监督，既要到位又要不越位，用切实而不表面的思路，积极参与本地文化建设中。近年来，新余市政协积极参与本市文化建设的顶层规划设计，提前谋划，建言献策。挖掘历史文化资源、推动文旅产业融合等方面选取一至两个重点课题开展专题协商对话，充分发挥本地历史人文资源优势，围绕新余市古村落保护、创建全国文明城市和国家卫生城市等深入开展调查研究，进行广泛多层次的协商交流。"天工文化"是新余市独有的文化品牌，如何推动"天工文化"常态化、"天工文化"与其他文化深度融合？新余市政协坚持不懈建言献策，久久为功，在推动深入发展"天工文化"并与新余的"钢铁文化""仙女文化"深度融合等方面，做了一些卓有成效的工作。

传统协商文化缺少有效的制度安排，协商实践缺乏延续性和质量保障。在当前履职实践中，尤其要注重协商成果的转化和运用方面的制度建设。政协在协商会议之后，应当及时整理并向党政报送相关意见和建议，进一步加强与党委政府职能部门的工作衔接，建立政协委员意见建议反馈机制，推进成果转化落实，防止建言流于形式、协商成果止于会场，有效打通协商"最后一公里"。要适时组织视察调研，综合运用提案、反映社情民意等富有政协特色的履职形式，推动更多更好的协商成果为党政决策提供参考。

（简菊生，新余市政协常委、兼职副秘书长，民革新余市委会专职副主委；钟团艳，民革新余市分宜县支部副主委、分宜县金融发展服务中心副主任）

讲好七仙女故事　打造城市文化名片

涂向义

城市文化是一座城市的根，是这座城市传递给世界的一张名片，是这座城市内在气质与独特魅力的集中体现，也是这座城市的一笔无形资产。近年来，新余市政协发挥政协优势，建言和推动新余市大力研究、开发和利用仙女文化，为助推新余市成功打造城市文化名片，讲好"七仙女的故事"作出了重要贡献。

一、以协商建言开篇，开启新余市城市文化建设之旅

2008年，新余市政协原副主席涂绪永参加了市委主要领导召开的一场座谈会，会议主题是向市政府建言献策。会上，他提了七个方面的建议，其中一条就是市政府应重视研究毛衣女传说在新余的研究和应用。市政府主要领导当即确定由他牵头推动此事。2008年7月7日，市政府下文成立新余市仙女文化研究会筹备小组，由涂绪永任组长，筹备小组挂靠在市政协，筹备小组办公室设在市政协办公室，开始了新余市仙女文化研究会的筹备工作。

经过一段时间的努力，筹备小组起草了《新余市仙女文化研究会章程》，明确了主要任务，首先从市政协委员中发展了一批本地文化学者为骨干成员，如市政协港澳台侨委原主任胡明，市政协文史委原主任沈立新、副主任聂朋，《新余政协》杂志编辑部原主任涂向义，新余市政协委员、新余日报社原社长周敏生，市政协委员、市文化局一级编剧刘忠诚，市政协委员、新余电视台原台长邓火林，市政协委员、市委宣传部原副部长林南等。根据会员条件，筹备小组向市内外文化工作者发出邀请，共登记80多名会员以及部分单位会员。

与此同时，研究会开始了一系列的仙女文化研究工作，对七仙女传说在新余的产生、流传、演变、传承、发展过程进行了挖掘整理，厘清了七仙女文化发展脉络。对全市范围内与毛衣女传说有关的仙踪仙迹进行了寻觅，发现一些与仙女文化有关的民俗、地名、民间传统工艺。如，新余民间历史悠久的夏布、夏绣工艺；良山镇有个以"鹊桥"为名的鹊桥村；水西镇汉源村委汉源村，原名汉溪，因村西溪水暴涨，自高

向下直泻，如来源于天上银河之水，故改名汉源村。该村清道光甲辰年（1844）重修单拱石桥，名为"银汉桥"，亦与牛郎织女故事有关。此外，新余老城西南有凤凰池、凤凰门，相传有凤凰浴于此得名，城东还有凤落滩，至今民间流传有凤凰舞；等等。

此外，研究会对新余古籍、方志、谱牒上记述的七仙女传说及有关风俗进行搜集研究，发现从远古时代起新余地区的鸟图腾崇拜及巫道文化十分兴盛，为毛衣女故事的产生提供了丰厚的文化土壤。从宋、元、明、清时期新余历史文化名人留下的诗文中，发现古新余地区七夕节乞巧风俗十分兴盛，乞巧习俗代代相传。尤为重要的是，研究会厘清了牛郎织女故事与董永与七仙女故事在历史上流传演变的历程，为七仙女故事在中国古代流传及传播至世界各国厘清了传播演变路径。他们发现，《中国文化辞典》中明确记述，《诗经》中记载的牛郎织女故事，只是天上两颗星星的故事，南朝以后（也就是毛衣女故事记载进《搜神记》之后），牛郎织女故事情节发生了重大转变，开始有了仙女下凡洗澡、人仙结合等故事情节，仙女也从一个变成了七个。此后，七仙女故事又与董永故事融合，在民间出现了董永与七仙女的故事。1956 年，在拍摄完电影《天仙配》时，编剧陆洪非对此进行了再加工再创作，给董永与七仙女的故事赋予了"反对封建包办婚姻，主张婚姻自由"的主题，在中国进一步传播，使之家喻户晓，童叟皆知。

不当旁观者，要做有为人。新余市政协从开始的协商建言，意见建议被市委、市政府采纳，到被市委、市政府交由市政协承担起城市文化研究的重任，完成了从一个旁观者到参与者、执行者的身份转变。从此与新余的城市文化建设工作结缘，践行起"党政所思，政协有言；党政有呼，政协有应；党政出题，政协答卷"的政协履职实践。

二、从调查研究入手，为城市文化建设建言献策

新余市的城市文化建设怎么搞？仙女文化的这张城市文化名片怎么擦亮？怎样才能打造出自己独特的城市文化？新余市政协从积极向市委、市政府建言献策的角度开展了一系列调查研究工作。

（一）发挥政协联谊交友的优势。2008 年 7 月，新余市政协由涂绪永牵头，与外地政协取得联系，组织部分专家学者赴安徽安庆、潜山、当涂，江苏金坛、丹阳、东台，山西万荣，河南武陟、汝南，湖北孝感，就五省十地董永与七仙女文化研究、开发、利用情况进行了考察。调查发现，五省十地借助《天仙配》所带来的文化效应，争先恐后以"董永故里"之名积极向国家申报非物质文化遗产，争夺董永和七仙女文化"金字招牌"，提高地方竞争的"软实力"。通过对比发现，这些地区多以论证董永与当地有关联而推定七仙女下凡在该地（以男性为主体），而新余是以《搜神记》

中毛衣女下凡传说为起源（以女性为主体），而且各地都只有一个仙女在故事中出现，与新余七仙女下凡传说有很大的不同，各地的传说相互之间并无本质冲突，新余的毛衣女传说与五省十地董永与织女是可以共生共存互融，进一步增强了新余市打造仙女文化的信心。

（二）学习宜春月亮文化真经。 就如何打造好新余市仙女文化这一问题，2009年4月，市政协又组织研究会中的政协委员赴宜春考察天工开物园、天沐温泉、温汤镇、明月山景区，听取时任宜春市委副书记的任桃英介绍经验，进行座谈交流，重点学习借鉴宜春市打造月亮文化品牌的经验，以推进新余市的仙女文化研究工作。事后，市政协写了《关于学习宜春打造月亮文化经验打造新余仙女文化的报告》报市委、市政府，向市委、市政府建言献策，积极推动新余市加大城市文化名片打造力度，开辟城市文化建设新纪元。

（三）拜访省内、国内知名学者。 此后，涂绪永还率队赴南昌拜访了南昌大学文化研究院院长王东林教授，赴浙江大学拜访了浙江大学教授段怀清，与他们分别交流新余市仙女文化研究会的初步研究成果，得到了两位教授的大力支持和肯定。全国政协委员、南昌大学王东林教授认为，新余毛衣女的故事具有原生性，是最早、最古老、最完整的七仙女下凡故事，在七仙女下凡传说中具有源头地位。2009年5月，研究会邀请到段怀清来余讲学，他认为《搜神记》毛衣女故事找到了一条将天庭与人间联系起来的通道——让仙女下凡来到人间，这是对人间版牛郎织女传说最大的贡献。《搜神记》里"毛衣女"的传说之前，没有一份文献清楚地记述了天女、神女、织女、毛衣女是怎样到人间来的。可是，干宝《搜神记》中的《毛衣女》里面出现了，是"毛衣"。

这些调研成果和专家学者的观点进一步坚定了市政协向新余市委、市政府建言大力研究、开发、利用好仙女文化的底气。为此，他们先后撰写了《五省十地董永与七仙女文化考察报告》《宜春市是如何打造月亮文化的？》等调研报告，上报市委、市政府，积极推动新余市大力开展城市文化建设，赋予这座城市仙气飘飘的文化色彩。

三、发挥人才荟萃优势，勇挑城市文化研究先行者重担

新余市政协从受命开展城市文化研究的重任起，从建言者的角色转化为参与者、推动者、执行者的角色之后，从2008年7月新余市仙女文化研究会筹备小组成立之日起，全情投入、全力以赴，发挥政协人才荟萃优势，挑起了仙女文化研究的重担，在城市文化研究方面取得了一系列成果：

（一）对七仙女传说在新余的产生、流传、演变、传承、发展过程进行了挖掘整理，厘清了七仙女文化发展脉络。从《诗经》中记载的牛郎织女故事开始探源，寻踪南朝以后（也就是毛衣女故事记载进《搜神记》之后），牛郎织女故事情节发生了重大转变进程，仙女也从一个变成了七个，到电影《天仙配》主题的转变，理清了随时代变化这一民间传说流传演变的发展脉络。

（二）对全市范围内与仙道传说有关的遗踪遗迹进行了寻觅和实地考察，发现了一些与七仙女文化有关的民俗、地名、民间传统工艺。

（三）2010 年 8 月 16 日，《民间传说——牛郎织女》特种邮票首发仪式在新余市举行。

（四）产生了一批仙女文化研究理论成果，结集出版了《仙女文化研究论文集》。组织研究会会员撰写了 30 多篇仙女文化研究论文集，不少篇目还在其他报刊上发表。同时还出版了一期《仙女文化》会刊，对研究会的理论成果进行了展示。

（五）参与了中国"七仙女传说之乡"的申报工作。2015 年，在新余市向中国民协申报"中国七仙女传说之乡"的过程中，研究会负责起草了"中国七仙女传说之乡"的申报材料。2015 年 8 月 20 日，新余市被中国民间文艺家协会授予了"中国七仙女传说之乡"称号。

（六）参与和推动了新余市七仙女文学、影视创作。2011 年，在新余市仙女文化研究会的积极倡导和推动下，新余市与北京中金源影视文化传播有限公司联合拍摄了大型电视连续剧《仙女湖》，于 2013 年春节期间同时在央视一套、八套首播。筹拍期间，研究会先后参与了创作座谈会，为连续剧的创作提出了许多建设性的意见，为本剧的剧本创作提供了参考依据。此外，研究会还通过各种研讨会、座谈会、报告会等形式，在新余文化艺术界积极推动了新余以七仙女为题材的文学艺术创作活动。

（七）积极为新余市利用七仙女文化推动旅游业发展建言献策。就如何利用七仙女文化推动新余旅游业发展问题，研究会专门组织了研究会 20 多名专家赴宜春市明月山风景区考察，学习借鉴宜春市打造明月山"月亮文化"的经验，推动新余市利用七仙女文化推动仙女湖旅游业发展。

（八）积极推动新余七仙女文化申报国家级非物质文化遗产工作。在仙女文化研究取得成果的同时，研究会还多次向市文化部门、仙女湖区管委会以及市委、市政府建议，积极开展新余七仙女文化的国家级非物质文化遗产申报工作。2015 年，新余市委原书记刘捷在吸纳政协意见后，以全国人大代表身份建议将"毛衣女下凡神话传说"列入国家非物质文化遗产并递交相关议案。

新余市的实践证明，政协具有人才荟萃的优势，政协的人才优势，不仅可以体现在政协的建言献策上，还体现在政协可以将人才团结起来，从建言献策的身份转变为现实工作的建设者身份，团结一心，凝心聚力，共同为地方经济、社会、文化建设添砖加瓦，做出实实在在的贡献。政协可以是二线，也可以发挥优势，冲上一线，甚至火线，为地方发展做出卓越的贡献。

四、虚协实做，推动文化研究成果转化为现实生产力

新余市政协在推动新余市城市文化建设的进程中，由于许多意见建议具有前瞻性，并取得了文化研究的一系列丰硕成果，逐渐成了市委、市政府城市文化建设的高参、顾问。尤其是市政协提出的利用仙女文化推动新余仙女湖旅游业发展的建议，在文化赋能、景区唱戏上取得了丰硕成果，使得仙女文化研究成果转化为了现实生产力。

（一）"四个一"建议被采纳。市仙女文化研究会首先向市委、市政府提出了"四个一"的建议：创作一部以七仙女为题材的影视剧；唱响一首毛衣女故地的歌曲；在新余举办一年一度的仙女文化高峰论坛；每年七夕节在仙女湖举办一次全国性的集体婚礼活动，以七仙女文化赋能仙女湖旅游。这些意见、建议、提案等先后被几届新余市委、市政府领导采纳吸收，转化为实实在在的履职成果。2013年2月11日，大年初一，电视连续剧《仙女湖》在央视一套、八套同时首播；唱响了一首片尾歌曲，让优美动听的《美丽的仙女湖》歌曲成了新余市民手机里的来电铃声；2017年起，新余市与中央广播电视总台联合打造的七夕晚会连续七年在新余举办，这让新余进一步提升了仙女湖的文化底蕴，走出一条文化与旅游融合发展的振兴之路；2015年七夕节起，新余每年会和中国民协、江西省文联、江西省文旅厅等单位联合举办七夕民俗文化研讨会，从专业角度深度论述和探讨仙女文化。

尤其是大型电视连续剧《仙女湖》剧本创作阶段，筹拍期间，市政协先后参与了创作座谈会，为连续剧的剧本创作提出了许多建设性的意见，为剧本创作提供了参考依据，充分体现了市政协在此剧中的学术权威性作用。

（二）以仙女文化赋能仙女湖旅游业。市政协提出，新余要以仙女下凡为主题，发展仙女湖旅游业。2014年，仙女湖举办的七夕情人节集体婚礼活动，吸引来自全国各地的999对新人前来参加七夕情人节活动。2015年起，仙女湖都要举办七夕节系列活动，不仅使民间七夕文化节习俗得以传承，而且赋予了它新的内涵，使新余仙女湖成了"情山爱水"的文化地标。除仙女湖之外，分宜县在开发洞村乡溶洞群时，也将牛郎织女故事美丽传说作为景区的文化主题。2015年5月13日，中国洞都——神牛洞风景区举行了隆重的开业典礼。景区的牛郎织女洞全长1600米，以牛郎织女故事"梦幻织锦、天上情缘、王母震怒、鹊桥相会"等为主线，创造性地将夏布生产

技艺和牛郎织女故事传说贯穿整个旅游观光过程，使景区独具特色。

（三）挖掘七仙女文化，打造特色文化名城。在市政协"挖掘七仙女文化，打造特色文化名城"呼吁下，新余市委、市政府将七仙女文化作为这座城市一个耀眼的文化符号加以利用，将七仙女文化引入城市建设中，引入市民日常的生活中。如今市政府前最主要的干道被命名为仙来大道，路上遇到的有"美哉仙来"石；到公园健身散步，有仙来湖公园；到社区办事，走进的是仙来湖社区、仙来办事处；孩子们在课堂上，可以学到有关七仙女下凡传说的乡土教材；打个电话，耳边响起的是电视连续剧《仙女湖》主题曲的铃声……七仙女文化已成为这座城市的"文化符号"，市民呼吸的是"仙女文化空气"。

（四）应用仙女文化助推产业发展。随着市政协提出利用仙女文化推动新余仙女湖旅游业发展的建议被吸纳，仙女文化品牌被逐步唱响，新余人对众多的特色产品、工厂企业等不断冠以"仙女""仙女湖"之名：仙女湖野生茶油、仙女湖皮蛋、仙女湖牌茶叶、干笋、蜂蜜、糍粑、羽仙酒，还有以仙女之名命名公司企业的名称，如仙女湖天然食品厂、仙女湖渔业公司等。随着互联网产业的发展，2014 年，新余人开发的手游《仙女去哪儿了》正式上线……

虚功实做，变虚为实，新余政协擦亮新余仙女文化名片的履职实践，结出了文化赋能、文化惠民的累累硕果。在政协履职实践中，探索出了一条政协实干担当的新路，用实践证明，政协不仅能务虚，还能务实。在一个地方的经济、社会发展中，政协找准定位，发挥优势，一定可以大有作为！

（涂向义，新余市政协委员，渝水区政协副主席，农工党新余市委会副主委）

在城市文化建设中积极发挥政协协商式监督作用

罗　洁

政协协商式监督作为民主监督的重要组成部分，在城市文化建设中发挥着举足轻重的作用。特别是随着中国式现代化宏伟蓝图一步步变成美好现实，发挥好人民政协政治协商、民主监督、参政议政三大职能，融入城市高质量发展和精神文明建设之中，是人民政协和民主党派所应着重思考的时代之责，是今后及未来与执政党一起携手实现中华民族伟大复兴事业的奋斗方向。

一、政协协商式监督对城市文化建设的作用

何谓城市文化？ 2019 年 12 月，习近平总书记在上海考察时指出：人民城市人民建，人民城市为人民，文化是城市的灵魂。城市历史文化遗存是前人智慧的积淀，是城市内涵、品质、特色的重要标志。2024 年 2 月，习近平总书记在天津考察时指出，"以文化人、以文惠民、以文润城、以文兴业，展现城市文化特色和精神气质，是传承发展城市文化、培育滋养城市文明的目的所在"。几乎每到一地，习近平总书记都会对当地的文物古迹保护、城市营商就业生存环境、居民在感受文化烟火中的精神气魄和获得感等予以高度重视。由此可见，城市文化的本质是城市能否为人民服务，能否以很好的民族历史文化保护和弘扬等浸润群众心灵，惠及群众文化和生活。总结来说，城市文化是新时代现代化城市的标签，包含城市的文脉和人文氛围，城市文化建设是城市实现高质量发展的重要举措，更是城市的软实力。而在城市文化建设中，监督特别是监督城市文化践行是否凸显为人民的本质，对城市建设至关重要。它决定着民主监督是否行之有效，能否替人民发声，确保城市文化建设能否公平公正合乎民意，保障城市文化建设更有温度，更具有人民靶向性。

（一）**重要的政治性监督**。人民政协民主监督是我国社会主义监督体系的重要组成部分，代表着民族统一战线，充分体现着社会主义制度的优越性。积极发挥政协协商式监督作用，实际上是以政治影响力既较好地监督执政党，又发挥民主协商的凝聚

力，是维护城市文化建设"和谐稳定发展"这一根基的重要压舱石，是实现我国城市文化建设全过程民主的重要政治依托。

（二）重要的合作型监督。政协协商式监督的重要作用，就在于它是重要的合作型监督，是民主党派与执政党充分合作的监督，具有重要的现实必要性。民主党派成员分布在各个重要岗位，以笔者所在的九三学社为例，在笔者所在的江西省，九三学社成员分布在科研院所、医院、高校等各行各业，由重要的科学技术骨干和知识分子组成，他们多身处业务一线或重要岗位，具有资深精湛的专业知识，由他们来参与城市文化建设的监督，符合城市文化建设的实际需要，具有科学性和必要性。城市文化建设在政协协商监督之下，也必将朝着更合理更规范的方向发展。

（三）重要的弥补型监督。政协协商式监督在城市文化建设中的另一重要作用，就是具有弥补性。作为民主监督形式的重要体现，政协协商式监督与人大、行政等司法监督相比，不具有强制约束力，但也正因如此，这种监督可以省去烦琐的法律程序的流程，实际上是用一种新的监督方法以及其体现的高效、节约的监督优势，织密监督网络，从而使城市文化建设在"多一种形式的监督之下"更经得起检验。由此可见，政协协商式监督在城市文化建设中肩负着重要的监督职能和监督作用。

二、在城市文化建设中，进一步发挥好政协协商式监督作用

近年来，民主党派和民主团体积极发挥协商式监督作用，在政治领域维护城市文化团结，在专业领域积极合作引入专业意见，在监督程序中用好协商式监督作用，很好地参与了城市文化建设。然而，也正由于政协协商式监督所体现的政治型监督、合作型监督和弥补型监督，均不具有强制性，造成一些民主党派的同志认知和站位不高，未对自身发挥政协协商式监督作用的重要性产生深刻认识，致使出现"不敢监督，不愿监督"等监督积极性不高和空白监督的一面。这些都需要民主党派人士认真加以改正，深入学习人民政协规章制度，积极履行民主监督职能。而在今后的城市文化建设中，笔者也建议应当从以下三个方面，积极履行协商式监督职能。

（一）肩扛监督使命，胸有监督章程。思想是行动的先导，履行好监督作用，实际上首先要提高政治站位，学好规章制度。作为民主党派的成员，在新时期更应该夯实时代建设主人翁这一角色，深入学好新时期人民政协规章制度，充分认知城市文化建设内涵，对城市文化建设的方向角度具有敏感性。对自身积极参与城市文化监督要有高度的使命感，尤其是对政协协商式监督在城市文化建设中的作用要有深刻的认识。作为民主党派的同志，天然具有更多的监督作用和监督职能，理应监督而非"自愿监督"，要抱着监督不是生事滋事而是政治职责的理念，摒弃躺平思想，按章合规、

充分发挥好监督作用。要从源头培根铸魂，夯实信仰和初心，学好民主党派历史，弘扬和传承先辈革命精神，积极把自身政治角色认知到位，实践到位。

（二）**积极参与合作，主动建言发声**。要想履行好政协协商式监督作用，就必然要积极参与，发挥好政协协商式监督作用中的合作型监督。这要求在城市文化建设中尤其关注专业领域，比如城市人文历史、环境文化建设、经商文化建设等，要求主动关注城市文化建设的全过程，积极调研，谨慎行事、审慎监督，由于监督非"强制性执法监督"，也因此更应该减少监督中的不合理性，要以较好的出发意愿和合理的意见建议来增加监督的权威性和合理性，这要求善于聆听群众和建设部门的意见，从多个角度观察，以更全面、更细致的情况掌握来行使监督职能。唯有在监督中善于以自身的专业性提出合理监督和具有前瞻性、规范性的监督，才能让监督更具针对性、专业性，对城市文化建设起到正向激励作用，避免在城市文化建设中出现"滋事生事"的反向效果。

（三）**提升社会影响力，促成高效监督**。实际上，造成民主党派的同志不愿监督的因素之一在于这种监督是非强制性监督，也在于监督本身这一行为中有较多的阻力和对抗，这也是同志们不愿监督和不敢监督的重要原因之一。这也要求在主动发挥政协协商监督职能的同时，讲究方法，善于斗争，促使政协协商式监督能够被重视，能够有效发挥其作用。比如，对文化建设等第三方部门的政治宣传，使其充分认识政治协商是合乎章程的监督，以求第三方部门的积极配合，此外，要利用自身的宣传和动员，争取社会影响力。比如，可以结合多媒体宣传、活动日和主题日的宣传，吸引群众和建设部门增加互动，来促使和达成高效监督。此外，在监督过程中，更要求讲究方法，不仅敢于监督，更要善于统筹团结，发挥政协协商的协调作用，做好人民群众和城市文化建设部门的黏合剂，为城市文化建设积极履行好全过程民主监督。

三、积极开展城市文化建设中协商式监督职能的探索创新

实际上，在城市文化建设中促进监督职能的更好发挥，关键在于实践中的探索和创新，而这一创新的最佳实践者，无疑是履行协商式监督职能的民主党派的同志们。在发挥协商式监督职能中，最大的阻力是什么？是机制？是环境？这些命题均需要结合实际，不断审视检验、总结反馈，促使监督职能更规范更完善。

（一）**积极探讨课题，探索创新机制**。在监督过程中，监督活动的议题范围如何确定？如何开展监督？如何考评监督结果的有效性和是否符合人民群众的意愿？如何在城市文化中更好地参与和融入监督职能，把城市文化和协商式监督有机统一结合起来。在监督得到有效评估后，又如何开展好协调落实，把举措更好地贯彻到位。在

落实监督的各个环节中，有哪些环节不透明、行使有阻碍；有哪些体系可能滋生不合理问题？这一切均需要不断开展课题探索，以调查研究和总结记录等形式，积极开展探索创新机制，和执政党以及人民群众一起，建言献策，推动政协协商式监督更规范，更具执行力，推动城市文化建设的政协监督作用更符合城市发展。

（二）打造示范标杆，创设监督品牌。在监督过程中，哪些方面做得好、是如何开展的，哪些方面做得不佳、存在哪些问题。结合选树榜样模范，积极探讨学习，交流分享经验，组织一批优秀成果，打造一批优秀试点。通过打造示范标杆，创设一些在城市文化建设中成绩卓著，颇具特色的亮点品牌，号召各单位学习交流。通过以点带面带动监督氛围的形成，提升监督质量和效果。在实际参与中，以监督技能比拼等形式大胆参与城市文化建设，考核一批优秀先进，采纳一批善于发挥政协协商式监督的优秀成果和做法，形成更具力度、更具前瞻性的监督效果。

（三）加强合作沟通，铸牢监督体系。协商式监督的本质在于协商，因此在城市文化建设这一颇为复杂的范畴中，要履行好政协协商式监督，就必须深入城市文化建设的各个范畴，搭建合作沟通的平台，比如与城市各个建设部门的联系，加强沟通。此外，更不能忽略与行政执法等强制性司法监督的联系，与纪检部门、城市建设执法部门强化沟通联系，才能让监督不成为无效性监督。通过搭建协商式监督的平台，与执法部门监督、新闻舆论监督、群众直接监督等形式形成监督体系网络，共同织密监督之网。

城市文化建设是城市高质量发展中最重要的一环，也是颇具难度的一环，作为城市精神气质、人文脉络的集中体现，城市文化建设直接涉及城市精神文明建设和群众福祉的多个范畴，人民政协在有效发挥政协协商式监督中责任重大，在城市文化建设中要主动担当城市的主人翁，在内心夯实政治使命，铸牢政治信仰，同时修好政协规章制度的"基本功"，让监督有章可循，有法可依。同时，要求审慎行事，珍惜自身手中的"监督权"，不逾越协商所规定的职责定位，不为城市文化建设"添乱滋事"，让监督实实在在为人民发声，为城市的正确发展之路建言献策。更重要的，监督本身的行为既充满挑战，又必然要求在实践中总结优秀做法，归纳监督中面临的阻力，积极探讨监督课题，总结优秀做法和成果，以优秀的建议不断规范监督体系，才能让政协协商式监督在城市文化建设中彰显出重要的监督职能，不断推动新时代人民政协工作做优做实，为中国式现代化城市人文建设添砖加瓦，谱写新篇章。

（罗　洁，九三学社鹰潭市委会专职副主委、市政协副秘书长）

商以求同　协以成事　文以化人

——关于在助推城市文化建设中更好发挥"赣事好商量+"品牌作用的实践与思考

朱甫林　王　晓　郭世安

习近平总书记指出："在新的起点上继续推动文化繁荣、建设文化强国、建设中华民族现代文明，是我们在新时代新的文化使命。"人民政协是中国共产党把马克思列宁主义统一战线理论、政党理论、民主政治理论同中国具体实际相结合、同中华优秀传统文化相结合的伟大成果，是国家治理体系的重要组成部分。人民政协作为中国共产党领导的多党合作和政治协商的重要机构，承载了中华文明的民本思想、天下共治的理念，"共和""商量"的施政传统、"兼容并包、求同存异"的政治智慧，在扎实推进中国式现代化和文化强国建设中更好发挥作用，既是贯彻落实习近平文化思想的必然要求，又是认真履行政协职能的应有之义。

一、人民政协在助推城市文化建设中拥有独特优势

2019 年 11 月，习近平总书记考察上海时指出："文化是城市的灵魂。城市历史文化遗存是前人智慧的积淀，是城市内涵、品质、特色的重要标志。"人民政协是具有中国特色的制度安排，是社会主义协商民主的重要渠道和专门协商机构，具有多方面的独特优势，生动展现出全过程人民民主的特点优势。城市文化建设作为国家治理体系的组成部分，是人民政协参与协商议政的重点内容和发力方向。作为专门协商机构，人民政协在助推城市文化建设方面天然拥有独特优势。

（一）人民政协具有鲜明的政治优势。人民政协是我国政治生活中发扬社会主义民主的重要形式，是当代中国政治文明独特性和优越性的重要体现，在中华民族现代文明建设中具有特殊价值。70 多年来，在中国共产党的领导下，人民政协始终坚持团结和民主两大主题，坚持为党的中心工作服务这条主线，在加强思想政治引领、广泛凝聚共识、巩固共同思想政治基础方面担负着重要的政治责任。中国共产党通过人

民政协搭建各类协商平台，牢牢守住政治底线的"圆心"，凝聚共识、凝聚智慧、凝聚力量，打牢共同奋斗的思想政治基础，画出最大同心圆，从而把党中央关于城市文化建设的各项决策部署落实下去，把各族各界的智慧力量汇聚起来，推动文化建设高质量发展。

（二）人民政协具有显著的平台优势。人民政协作为社会主义协商民主的重要渠道和专门协商机构，是包括各党派、各团体、各民族、各阶层、各界人士共商国是的重要专门平台，发挥着多党合作的制度效能。政协提案、协商会等常态化机制平台，为民主党派成员、无党派人士在政协发表意见、提出建议、达成共识、直达中央提供了更多渠道更多机会。政协协商把中国共产党的总揽全局、协调各方与民主党派、无党派人士的同舟共济、同心协力紧密结合起来，在推动城市文化建设中形成强大的整合效应，充分展现我国新型政党制度的独特优势。

（三）人民政协具有健全的组织优势。人民政协作为国家治理体系的重要组成部分，历经 70 多年的历史，形成了较为完备的组织体系和制度体系，能够有效地将各方面的参与主体组织起来共商国是。特别是党的十八大以来，在以习近平同志为核心的党中央坚强领导下，进一步加强和改进了人民政协工作，人民政协制度更加成熟定型，逐步形成了以全体会议为龙头，以专题议政性常委会会议和专题协商会为重点，以双周协商座谈会、对口协商会、界别协商会、提案办理协商会、远程协商会等为常态，以提案、大会发言、反映社情民意信息等为日常渠道的协商议政格局。通过制度化渠道、合法有序方式，有组织地开展自由平等的对话、讨论、审议等协商民主活动，让群众广泛参与城市文化建设中，对政策制定、公共管理等施加影响，实现群众有序政治参与，人民主体地位和首创精神得到充分尊重。

（四）人民政协具有广泛的界别优势。由界别组成是人民政协区别于我国其他政治组织的显著特征。政协每个界别都有相关的代表人士，一个界别就是一条民主渠道。从全国政协到地方各级政协的界别涵盖了各民主党派和无党派人士、各主要人民团体、56 个民族、5 大宗教，囊括了各行业各领域的精英。广泛代表性带来的是巨大包容性。有事好商量、众人的事情由众人商量，找到全社会意愿和要求的最大公约数，是人民民主的真谛。协商体现的是平等和尊重，以自由而充分的表达为基础，包容差异而又寻求理解和共识，天然具有团结群众、协调利益、有效决策、促进和谐的功能。在具体的实践中，通过平等协商、互动交流，能够引导群众以理性、平等、合法的方式，充分表达诉求、弥合分歧，有利于找到解决问题、化解矛盾、促进治理的最优解。

二、赣州市政协在助推城市文化建设的实践做法

赣州是国家历史文化名城、全国文明城市，具有众多的文物古迹和深厚的城市文化底蕴，红色文化、阳明文化、宋城文化、客家文化是当地典型的城市"四大文化"名片。近年来，赣州市政协立足职能定位，积极发挥"赣事好商量+"品牌作用，探索从协商视角参与城市文化建设，深入挖掘地域文化特色，进一步激发了本土文化的内生动能和创新创造活力，不断助推提升赣州城市文化的创造力、传播力、影响力和综合竞争力。

（一）着力规范协商机制，搭建"真协商"平台，参与城市文化建设更有效果。赣州市政协立足推进制度化、规范化、程序化建设，着力规范"赣事好商量"协商机制，破解协商流程不规范、部分协商成果转化难的问题，制定出台政协协商工作规则，打造环环相扣、层层递进的履职闭环，让城市文化建设协商建言落到实处、取得实效。一是健全课题产生机制，聚焦擦亮"四大文化"名片精准选题。在协商课题上，探索建立了以党政领导出题为主，与部门单位商题、政协委员荐题、社会各界征题相结合的"四位一体"议题遴选机制，使协商课题更加精准聚焦，更能融入党委政府中心大局。围绕文化建设主题，赣州市政协分管领导和相关专委会每年初主动"上门"，与市党政领导和主管部门"一对一"协商沟通；围绕全市文化建设的决策部署，每年确定1个以上文化领域的年度协商课题进行重点协商。近年来，赣州市政协围绕擦亮赣州"四大文化"名片，精选了"推进历史文化街区改造，打响宋城文化品牌""赣南客家文化保护和利用""加强赣州文化建设，推动文化资源优势转化为经济发展优势""推进赣州'文化强市'建设""提升赣州文化软实力""擦亮'赣南采茶戏'文化名片""进一步打响长征文化品牌"等一批重点协商课题，开展了广泛的协商议政活动，取得了良好的社会效果。二是健全协商议事机制，深度协商互动汇聚文化建设合力。在全省率先出台《政协赣州市委员会协商工作规则（试行）》，构建"八步法"协商流程，用制度的形式确保党政领导及相关部门主要负责人等协商主体都能到会，真正做到让委员与市党政领导面对面交流、零距离沟通，推动协商主体方充分表达诉求、有序参与决策，协商主导方涵育真协商、真听意见的胸襟气度，找到解决问题、化解矛盾、促进治理的最优解，形成推动文化强市建设的强大合力。在"面对面"协商之下，推动赣州市"福寿沟申遗"、创建"江南宋城"国家4A级旅游景区、灶儿巷历史文化街区保护提升等一大批高质量建议转化为市委、市政府决策部署。三是健全成果转化机制，助推城市文化建设提质增效。探索建立协商成果"三转一督"转化机制，即将协商成果及时转化为提案、转化为社情民意、转化为全会大会发言；对每项协商报告意见建议及党委政府主要领导的批示，及时进行跟进落实，促进协商"议得好"向成

果"办得好"转变。通过全程跟踪推进、持续督促解决问题，使协商成果得到有效转化落地。比如，2023 年，赣州市政协联合九三学社赣州市委会围绕"赣州历史文化街区改造提升"课题进行专题协商，提出了五方面 12 条建议，得到了市委、市政府领导的肯定和批示。市政协及时采取"三转一督"方式跟进，实现协商成果及时转化，推动了赣州市率先在全省出台《赣州市历史建筑保护管理办法（试行）》，有效规范了历史建筑保护管理，进一步提高了赣南历史建筑保护和活化利用水平，相关做法得到住建部的充分肯定并在全国住房城乡建设工作会议上作经验交流。

（二）着力拓展协商形式，丰富"好协商"路径，参与城市文化建设更有活力。赣州市政协不断探索丰富"赣事好商量"协商形式和方法，多方搭建协商矩阵，让协商民主可观可感，让更多人习惯用商量的方式解决问题，助推城市文化建设高质量发展。一是搭建高层次的协商平台，力促文化建设协商更加深入。针对协商"自话自说"多、委员参与积极性不高等问题，创新打造了"赣事好商量·委员市长面对面"协商平台，融入专题议政性常委会会议、专题协商会、对口协商会、提案办理协商会等协商形式之中，积极提高党政领导参与协商的"出镜率"，实现委员与党政领导、相关部门负责人常态化沟通和协商，高位推动文化领域协商成果有效转化和落实。比如，围绕如何加强红色资源开发利用，组织市政协委员与市政府分管领导和相关职能部门"面对面"协商，提出 24 条"高言值"建议，市红色资源保护发展中心、市文广新旅局等 11 个部门逐一现场回应，马上提出落实意见，有力助推了赣州红色文化资源活化利用，推动打造了"共和国摇篮""苏区干部好作风""长征集结出发地"等红色品牌，红色旅游已成为全市旅游经济的重要支撑，达到旅游总收入的 40%。二是搭建在基层的协商平台，不断满足市民群众的公共文化需求。深入开展"赣事好商量+"品牌创建活动，推动政协委员、政协协商向基层"双下沉"，涌现了"虔城协商""红都协商""犹事协商""实诚协商""崇我做起""全为你来"等一批有影响力的协商品牌。通过以"微协商"提升基层治理效能，在充满"烟火气"的基层协商中，有效解决公共文化供给等群众关切问题。比如，章贡区解放街道洪城巷社区，被住建部等七部门列入完整社区建设试点社区。如何在实现老旧小区改造提升的同时保留特色文化？政协委员和街道办工作人员、居民代表共同协商，在改造过程中积极引导群众全过程、全链条参与小区改造规划设计、建设和管理，因地制宜实施更新改造，挖掘小区传统文化，注入地域特色文化，让改造后的小区既有外在"颜值"，又保留文化内涵，得到了居民群众的交口称赞。三是搭建经常性的协商平台，提升文化建设协商的灵活性。注重发挥提案作用，围绕唱响文化名城、文化品质提升、传承红色基因、客家文化保护、历史建筑活化利用和长征国家文化公园建设等方面，积极反映城市文化的需求和问题，2021 年至 2024 年共提出城市文化建设相关提案 279 件，占提案总数的 19%；

通过并案和提炼，累计向党委、政府分管领导编报 6 期城市文化相关《重要提案专报》，为党政决策提供了诸多发展思路和创新理念；建立在市政协主席会议上听取市直部门汇报协商成果转化落实情况机制，推动文化建设领域相关协商成果从"议得好"到"办得好"转变。近年来，市政协委员提出的许多建议已在市级相关规划、重大决策或部门工作中得到采纳，促进了城市文化的多元融合和创新多元化发展，提升了城市文化软实力。充分发挥社情民意信息短平快的特点和"直通车"优势，组建特邀信息员队伍，组织文艺、教育等界别委员，聚焦文化建设领域问题撰写信息，让委员的呼声、群众的诉求第一时间能够通达党委和政府。报送的"部分红色文献老化加速损毁严重亟须高度重视"等信息引起了市党政领导重视，推动问题得到了有效解决。

（三）着力打造协商队伍，培育"善协商"意识，参与城市文化建设更有底气。赣州市政协通过增强界别委员的协商本领，激发人民群众协商意愿，引导干部养成协商习惯，为开展城市文化建设协商奠定了扎实基础。一是注重提升政协委员协商能力。委员是政协履职的主体，是政协事业发展的力量源泉。只有增强政协委员的协商意识，才能更好参政议政，发挥社会主义民主制度优势。一方面，强化学习和培训。依托"赣州市政协·新时代大讲堂"等平台，邀请全国相关领域专家、知名企业家等学者大咖，为委员授课，受到普遍欢迎。精心组织赴深圳、厦门等地开展履职能力培训。探索建立委员分组学习平台，以专委会为依托，根据委员所在界别特点，分门别类组建委员学习座谈小组。通过学习习近平新时代中国特色社会主义思想，学习新时代人民政协工作的最新理论成果，提高政治站位；组织委员学习人民政协历史渊源，树立历史自信；组织委员学习人民政协性质、定位、主题和职能，增强责任担当；组织委员学习政协业务知识，增强协商能力。另一方面，强化管理和激励。以更大力度宣扬委员履职风采，在《赣州政协》会刊、微信公众号等宣传平台开设专栏，在新时代大讲堂分享委员故事，在全会设立"委员通道""委员风采录"展览，增加委员大会发言场次，全方位、大力度展现新时代委员风采，推动委员"常亮相""常出镜"，使委员的自豪感、成就感和使命感空前高涨，协商意愿更加强烈。二是注重培育"好商量"协商文化。培育协商文化，"履职为民"既是"切入点"更是"落脚点"。在实践中，坚持凡是涉及群众切身利益的事都充分听取群众意见、与群众协商。更加注重选择切口小、关联广、群众反映强烈的议题，在群策群议、矛盾化解、问题解决中，引导群众养成"有事多商量"的习惯，提高"遇事多商量"的觉悟，增强"做事多商量"的能力。比如，赣州市政协、章贡区政协联合组织机关干部、政协委员深入开展"进企业、进社区、进学校、进乡村，联系群众"的"四进一联系"和"访党员干部、访乡贤能人、访乡村农户，问计于民、问需于民、问政于民"的"三访三问"活动，开展文化领域协商 60 余批次，协商解决问题 50 余个，群众参与协商的热情高涨，职能部门给出了"三个小时的协商比我们一个月的工作还管用"的高度评价。三是注重凝聚社会各界协商共识。以协商文化培育为契机，以党的领导为圆心，以扩大共识为半径，画好协商民主的"同心圆"，通过走访视察、协商调研、委员读书、民主监督等活动，广泛宣传协商理论理念。换届以来，赣州市政协组织委员参与市直部门文化建设领域条例起草、执法检查等监督活动上百余人次，推荐政协委员列席市政府常务会议涉及公共利益重大议题，推动市委、市政府有关文化政策措施更加符合实情、顺应民心，不断厚植党领导人民进行有效治理的政治和社会基础。

三、发挥"赣事好商量+"品牌作用、助推城市文化建设的几点思考

"赣事好商量+"是江西省政协近年来倾力打造覆盖省、市、县三级的协商统一品牌，创造了全国协商民主建设的先河，为推进全省现代化治理发挥了积极作用。如何深入贯彻落实习近平文化思想，在助推城市文化建设中更好发挥"赣事好商量+"品牌作用，充分彰显人民政协专门协商机构作用，既是一项十分重要的政治任务，更是摆在各级政协组织面前亟须思考的问题。在实践中，我深刻体会到：

（一）要始终坚持党的全面领导。习近平总书记指出，党政军民学，东西南北中，党是领导一切的。人民政协是政治组织，首要的是坚持中国共产党的领导，这是人民政协必须恪守的根本政治原则。聚焦党委中心任务，做到党委工作推进到哪里，政协工作就跟进到哪里，力量就汇聚到哪里，确保政协工作与党委中心大局同心同向、同轴运转。围绕文化建设协商议政是政协组织的应尽之责，但仍必须主动争取党委的领导和支持。这就需要政协组织紧紧围绕党委的工作大局，聚焦文化建设中的重要问题选好题，加强与党委、政府的衔接，报经党委批准，方可组织实施。

（二）要突出把握协商重点。党的二十大报告指出："全面建设社会主义现代化国家，必须坚持中国特色社会主义文化发展道路，增强文化自信，围绕举旗帜、聚民心、育新人、兴文化、展形象建设社会主义文化强国，发展面向现代化、面向世界、面向未来的，民族的科学的大众的社会主义文化，激发全民族文化创新创造活力，增强实现中华民族伟大复兴的精神力量。"作为政协组织，应深刻理解和把握这一重要论述，找准参与文化建设的重点。一是发掘与梳理本地区历史文化资源。每个地区都有特色鲜明的文化脉络，是当地薪火相传、生生不息的精神命脉。梳理文脉，是做好文化工作的基本点。政协组织潜下心通过深度研究，把本地文脉梳理清楚，是对文化建设奠基性的贡献。充分厘清本地区文化资源的体系和结构、气质与色彩，为推进文化建设高质量发展提供可靠依据。组织力量对本地区历史文化资源中有代表性的事件、人物、景物等进行研究发掘，拿出有分量的研究成果。二是围绕推动文化产业创新发展进行

协商建言。始终坚持文化与经济、社会、生态建设深度融合，把社会效益放在首位、社会效益和经济效益相统一，抓住新技术、新业态、新消费带来的重大机遇，围绕做大做强文化市场主体、发展文化新场景新模式新业态、打造具有全国影响力的文化产业集群、打造文旅融合精品等协商议政，助推加速发展文化生产力。三是活化本地区重大历史文化题材。随着信息化时代迅速到来，政协工作要在内容主题和传播手段上与时俱进。编印图书、创办刊物，要在内容选择、表现方式上调整改进，增强纸媒的可读性，多讲故事少讲道理，做到图文并茂赏心悦目。当前已经是全媒体时代，必须注意采用音频、视频样式，把历史文化题材直观形象、立体鲜活地展现出来，让历史文化变得活起来，让广大群众喜闻乐见，广泛接受。

（三）要注重发挥品牌效应。 "赣事好商量+"是一个省市县联动、形式多样、品牌统一的平台体系，也是政协服务党政工作大局的重要载体、委员联系服务界别群众的重要桥梁、群众参与政协协商民主的重要渠道。自 2021 年实施以来，全省累计创立了 70 多个"赣事好商量+"品牌，6000 多个基层协商平台，有力助推了经济社会发展，助推民生难事破解，让人民群众真切感受到人民政协在身边、新样子。下一步，应持续提升"赣事好商量+"品牌，增强协商议政的质效。一是实现协商工作的常态化。从实践来看，各地协商实践的频次不高且不稳定，影响了其作用发挥。各地可以借鉴全国政协双周协商座谈会的形式，以双周、月度或者双月形式，搭建常态化协商的多层级平台。2021 年，中共中央办公厅《关于加强和改进新时代市县政协工作的意见》提出了有关协商频次的要求，为市县政协协商平台常态化建设提供了指导。二是扩大协商参与的开放性。"赣事好商量+"品牌的本质就是要求多元主体参加、向基层延伸，甚至可以运用新兴技术手段，扩大了平台的开放性，有效实现了协商民主在参与广度、互动深度和传播力度的提升。尤其是，在文化建设领域，各界群众享有极高的发言权，必须推动党政领导、政协委员、专家学者与市民的直接协商互动。三是提高协商程序的专业性。近年来，全省各地政协不断规范协商程序，"赣事好商量+"品牌价值得到了极大彰显。比如，赣州市政协建立了"提出议题、确定议题、议前调研、开展协商、协商成果运用反馈"的基层协商议事"五步工作法"，实现了协商程序规范合理、协商环节科学完整，有效提升了协商程序的专业性。

党的二十大报告指出，协商民主是实践全过程人民民主的重要形式，明确了协商民主在推动中国式现代化中的重要作用。同时，强调推进文化自信自强，铸就社会主义文化新辉煌。人民政协作为社会主义协商民主的专门协商机构，承载着参与国家治理的重任，自觉把协商民主的理念贯穿全过程人民民主，为助推城市文化建设贡献应有的力量。

（朱甫林，赣州市政协副秘书长；王　骁，赣州市政协办公室秘书科科长；郭世安，赣州市政协办公室宣传信息科干部）

让千年文脉绽放时代光彩

——赣州市政协提案协商助力城市文化建设探析

刘瑞华　　谢建春　　曾天蔚

党的二十大报告提出"推进文化自信自强，铸就社会主义文化新辉煌"，集中体现了习近平文化思想的重要内容和理论架构。习近平文化思想强调文化关乎国本、国运，国家之魂，文以化之，文以铸之，一个国家、一个民族的兴盛，总是以文化兴盛为支撑的。习近平总书记指出"文化是城市的灵魂""传承文化不是要简单复古，城市建设会不断融入现代元素，但必须同步保护和弘扬传统优秀文化，延续城市历史文脉""城市建设要妥善处理好保护和发展的关系，让人们记得住历史、记得住乡愁，坚定文化自信，增强家国情怀"……这些重要论述，对于在新时代城市工作中延续城市文脉、涵养城市精神、走出一条独具特色的城市发展道路具有十分重要的指导意义。随着人民政协事业的不断发展，提案工作在人民政协践行全过程人民民主、发挥专门协商机构作用、参与国家治理等方面的重要作用更加突出，已经成为一项特色鲜明、覆盖面广、成效显著的全局性、基础性、经常性工作，且具有严肃性、规范性、反馈性等特点，是政协最具"约束力"的履职手段，这些优势能为城市文化建设作出独特贡献、发挥重要作用。

一、政协提案工作与城市文化存在良好的互动关系

城市文化作为城市发展的灵魂和精髓，反映了城市的个性和魅力，是城市综合竞争力的重要体现。党的十八大以来，我国大力推进物质文明和精神文明共同发展的现代化，群众对高质量精神文化的需求也与日俱增，尤其是对城市文化建设尤为关注。赣州城设置于西汉高祖六年，是江西省设立最早的城市之一，距今已有 2200 多年的历史。在两千多年的历史文化传承与发展中，形成了"客家摇篮、江南宋城、阳明圣地、红色故都"等独具特色的文化符号，为政协提案工作提供了广泛的履职选题，通过提案办理协商，为城市文化建设"加油添薪"，形成了良好的互动。

（一）城市文化为政协提案提供了丰富的素材和选题。一是城市文化中的地域性特点为政协提案提供了丰富的素材。不同城市的历史渊源、地理环境、生产方式、生活方式以及价值观念都不相同，形成了各具特色的城市文化现象，为政协委员提交提案提供了丰富的素材。二是城市文化的群众性特点也为政协提案提供了选题方向。政协委员通过关注群众的文化需求和文化实践活动，提出关于丰富群众文化生活、提升城市文化品质的提案，满足人民对美好生活的向往。三是城市文化的开放包容也为政协提案提供了选题灵感。随着国内国际双循环的加速推进，城市文化日益呈现出多元融合的趋势。赣州市政协委员通过关注本地城市文化在全球化视野下的发展机遇和挑战，提出"借助中欧班列加强与欧洲国家的文化交流""抓住世客会举办契机，打响赣州'客家摇篮'品牌"等提案，助力提升城市文化的国际影响力和竞争力。

（二）政协提案在推动城市文化繁荣发展中发挥着重要作用。政协提案是一种将政治协商、民主监督、参政议政与城市文化建设紧密结合的有效方式。六届赣州市政协以来，市政协各参加单位和委员深入调研和广泛听取群众意见，及时发现赣州城市文化建设中存在的问题和不足，围绕唱响文化名城、文化品质提升、传承红色基因、客家文化保护、历史建筑活化利用和长征国家文化公园建设等方面，积极反映城市文化的需求和问题，提出城市文化建设相关提案 279 件，占提案总数的 19%。通过各承办单位的积极办理，许多建议已在该市相关规划、重大决策或部门工作中得到采纳，建立了"群众反映诉求—委员提出建议—政府部门解决问题—委员和群众共同监督"的工作闭环，促进了城市文化的多元融合和创新多元化发展，提升了城市文化软实力。

二、赣州市政协提案推动城市文化建设的实践路径

与城市文化建设相关的政协提案是代表群众利益、表达群众诉求的重要渠道，也是政协委员关心、支持城市文化建设工作的重要载体。近年来，赣州市政协充分发挥提案在建言资政、凝聚共识、民主监督中的优势，积极建言献策，助力赣州千年文脉在新时代焕发新的光彩。

（一）发挥提案的建言资政优势，助力找准城市文化发展坐标。文化定位是城市文化建设中的顶层思维，也是城市文化建设最关键的组成部分。赣州市政协坚持以问题为导向，不断深入调查研究，利用提案建言立论，为党委政府找准赣州城市文化发展坐标提供了重要参考。一是深入挖掘城市文脉。赣州作为第三批国家历史文化名城，具有深厚的文化底蕴和悠久的历史积淀。市政协充分发挥历史文化资源禀赋优势，引导委员聚焦"历史文化遗址活化利用""推进福寿沟申遗"等内容建言献策，把有形文化遗产和非物质文化遗产有机结合，助力赣州成功创建"江南宋城"国家 4A 级旅游景区，完成

郁孤台、灶儿巷、慈姑岭、七里、姚衙前等历史文化街区的修缮，建成福寿沟博物馆、魏家大院等城市文化遗址，使古城真正"活"起来。二是引导城市文化走向。从数据上看，涉及城市文化事业建设的提案逐年递增，在促进城市文化事业发展方面起到的作用日益增强，成为现今乃至未来阶段城市文化事业发展的风向标。2021 年至 2024 年，通过并案和提炼，累计向党委政府分管领导编报 6 期城市文化相关的《重要提案专报》，为党政决策提供了诸多发展思路和创新理念。三是整合提升多元文化。赣州长期以来形成了红色文化、客家文化、宋城文化、阳明文化融合互鉴的城市文化格局。政协委员立足赣州城市文化整体定位，对多元城市文化提出一系列整合提升的提案。如，"让城市超级 IP 赋能赣州历史文化名城建设""加快推进城市文化建设，塑造城市文化品牌""用好四张文化名片赋能赣州旅游产业发展"等提案，助推赣州文化强市建设取得重要进展，如今赣州各种文化交相辉映，文化标志更加鲜明，省域副中心城市文化地位更加凸显，激荡和凝聚起建设革命老区高质量发展示范区的精神伟力。

（二）发挥提案凝聚共识优势，助力汇聚城市文化建设合力。城市文化的发展壮大，不仅需要加强政府主导，调动社会力量参与，整合利用好各级各类文化设施，形成布局合理、功能完备的公共文化服务体系，形成政府、市场和社会共同推进的格局，更要提高人民群众对城市文化的认同感、归属感，将人民群众融入城市文化建设之中。赣州市政协充分运用提案做好牵线搭桥工作，把凝聚共识贯穿提案办理协商全过程，为城市文化建设广泛汇聚合力。一是在思想引领中增进城市文化认同。赣州自身历经千年累积的历史文明、名人传说、文物古迹、情感记忆是宝贵的文化财富，政协通过委员读书群、政协新时代大讲堂、提案专题视察等，让委员感受赣州城市发展新成就、感悟城市文化新思想，进而在界别群众中传播和增进城市文化认同。二是在协商互动中凝聚城市文化共识。把提案办理协商作为凝聚共识的重要手段，开展多级委员联合督办提案，邀请专家学者和群众代表参与"城市文化建设"专题协商、重点提案督办。如，在"关于江南宋城历史文化旅游区历史建筑保护的建议"等重点提案督办协商活动中，组织委员和界别群众带案调研、召开协商座谈会，促进提、办、受益群众三方深入交流互动，为赣州打响国家历史文化名城品牌，强化特色历史文化、景观保护利用，传承历史文脉，留住城市记忆，凝聚了人心和共识，汇聚了智慧和力量。

（三）发挥提案的民主监督优势，助力补齐城市文化事业短板。赣州市政协把提案监督作为协商式监督的经常渠道和重要内容，打造"提案+民主监督"工作体系。一是增加城市文化建设民主监督性提案。通过召开集体提案征集协商会、界别委员点对点邀题的形式，结合近几年成立的 40 余家委员工作站和"赣事好商量+"基层协商议事室，引导政协各参加单位和委员围绕城市文化事业发展中的热点、难点、焦点问题，有组织、有重点地撰写民主监督性提案。鼓励委员反映所联系群众关注的实际问题，以平时提案的形式提出民主监督性提案，支持党派、团体、界别和专委会将文化建设类的社情民意、视察调研成果转化为民主监督性提案。如，针对赣州每十万人拥有公共图书馆、博物馆数量均显著少于深圳、宁波、杭州等城市的情况，文化文史和学习委围绕文化设施供给存在的缺失项进行监督式调研，提出了"规划构建'市级——区镇级——街道级——社区级'的多级文化设施体系"的提案建议，有力促进有关部门完善公共文化设施网络，为启动市图书馆、博物馆、美术馆、文化馆提档升级，推进 24 小时自助城市书屋、社区书吧、校园书吧及社区阅报栏、电子阅报屏建设，为开展"书香赣州"全民阅读活动发挥了积极作用。二是高位推动城市文化提案办理。赣州市委书记、市长多次对提案工作进行整体部署、专项督查，市委、市政府、市政协领导班子成员亲自督办重点提案，市政协主席会议定期听取承办单位提案办理情况通报，以点带面示范推动提案办理落实，有力提升了提案民主监督的实效性和影响力。如，市委常委、宣传部部长连续几年现场督办"文化产业发展"方面重点提案，围绕城市文化产业政策扶持和保障直接听取委员意见建议。在市领导高位推动下，赣州先后出台了《关于加快发展文化产业的若干政策措施》《赣州市文化产业发展专项资金管理暂行办法》《赣州市重点文化企业发展扶持奖励暂行办法》等文件，涌现出了一批规模以上文化企业、文化创意产品、文化产业项目、文化产业集聚区，促进了文化产业"逆势上扬"。

三、坚持提案工作协商助力城市文化建设的几点思考

城市文化建设为政协提案提供了丰富的履职选题，做好新时代提案工作，为城市文化事业发展广泛凝聚智慧和力量，责任重大、使命光荣。

（一）增强"政治意识"，以新视野开辟服务城市文化事业新境界。 在中央政协工作会议暨庆祝中国人民政治协商会议成立 70 周年大会上，习近平总书记科学总结了党的十八大以来党中央对人民政协工作的八个方面新要求，提出了在新时代加强和改进人民政协工作的总体要求，以及当前和今后一个时期要抓好的三项重点工作，为新时代人民政协工作指明了方向，也为提案工作提供了根本遵循。为此，在助力城市文化事业发展中，政协提案工作要深入贯彻落实全国政协《关于加强和促进人民政协凝聚共识工作的意见》精神，把加强思想政治引领、广泛凝聚共识作为履职的中心环节，始终坚持双向发力、相互融合、彼此促进，不断厚植共同思想政治基础，自觉用党的二十大精神统领政协提案工作实践。

（二）增强"精品意识"，以新标准提升提案建言新高度。 质量是提案工作的基础，提案只有提得准，才能办得好，为此要开动脑筋下足功夫。一是加强学习培训。引导委员深入实际、深入群众，了解城市文化建设的现状和问题，充分调研和论证意

见建议的可行性，提出立意高、分析准、建议实的高质量提案。二是培育集体提案。把集体提案作为提高提案质量的重要抓手，开展重点提案培育，实现集体提案由"等米下锅"到主动"找米下锅"的转变。三是把好提案立案关。推动政协提案工作更好发挥"反映民声民意、促进科学决策、广泛凝聚共识"的功能作用，以提案质量作为立案的主要标准，不求量而求精，严格审核立案。

（三）增强"协商意识"，以新内涵展现协商民主新作为。把协商贯穿提案"提、立、办、督、评"全流程，搭建多种形式的协商平台，使"委员提、部门办"的单行模式转变为"委员提、共同议、合力办"的协商模式，建立"六个环节"的提案协商工作机制。一是"选题"协商。召开提案选题征集会议，通过网络向社会各界征集提案选题，为提案者同党政部门进行选题协商提供条件。二是"立案"协商。邀请相关部门共同开展政协提案立案审查，保证立案质量，为提案的交办、落实、督办奠定基础。三是"交办"协商。组织召开由党委、政府、政协领导参加的提案交办协商会，就提案办理工作沟通想法、交流思想、商量办法。四是"办理"协商。在重要提案办理中，召开由提案者、承办单位、政协三方参与的"提案办理协调会"，最大限度进行沟通协商。五是"重点提案领衔督办"协商。完善党委政府领导领办、政协领导牵头督办、政府政协联动督办、政协提案委综合督办、社会参与督办的"五位一体"提案督办工作机制，形成全方位推进提案办理工作的新格局。六是"反馈"协商。探索重点提案办理情况在政协主席会议上通报、开展民主评议等形式，督促承办单位重视提案办理实效。

（四）增强"创新意识"，以新理念彰显提案工作新特色。创新是提案工作的灵魂，是推进提案工作的不竭动力。要进一步把握提案工作规律，扎实推进提案工作理论创新、实践创新、制度创新。如，城市文化是一个动态的过程，需要不断适应时代的发展和市民的需求变化。提案要在深挖城市历史文化的基础上，关注国内外城市文化建设的最新动态和趋势，提出具有前瞻性和创新性的建议措施。一是加强提案委员会自身建设。提案工作人员要持续拉高标杆，补齐工作短板，加强知识更新，优化能力素质，不断提升协商的工作能力和提案办理的专业水平。二是建立和完善提案工作机制。修订完善政协提案工作条例、提案办理协商办法等，学习借鉴其他省市党政领导督办重点提案的先进做法，建立提案双向评议"倒逼"机制，确保提案质量和办理质量双提升。三是提升提案办理协商信息化水平。积极探索网络议政、远程协商等形式，完善已有的提案信息技术服务平台，畅通提办双方的网络协商渠道，让委员更加便捷地提出提案诉求，使提案办理更实、满意度更高。

（刘瑞华，赣州市政协提案委主任；谢建春，赣州市政协委员服务中心副主任；曾天蔚，赣州市政协提案委办公室干部）

以"协商"推动"和合"

——浅议协商文化与城市文化的融合与促进

刘群英　曹维华　廖忠焱

　　文化是物质财富和精神财富的一切总和，它是人们在社会中创造的并附着于历史之中的产物。"确切地说，文化是凝结在物质之中又游离于物质之外的，能够被传承的国家或民族的历史、地理、风土人情、传统习俗、生活方式、文学艺术、行为规范、思维方式、价值观念等，是人类之间进行交流的普遍认可的一种能够传承的意识形态。"从文化的内涵来看，协商文化与城市文化并不是两个孤立的个体，而是有着千丝万缕的联系，他们都有着丰富的内涵，既可以相辅相成，更可以相互促进。

一、中国传统协商文化中的"和合"思想是助推城市文化聚集的有力推手

　　城市是一个共同体，共同体是由人们的意志相互结合和肯定的关系的综合，它是一种亲密的、秘密的、单纯的共同生活，是有机生动的，共同体内有互动则必然有冲突，人群、社会因素、文化等多种要素聚集在一起，就会有不同诉求的产生，有时还会导致纠纷和冲突。那么，从协商的功能来看，协商主要是协调各参与主体之间的利益冲突，以达到各方之间关系平衡的状态。中国传统文化的价值追求之一也是强调和谐，从一定程度上讲二者之间存在着不谋而合的元素。中国传统文化中的"和合"思想作为一种能够传承的思想，已经融入中华民族的行为处事方式之中，中国传统"和合"文化的内涵十分丰富。"和"主要强调人们不同思想观点之间的交流互鉴，主张人们利益需求的相互协调，而不是把个人的观点强加于人，更不是抹杀别人合理的利益诉求，和合文化的精髓就是追求和谐，这也与城市文化追求和谐共生、共同发展的内涵高度契合。

二、城市为协商提供载体，协商更是推动城市建设与文化繁荣的得力助手

在一座城市当中，城市文化无处不在，与我们的生活息息相关。方言、建筑、设施、物品等都是城市文化的载体，城市的"美"不是高楼大厦撑起来的，而是源自其独具韵味的文化、充满魅力的生态、富有特色的产业。城市是人类生产生活的重要场所，是人口、产业和要素资源的聚集地，习近平总书记指出："城市是人民的城市，人民城市为人民。"在新时代新阶段，我国社会主要矛盾发展变化呈现新特征新要求，人民对于丰富而有品位的城市文化需求更加旺盛，对于优美人文环境、优质文化服务、优质文化活动的期待更为迫切，对提高社会文明程度的期待更为高涨。这些都为协商民主发展提供了平台和载体，反馈和回应人民的诉求，协商民主是最有效的方式之一，城市文化建设必须始终坚持以人民为中心的发展思想，服务于人的全面发展，不断满足人民的美好生活需求，通过提供高质量文化产品、文化设施、文化空间、文化活动，增强广大市民的获得感、幸福感、安全感，让人民群众在城市生活得更方便、更舒心、更美好，形成向上向善向美的城市文化氛围。以赣州福寿沟的建设过程为例，"协商"贯穿了福寿沟建设全过程。福寿沟如此浩大而又完美的城市综合水利工程，不可能由一人在两三年中完成，必须历经对城市发展变化的背景和城市防洪排涝的认识、摸索、总结这一过程。在这个过程中，更是包含着不同阶层、不同群体的协商共治、群策群力，在各代表人士的充分协商中，推动了福寿沟从无到有，从有到优。

三、协商与城市文化的活力，来源于城市最基层单元，城市社区的协商治理，是协商与城市文化融合与促进的关键

城市社区作为城市基层社会单元，是国家力量和社会力量互动的重要场域，在城市社区中，社区自治能力的发展程度与政府社会管理的方式方法直接关系城市的稳定、发展与繁荣。改进社区治理方式，推进基层协商制度化，激发多元组织的活力，促进群众在社区治理、基层公共事务和公益事业中依法自我管理、自我服务、自我教育、自我监督，有利于预防和化解社区基本矛盾，有利于城市的和谐稳定，尤其是城市社区治理中，利益主体多元，需求多样，事务繁杂，矛盾凸显，如何畅通居民利益表达渠道，协调参与治理的主体，降低政府政策在基层执行的阻力，提高社区公共决策的认同性，实现社区善治。协商民主作为一种治理形式，极力主张利益相关者通过对话、商谈、转换偏好，以达成对问题的共识，协商民主这样的价值理念和实践过程

中形成的协商经验，正是城市社区治理所需要的，二者有着契合性，协商民主下的社区治理，不仅可以发展基层民主，也能提升社区治理绩效。协商民主与城市社区治理的契合性，是推动协商与城市文化融合与促进的关键。常态化的社区协商治理机制应包括社区议题的形成机制、社区参与决策机制、公共资源的整合机制、矛盾协调机制、协结果监督考核机制。

（一）应完善社区议题的形成机制。社区公共议题的形成，应在涉及群众利益问题上，广泛开展协商，坚持协商于决策之前和决策实施之中。在决策之前，则需要畅通民意渠道，将社情民意按类整理成议题，纳入协商决策的议程。协商议题的确定应该是多元化的，既有自下而上的议题反馈，也有自上而下的议题收集。在自下而上的议题反馈中，如四川彭州采取的做法是，除了定期召开居民议事会议外，还就没有被列为当期会议选题的但又与本社区切身利益相关事务，可由社区党支部、居委会、楼宇小组、居民议事会成员、10 名以上居民联名提出作为会议的议题；同时动员街道范围内的党代表、政协委员、驻区干部以及社会组织，定期开展民意调研，倾听民声，并进行实时汇总和多方评议，进而进行决策讨论和具体解决方案制定。

（二）应优化社区参与决策机制。在参与主体上，要改变社区的政府"替民做主"，将社区的社会组织、企业组织、居民囊括参与社区的协商共治中。在参与平台上，则是需要搭建一定的载体为广大群众提供协商讨论的空间。可通过建立社区居民议事服务站，并安排服务站每天安排专人通过现场来访、网上留言和电话热线三种方式受理居民诉求，并由专区民警、社区居委会、物业管理公司工作人员轮流坐班，及时解决群众困难；建立社区居民议事平台，定期讨论研究社区建设和管理重大问题；建立驻区单位沟通平台，定期邀请驻区单位一些负责人就社区的民情、舆情进行交流。此外，随着互联网的兴起，不少社区也注重网络平台的建设，依托微博、微信、论坛等形式，将一些繁忙的上班族纳入到了社区协商共治当中。在参与的议事规则上，则是需要一定的程序规范保证主体能平等地对话交流。在协商的过程中，既需要一定的规范设计保证参与主体能充分发表意见和讨论，同时也需要主持人掌握一定的技术和艺术，引导各方能从公共利益出发，最终达到理想的协商结果。

（三）应建立公共资源的整合机制。社区治理主体多元化，同时也意味着资源的分散化，推进协商治理则是需要一定的机制构建把多元的资源整合起来。以上海普陀区的做法为例，针对社区的各个管理部门，梳理各部门职能，建立社区事务联动中心，将社区卫生监督、公共服务、治安、社会组织人员等以网格化形式串联起来；针对社区企业组织，与所辖企业展开合作，如为再就业人员提供技能培训；在街道设立文化中心，组织召开活动，丰富居民的文化生活；针对社工组织，邀请志愿者进入社区，帮助居民解决困难；邀请民警、律师到社区开展普法教育等。

（四）应健全矛盾协调机制。协商治理的工具价值在于可以通过协商的方式调解社区的矛盾纠纷，因为协商之维，蕴含的则是有事好商量，以"和"为贵。物业纠纷、邻里纠纷、公共资源纠纷等，协商民主的方式是好使管用的。我国在城市社区层面普遍设立的矛盾调解室，便由专门的人员负责调解纠纷。除了在政府专门设立的调解渠道外，民间的协商机制也应逐步建立。

（五）应落实协商结果监督考核机制。议事协商不是形式主义，也非走过场，协商结束后及时跟踪反馈协商结果的运用，确保协商的时效性，是制度设计的重点环节。

总之，每个人都栖居在两个家园之中，一个是有形的物质家园，一定程度上，可以看作是人们生活的城市；另一个是无形的精神家园，二者缺一不可。协商民主是全过程人民民主的重要组成部分，协商民主在城市文化发展中的重要功能在于促进满足群众的需求，促进城市的政治、经济、社会发展。以协商涵养城市文化底蕴，不仅是为了提高城市影响力和软实力，更重要的是满足生活在这里的人民对美好生活的需要。以"协商"推动城市"和合"，城市才能更有文化、更有活力、更有颜值，才能真正让每个生活其间的人"诗意栖居"！

（刘群英，赣州市政协经济委主任；曹维华，赣州市政协经济委办公室负责人；廖忠焱，赣州市政协经济委办公室干部）

在履职尽责中为文化繁荣添彩

凌素英　薛珊珊　邱慧婷

　　党的十八大以来，以习近平同志为核心的党中央高度重视文化建设，把文化建设放在全局工作的突出位置，大力推进社会主义文化强国建设。人民政协历来与发展先进文化息息相关，是推动文化建设的重要生力军，肩负着促进文化发展繁荣的光荣使命。赣州作为文化大市，文化建设历来是赣州市政协履行职能的重要内容。多年来，赣州市政协以对文化建设的高度自觉，立足实际，把握文化发展规律，找准推动文化建设的切入点和结合点，充分发挥政协优势和委员主体作用，认真履行职能，在建言献策中为文化繁荣添彩，在协商监督中为文化发展助力，在凝聚共识中为文化自信鼓劲，积极主动地为文化发展繁荣作出更大贡献。

　　政协委员是人民政协工作的主体，是人民政协履行职能的基础和有效途径，在参政议政的舞台上发挥着越来越重要的作用，在推进文化建设中扮演着越来越重要的角色。无论是提高政协参政议政实效，还是充分反映民意、广泛集中民智，都离不开政协委员，只有发挥政协委员的积极性和创造性，政协事业才会不断发展和进步，文化发展才能获得更大动力。因此，在推动城市文化发展中，必须发挥委员主体作用，激发委员履职热情，引导委员积极参政议政、踊跃建言献策，当好党委政府好参谋、好助手，努力提升赣南文化综合竞争力，助推赣州成为文化强市。

一、激发委员履职意识，引导委员在履职尽责中为文化繁荣添彩

　　（一）突出思想引领，提高政治站位。 坚持以习近平新时代中国特色社会主义思想为指导，全面贯彻落实习近平总书记关于加强和改进人民政协工作的重要思想，引领委员把牢政治方向，站稳政治立场，不断提高政治判断力、政治领悟力、政治执行力，切实担负起"落实下去、凝聚起来"的政治责任，积极参与文化建设全过程各方面。落实市政协"党的建设"提升行动，聚焦"两个全覆盖"，在各专委会设立功能型党支部，建立政协党组成员联系相关界别党员委员、党员委员联系党外委员制度，充分发挥中共党员委员先锋模范作用，引领广大委员厚植信仰之基、补足精神之钙。坚决维护党委决

策，全力支持政府工作，自觉把政协各项工作纳入文化建设的总体布局，做到与党委、政府同心同向同步。深入推进市委"三大战略、八大行动"，紧抓事关文化建设的综合性、全局性、前瞻性问题，组织委员深入调查研究，积极建言献策，在服务大局中彰显担当作为。

（二）坚持学习引领，提升履职能力。注重打造学习型政协，通过政协党组"每周例会"学习、党组理论学习中心组学习、政协常委会会议专题学习、主席会议集中学习、专委会经常性学习等方式，编发学习资料，开展理论学习，征集理论文章，在学习交流中提高委员履职能力。制定《赣州市政协学习培训工作制度》《赣州市政协委员学习培训工作规划》，采取轮训方式对市政协委员进行全覆盖培训，引导委员正确认识新时代政协履职的新使命新要求，深入了解新时期人民政协工作的创新与实践，进一步提高社情民意信息撰写能力，在加强理论武装、深化思想认识中提高履职本领、强化责任担当。组织开展"赣州政协·新时代大讲堂"活动，定期邀请专家学者进行专题授课，安排优秀政协委员分享履职故事，在交流互动中提高委员理论素养，增强政治把握能力、调查研究能力、联系群众能力、合作共事能力，引导委员关心关注文化热点，提高建言质量。

（三）加强文化引领，增强行动自觉。深入学习领会习近平总书记关于文化建设的新思想新观点新论断，推动习近平总书记在文化传承发展座谈会上的重要讲话精神在政协委员中走深走实，引导委员树立正确的文化价值观，坚定文化自信、历史自信。以开展党史学习教育交流等方式，引导委员自觉将爱国热忱内化于心，外化于行。全会期间开设"委员通道""委员风采录"展览，政协微信公众号设立委员专栏，以更大力度宣扬新时代委员履职新风貌，引导委员更加注重履职质量，积极履职尽责，增强对委员身份的认同感、对政协组织的归属感。

二、打造委员履职平台，带领委员在协商建言中为文化发展助力

（一）发挥专委会基础性作用，抓好调研视察平台。精心选择党政所需、群众所盼、政协所能的课题，形成市政协年度协商工作计划。根据协商工作计划，实行协商课题"双向互选"机制，统筹安排相关领域委员以现场调研、考察视察、民主监督等形式参与调研协商活动，带领委员深入基层、深入群众，认真听取群众意见建议，经过理性思考、科学论证后形成客观中肯、可行性强的调研报告，并通过主席会议、常委会会议协商或政协提案进行转化，切实把调研成果转化为实际工作成效。红色是赣州最亮底色、最大优势。围绕"加强红色资源开发利用、推动旅游产业高质量发展"协商课题，市政协文化文史和学习委引领相关界别市县政协委员和专家参加实地调研，深入瑞金、兴国、于都蹲点调研和延安、遵义、桂林比较调研，在调研各个环节与相关部门充分

协商沟通，形成内容翔实、论证充分的调研报告，直面红色资源开发利用的体制机制"硬伤"和市场化运营"短板"，助力市委、市政府抢抓新赛道、答好旅游产业高质量发展的首要考题，推动红色资源"活起来"、红色文旅"火起来"、红色名片"亮起来"。

（二）打造界别活动平台，凝聚文化发展力量。依托"委员之家""委员工作站""界别活动室""协商议事室"等多个活动阵地，市政协组织界别委员开展内容丰富、形式多样的界别活动，带领广大委员进企业、进社区、进学校，深入宣传党的二十大精神和各类惠民政策，推动文化、教育、卫生、法律、科技、体育下乡，在服务基层、服务群众中彰显为民情怀，增强界别群众对委员的认同感，凝聚发展共识。突出"赣事好商量"协商议事平台作用，就推动赣州加强红色绿色古色旅游资源开发、畲族文化传承保护发展、革命文物保护等事关文化发展的重要议题开展协商议事活动，积极反映教育、文艺、新闻出版等界别委员的意愿和呼声，形成具有针对性、前瞻性的意见建议，为市委、市政府献良策，支高招。同时，注重发挥文艺界政协委员的优势和模范带头作用，组织引导他们积极投身面向时代、面向群众的文艺创造活动之中，以充沛的激情、生动的笔触、优美的旋律，创作出更多有温度的优秀文艺作品，不断丰富人民群众精神文化生活。今年，市政协的一项重要工作就是扎实做好文史资料征编工作，发挥政协人才荟萃、智力密集和联系面广的优势，凝聚广大委员和各界人士的智慧力量，齐心协力编纂好《赣州政协志》，交出一部经得起历史检验、彰显赣州政协特色、具有存史资政价值的"精品佳志"。

（三）改进社情民意工作方式，推动文化创新发展。进一步畅通社情民意信息收集渠道，提高委员倾听群众心声、反映民情民意的积极性、主动性。印发《关于加强和改进反映社情民意信息工作的意见》，提出反映社情民意信息工作评选表扬方式，引导广大委员重视社情民意工作，把握联系群众重点，聚焦人民群众普遍关心的热点难点问题，关注文化产业和文化事业发展创新，切实把各界群众对文化建设的意见和建议反映出来、表达出来。通过每月一期社情民意信息工作提示、每季度一期各单位反映社情民意信息来稿及采用情况通报，大幅度提高委员撰写社情民意信息的热情，提升履职质效。《遏制高价彩礼　推动移风易俗》《擦亮峰山"生态名片"助推森林旅游发展》等多篇关于文化习俗、旅游发展的社情民意被市本级采用，并转报省政协和省委。

三、加强委员履职管理，在广泛凝聚各界共识中为文化自信鼓劲

（一）强化委员管理服务，用心激发履职动力。加强和规范政协委员履职管理，完善委员履职管理办法，量化委员履职成果，实行半年一考核、年度一表彰。修订《中国人民政治协商会议赣州市委员会委员履职工作规则》，调整和明确考核内容，将委员联系服务界别群众情况纳入委员年度考核，明确将委员提出一个高质量提案、撰写

一篇高质量大会发言、反映一条高质量社情民意信息、参加一次以上调研视察活动、为界别群众办一件以上实事等内容记入委员履职档案，作为优秀政协委员评比重要依据，有效提升委员履职的规范化、科学化水平。年末认真评选优秀政协委员、优秀界别召集人以及提案工作、反映社情民意信息工作先进集体和先进个人，评选结果在全会上予以通报表扬，着力激发政协委员履职主动性，全面形成"比学赶超"的良好局面，推动广大市政协委员更好担负起新的文化使命。

（二）深化委员联络服务，用情形成工作合力。完善走访联系委员常态化机制，制定《赣州市政协主席会议成员走访联系委员制度》，建立健全市政协领导联系专委会、专委会联系委员、委员联系群众的"三联系"制度。坚持市政协主席会议成员带头联系若干个界别，与界别委员建立经常性联系，同界别委员一道深入群众，开展谈心谈话活动，及时了解、反映各界人士的思想动态、生活状况和愿望诉求，夯实共同思想基础。利用微信等方式建立政协委员交流群，促进委员互相学习借鉴、取长补短。组织开展"民营企业大调研大走访活动""千名委员进万家，我为发展聚民智""贯彻落实党的二十大精神，同心跟党走"等一系列走访联系、委员实践活动，在深化委员联络、凝聚各界共识中形成工作合力，助推政协事业、文化事业发展有声有色。

（三）优化履职服务平台，用力增强工作活力。加强政协信息化建设，打造智慧政协平台。不断完善委员履职服务平台功能，上线"提案管理""社情民意""履职管理"等模块，探索"界别微建议""界别微协商""界别微监督"等形式，通过互联网远程协商议政等新形式引导委员参与教育医疗、就业创业、文旅发展等热点话题讨论，回应民生关切问题。建立委员线上履职档案，实时反馈委员履职活动参与情况，实现委员线上线下履职深度融合。推动广大市政协委员积极参与文化建设，利用市政协官网、微信公众号、新闻媒体等渠道不断输出正能量文化观点，展现委员风采，讲好委员故事，传递政协声音，扩大委员在群众中的影响力，引导各族各界人士筑牢文化自信，夯实文化根基，为文化高质量发展贡献政协智慧和力量。

赣州市政协和政协委员始终把文化建设作为履行职能的重要内容，充分发挥委员优势和专长，精心选择具有综合性、全局性、前瞻性的文化相关课题作为协商课题，深入开展调查研究，力争形成更多有价值有分量的研究成果，更好地为党委、政府科学决策、民主决策服务。切实加强与各方面的协调配合，积极促进文化民生工程建设，加强地域文化传承和研究，推动赣南文化"走出去"，擦亮"红色故都""客家摇篮""江南宋城""阳明圣地"四大文化名片，不断扩大赣南文化的知名度和影响力，为把赣州建设成为文化名城做出新的更大贡献。

（凌素英，赣州市政协副秘书长；薛珊珊，赣州市政协委员服务中心负责人；邱慧婷，赣州市政协委员服务中心干部）

政协在推动城市文化建设中有效做法与深刻体会

段求明　曾志强　郑　羽

城市文化建设是推动城市可持续发展的重要力量，是一个多维度、深层次的系统性的工程，它涉及城市的历史传承、社会文明、经济发展等多个方面，影响着城市的面貌形象，关系到市民的精神文化生活。政协作为联系党和政府与人民群众的桥梁和纽带，作为社会主义协商民主的重要渠道和专门协商机构，具有天然的政治优势和广泛的社会影响力，在推动城市文化建设中发挥着独特的作用。结合工作实践，以下是对政协在推动城市文化建设中总结的有效做法和深刻体会。

一、政协推动城市文化建设的有效做法

（一）深入调查研究，把握文化建设需求。 政协在推动地方城市文化建设中能充分运用界别委员的专业特长和各方资源优势，紧紧围绕城市文化建设的关键问题和市民的文化需求，有针对性和实效性地深入开展调研考察。通过地方深入走访、外出考察学习、民意问卷调查等多种方式灵活组合，准确掌握地方城市文化资源和特色、发现文化建设中存在问题和瓶颈、了解市民的精神文化需求，提出具体翔实的意见建议，形成高质量的调研成果，找准具有地方特色和代表性的城市文化建设的目标及发展方向。通过以人民为中心的调研工作方式，不仅增强了政协组织与市民群众的紧密联系，也为政府部门、职能单位制定更具针对性的文化建设政策提供有力支撑，推动城市文化实现持续健康的高质量发展。

（二）广泛协商建言，推动政策制定落实。 政协可充分发挥协商民主及组织牵线的作用，围绕城市文化建设中的重大问题和关键环节，积极建言献策。通过发挥政协组织优势，广泛联系统筹党派界别组织、委员专家代表、有关职能单位部门群策群力。通过开展专题会议、协商研讨等有效活动，提出一系列具有专业性、前瞻性、可操作性的意见建议，助力城建、文旅等单位部门研究制定因地制宜的城市文化建设规划。同时，政协还能有效运用民主监督手段，积极协调组织各方力量，助力推动形成政府主导、部门协同、人民协商、社会企业参与的城市文化建设格局。

（三）**积极宣传引导，展示城市文化风采**。政协可运用平台媒体宣传、举办文化学习讲座、开展界别主题活动、畅通社情民意渠道等多种方式，有效普及地方城市文化及历史知识，引导市民培育养成良好的地方文化风俗习惯，提升文化素养，推动城市文化建设问题解决，形成全社会共同参与城市文化建设的良好氛围。城市文化交流与合作是提升城市文化影响力的重要途径，政协运用各方人脉资源不断加强与其他城市、国家和地区的文化交流与合作，通过参加或举办城市地区文化交流活动、国际文化活动项目等方式，宣传展示城市的文化特色和魅力，增强城市的竞争力和影响力。通过去粗取精引进宣传外来文化，深耕发扬本土风俗文化，拓宽反映市民文化诉求渠道，不断将新潮的文化理念、优秀的文化创意、好的意见建议、有效的做法经验运用到城市文化建设中，为城市文化建设注入新的活力和动力。

二、政协推动城市文化建设的几点深刻体会

通过多年的工作实践，对政协推动和参与城市文化建设，有以下几点深刻的体会：

（一）**城市文化建设要坚持以人民为中心的发展思想**。人民政协为人民，政协在推动城市文化建设中要始终坚持以人民为中心的发展思想，把满足市民的精神文化需求作为出发点和落脚点。通过深入了解市民的精神文化需求，反映市民群众的民意诉求，协商研讨制定更加贴近实际、贴近生活的城市文化建设措施和政策，定期举办各种文化活动不断丰富市民群众的精神生活，使市民真正成为城市文化建设的参与者和受益者。

（二）**城市文化建设需加强历史文化保护和运用**。历史文化遗产是城市文化的根基。政协干部和委员在履职过程中要留心关注地方历史文化遗产和传统文化风俗的情况，加大重视力度，树立保护和发展意识，通过撰写调研报告、提案、社情民意等方式建言推动历史文化遗产和传统文化风俗资源的保护、开发和利用，传承和沿袭好城市文脉。通过推动历史建筑、旅游景点和民俗文化的开发利用、提升改造、有机整合来实现城市文化老树开新花，焕发出新的气象和活力，让市民和游客更加深刻地了解和感受城市的历史文化魅力和底蕴。

（三）**城市文化建设要注重创新和特色**。创新和特色是推动城市文化持续发展的关键。只有不断创新，挖掘新的文化元素和表达方式，形成独特的文化特色，满足市民和游客的多样化需求，才能让城市文化始终保持活力、吸引力和竞争力。应鼓励在传承历史文化的基础上进行创造性转化和创新性发展，通过培育和发展具有地方特色的文化创意产业、参与打造建设现代文化地标、举办具有影响力的文化活动等方式，使城市文化在继承中发展、在发展中继承，形成独特而富有活力的城市文化风貌。

（四）城市文化建设需要整合各方资源形成合力。 城市文化建设不是简单的文化资源、标志建筑、活动项目的堆砌组合，而是一个长期的、整体的、有机的系统工程，只有坚持不懈地将各方面资源进行高效整合，多维度、多方面、深层次地进行统筹规划、设计利用、开发建设，才能形成全局性、有特色的城市文化品牌。政协在推动城市文化建设中要注重整合政府、企业、社会组织等各方力量，通过加强协调沟通、建立合作机制等方式，推动各方共同参与文化建设，实现资源共享、优势互补，形成推动文化建设的强大合力。

城市文化建设事业是实现城市高质量发展的重要一环，政协应继续发挥自身优势和作用，不断探索实践，创新思路方法，为城市文化建设贡献更多智慧和力量，为市民创造更加美好的生活环境，书写好城市文化建设的新篇章！

（段求明，赣州市政协农业和农村委主任；曾志强，赣州市政协农业和农村委办公室主任；郑羽，赣州市政协农业和农村委办公室干部）

深化"赣事好商量·委员市长面对面"品牌建设
丰富人民政协政治协商文化内涵

黄圣勇　张如铂　程　斯　谢　晶

党的二十大报告指出："发挥人民政协作为专门协商机构作用，加强制度化、规范化、程序化等功能建设，提高深度协商互动、意见充分表达、广泛凝聚共识水平"。六届赣州市政协换届以来，坚持以习近平新时代中国特色社会主义思想为指导，深入学习贯彻习近平总书记关于加强和改进人民政协工作的重要思想，积极探索发挥专门协商机构作用的新路径、新方法、新抓手，创新性开展"政治协商提升行动"，着力深化"赣事好商量·委员市长面对面"专题协商品牌建设，不断拓展和丰富人民政协政治协商文化内涵。

一、坚持"三个导向"，把牢政协协商正确方向

（一）**坚持党的全面领导**。旗帜鲜明讲政治是人民政协的第一要求，政协协商要始终坚持党的全面领导，自觉以运用习近平总书记关于加强和改进人民政协工作的重要思想武装头脑、指导实践。在增强"四个意识"、坚定"四个自信"、做到"两个维护"中，着力把各界人士的思想和行动统一到党的领导上来。坚决贯彻党委决策部署，始终与党委同心同向，在政治协商、民主监督、参政议政中与党委同向发力。围绕中心服务大局。近年来，赣州市政协采用"党政出题、政协答题"的形式，精选重大协商议题，确保党政中心工作推进到哪里，政协履职就跟进到哪里。2023 年，市委书记出题"培育壮大县域经济，增强县域经济综合实力和竞争力"，市政协组织委员就该课题进行高质量调研并召开首次"赣事好商量·委员市长面对面"专题协商会。会议形成的《建议案》得到市委、市政府主要领导高度肯定，并被《赣州市制造业重点产业链现代化建设"7510"行动计划（2023—2026）》等文件予以吸纳。

（二）**坚持为民所谋**。实现好、维护好、发展好人民群众的根本利益，既是政协工作的出发点和落脚点，也是政协工作永葆生机和活力的关键所在。赣州市政协牢固

树立"人民政协为人民"的理念，始终坚持和践行"从群众中来、到群众中去"的工作思路，紧扣助推民生改善，把"双向发力"贯穿履职为民全过程。发挥政协组织优势，围绕党政关注、社会关切、群众关心的热点难点焦点问题，广泛倾听群众呼声，畅通民意反映渠道。发挥政协界别优势，以"助力民生改善"为目标，组织界别委员深入基层，贴近群众，及时反映情况，协调社会关系，帮助解决实际困难。通过政协协商，找到共通点，广泛凝聚共识，使建言建在关键点、议政议到点子上，做到"说得对、说得好、说得有用"，积极助推人民群众"急难愁盼"问题解决。针对群众反映突出的中心城区供水设施"多户一表"问题，市政协开展专项民主监督，所提建议得到了相关部门的采纳，有力推动了供水设施提升改造，切实回应了群众呼声。

（三）坚持团结和民主。人民政协自诞生之日起，就始终坚持团结和民主两大主题。团结和民主的核心是通过思想政治引领，广泛凝聚人心、凝聚共识、凝聚智慧、凝聚力量。新时代人民政协作为协商民主的重要渠道和专门协商机构，通过组织上的广泛代表性和政治上的巨大包容性，践行有事多商量、遇事多商量、做事多商量，彰显了协商民主的独特优势。近年来，赣州市政协坚持把团结各界、凝聚共识摆在更加突出位置，力求画出最大同心圆、求出最大公约数。坚持求同存异，在求同中尊重不同，在不同中寻求一致性。坚持商以求同、协以成事，让委员意见充分表达。提倡热烈而不对立的讨论、真诚而不敷衍的交流，以增进共识、促进团结。

二、推行"六条举措"，打造政协协商履职闭环

（一）明确"四个必经阶段"。为保障协商质量、规范协商流程，赣州市政协探索确定了集"精选议题、情况通报、深入调研、沟通协商、撰写报告、协商会议、报送成果、跟踪问效"为一体的"八步法"协商流程，明确了"前期准备、实地调研、总结协商、跟踪问效"的四个必经阶段，并形成《政协赣州市委员会协商工作规则（试行）》，有效推进了赣州市政协协商工作的制度化、规范化和程序化。

（二）精心选择协商课题。坚持以问题为导向精心选题，注重准确把握、深入分析党委政府决策部署和人民群众关注的热点问题，本着为党委分忧、为政府排难、为群众解困的原则，坚持从实际出发、以问题为导向，选出科学有针对性的协商课题。2024 年初，赣州市政协按照"党政点题、群众出题、委员荐题"原则，广泛征集党政领导、各民主党派、工商联、各县（市、区）政协及市直部门的意见建议，最终精选 16 个课题列入重点协商计划，并明确其中 5 个课题按"赣事好商量·委员市长面对面"专题协商模式开展。

（三）注重激发委员活力。探索"1+N"调研模式，确定 1 个主课题，并细分为

N 个子课题，主课题由相关专委会负责，子课题根据委员专长和熟悉领域进行分工，明确一名委员牵头，既激发了委员活力，也提升了调研深度。委员们纷纷表示，这种调研模式，既能发挥自身岗位优势，也能从政协的角度为自身工作领域发展建言献策，参加这样的调研很有意义。

（四）坚持全过程协商。在启动调研前，注重与有关部门进行沟通交流，共同商定调研内容和调研方向。调研期间，听取部门情况介绍，并在实地调研、学习考察、起草报告等过程中与部门保持常态化的交流互动。报告形成初稿后，反复组织委员、部门同志进行研读交流、协商研讨，广泛征求各方面的意见建议，为开展专题协商打下了坚实基础。

（五）健全协商成果转化机制。以跟踪落实市委、市政府领导对市政协协商课题做出的批示精神为切入点，由市委、市政府督查部门牵头，跟踪督促相关部门加大意见建议的落实力度，并及时向市政协办公室和相关专委会反馈落实情况，推进专题协商意见建议落地见效。

（六）注重市县联动。鼓励县级政协与市政协一同探索开展"委员县长（市长、区长）面对面"专题协商，在全市营造一个深入协商互动的良好氛围。2023 年度，有 9 个县（市、区）政协探索开展了"委员县（市、区）长面对面"专题协商，有的县级政协还与市政协选择相同课题深入调研，形成同题共答的合力。如，2023 年赣州市政协港澳台侨和外事委与全南县政协就"深化深赣合作，更好承接大湾区优质产业转移"课题进行市县联动调研，并进行面对面专题协商，既从全市层面进行调研分析，又从县级层面寻求对策，取得了较好效果。

三、厘清"三方职责"，汇聚政协协商高质量发展合力

（一）政协重在"搭台——协商"。人民政协是参政议政、建言立论的专门协商机构，是各党派团体、各界人士协商的重要阵地、重要平台、重要渠道。人民政协的使命和职责重在"搭台——协商"，积极营造良好的民主协商、平等议事氛围，发挥好专门性、经常性、规范性的协商平台作用，使各方意见在政协这个平台得到理性有序表达。搭建界别部门面对面交流平台。部门向界别通报现在工作情况和未来工作重点，帮助委员知情明政，界别向部门通报工作计划，双方在沟通交流中找到履职共同点。搭建委员履职平台。组织委员开展调研、视察、民主监督等各类履职活动，让委员有参政议政的途径。打响协商品牌，积极丰富拓展"赣事好商量"协商品牌的功能与内涵，着力打响"委员市长（县长）面对面"专题协商品牌，不断提高社会知晓度和影响力。积极搭建多样化协商平台，除召开全体会议、议政性常委会会议、专题协

商会等会议协商平台外，还积极搭建对口协商、界别协商、提案办理协商、课题协商等平台。

（二）委员履职旨在"建言——献策"。政协委员来自不同界别，代表不同界别群众发声、建言献策。一方面以问题为导向。注重准确把握、深入分析党委政府决策部署和人民群众关注的热点问题，提高建言献策的针对性和科学性。另一方面提高调研水平。"没有调查就没有发言权"，调查研究是政协委员的基本功，要充分发挥委员自身资源优势，鼓励因地制宜地深入开展调研，积极贡献智慧和力量。赣州市政协积极探索"1+N"调研模式，确定1个主课题，并细分为N个子课题，子课题根据委员专长和熟悉领域进行分工，明确一名委员牵头，让每位委员都能够充分发挥自身优势，既激发了委员活力，也提高了调研深度。

（三）政府贵在"管理——服务"。政府是管理者更是服务者，应主动参加政协协商活动，积极采纳委员意见建议。注重通报工作情况，帮助委员知情明政。定期通报工作情况及下一步工作重点，可以通过对口联系专委会向委员通报，或适时召开专题通报会，通报重点工作。政府领导认真审阅委员调研成果、社情民意信息、政协提案等，并视情况作出批示，推进委员意见建议落地见效。政府部门建立健全常态化反馈机制，相关部门（单位）及时向政协办公室、相关专委会、政协委员反馈意见建议落实情况。比如，2023年赣州市政协围绕"强化创新驱动，聚力强链补链延链，加快打造高质量稀土产业集群"课题组织开展"委员市长面对面"专题协商，针对提出的协商建议，市委书记指示常务副市长专门召开了赣州稀土全产业链高质量发展座谈会，市工信局等部门充分吸收采纳报告所提建议，协商议政取得良好成效。

（黄圣勇，赣州市政协教科卫体委主任；张如铂，赣州市政协教科卫体委副主任；程　斯，赣州市政协教科卫体委办公室主任；谢　晶，赣州市政协教科卫体委办公室干部）

为赣州文化强市建设贡献智慧力量

李仲涛　黄　逶　肖　莹

城市是文化的容器，文化是城市的灵魂。党的十八大以来，习近平总书记围绕城市工作发表了一系列重要论述，深刻揭示了中国特色社会主义城市发展规律，并就城市文化提出了一系列新论断新理念，对于在新时代城市工作中弘扬中华优秀传统文化、延续城市文脉、涵养城市精神、建设中华民族现代文明、走出一条中国特色城市发展道路具有十分重要的指导意义。

近年来，赣州加快文化强市建设，书写了文化强省的"赣州答卷"。人民政协作为专门协商机构，在助力城市文化建设中需要充分发挥委员的主体作用、发挥委员的专长优势，切实为城市文化建设贡献政协智慧力量。

一、文化对城市形象塑造的意义

提升城市文化软实力是提高国家文化软实力的内在要求，也是推动城市高质量发展的重要动力。一个城市的历史遗迹、文化古迹、人文底蕴，是城市生命的一部分，承载着生长于斯的百姓的历史记忆与情感，蕴含着城市性格的文化基因，决定着城市的价值品质，诠释着城市的特色。

（一）**文化是城市建设的轴线**。城市建设以规划为依据，综合部署和协调城市经济、文化、基础设施等各项建设，使城市发展取得良好的经济效益、社会效益和环境效益。中国城市在汉唐时期发展成熟，历经封建统治，已成为一个显性的文化载体，城市承载了文化的传承，文化蕴含于城市的发展中。城市建设已然不是简单的建筑体的组合，而是城市文化内涵的综合体现，是城市文化发展的外显化。因此，文化成了城市建设中不可或缺的一部分，成了串联城市建设的隐形轴线，这根轴线牵引了城市的经济、政治、社会和生态的建设方向。

（二）**文化是城市品牌的底蕴**。城市历史文化一方面外化于城市的布局、建筑、交通等物质形式，另一方面内化于城市的市民风貌、生活氛围和文化气质等精神形式，是外在形象和内在精神的有机统一，它彰显着城市的历史文脉和文化品格，反映着城市的精神风貌。正如习近平总书记所指出，城市历史文化遗存是前人智慧的积淀，是城市内涵、品质、特色的重要标志。只有深挖城市的传统文化内涵，才能提升城市在社会公众中的总体印象和评价，展现城市的整体风貌、城市特色和城市文化价值，塑造具有独特文化气质和文化品格的城市品牌。

（三）文化是城市竞争的本质。城市之间的竞争归根结底就是文化的竞争，文化是城市竞争的本质，是城市经济可持续发展的深层动力之一。文化强则城市兴。文化可以增强城市的经济创造力，"产业文化化"可以为城市经济增长注入新的元素，提升城市的综合竞争力。如福建省莆田市涵江区依托"海西国际油画艺术产业园"规划海西文化创意产业城，可容纳居住人口约 9 万人，其文化创意产业产值超百亿元。文化可以提升城市的知名度与美誉度，独特的文化符号可以使城市更快地迈入国际视野，比如，提到电影人们会想到戛纳、提到啤酒节就会想到慕尼黑；在国内，提到风筝人们就会想到潍坊、提到烧烤就会想到淄博，等等。

二、赣州文化建设实践

近年来，抢抓赣南等原中央苏区振兴发展等重大历史机遇，植根赣南文化沃土，大力实施文化强市战略，通过加强顶层设计、优化产业布局、提升服务环境，推动文化产业转型升级、提质增效，全市文化产业发展步入快车道。

（一）强化顶层设计，为文化产业注入新动力。赣州市委、市政府高度重视文化产业发展，深入挖掘红色文化、客家文化、宋城文化、阳明文化等资源，加强顶层设计，强化规划引领，相继出台《关于加快文化强市建设的实施意见》《赣州市文旅产业发展扶持措施》等，从而涌现出了一批规模以上文化企业、文化创意产品、文化产业项目、文化产业集聚区，有效提升了文化产业发展的集约化、规模化和专业化水平。在经济下行压力增大的大背景下，先后出台了《关于加快发展文化产业的若干政策措施》《赣州市文化产业发展专项资金管理暂行办法》《赣州市重点文化企业发展扶持奖励暂行办法》等，进一步加大财政扶持、金融支持、税费优惠、用地保障等。2022 年，全市规模以上文化企业达到 299 家，相比 2021 年增加 39 家。

（二）坚持项目引领，为文化发展注入创造力。坚持把招大引强作为产业发展的"第一菜单"，围绕文旅产业链强链、补链、扩链目标，创新开展宣传招商，举办生态休闲旅游产业博览会暨招商推介会、全市旅发大会文旅项目签约会、厦门"红土情深、嘉游赣"赣州市红色文化旅游推介会等，签约了 66 个文化产业项目，其中 5020 项目 15 个。

坚持把文化资源转化为文化资本、文化资本转化为文化产品、文化产品转化为文化产业,把文化产业项目建设作为文化产业发展的"引擎",以项目建设带动产业发展,通过政策、资金、人才的大力支持,充分发挥产业园和区域文化产业的集聚效应和差异特色。健全现代文化市场体系,基本形成以文化辅助用品制造、印刷复制服务、创意设计服务、视听设备制造、玩具制造为主的文化产业结构,培育了同兴达、立德电子、天键电声等一批龙头企业。同时,加快文化产品市场和要素市场建设,发展基于互联网的 VR/AR 文化体验、电子票务等新型文化市场业态。

（三）推动文旅融合,为经济发展增添新活力。这些年,以打造全国红色旅游目的地、粤港澳大湾区生态康养旅游后花园、区域性文化旅游中心为目标,持续加大投入,加强品牌创建,建设一批富有文化底蕴的知名旅游景区和度假区,安远三百山晋级国家 5A 级旅游景区,大余丫山、全南雅溪古村、章贡区江南宋城获"国字号"文旅景区称号。深挖红色资源禀赋,活化提升旅游产业,打造"共和国摇篮""苏区干部好作风""长征集结出发地"等红色品牌,"红色摇篮·革命赣南"精品线路入选"建党百年红色旅游百条精品线路",红色旅游已成为全市旅游经济的重要支撑,达到旅游总收入的 40%。赣南采茶戏《一个人的长征》进京展演、全国首部大型红色文旅舞台剧《长征第一渡》火爆全国,高质量建设长征国家文化公园（赣州段）,中央红军长征决策和出发重点展示园等一批重点项目日臻完善。

三、在城市文化建设中发挥委员主体作用

政协委员是政协工作的主体,政协工作的活力在委员、潜力在委员、影响也在委员。特别是政协委员人才荟萃、智力资源雄厚,在助力城市文化建设中大有可为、大有作为。

（一）提升履职能力,为委员发挥作用奠定基础。加强学习是人民政协的永恒主题,要实现参政参到点子上,议政议在关键处,提出高屋建瓴的意见和建议,有效的途径就是要加强委员学习培训、提高委员整体素质。要扎实开展好委员培训工作,用好"赣州政协·新时代大讲堂""委员履职能力提升培训班"等学习载体,邀请文化领域的知名专家学者为委员授课,并通过政协各类活动、印发学习资料、开展座谈交流等多种形式,引导委员着重加强政协理论、文化知识、调查研究、提案撰写、反映社情民意信息等履职技能方面的学习,使其进一步掌握党的基本理论、基本路线,进一步掌握政协理论和现代经济、科技、法律、文化等知识,提高做好政协工作的能力,为城市文化建设建言献策奠定坚实基础。

（二）丰富活动载体,为委员发挥作用搭建平台。委员履职离不开平台,委员活动离不开载体,要为委员发挥主体作用提供丰富有效的履职载体,搭建多样化的履职

平台。要充分利用政协全会、常委会会议、委员市长面对面协商会以及"赣事好商量"协商议事平台等，围绕城市文化建设主题，组织委员参与协商议政活动，建言献策供党委政府决策参考。要积极组织委员深入文化产业园、文旅景区等，扎实开展专题调研和专项监督活动，引导委员聚焦城市文化建设，积极做好提交提案、反映社情民意信息等"委员作业"，切实为城市文化建设贡献政协智慧和力量。要搭建好界别活动平台，经常性地开展文化建设主题的联谊、视察、考察、调研等界别活动，加强委员之间、委员与部门间的互动联系，提升委员履职质效。

（三）完善体制机制，为委员发挥作用提供动力。发挥委员主体作用，要靠制度来支撑，要靠机制来保障。要逐步健全完善委员履职约束和激励机制，落实好《中国人民政治协商会议赣州市委员会委员履职工作规则》有关要求，强化对委员参加政协会议、提交提案、大会发言、反映社情民意信息、调研视察考察、参加界别活动、联系界别群众、学习培训等履职活动进行年度考核，定期通报履职情况，及时对履职成绩突出的政协委员给予表彰和奖励，激发委员履职活力。要落实好《政协赣州市委员会关于完善委员联系界别群众制度机制的办法（试行）》和《赣州市政协2024年度委员联系界别群众工作方案》有关要求，引导委员更好地联系群众、服务群众，广泛收集群众关于城市文化建设的真知灼见，及时转化为助力城市文化建设的"金点子"。

（四）做好服务保障，为委员发挥作用营造氛围。提高新时代政协工作质量，加强和改进委员服务工作是关键一环。要组织市直有关部门开展对口联系部门座谈会或委员与部门面对面交流会，邀请各部门向委员通报今年工作安排，加强委员与党政部门领导的面对面交流，并定期向委员通报经济社会发展情况及重点工作情况等，扩大委员的知情权、参与权、监督权等，让委员及时获取文化建设的第一手资料，助力委员知情明政，为委员履职创造条件。要加强与委员的走访联系，定期开展委员走访联系活动，关心委员的本职工作与生活，推动党委政府落实好政协委员的政治待遇，协助解决有关难题。要做好委员履职的服务工作，为委员自主履职提供必要保障，切实增强服务委员的主动性、自觉性，努力把政协机关建设成为温馨的"委员之家"。

（李仲涛，赣州市政协社法民宗委主任；黄　逵，赣州市政协社法民宗委办公室主任；肖　莹，赣州市政协办公室秘书科干部）

协商推进赣州城市文化繁荣的实践与启示

肖春雷　余秋荣　黄杨宁

习近平总书记指出："文化自信是一个国家、一个民族发展中最基本、最深沉、最持久的力量。""一个国家、一个民族的强盛，总是以文化兴盛为支撑的，中华民族伟大复兴需要以中华文化发展繁荣为条件。""百里不同风，千里不同俗。一个国家选择什么样的治理体系，是由这个国家的历史传承、文化传统、经济社会发展水平决定的，是由这个国家的人民决定的"。协商文化的实践离不开深厚城市文化的滋养和支撑，也必然与城市文化相辅相成、相互促进。赣州作为江西省的省域副中心城市，拥有深厚的历史文化底蕴，特别是赣州城市文化中的"和合"理念与协商文化中的共识构建相契合，为协商文化落地生根提供了肥沃土壤。近年来，赣州各地政协立足工作实际，守正创新，拓宽渠道，纵深推进了协商文化和城市文化的高质量发展。

一、背景与意义

（一）**历史底蕴与现状**。赣州在三国·吴嘉禾五年设行政机构——庐陵南部都尉。宋代分设南安、赣州两个政区，简称"南赣"。又因地处赣江上游、江西南部，并于清康熙年间和民国初先后置分巡赣南道和赣南道，亦俗称"赣南"。赣州也是江西省的南大门，是赣、粤、闽、湘四省通衢的商贸重镇，拥有深厚的历史文化底蕴。赣州独特的宋城文化、客家文化、红色文化以及丰富的非物质文化遗产，构成了其独特的文化标志。然而，面对城市的日新月异，赣州城市文化面临着传统与现代、保护与发展的双重挑战。如何在城市现代化建设中，保护和发扬这些宝贵的文化遗产，使之在新的历史时期焕发出新的活力，是当前亟待解决的问题。因此，探索协商在文化繁荣中的作用，进一步丰富城市文化资源具有重要的实践意义。

（二）**文化分布与特色**。赣州市下辖 5 个区、13 个县，代管 2 个县级市，全市总面积 3.94 万平方千米，人口 986 万人。赣州四周有武夷山、雩山、诸广山及南岭的九连山、大庾岭等，众多的山脉及其余脉，向中部及北部逶迤伸展，形成周高中低、南高北低地势。受地势、河流走向和客家人迁徙的影响，造就了赣州文化点分布广、种类多，使其拥有中原文化精髓，也具有南方山水风情特质。赣州文物古迹甚多，特别是章贡区还保存有 3600 多米的宋城墙和众多宋代古迹遗存，被誉为"宋城博物馆"。同时，保存完好的姓氏家谱、族谱也是研究中国南方历史文化的珍贵资料。而赣南客家方言与闽西及粤东的客家方言相比，有联系，更有差异，具有浓郁的赣南特征。这些文化符号不仅展现了赣州深厚的历史底蕴，也为未来的文化传承和发展提供了丰富的资源和灵感。

（三）理论依据和价值。协商推进城市文化繁荣的理论依据主要源于全过程人民民主和社会主义现代化。协商强调多元主体的参与，包括政府、社区、企业、非政府组织以及公众，通过对话、讨论和共识形成，以实现文化资源的优化配置和文化价值的最大化。如，赣州在文化遗产保护中，通过公开协商，平衡了保护与开发的关系，成功地将文化古迹活化为旅游景点，既保留了城市文化的底蕴，又带动了地方经济的发展。而协商的价值体现在促进公平公正和激发创新活力上，体现在政策制定中吸纳各方意见，体现在兼顾了不同群体的文化权益，体现在提高了决策的科学性和民主性。

二、实践与探索

（一）政府由"主导"向"引导"过程中角色变化中的补位。过去，政府在文化发展中往往扮演主导角色。然而，随着社会的发展，政府的角色应逐渐转变为引导者，急需政协介入，进行牵线、搭台。

在章贡区老旧小区改造提升中，需顺应群众期盼、发动群众参与、凝聚群众共识，这与政协工作职能不谋而合。为此，章贡区政协将全区 214 名六届区政协委员划分成10 个小组，分赴 10 个镇（街道）走访联系群众 20000 多人次，收集群众诉求 3000 余条，并通过提案、社情民意专报等履职渠道向党委政府反映，促成了政府完善政策引导和出台税收优惠奖励，让更多的企业和个人参与古街、古巷、古建筑的修复和活化利用中，既保护了文化遗产，又赋予其新的生命力。如：章贡区渔湾里小区改造中将社会资本引入、人流人气导入，撬动社会资本 8000 余万元建设运营"赣南第一美食街"，不仅让古街换了新颜，也让古街焕发新活力。2020 年政协牵线，促成赣州市政府与华强方特集团打造文化与旅游融合的项目——方特东方欲晓主题公园，吸引数百万游客的同时，也推动了本土文化更大范围、更高层次的传播。

（二）激发文化"传承"与"创新"的活力。在赣州城市文化繁荣进程中，文化创新与传统文化传承之间的矛盾显得尤为突出。一方面，文化创新是推动城市文化发展的重要动力，它能赋予城市文化新的活力和时代特征，如，2023 年赣州市在龙南市举办"世界客属第 32 届恳亲大会"，大会不仅展示了赣州独特的客家文化，也激发了世界客家人对传统文化的热爱和传承责任感。据活动期间调查，赣州市民对城市文化的认同感和归属感普遍较高，超过 80% 的市民表示愿意积极参与城市文化建设，进一步提升了城市文化吸引力。另一方面，传统文化是赣州深厚历史底蕴的体现，如客家围屋、赣南采茶戏、赣剧等。它们是城市文化的重要组成部分，需要得到有效的保护和传承。但如何在创新中保护，在保护中创新，是赣州面临的一大挑战。

赣州采取了"活态传承"的策略，以解决这些矛盾。如，2021 年政协《关于加大非遗文化扶持力度的建议》提案被采纳后，赣州市出台鼓励群众参与非遗文化的保护和创新措施，积极举办文化活动，大力推广非遗文化。章贡区、南康区等地将赣南采茶戏、赣剧引入校园教育，让年轻一代在学习中感受传统艺术的魅力，同时鼓励艺术家们将赣剧元素融入现代舞蹈、音乐创作中，实现传统与现代的交融。章贡区还在全省率先实施"艺动章贡"全民艺术普及工程，补齐群众精神文化生活短板。通过盘活文化馆、新时代文明实践所（站）、调动民办艺术培训机构等城市文化资源，在全区开设了 9 个群艺园（堂）、20 个群艺点，构筑起市民"15 分钟艺术普及圈"，让"艺术圈"融入"生活圈"，参与文化传承人数超 50 万。此外，通过数字化技术，对福寿沟进行三维扫描和虚拟复原，既保护了文化遗产，又使其以新的形式呈现在公众面前，扩大了城市文化的影响力。据统计，近三年来，在政协委员的持续建言推动下，文化活动数量增长了 30%、共享空间的使用率提高了 45%，群众传承创新项目数量增加了 25%，有效激活文化创新的潜力，为赣州城市文化的繁荣注入了源源不断的新动力。

（三）文旅融合与科技赋能相互促进。在推动赣州城市文化繁荣的过程中，资源配置与公平共享的问题显得尤为突出。一方面，文化资源的分布存在不均衡现象，导致影响力不足。另一方面，受地域、空间限制，如何让社会群体能公平地参与和受益于文化发展，也是一个亟待解决的挑战。

为此，赣州市政协与章贡区政协联动，选取"文化与旅游的融合发展"协商课题，助推赣州城市文化融合发展。如，将宋代城墙、福寿沟、古浮桥与周边景区联动，打造历史文化游径，吸引了大量游客，既提高了文化遗产的公众认知度，又带动了文化旅游产业的发展。据统计，这种"文化+旅游"的模式在近五年内吸引了超过千万游客，也极大地提升了赣州城市文化的知名度。在促进文旅融合的同时，政协协商还聚焦"科技与文化融合"主题，为赣州城市文化繁荣注入科技动力。如，章贡区政协委员企业利用闲置的 5.4 万平方米原赣南纺织厂，通过科技赋能打造了赣坊 1969 文化创意产业园，建成了一家集文创办公、创意设计、创业孵化、书画艺术、影视动漫、互联网＋、教育培训、休闲娱乐、体验商业、配套服务等业态于一体的文化创意"总部经济型"产业园。

此外，政协协商活动还建言要通过大数据分析，精准地分析粤港澳游客需求，提供个性化、智能化的旅游服务，进一步提升了旅游体验和行业效率；要通过科技创新拓宽城市文化表现形式。如，王阳明纪念馆不仅进行了现代化的展示升级，还引入互动体验技术，使游客可在千里之外也能了解王阳明的生平与思想，实现了文化传播的 5G 速度。

（四）推动文化多样性保护与均衡发展。在赣州城市文化繁荣的进程中，文化多样性保护与均衡发展的问题显得尤为关键。赣州拥有"红色故都、客家摇篮、江南宋城、生态家园、世界橙乡、堪舆圣地"六张文化名片。随着城市化进程的加速，如何在发展与保护之间找到平衡，避免文化同质化，是一个亟待解决的挑战。如，在城市拆迁改造中，一些具有地方特色的传统建筑可能面临被忽视或拆除的风险，这不仅会破坏城市的文化肌理，也可能导致文化多样性的流失。

为此，赣州各县（市、区）政协顺势而为、主动作为，在每年的政协全会上与党政"一把手"面对面协商、在每季度的政协常委会会议上与有关部门面对面协商、在每次的政协提案办理协商会上与相关利益方协商，最终促成赣州市政府制定科学的保护名录和规划，确保了城市文化重要遗产得到保护。在日常协商的过程中，邀请专家学者、群众代表、有关部门（单位）人员和"两代表一委员"等，构建起了多元主体共同参与的良性协商格局。在协商主体共同努力下，截至当前，赣州已拥有省级以上传统村落 73 个（其中国家级 55 个，省级 18 个），省级以上历史文化名村 16 个（其中国家级 5 个，省级 11 个），协商打造了龙南"世界客家第一村"、赣县客家文化城、南康家居小镇、江南宋城历史街区等一批有差异、叫得响的文旅项目，让每种文化都有展示、都能发展。

三、成效与启示

（一）有利于城市文化软实力的提升。党政重视是提升城市文化的重要保障。政府通过制定政策、提供平台，激发社会多元主体的活力。如，赣州市政府推动设立了文化创新基金，鼓励企业和个人参与文化项目，这种转变不仅促进了文化创新，也使得文化发展更具活力和多样性，从而有力地提升了城市文化实力。

市民参与是提升城市文化软实力的重要途径。赣州鼓励市民参与文化活动的策划和组织，这不仅激活了城市文化资源，也提高了市民的文化素养和归属感。通过市民的自我更新、文化创新，赣州城市文化才得以影响到每一个角落，深入到每个人的心里，才能使其有韧性，更具有影响力和生命力。

（二）有利于城市文化多样化的培植。客家人"和为贵"的理念对于提升城市文化繁荣有着重要的促进作用。客家人的包容为协商的多样提供了发展空间，不同文化的交流与融合可以激发思想火花，也能促进艺术、音乐、饮食等多元城市文化的兴盛，提升文化吸引力和影响力。如，举办国际艺术节、多元文化节或社区文化活动，都可以为不同背景的人们提供展示和欣赏各自文化传统的平台。同时，文化多样性也有助于培养市民的包容心态，极大地促进社会和谐稳定。

产业融合是推动城市文化多样化发展的另一重要路径。城市文化建设中，"兼容并包、同中有异"的客家文化、"以人为本、包罗万象"的宋城文化、"苏区干部好作风"的红色文化在这里相互交融，在有限的时空内游客能体验多种文化的魅力。通过资源整合，既能做强做大文化蛋糕，也能将文化资源转化为经济效益，实现文化与经济的双赢。此外，赣州将特色文化以更现代、更生动的方式进行呈现，增强文化体验的互动性，也为文化的快速传播、全面发展提供了新的发展模式。

（三）有利于市民文化素养的提升。在协商推进城市文化繁荣的过程中，市民文化素养的提升是一个重要维度。市民参与协商活动，有助于市民参政意识和参政能力的提高。而市民在参与城市文化活动的策划与实施，不仅能增强组织协调能力，也能提高文化鉴赏水平，更能激发市民的文化自信和情感认同。

赣州通过与赣南师范大学、江西理工大学、赣南医科大学等高校和宋城文化研究院、客家文化研究院等机构的合作，开展各类文化讲座、培训，不仅能提升市民的历史知识、艺术修养和科技素养，也有助于培养市民的文化认同感，促进整个社会文化素养水平提升。

（四）有利于协商文化品牌的创建。在协商推进赣州城市文化繁荣的过程中，重视协商品牌创建至关重要。随着全过程人民民主的推进，协商活动也日益频繁，更需要有组织、有计划、有目的地开展。2021 年以来，省政协致力于打造"赣事好商量+"协商品牌，赣州市各县（市、区）政协也积极创建子品牌，形成"一县一特色"的协商 IP。如，章贡区政协守正创新，秉持虔城之事"全程协商"、协商成果"虔诚办理"的理念，打造"赣事好商量·虔城协商"议事新品牌。该区 53 个协商议事室在活动中，探索形成了"三主、四议、五方、六步"（即"三主"是指党委主导、政协主抓、群众主体，"四议"是指议什么、怎么议、谁来议、议的成效，"五方"是指属地领导代表、群众代表、利益相关方代表、"两代表一委员"、第三方代表，"六步"是指收集议题、确定议题、议前调研、组织协商、监督落实、成果转化的协商议事工作流程）的"3456"工作机制，构建了"党委领导、政府支持、政协搭台、各方参与、服务群众"协商议事新格局，用源源不断的"活水"浇灌协商民主的"协商花"。而在章贡区基层，南外街道和解放街道先后建设了以"协商"为主题的协商文化园和协商议事亭，将协商理念、协商故事、协商壁画等融入城市公共空间，使之成为赣州城市文化的重要标识。这些协商文化的植入，不仅能美化城市环境，还能引发公众对协商文化的关注和思考，塑造出赣州城市文化的独特形象。

（肖春雷，赣州市章贡区政协副主席；余秋荣，章贡区政协办公室主任；黄杨宁，章贡区政协委员联络服务中心主任）

依托委员工作室推动协商文化深入基层

彭红梅　张建武　袁　钰

习近平总书记指出，有事好商量，众人的事情由众人商量，找到全社会意愿和要求的最大公约数，是人民民主的真谛。发展社会主义协商民主，要把民主集中制的优势运用好，发扬"团结—批评—团结"的优良传统，广开言路，集思广益，促进不同思想观点的充分表达和深入交流，做到相互尊重、平等协商而不强加于人，遵循规则、有序协商而不各说各话，体谅包容、真诚协商而不偏激偏执，形成既畅所欲言、各抒己见，又理性有度、合法依章的良好协商氛围。社会主义协商文化具有中国特色和风格，传承了中华民族兼容并蓄、求同存异等优秀政治文化，是社会主义协商民主话语体系和中国特色社会主义政治文明的集中体现，是我国全过程人民民主的重要成果和显著标志。近年来，按照"群众的需求在哪里，政协委员工作室就建在哪里""界别群众有什么需求，就建什么类型的委员工作室"，依托"赣事好商量"协商品牌，宜春市政协不断推动政协协商工作下沉，探索建设了一批特色鲜明、覆盖面广、履职优秀、群众认可的委员工作室，积极弘扬社会主义协商文化，推动协商文化深入基层、深入人心。

目前，市县两级政协共建委员工作室 367 个，委员工作室标准化建设、规范化运行，常态化开展深入基层、履职为民活动，回应群众关切，不断提高群众协商意识，助推基层治理不断进步。宜春市政协办公室通过实地视察、问卷调查、座谈交流等方式，全面深入了解了市县两级政协委员工作室建设、运行情况，提炼出推动协商文化深入基层的好经验好做法。

一、聚焦特色产业，推动政协协商内容更精准

产业发展是支撑经济发展的核心和基础，为更好围绕中心服务大局，推动政协协商精准发力，要把服务特色产业发展作为政协协商重点。在成立委员工作室时，有倾向性地关注各地特色产业发展，有针对性地成立产业委员工作室，引导委员聚焦特色产业发展需要，积极建言献策、广泛凝聚共识，使协商文化融入特色产业发展各方面。

例如，樟树市政协立足经济社会发展大局，针对药、酒、盐、金属家具、电子信息和绿色食品 6 个产业，搭建了 6 个产业委员工作室，助力特色产业高质量发展。其中医药产业委员工作室，因"产"施策，汇聚医药行业中研发、生产、流通、诊疗等各环节的政协委员，为壮大医药产业发挥了委员工作室的积极作用。又如，高安市政协聚焦产业发展需要，建立建陶委员工作室、新能源委员工作室、汽运产业委员工作室，围绕产业发展面临的困难开展政协协商，充分发挥政协委员的影响力，协调解决相关问题。其中汽运产业委员工作室，积极与多方协商沟通，促成车管所优化高风险企业评定退出机制，帮助 100 多家汽运公司提前完成"脱高"程序，挽回经济损失上千万元。

二、发挥界别优势，推动政协协商形式更丰富

界别是组成人民政协的基本单位，是党委政府联系群众的重要纽带，是社会各界有序政治参与的基本途径。在成立委员工作室时，可以立足各界别的专业和资源优势，有针对性地成立界别委员工作室，开展"协商文化宣传月"活动。目前，市县两级组建了 48 个界别委员工作室，通过推选专业性强、履职热情高的委员担任牵头人，并引导界别委员增强界别意识，强化联系服务界别群众的责任，有效激发了界别委员工作室的专业优势，形成了一批特色鲜明、群众欢迎的委员工作室。例如，市政协妇联界成立"春蕾妈妈"委员工作室，组织发动全市更多妇女委员、干部、群众，参与"春蕾妈妈"一对一结对帮扶、志愿服务，已有 1173 名"春蕾妈妈"与"春蕾女童"结对。该委员工作室，利用节假日组织开展读书、交流、绘画等陪伴活动，惠及上千户家庭。市政协农工党和农业界别委员工作室多方协商，助力解决水圳塌方、进村公路拓宽、危桥改造等民生实事 3 件，协调建设资金 8 万元，节约社会资金 140 余万元。市政协文艺界与万载县政协文艺界联合成立社会心理服务委员工作室，每周定期开设家长课堂，免费开展心理辅导，助力构建"全民健心　温暖万载"社会心理服务体系。万载县政协经济界委员工作室畅通企业和职能部门沟通渠道，为委员、企业搭建起与税务部门沟通联系平台，帮助企业了解减负政策，提振发展信心。奉新县政协经济界别在东莞市成立驻外委员工作室，设在东莞市江西奉新商会，奉新在东莞市有创业务工人员 4000 余人，创办企业及商户 400 余家，驻外委员工作室充分发挥经济界委员分布广优势，服务企业、服务老乡，宣传奉新、推介奉新，为招商引资提供信息。

三、创新线上协商，推动政协协商质效更明显

信息化对政协协商具有较大的驱动和赋能作用，通过线上平台，可以拓宽委员工作室协商议政的渠道和覆盖面。在建设委员工作室时，可以考虑将线上履职与线下协

商相结合，克服时间和空间的限制，扩大协商文化宣传范围，提升政协协商质效。例如，上高县政协印发《社情民意"码上通"工作办法》，积极打通线上协商通道，促进线下委员工作室与线上协商相结合，将"码上通"二维码上墙，常态化开展网络议政和全天候收集社情民意。委员和群众通过扫码，采用文字、图片的形式反映问题，再由"码上通"后台直接转交给承办单位，3 至 7 个工作日线上反馈办理情况，委员联系服务群众的快速通道打通了，群众实实在在感受到政协协商就在身边。又如，袁州区政协改变传统履职方式，打造"智慧政协"工作平台，以信息化手段赋能，让委员履职更高效便捷，2023 年，通过线上组织活动 52 次，引导委员履职下沉基层，聚焦基层社会治理，收集提交提案 120 件、社情民意 194 条，同时，系统自动录入委员履职情况，并自动打分排名，进一步激发了委员履职积极性。

四、立足履职为民，推动政协协商影响更广泛

政协协商一头联系党委和政府、一头联系基层群众，可以将党委政府与人民群众沟通联系的"连心桥"建得更宽，群众的利益诉求与党委政府的决策有效衔接得更紧。委员工作室在运行过程中，要聚焦群众关心关注的热点难点问题，扎实开展调查研究，深入开展基层协商，助力解决一批民生实事，提升群众对政协协商的认可度，扩大政协协商的影响力，使协商文化深入人心。例如，市政协委员"同心室"，聚焦群众急难愁盼，开展"同心行""同心学""同心坛"活动 9 次，助力解决优化"三侨生"身份认定、乡村中小学基础教育建设等困难问题 40 余件。又如，袁州区政协依托基层协商平台，深入开展全区"千人万户"乡村振兴大调研活动，走访 10905 位乡镇干部和群众，收回调查问卷 10829 份，收集意见建议 754 条，为全区乡村振兴工作提供了第一手资料。靖安县政协探索"政协委员设岗定责志愿服务"履职新形式，设立"三农服务岗""企业咨询服务岗""政府投资项目监督岗""书法服务岗"等 9 个岗位类别。组织委员进企业、社区、学校开展企业合规管理、调解技能培训、拒绝校园欺凌等法制讲座；下沉乡村开展白茶种植指导、抖音短视频拍摄与制作培训；开办书法公益讲堂等，2023 年，共开展志愿服务 80 余次，受益群众万余人。铜鼓县政协开展委员讲堂，积极推动法治、人文、康养等理念"飞入寻常百姓家"，积极开展"大力推动乡村产业振兴""有效培训农民创业技能"等基层议事协商活动 50 余次，受益群众3000 余人。形成了一系列政协履职服务基层群众的生动故事。

五、健全保障机制，推动政协协商成果转化更有力

在建设委员工作室过程中，要做到"十有"，即有场所、有队伍、有制度、有计

划、有流程、有台账、有总结、有保障、有成效、有品牌。特别是在品牌创建上，宜春市政协依托"赣事好商量"协商品牌，结合各地工作实际，形成了各自的协商品牌，成为了协商文化的重要载体。例如，袁州区，画好同心"袁"；樟树，药都约商·樟事樟帮；丰城，剑言邑政·赣出丰采；靖安，靖商靖量·尽责尽行；奉新，奉心创建·委员先行；高安，相协相安；上高，主席微协商；宜丰，宜事宜商·商出丰采；铜鼓，铜心·奋进；万载，万事微协商。完善的体制机制是委员工作室规范化常态化运转、协商成果有效转化落实、协商文化深入人心的保障。市政协在健全保障机制上做了大量探索。例如，丰城市政协积极争取丰城市委支持，从 2023 年开始，市财政每年安排 600 万元作为政协协商成果转化专项资金，助力解决一批民生实事。2023 年，已筛选出 25 件可推动落地的协商议题，其中丰洛铁路拆除及打通梦祥东路工程、同田乡万家村至镇坊村 1.5 公里进村公路、剑光街道电杆厂老旧小区改造等 5 件议题已落地见效，社会反响良好。又如，宜丰县政协出台《政协宜丰县第十四届委员会"宜事宜商"活动实施办法》文件，明确议事规则，把握协商频次，制定《"宜事宜商"活动组织流程》，对议题征集、议题筛选、议题确定、议事公告、商前调研、商前会商、协商议事、成果报送、成果转化、跟踪监督等方面作出明确的规定。

在梳理总结工作成果的同时，也认识到还存在着一些不足：一是对协商文化丰富内涵的研究和阐释还不深入。深入挖掘蕴含于我国悠久历史文化传统中丰富的协商议事思想和实践形式，对于更好培育中国特色社会主义协商文化，推动人民政协制度更加成熟更加定型，构建具有中国特色社会主义协商民主理论的话语体系具有重要意义。目前，基层政协对协商文化还缺乏全面系统的理解和把握，在培育和弘扬协商文化中，更多的是通过政协协商去解决实际问题，对如何寻求不同思想观点和利益诉求间的协调与共处，还缺乏有力的理论指导，对如何引导群众加深兼容并蓄、求同存异等协商文化的理解，阐释得还不够深刻清晰。二是委员的主体作用发挥还不足。政协委员来自各个领域、各个行业，他们都有自己的本职工作，很多时候以政协委员的身份履职，需要占用大量的私人时间，委员履职靠的是一份热情、一份责任和一种情怀。当委员的本职工作与政协协商工作存在冲突时，往往存在履行委员职责靠后的态度，参与政协协商活动的积极性还有待提高。政协工作的核心在委员，实力在委员，潜力在委员，活力也在委员，如何充分调动委员的主体作用，为委员履职提供强有力的保障，是一个重要的研究课题。三是界别的优势作用发挥还不足。界别优势作用发挥还不够明显，界别召集人的作用没有激发出来，委员与群众良性互动还不够深入，助推基层协商解决问题的方法还不够多，对培育协商文化在推动基层社会治理中发挥重要作用的认识还不到位。

（彭红梅，宜春市政协秘书长；张建武，宜春市政协办公室副主任；袁　钰，宜春市政协办公室综合科科长）

充分发挥协商作用　弘扬樟帮优秀文化
助力打造县域经济发展"樟树样板"

宋奏洪

古语云，"郡县治，天下安"。地域文化是经济发展的重要推动力量和增强竞争力的基础因素。樟树药业发展有 1800 年历史，素有"药不到樟树不齐，药不过樟树不灵"之誉。作为樟树药业发展兴盛的支柱——樟树药帮（简称"樟帮"），与"京帮""川帮"并称全国三大药帮。樟帮在其形成和发展的过程中，形成了自己的理念、胸襟、品行和志向，孕育了特色鲜明的樟帮文化，展现出一种独特的精神气质——"敢闯、坚韧、精明、守信、团结、包容"。它推动了樟树药业乃至整个樟树经济社会发展，而且融化在历代樟树人的血脉当中，成为具有鲜明区域特色的"根文化"。

习近平总书记强调："推动中华优秀传统文化创造性转化、创新性发展，继承革命文化，发展社会主义先进文化，激发全民族文化创新创造活力。"这不仅体现了对中华优秀传统文化的尊重和传承，更强调了新时代背景下文化发展的创新性要求。当前，深入学习贯彻习近平文化思想，要结合地方实际，充分发挥好政协专门协商机构作用，多维度聚焦关注樟树特色文化发展课题，通过广泛协商、监督、参与、合作，赋予"敢闯求变、坚韧求成、守信求誉、包容求和"的"樟帮文化"和"樟帮精神"以新的内容，使之产生新的活力，并成为樟树经济发展的精神动力，推动樟树经济更好更快发展，打造县域经济发展的"樟树样板"。

一、弘扬"敢闯求变"的精神，大力激发创新活力

"一个包袱一把伞，出门几年当老板"。敢闯，是樟帮形成之本。樟树药帮人大都白手起家，靠着吃苦耐劳、敢闯敢干的精神，开拓出了一个个属于自己的市场。曾被称为南昌市"药业首户"的"黄庆仁栈"的创立者，是樟树阁皂山下院前村的黄金槐。相传他曾跟随阁皂山的道人学习医药，后自采自制中草药，往返于樟树、丰城、抚州、

南昌行医卖药，最终成功创立黄庆仁栈。光绪二十九年（1903），黄庆仁栈达到鼎盛期，营业额约占南昌药业总数的近四分之一。在省外，樟树药帮在湖南省分布最广，店号最多、人数最多，几乎深入到湖南所有县城和墟镇，以致流传有"无湖南不成粮子（兵），无樟树不成口岸"的谚语。

敢闯，就要有敢冒风险、敢为人先、敢于竞争的勇气，敢想别人想不到的事，敢做别人不敢做的事。只有敢闯才能在发展中赢得先机，争取主动。求变，就要与时俱进，适应不断变化的形势，以变应变。在新时代，也面临许多新挑战，要以"先人一步"的改革精神和胆略，不囿于以往的经验，不照搬别人的做法，在创新中求突破，在变化中求发展，在发展中求进步。化挑战为机遇，转潜力为实力，变困境为佳境，变危机为商机。

（一）激发企业家创新活力。曾有专家提出：企业家是"和平时期的英雄"。企业家是市场经济中的"关键少数"和"特殊人才"。只有抓住了企业家这个"关键少数"，才能更好地推动企业转型发展、做大做强。市政协作为专门协商机构，应该积极发挥协商议事作用，聚焦关注"中国药都"振兴工程、全市重大项目以及惠企政策出台、落实情况，选准协商议题，广泛深入调研，积极推动资金、技术、人才等企业发展要素向有意愿、有能力的企业汇集，引导企业家做"樟帮"精神的传承者、药都振兴的领跑者、创新创造的先行者。

（二）招才引智引进高素质人才。近年来，樟树市在《樟树市招才引智"新五条"实施办法》基础上，进一步升级招才引智"新五条"，推行购房补贴、租房补贴、大学生创业补贴等奖励政策，构建涵盖人才引育、科技创新、产业发展等全方位、全链条、立体化的人才激励扶持体系，最大限度激发企业和人才创新活力。当前，市政协应重点围绕以中医药为首位产业的药、酒、盐、金四大产业，着力引进培养一批高技能人才，以人才支撑推动樟树产业发展升级。

（三）加快企业创新平台建设。企业是科技创新的第一主体。樟树市先后出台《樟树市"十四五"科技创新发展规划》《樟树市企业研发经费投入后补助实施办法（试行）》《樟树市开放创新强攻工业冲刺千亿园区五年行动方案》等，每年投入上千万元政策奖补资金，激励企业增强创新意识，加大研发投入，参与技术攻关、产品研发和工艺改良等，不断提升企业科技"硬实力"，极大激发企业自主创新积极性，催生发展新动能，推动优势产业迭代升级，让产业龙头企业、重点骨干企业挺进高质量发展新赛道。樟树市入选全国创新型县建设名单，现有省级"揭榜挂帅"项目 4 个、省双千项目 17 个，国家级博士后科研工作站 2 家、省级博士后创新实践基地 6 家，省级工程研究中心 8 家、省级第三产业企业技术中心 2 家。

二、弘扬"坚韧求成"的精神，不断优化产业体系

"赤膊草鞋去，长袍马褂归"。坚韧，是樟帮发展之魂。樟帮人凭着过人的勇气和胆识，"挟技艺走四方"，深入一个个陌生之地，常常受人刁难，甚至伴随着流血事件。是知难而退，全身返乡；还是迎难而上，站稳脚跟，樟帮人毫无迟疑地选择了后者，而且愈挫愈勇，不闯出一番天地，誓不还乡。"只看得伢崽去，冇看得大人归"。这些民谚也从另外一个角度反映了樟帮人饱含血泪而坚韧不拔的创业历程。

坚韧，坚强而有韧性。既有不屈不挠刚性对抗的一面，也有能屈能伸柔韧承受的一面。坚韧求成就是要以顽强坚韧的意志品质，不畏艰辛，善于在逆境中求发展、求进步、求成功。敢于在激烈的市场竞争中与强者拼搏，咬定目标不放松、不浮躁、不奢求，踏踏实实，厚积而薄发，负重而致远。

多年以来，樟树市政协持续聚焦以中医药为首位产业的药、酒、盐、金四大产业，广泛参与协商，积极建言献策，推动传统产业的现代化升级改造，不断优化产业体系。

（一）提档升级，做强传统支柱产业。 按照"好资源配置给好企业，好企业要有好发展"的发展理念，加大政策引导力度，全面落实江西省制造业"1269"、宜春"869"行动计划，突出打造"百亿企业、千亿产业"，强龙头、补链条、聚集群，推动更多的优质资源、政策供给向企业倾斜。积极引导企业传承"樟帮"精神，弘扬"工匠"精神，踏踏实实、精益求精，推动企业"上云用数赋智"，充分利用新技术、新资源、新设备对传统优势产业进行改造升级，推动产业链向下游延伸、价值链向中高端攀升。

1. 在中医药产业方面。牢牢把握"举全省之力支持樟树中医药产业高质量发展"机遇，集中资源、聚集力量，出台《中医药产业高质量发展二十条意见》《打造中医药全产业链 擦亮"中国药都"金字招牌的实施意见》等系列政策措施，深入实施"中国药都"振兴"986"重点项目攻坚行动，着力推进9条细分产业链86个重点项目，一产一策做好延链、补链、强链文章，进一步擦亮"中国药都"金字招牌。樟树市中医药首位产业量质双升，获评工信部四星级国家新型工业化产业示范基地、全省五星级产业集群。

2. 在以酒业为代表的食品产业方面。出台支持白酒产业高质量发展等扶持政策，加快食品产业改造升级，高质量承办中国特（兼）香型白酒产业高质量发展峰会，不断提升四特酒知名度、美誉度，擦亮"四特酒"江西白酒第一品牌，巩固全国特香型白酒龙头和标杆地位。

3. 在盐化产业方面。依托丰富的岩盐资源，以安全环保为刚性约束，以迪赛诺、司太立、晶昊盐化、富达盐化等企业为重点，着力做好盐化产业延链补链强链文章，推动传统盐化产业向绿色化、集聚化、高端化方向发展，努力打造医药化工产业聚集

新高地。

4. 在金属家具产业方面。先后出台《推动金属家具产业高质量发展二十条实施意见》《金属家具产业扶持方案》等政策措施，对企业税收、品牌、人才、知识产权等方面实行全方位支持，加快推进金属家具产业转型升级、创新发展。金属家具产业入选国家级中小企业特色产业集群。"樟树金属家具"入选 2023 最受欢迎的江西十大地域消费品牌。

（二）引擎推动，培育新型战略产业。 发挥比较优势和后发优势，积极培育和壮大一批具有先导性、战略性，发展潜力大、渗透力和带动力强的新型战略产业。着力打造现代医药物流产业体系。建设中国（樟树）中药材产业数字化平台，为中药材全产业链提供线上下单、线下配送、标准质检、现代仓储等一站式综合服务。紧紧围绕中国药都振兴战略，牢牢把握"中国药都·康养福地"战略定位，推动中医药资源与康养旅游深度融合，着力探索"看中医、吃药膳、买中药饮片、住康养酒店"的产业融合发展新路径。

（三）固本强基，大力发展现代农业。 坚持农业农村优先发展，学习运用"千村示范、万村整治"工程经验，聚焦促进农业高质高效、乡村宜居宜业、农民富裕富足，高水平推进农业农村现代化建设，形成具有樟树特色的乡村振兴发展格局。打响农产品品牌，培育农业龙头企业，做深做实"土特产"文章，打造优质农副产品特色品牌。积极发展集智慧农业、中医药经济、中医药康养等为一体的现代农业产业，推动实现一二三产业融合发展。

三、弘扬"守信求誉"的精神，努力建设"信用樟树"

"重然诺，爱名检"。守信，是樟帮致远之路。"重然诺"就是讲信誉，守信用。"爱名检"就是自检、自爱，爱惜名声，约束言行。"修合虽无人见，存心自有天知"。樟帮非常注重自己的信誉，以"天人共鉴"自勉，不敢欺心误人。樟帮中药炮制提倡"制虽繁，不惜工"，一丝不苟，饮片配方决不以劣充优，以伪充真，所制膏、丹、丸、散，都选料上乘，配料充足，货真价实。诚信，是一座城市的生命。市场经济的根本，还是信用经济，现代经济社会发展，都是建立在良好的信用环境和信用体系基础上。城市与城市的竞争、区域与区域的竞争，除了人才、区位的竞争，背后还是信用环境的竞争。

（一）加强政务诚信建设。 发挥政府在构建社会信用体系中的主导、示范作用。出台《樟树市加快推进社会信用体系建设 构建以信用为基础的新型监管机制的实施方案》等系列文件，制定完善政务信息公开制度、政府决策制度、政绩评估制度、问责制和权力监督制度，从领导层面和制度层面推动信用体系建设有力有效。同时，通过加强对工作人员的培训教育，扩大公众参与监督来增强工作人员的政务诚信意识，提高队伍整体素质。

（二）加强商务诚信建设。由政府部门主导，联合行业商会，开展商务诚信建设，建立健全刚性制度，引导企业经营者守法经营、诚信办企。完善公共信用信息平台，不断扩大国家重点目录的覆盖面，数据归集实现公用事业缴费信息、医疗保险信息、纳税欠税信息、荣誉表彰奖励信息、行政许可处罚信息等国家重点目录全覆盖。完善联合奖惩机制，推动行业主管部门对"红名单"主体给予融资优惠、审批绿色通道等联合激励，对"黑名单"企业在评先评优、项目申报、资金支持等方面进行限制。

（三）加强社会诚信建设。社会信用体系建设是社会主义市场经济体制的重要组成部分。加强诚信教育，树立社会主义核心价值观，完善信用监管和失信惩戒制度，建立社会诚信档案。在全社会营造守信光荣、失信可耻的良好氛围，形成"诚信为本、操守为重"的良好社会风尚，使诚实守信成为全民的自觉行为。

四、弘扬"包容求和"的精神，不断夯实发展后劲

"商贾如云，货运如雨""客胜主"。包容，是樟帮壮大之门。有容乃大，樟帮人精明热情，心胸开阔。在自身不断开拓药业市场的同时，也广纳八方之客，共同做大药业产业"蛋糕"，形成合作共赢局面。樟树曾流传"四十八家药材行，还有三家卖硫黄"的俗语，在历史上"吃药饭者"人数多，且比例大。据资料记载，1949 年樟树镇上经营国药的人，占全镇人口的百分之八十。自明中叶以后，樟树外来人口大量流入，而且客籍人口数量超过本籍（土著），即"客胜主"现象。

"和"是中医药文化内涵的核心。和而"阴阳协调"，和而"五行共生"，和而"天人合一"。包容要相互关心、相互理解、相互帮助，营造宽松的社会氛围、和谐的人际关系。要有世界眼光、战略思维，海纳百川、兼容并蓄，以"走出家门、走出国门、走向世界"的开拓精神，适应经济全球化、一体化潮流。包容求和，要乐见成功、宽容失败，消除人与人之间的内耗与摩擦，把各方面创业的积极性充分调动起来，实现人与自然和谐、资源与环境和谐，经济和社会和谐的目标。

县域经济不是县内经济，开放包容是必由之路。县域产业的转型升级，必须依靠重大项目的引领来促进经济社会的快速发展。唯有开放包容合作，才能让发展之水活起来。

（一）打造宽松环境。始终将优化营商环境放在"一号推进位置"，锚定"全省营商环境一等市"目标，坚持从组织保障、体制机制、政策落地、工作效能等方面全

方位发力，密集打出优化营商环境"组合拳"，力破限制企业发展的"痛点、堵点、难点"，切实推进营商环境建设水平再优化，最大限度提升各类经营主体的获得感、满意度，构建了"有呼必应、无事不扰"的樟树营商品牌。在全省营商环境第三方评价排名中站稳第一方阵。

（二）**加强园区建设**。始终坚持以发展实体经济为主的功能定位，着力提高园区建设管理水平，厘清社会事务管理职能，实行"管委会＋公司""开发区＋主题产业园"运营模式，提高市场化运营水平。推动政务服务进园区，建立健全园区政务服务体系，努力实现"园区事园区办，园区办事不出园"的目标。樟树工业园区获评国家级绿色园区、全省产业集群高质量跨越式发展示范园区，连续十一年荣获全省先进工业园区。

（三）**强化集聚效应**。优势产业的集聚，能使同等资源产生更大的经济效益。坚持"招龙头、引上游、接下游、带配套、促集群"思路，开展精准招商、产业链招商、以商招商。制定出台《产业招商提质增效攻坚行动方案》《关于引进中国医药工业百强的扶持奖励政策》等系列政策。由市四套班子领导带队外出招商，成立中国医药工业百强招商安商工作队、9 个产业链专业招商队以及 3 个驻外招商服务中心（深圳、苏州、北京），聘请 43 名心系家乡发展、具有社会影响力及行业号召力的企业家作为全市招商大使，持续招大引强，以集群优势吸引更多行业头部企业进驻，推动产业集聚集群发展。

（宋奏洪，中共樟树市委党校常务副校长）

以文史研究赋能协商文化推动城市发展

——浅议协商文化与城市文化的融合互动

饶　菲　刘绍雯

习近平总书记强调，"人民政协植根于中国历史文化""协商民主是中国社会主义民主政治中独特的、独有的、独到的民主形式，它源自中华民族长期形成的天下为公、兼容并蓄、求同存异等优秀政治文化"。社会主义协商民主是中国共产党在中国传统文化和制度基础上进行的伟大创造，既传承了传统协商文化的精华，又实现了对传统协商文化的超越，满足了推进国家治理体系和治理能力现代化的现实要求，而城市文化同样是新时代国家治理体系和治理能力现代化的关键一环，二者在推进国家治理体系和治理能力现代化进程中既相辅相成、互融互促，又不断守正创新、凝聚升华。在具体的探索与实践中，上饶市政协充分发挥专门协商机构作用，通过规范建设文史研究馆，全面提升政协文史工作水平，着力用城市文化培育极具上饶特色的协商文化，让协商文化激发城市文化不断焕发新的生命力，切实以"政协之能"打开基层社会治理新局面。

一、深刻把握协商文化和城市文化的本质内涵

文化是一个民族、一个国家的灵魂，政治制度只有深深植根于本国政治文化沃土，才能不断发展、枝繁叶茂。文化软实力是一座城市竞争力的重要组成部分，一座城市的文化，既要寻根传统，又要面向现在，更要展望未来。

（一）协商文化是"中国之治"的基本出发点。习近平总书记指出，"社会主义协商民主在我国有根、有源、有生命力"。这个"根"与"源"，既来自中国共产党人的政治实践，也来自中华文明孕育的协商文化。在绵延数千年的历史进程中，中华民族形成了"天下为公、兼容并蓄、求同存异"等优秀政治文化传统。中国政治文化是一种"和合文化"，强调集体主义、公共利益、和而不同，倡导团结合作、沟通说理、协商讨论等。这为社会主义协商民主提供了深厚文化土壤。党的十八大首次提出并系

统论述了健全社会主义协商民主制度，确立了"协商民主"概念，习近平总书记作出了"全面发展协商民主""有事好商量、众人的事情由众人商量""要把大家团结起来，思想引领、凝聚共识就必不可少"等多个重要指示精神。实践反复证明，在我国坚持和完善社会主义政治制度的历史过程中，协商民主不仅发挥了重要的历史性作用，而且逐步发展成为中国特色社会主义政治制度的重要组成部分。

（二）城市文化是社会发展的根本内驱力。城市是经济的载体，也是文化的容器。地方政府文化治理能力现代化是国家治理体系和治理能力现代化的重要组成部分。中国城市文化建设的思想、理念、方法等在世界上独树一帜，既是一城形象的积淀和传承，更是一城精神的根脉和凝练，承载着千百年的历史，是乡愁所在、底蕴呈现。中华民族有着传承五千年的深厚文明底蕴的内涵和精华，同时也孕育出了无数特色鲜明、各有千秋的城市文化。以上饶为例，上饶古属扬州，公元前 221 年即有建制，距今已有 2245 多年历史，历来享有"富饶之州""信美之郡"的美誉。境内万年仙人洞及吊桶环遗址是迄今发现的世界最早稻作文化发源地之一，比河姆渡早 5000 年。以弋阳腔、婺源茶道、傩舞、抬阁为代表的戏曲文化，以鹅湖书院、信江书院、怀玉书院为代表的书院文化是上饶古代文化繁荣的象征。历史为上饶塑造了"崇信、创造、通达、向上"的城市品格，现代创造了"大美上饶"的城市品牌，而因上饶文化兼具楚文化、吴越文化、赣文化、中原文化、徽文化等，造就了城市的兼容性和丰富性，为城市化进程的不断加速提供了强大原动力。

（三）商以求同，文以润城，把握好两者之间的创造性转化。文律运周，日新其业。文化是引领城市发展的持久动力，一个城市综合竞争力的强弱，取决于其创新能力的高低，深层次上则取决于文化动力的强弱。2019 年 11 月，习近平总书记考察上海时，在杨浦滨江提出"人民城市人民建，人民城市为人民"的重要理念，指出"文化是城市的灵魂，城市历史文化遗存是前人智慧的积淀，是城市内涵、品质、特色的重要标志"。这充分说明了城市文化是新时代国家治理体系和治理能力现代化中的重要一环。充分挖掘城市文化中的核心理念和思想精髓，阐发出符合时代需要的新内涵、新价值，能够筑牢协商文化的根基和本底，对于深化培育既契合城市发展，又有地域特色的协商文化，有着极其重要的意义，与此同时，广泛开展协商民主实践，又将不断创新、拓展和丰富城市的文化形态。

二、协商文化和城市文化在上饶的具体实践

文化是一座城市的独特印记，更是一座城市的根与魂。自古以来，上饶以书院建立早、数量多、影响大，素称书院之乡，耕读并重，诗书传家，文章节义，构筑了饶

信文化的底蕴与精神，而信江书院因其地处府治城名胜之地，集教学、藏书、祭祀与休闲娱多种功能为一体，更是历经清代旧式书院以及新式学堂教育而又承续时间长久，名播远近，成为上饶人杰地灵、人文荟萃的重要象征。上饶市政协认真贯彻落实习近平总书记关于弘扬中华优秀传统文化的重要论述精神，将市文史研究馆定址于信江书院，依托市文史研究发展中心，以文史研究赋能协商平台建设，不断探索创新，让城市存"物"留"脉"，固"根"守"魂"。

（一）打造文史研究平台，夯实饶信根基，唤醒文化因子。一是提升平台规格，在上饶市委、市政府重视支持下，上饶市政协充分发挥专门协商机构作用，将原上饶市政协文史馆改革规范为市政府领导、委托市政协管理的上饶市文史研究馆。通过搭建文史研究新平台，打造文史普及新渠道，构筑文化传承新阵地，为深入开展饶信历史文化研究，以史资政、古为今用创造了更优条件和更强支撑。二是优化平台功能，市政协将修缮后的信江书院课春草堂、又新书屋两栋房屋，作为市文史馆文史资料收藏、陈列、展出的固定场所，展厅布展面积扩大至 800 ㎡，设计饶信之光、理学渊源、钟灵毓秀、书院弦歌、庠序之教、人民政协"六大板块"馆藏体系，展现上饶厚重的历史文化底蕴以及绵延不绝的文脉传承。通过文史展示，传播共识、凝聚共识，让纸面上的史料立体生动起来，自 2023 年 9 月开馆以来，截至目前，已开展 1 次书画沙龙活动、4 次文史专题讲座活动。三是用活平台载体，依托信江书院博物馆公益性场馆优势，坚持开门办馆、开放协商，通过开展"馆馆共建""馆校共建"等活动，普及文史知识，传授传统文化，面向社会、服务大众，由政协的"点"走向社会的"面"，扩大文史研究馆社会影响，让"小展馆"发挥"大能量"，成为群众了解政协委员和履职实践的窗口，让政协文史工作更好地服务百姓生活、服务城市发展。

（二）活用饶信文脉资源，深挖文史内涵，拓宽文化外延。一是深化文史馆藏建设。按照建设"文史研究、文化传承的重要园地，建言资政、统战联谊的重要平台，以文化人、以史铸魂的重要阵地，讲好上饶故事、展示上饶文化的重要窗口"目标，突出饶信地域内厚重的历史文化积淀，将"政治协商"内在的和合、中庸、民本、大同等思想底蕴融合进文字、图片和展品模型，鼓励委员提供展件、充实馆藏、参与更新。二是深挖文史资料富矿。着眼"补史书之缺、辅史学之政"，立足革命老区的红色资源优势，将政协文史资料中蕴藏的中国革命、建设、改革各个时期创造的宝贵经验，描绘的治国理政政治轨迹，包含的促进民族团结、宗教和谐的有效方法，挖掘提炼转化为协商履职的好思路、好办法，推动从史料研究向综合利用转变，通过整合优质文化资源，把文化存量变成传播流量。三是深耕文史文脉研究。结合上饶历史、地理、人文等因素，深入系统地研究、挖掘、提炼城市的历史和特色，紧密结合"书香政协"建设，不定期开展宣传弘扬上饶独具特色的地方文化讲座活动，把"无声"的历史变为"有声"的故事，兴起新时代讲学之风，推动"委员自学＋干部共学"模式，服务委员边读书、边建言，边学习、边履职，在翰墨飘香中把学习和履职同步引向深入。

（三）聚焦协商品牌建设，提升治理效能，助力文化强市。一是强化调研协商"硬本领"，坚持以高质量党建引领高质量履职，紧扣习近平总书记考察江西重要讲话精神，将城市文化要素纳入"2＋6＋X"协商计划，选定"坚持中华民族的审美情趣，推进古村落古建筑保护利用"主题，开展市委书记与政协委员"面对面"专题协商暨上半年市政协议政性常委会会议协商，市委主要领导与政协委员面对面交流、实打实解题，既涵养委员协商履职大情怀，又以高质量的建言确保协商成效。二是擦亮基层协商"好商量"，深入基层治理"第一线"，关注民生对于文化精神方面需求的期盼，整合市县两级协商议事资源力量，发展区域特色的协商文化，全市各县（市、区）相继开展"休闲广场提升改造，丰富群众文化生活""'好商量'助力乡村旅游，公交进村渔民欢"等群众有感、喜闻乐见的"好商量"协商议事活动，在协商活动中增进共识，使民主协商精神成为上饶市重要的精神文化名片，切实以文化人，以文促和，打造出"饶"有特色的基层"好商量"品牌。三是画大协商成事"同心圆"，将传承饶信文脉，作为服务当代、启示未来的重要举措，依托"同心圆"界别活动室载体，推动协商议事横向延、纵向联，广泛引导各界别尤其是文化艺术界别开展文化类协商活动，让"共和""商量"成为城市文化底色，为协商文化建设持续注入新的动能，把各方面主动性凝聚到高质量发展的生动实践中，推动协商文化在上饶蔚然成风。

三、持续发挥协商文化和城市文化互促互融的有力优势

集众智可谋良策，合众力必兴伟业。习近平总书记指出，"发展社会主义民主政治，是推进国家治理体系和治理能力现代化的题中应有之义。"做好文史工作是政协的看家本领，也是发挥专门协商机构优势的基础性工作。通过不断丰富拓展协商和城市文化的内涵外延，积极践行"发展全过程人民民主"的重要要求，以优秀的城市文化建设，为协商履职提供实践沃土和精神力量，助力基层社会治理，实现二者互相成就，赓续发展。

一方面，用发展实效丰富协商文化。

（一）聚焦服务中心，提升协商理念。历史映照现实、更远观未来，上饶市政协将继续着眼"饶信文化"传承创新，在传承历史中保持政治定力，将党委、政府的决策部署落实到政协工作的全过程各方面。在创新履职中增强协商效力，持续发挥自身

优势，在参政议政上和时代共脉搏、与大局相辉映、同人民共命运，创造性推动"国之大者""省之大计""市之大事"与"政协"同向聚合，使"美景"与"美德"相得益彰，塑造价值理念，凝聚起团结奋进的智慧和力量，夯实协商文化的发展根基。

（二）聚焦基层治理，丰富协商形式。坚持社会治理现代化与协商民主同频共振，加大协商投入，增加协商密度，将协商民主贯穿现代社会治理全过程，聚焦"说得准""说得对"，从单纯的小微协商向广泛、多层、多轮的深度协商转变，以城市文化的厚度拓展协商文化的深度，不断创新协商载体和形式，不断丰富实践案例库，打造广开言路和取智于民的协商平台，形成协商合作常态化机制，真正让以人为本、求同存异、自由平等的理念介入到基层治理中，构建多元共治、联动互融的协商民主助力社会治理新格局，实现"事事有回音""件件有着落"，切实把政协协商优势更好地转化为基层治理效能。

（三）聚焦群众参与，壮大协商精神。政治协商最大的魅力在于广听民意民愿，要发挥城市文化发展对文化传承的引领作用，在传统文化土壤的滋养中延伸城市文化根脉，在城市发展的进程中壮大协商文化，真正让基层群众认识协商文化，认可协商文化，增强群众精神力量，推动社会各界在理想信念、价值理念、道德观念上紧紧团结在一起，将协商精神化作人民群众的宝贵精神财富，营造全社会关心、支持、参与协商的浓厚氛围，凝聚"一座城、一条心、一起拼、一定赢"的磅礴力量。

一方面，用协商文化深化城市发展。

（一）在协商中优化城市"颜值"，提升城市品质。把政协协商和基层协商有机衔接，紧盯民生热点问题，持续深化基层"好商量""同心圆"界别、履职"1+5"等特色亮点工作，打造更多立得住、叫得响、传得开的上饶政协工作品牌，发挥协商式监督优势，跟踪关注就业、养老、医疗、教育、生态环保、乡村振兴、共同富裕等民生实事，拓展履职深度，提高建言准度，助推基层社会治理，提升上饶城市品质，积极探索协商成果转化落实，不断提升人民群众的幸福感获得感。

（二）在协商中挖掘文化"内核"，赓续城市文脉。建立市县政协与地方志、党史、档案、文旅、高校等有关单位的合作、交流机制，进一步用好用活各类协商平台，搭建好表达意见、贡献力量的平台和载体，积极开展多层次、多方位、多角度的协作、合作和交流，深入挖掘上饶自然风光和历史人文戏剧元素，加强文史工作成果转化，讲述讲好上饶故事、江西故事，将独特的饶信文化和丰富的历史资源向全社会推广推介，让城市发展更有文艺韵味、更有文化温度，使政协文史工作更加贴合大众，适应群众需求，增强社会效应，构建"自觉其美、美人之美、美美与共"的文化共同体。

（三）在协商中凝聚发展"动能"，振奋城市精神。为城市发展赋能。与政府各职能部门同题共答，围绕优化营商环境、提高防范化解风险水平、和美乡村建设、古村落古建筑保护等，开展形式多样的协商活动，积极建言献策、献计出力，提升城市格调品位，服务全市高质量发展，在招商引资、招才引智、合作交流等方面铺路搭桥，从乡村振兴、文化传承、生态保护等方面协商建言，持续将饶信文化软实力转化为政协履职硬支撑，为中国式现代化上饶实践再加新柴、再添旺火，为"建设制造强市、打造区域中心"注入更加磅礴向上的价值力量与精神能量。

（饶　菲，上饶市政协办公室研究室主任；刘绍雯，上饶市政协办公室研究室干部）

以政协力量推进城市文化建设

胡　涛　程洪波　陶兴明

城市文化是一座城市的气质所在，也是城市发展的内在动力。近年来，信州区政协以委员提案为切入点、以协商调研为平台、以"好商量"为载体、以文史编纂为抓手，为城市文化建设中的堵点难点寻良方、解难题，助力信州城市文化高质量发展。

一、以委员提案为切入点唤醒城市文化记忆

文化是一座城市的根和魂，信州区拥有丰富的自然和人文资源，但也存在缺乏代表性的旅游品牌等问题。区政协六届四次会议期间，区政协委员杨海燕带来了关于《发布城市旅游路线、推出江西上饶信州logo歌曲和文创周边产品的建议》的提案，建议创作能够展现信州历史文化和自然风光且易于传唱和记忆的歌曲，设计具有信州特色的文创周边产品来进一步提升信州的旅游业发展水平，促进当地经济的可持续发展，增强游客对信州的认知度和好感度，讲好信州故事。目前，信州区委、区政府已面向社会公开征集最能反映信州特色的城市logo和城市文化标志，推动城市文化品牌创立。

区政协委员徐贻忠在区政协六届三次会议期间提交了《关于打造"旅游+教育"的建议》的提案，在提案中提到信州区旅游产业存在文旅融合度不高的问题，建议要"强化宣传，串点成线，着力提升市场力度"，信州区积极参与省文旅厅组织的江西"百城百夜"文化和旅游消费活动，拍摄"区长带你游信州"宣传片，一经上线，好评如潮，进一步带动信州文旅消费。2022年9月28日，以"1981年代风物"为主题的东门1981复古街和金龙岗特色街区盛大开街，通过抖音、视频号等自媒体迅速传播，七天活动累计吸引10余万人现场打卡，成了抖音刷屏的网红打卡地。

上饶市汪家园畲族社区系江西省唯一一个处于城市中心的畲族社区，民族文化特色鲜明。区政协委员林谋春在区政协六届三次会议期间提交《关于将民族风情文化街区建设纳入中心城区重点项目规划》的建议，上饶市自然资源局信州分局高度重视，积极贯彻落实区委、区政府关于自然资源和城乡规划工作的决策部署，建立

空间规划体系并监督实施，目前，三江片区已审批通过《上饶市三江片区（汪家园单元）控制性详细规划》《上饶市信州区城市功能与品质提升行动规划》等规划，在相关规划的方案编制过程中，协同编制单位就汪家园畲族文化资源与利用进行了数次的现场调研和沟通研究，取得了良好的社会效应。在《汪家园单元控制性详细规划》中，规划形成"一心、两轴、两带、三区"的景观风貌结构。同时挖掘地方文化素材，建设一批有特色的文化设施，增加汪家园单元的文化内涵，提高城市的档次与品位。

二、以协商调研为平台焕新城市公共文化建设

专题调研是政协履行职能的一项基础性工作，也是专题协商的前提和基础。没有专题调研，专题协商就将成为无源之水，最终将劳而无益。信州区坚持从区里实际情况和区政协自身优势出发，紧紧扣住高质量发展这个首要任务，突出公共文化特色，着眼长远与服务现实相结合，科学性与时效性相结合，建言立论与解决问题相结合开展深入调研。

为进一步健全完善公共文化服务体系，丰富群众精神文化生活，根据区政协2023 年度履职"1+5"工作安排，区政协教科卫体委组织部分区政协委员，围绕区公共文化服务体系建设情况于 2023 年 7 月下旬赴江苏省徐州市沛县、南京市栖霞区开展实地调研，并听取了相关责任部门有关情况介绍，与镇（街）干部、村（社区）群众代表、文艺界代表进行了座谈交流，最终形成了《夯基础 强服务 不断满足群众文化需求》的调研报告。调研报告得到了区政府主要领导的批示，为公共文化建设提供了决策参考。

对事关全区文化事业发展的调研成果，信州区政协提升到常委会会议协商，专题听取和吸收参会人员的意见和建议。会上，部分区政协常委围绕"如何进一步做大文化产业，让文化产业成为信州支柱产业"主题提出意见建议，得到党委政府的采纳。例如，有委员建议：通过与相关艺术家的长期交流和合作，有计划地将传统文化项目如夏布画、串堂班、采茶戏等内容结合到当代艺术的创作理念和元素，加强艺术的感染力，焕发文化的生命力。为此，区政府在推进沙溪老街文化街区项目中充分吸收委员的意见建议，安排了专门的沙溪镇史馆、非遗展示馆，将充分利用声、光、电技术将沙溪夏布制作、沙溪名人文化进行展示并可与参观者进行互动。又如，委员提出：为做大文化产业，在对外招引工作中可结合现有较完善的产业链进行招商。为此区委、区政府目前在外出招商中以宇瞳光学的产品来和文化挂钩，有意向地瞄准在文化产品中需要用到镜头的企业进行招商工作。还有委员提出建议：要开发体现地方特点的旅

游纪念品、伴手礼、日常用品等，传播区域特色文化，要充分挖掘民间艺术，举办各类文化节庆活动，吸引更多的游客来到信州，了解信州的文化。为此，区委、区政府结合 2023 年 10 月底承办的中国杯赛艇城市冲刺赛总决赛，并在比赛期间举行文化市集，宣传剪纸、玉雕等传统文化；另外建立水上运动中心，引进体育相关业态进一步繁荣文化产业。

三、以好商量为载体激活文旅融合

2020 年以来，信州区政协充分发挥"赣事好商量"平台作用，将"好商量"协商议事工作融入全区经济社区发展大局，与社会治理深度融合，与经济发展同频共振，为打造现代化魅力信州添薪助力。信州区地处中心城区，文化旅游资源相对比较丰富，但文化旅游资源挖掘力度还不够，信州区政协各相关基层协商议事室围绕"加快文旅融合发展，助推乡村振兴"等议题进行座谈协商，助推朝阳溪边、水南天官巷、沙溪老街、花语世界等文旅项目建设。

"村里这块地不能一直这么荒着！"这是一年前朝阳镇溪边村大部分村民的心声。信州区朝阳镇溪边村挂乡联村委员许大敬紧扣群众的心头事，组织政协委员、协商议事会议成员、群众代表等聚焦"荒地复种"议题召开"好商量"协商议事会，特邀上饶师院农业专家陈凯博士调研考察，参与协商，提出科学建议。大家商量着让荒地变果园，村庄换新颜，资源变资产，农民笑开颜。如今，走进信州区朝阳镇溪边村，映入眼帘的是一幅生态宜居和美乡村的生动画面：干净整洁的柏油路、绿树环绕的农家庭院、温馨的儿童之家、路上巡逻的义警……溪边村种植马家柚 40 亩、红美人橘柚 46 亩，年产值超 200 万元，荒地复种长出"新希望"，协商议事结出"幸福果"。

水南历史文化街从事雕刻创作的林光赛委员，组织界别委员走入街头巷尾，沉浸式感受水南文化，提出的"做好传承与创新 优化天官巷文化街巷"被街道党工委列入"好商量"协商议题，为保护传承水南文化贡献了政协智慧。协商议事会开得成功，群众关心事解决得好，让人不禁称赞一声"好商量"给力，含"商"量很高！

四、以文史编纂为抓手焕发文化魅力

编纂文史资料是人民政协一项独特的工作，发挥文史资料的"存史、资政、团结、育人"的职能是政协文化文史和学习委的重要工作职能，为促进公共文化建设，信州区政协立足当地的文史资源，组织专家团队花费三年左右时间编纂了《信州文史》一至七辑，内容涵盖了信州名人、信州文学、信州抗战、信州记忆、信州人文等七个方面的专题，经过信州政协文史编纂委员会的审定后，由中国文史出版社面向公众公开出版发行。该丛书的出版发行为公众全面了解信州文化和历史，提供了有益的参考和借鉴，也进一步提升了信州的知名度，繁荣了信州文化市场。

六届区政协成立以后，根据区政协主席会的工作安排，在 2023 年编撰了《非遗里的信州》一书，该书在编辑过程中突出重点项目，以图文并茂的形式，全面真实反映信州非遗的历史渊源、内容特征、保护传承、存续状况，具有一定的知识性、可读性和史料，对引导广大读者更好地了解、认知和感受信州的人文历史、传统文化十分有益。

（胡　涛，信州区政协副主席；程洪波，信州区政协文史委主任；陶兴明，信州区政协文史委副主任）

协商让青原城市文化绚丽多姿

曾思政

吉安市青原区是个既古老又年轻的新区，说她古老，因河东街道庄塘案山新石器遗址的发掘，得到证明五千年前就有先人在这片肥沃的土地上叩石垦壤，繁衍生息，于是吉安古城城市文化有了这个古老的历史之源，精神之泉；说她年轻，青原区因青原山而得名，为赣江水所滋润，从 2000 年元月挂牌成立才 24 年，但城市文化积淀厚重，古红绿浓郁，是吉安城市文化核心区域之一。从赣水之滨到曾被毛泽东主席高度评价为"李文林式"革命根据地的东固，依山傍水的狭长地带上，一条 80 多公里的国道贯通，因大力弘扬协商文化，倡行"赣事好商量"，助推青原新区城市文化建设，绘出了一条展示时代发展变迁的壮阔画廊。如今，这里更是古老家园、正气之乡，人文荟萃、英才辈出，处处彰显协商文化，让青原新区更加绚丽多姿。

一

城市文脉就是城市的一部文明史，是形成和积淀城市性格的文化基因。它决定着城市的价值品质，诠释着城市的特色。近年来，青原区政协在区委、区政府的大力支持下，在城市发展和规划过程中，尊重传统文化，十分关心和重视保护古村落文化、佛教文化、书院文化以及非物质文化遗产，让城市融入大自然，让居民望得见山、看得见水、记得住乡愁，唤醒人们对美好家园的向往。尤其是加强对城市的空间立体性、平面协调性、风貌整体性、文脉延续性等方面的规划和管控，留住城市特有的地域环境、文化特色、建筑风格等"基因"，延续城市文脉。如果说城市文脉是一座城市的气质和精神，那么城市古代文化遗产则是承载这种气质和精神的依托。保护好前人留下的文脉见证，才能守望城市的精神家园。

青原区历史悠久、文化底蕴深厚，境内有丰富的古文化和非物质文化遗产，见证了先民的文化生活，传承了古老、鲜活的文化历史。青原区成立伊始，区政协成立文史委员会，聘请专家，联合乡镇街道及时深挖细掘古文化。新区成立伊始，区政协就组织编写出《可爱的青原》《魅力青原》《文山故里》《畲乡东固》《青原山史话》

等推介青原新区的读物。这些通俗读本中小学生人手一册，家喻户晓。让青原人了解自己家乡的历史和现状。区政协还组织专家学者，在全市率先编撰了《青原山志》。将青原山这座全国著名的佛教圣地向社会推介，是策应市委、市政府旅游发展"三山"（井冈山、青原山、武功山）战略，打造吉安中心城区休闲后花园的应运之作，对外宣传推介青原，为青原区快速崛起、奋力进位赶超起了极大推动作用。

东固山，又称"东井冈"，位于江西省吉安市青原区境内，"东井冈"是青原区一张闪亮的红色名片。这一方英雄的红色土地有革命旧居旧址 400 多处，东固革命根据地旧址群被列为全国爱国主义教育示范基地。这些独特的红色历史文化资源是青原区开展红色基因传承的"无价之宝"。区政协注重挖掘保护，建强红色"基因库"，普查、保护、维修三管齐下，使大批革命旧址、文献、歌谣、故事得以保存流传，让红色记忆历久弥新。全区新发现文物点共 171 处，整理红色标语 2000 多条。为创作红色精品，近年来区政协先后编撰《此是东井冈》《红色起点》《东固革命根据地斗争史》《将星闪耀东井冈》等 10 多册红色读本；制作发行了《红星辉映东井冈》等一批党教专题片，推出渼陂村《"二七"会议的历史启示》等一批现场教学红色精品课程；创作了实景剧《万岁军》、情景剧《半面红旗》、院线电影《渼陂》等一批文艺作品；收集创作本土红歌 200 多首，让青原红色文化大放异彩。而后还编写了《乡镇志》，《教育志》以及《青原山净居寺》和《渼陂古村》两套文化丛书。2020 年，协同区文广新旅局编撰了《青原非遗》一书，得到上级有关部门的好评，"首届中华端午非遗文化旅游盛典"活动在渼陂举行，吉安千年古村渼陂升级重启，扬非遗文化之优、成渼陂旅游之势，全力扩大渼陂古村景区的美誉度、影响力和覆盖面，助推渼陂旅游迭代绽放，让渼陂古村进一步走入大众的视野，刷新在人们心中的印象。在组织编撰各类文化资料过程中，首先是深入下去，发动群众"查"。广泛发动群众对其身边或祖辈留下的物品中可能存在的红色文物进行甄别、妥善保存等，确保资料来源清楚、内容真实、数据可靠，接着坚持全力"保"。开展红色文化遗址排查，设置历史文化遗址保护标志，对发现存在险情的红色文化遗址，开展抢救性保护和修复，尽可能做到多留遗产、少留遗憾，然后确保原汁原味"修"。加强红色文物修缮，全区对 110 多处革命旧居旧址进行修缮保护，其中，诚敬堂维修工程获得"全国优秀文物维修工程"。东固革命根据地纪念馆、"二·七"会议旧址、东固平民银行旧址、东固革命根据地博物馆等一处处红色景点成为爱国主义教育、全民国防教育的生动课堂。在对红色资源进行挖掘保护的同时，做活壮大红色队伍、打造红色地标、创作红色精品"三篇文章"，深化红色教育，把红色基因融入青原儿女血脉里，使其代代相传。

区政协在注重融合创新上出点子、下功夫。做好红旅、红培、红节、红研、红展、红书、红演、红创八大"红色+"文章，全面融入党建、文旅发展和乡村振兴等，努力让红色资源"活起来""火起来"。现在，青原区已掀起热潮，把红色基因传承转化为推动高质量发展的实际行动，在青原开花结果。青原区这座文化富矿，是全国古村落保存最为集中的区域之一，境内完好保存庐陵风格的古民居1000余栋、古祠堂100多座、古牌坊10余座、古书院及古教堂20余所，拥有3个中国历史文化名镇名村、6个中国传统村落、5个国家级文物保护单位、9个国家和省级非物质文化遗产。几年内，又发动文化和旅游部门依托这些丰富的历史文化资源，大力推进旅游转型升级，实现了文化遗产保护与旅游开发双赢的喜人局面，文化传承带来青原旅游的"华丽嬗变"。

二

区政协协同相关部门制定了一系列古村镇文物保护措施和办法。对古村镇按照修旧如旧的原则和政府引导、民资参与、适当补助的模式，投入大量资金作仿古改造，使古村历史风貌得以修复和延续。近几年共发现文物点400多处，新发现文物点171处，新填写非遗项目调查表100余份、照片120余张、录像录音40余份。

挖掘历史文化，打造特色景区。青原山景区着力挖掘佛禅文化、理学文化内涵，打造集佛儒研修、生态疗养和休闲养性为一体的"中国青原静生活"基地；富田景区唱响"文天祥"金字招牌，整合古镇、古村、古民居、古祠堂等特色资源，打造正气精神家园；渼陂古村景区以庐陵文化为精髓，实施深层次开发，打造全国知名的历史文化名村；东固景区充分借力东固革命根据地的历史影响，打造集展示红色经典、体验畲乡风情、感受知青文化于一体的魅力景区。

区政协协助实施文化保护活化工程，再现静态文物承载的历史记忆。近年来，渼陂古村、富田古镇、东固革命根据地旧址群、阳明书院、文丞相祠的抢救性保护维修，陆续新建、恢复了一批承载历史记忆的文化景观，如被誉为"西江杏坛、东南邹鲁"的阳明书院和历经"三毁三建"的富田文丞相祠复原建成开馆，万寿宫恢复重建并投入使用。同时，先后建成了文山公园、庐陵风情美食街、毛泽东与陈毅诗词碑等带有浓郁地域文化色彩的文化景观15个，完成庐陵风格立面改造近80万平方米、畲乡风情立面改造30多万平方米，推出了庐陵文化、佛禅文化、名人文化体验游和乡村游等精品旅游线路，一条集红色历史传承带、庐陵文化展示带、绿色生态观光带"三带合一"的百里都市田园休闲观光带令游客流连忘返，实现了旅游开发的"华丽转身"。

二十多年来，历届政协着力协助区委、区政府紧紧抓住城市文化建设火爆出圈，成了全区市民和各级媒体关注的焦点，不仅彰显了城区深厚的历史文化底蕴，也展现了区委、区政府对于城市文化发展的高度重视和大力支持。聚焦打造特色文化城区，焕发城市新活力，区政协文史办，努力献言献策。

协商文化在我国有根、有源、有生命力，具有深厚的文化积淀。深入挖掘蕴含于我国悠久历史文化传统中丰富的协商议事思想和实践形式，对于更好培育中国特色社会主义协商文化，推动人民政协制度更加成熟更加定型，构建具有中国特色社会主义协商民主理论的话语体系、拓展社会主义协商民主的适用性和制度保障具有重要意义。

2022 年 8 月，政协在区委、区政府全力支持下，举政协各委办之力，经一年半时间，编撰的《青原人物》顺利出版。该书以荟萃青原人物、宣传人文、开发人才为出发点，通过建立青原古今人物信息库，全面展现青原人物的精神风貌，可为在外青原籍和非青原籍在青原工作过的社会各阶层、各领域、各行业作出重要贡献的中高端人才存史，彰显政协文史工作存史、资政、团结、育人作用，激发青原人热爱青原、建设青原的热情，增强凝聚力，弘扬正能量，起到服务青原经济建设和社会事业发展的作用。

三

青原区政协注重地方特色，深化"赣事好商量"品牌建设，丰富协商文化内涵，使之与城市文化相互融合，相互促进。协商文化在助推城市文化建设中，有以下三方面体会。

一是协商有助于永续传承城市历史文脉。经过全区各界的共同努力，近年来，加强保护历史文化名镇、历史文化街区、历史文化风貌区、历史建筑等各类城市历史文化遗产正在成为共识。需要看到的是，城市历史文化遗产重在"保护"而非"保存"，对其肆意破坏或过度开发自然不可取，但将其一封了之、与世隔绝也不可行。历史文化遗产中的"历史"是相对的。历史是现实的根源，而现实终将成为历史，两者是一脉相承的整体。以连续、动态的眼光看待历史文化遗产，将之与现实社会有效连接起来，不断赋予其新的生命力，才能让历史文脉真正得到延续。

二是协商有助于快速提升城市功能品质。城市更新会在不同程度上改变城市既有的空间肌理和建筑格局，倘若缺乏对传统文化资源的系统梳理和深刻理解，在做更新方案时片面求新求洋、一味照搬模仿，势必造成城市天际线、建筑风格、景观色彩等与历史文化脱节，影响城市整体风貌的美学观感。相反，在城市更新中强化对历史文化遗产类建筑的保护性修复与活化利用，注重历史故事、民俗风情等文化记忆的有机导入，会让城市更具特色、更有韵味。

三是协商有助于充分激发城市发展活力。从经济学上讲，稀缺性是决定价格的主要因素，越稀缺就会有越高的估值。城市历史文化遗产是独一无二的，不可复制也不可再生，无论是从艺术层面、社会层面还是经济层面来看，都有着巨大的潜在价值。

通过城市历史文化遗产的活化利用将其价值加以转化和变现，将为城市高质量发展增添内生动力。城市要积极整合文化资源要素和经济资源要素，力求借助文化的力量在培育发展动能、调整经济结构、促进产业升级等方面取得突破。有的工业遗产建筑化身为艺术与商业深度融合的时尚空间，甚至蜕变成新兴业态、新兴产业的重要发源地；有的历史文化城区则在成功留存原有社会网络和场所精神的同时，进一步带动了文旅、文博、文创的振兴。调研东固革命根据地革命遗址保护利用情况，并召开协商座谈会，就加强革命遗址保护利用工作开展协商。一致认为要进一步提升革命遗址的保护意识，深入贯彻落实习近平总书记关于革命文物工作的重要指示精神，牢固树立"用好红色资源、赓续红色血脉"的理念，不断加大红色文化宣传力度。要进一步加强革命遗址的保护修缮，做好顶层设计和整体规划，统筹推进革命遗址本体修缮和配套设施建设，积极向上争取专项资金，多渠道筹措保障经费。要进一步促进革命遗址的传承利用，不断丰富展陈形式，积极打造红色教育基地和研学基地，讲好红色故事，加快推进红色文旅融合发展，培育红色文创产品，让红色文化焕发时代光芒。

（曾思政，吉安市青原区政协文史资料员）

欧公故里好商量　协商成事促发展

甘万生

　　永丰是一代文宗欧阳修的故里。近些年来，永丰县政协聚焦"走在前、勇争先、善作为"的目标要求，坚持建言资政和凝聚共识双向发力，为永丰城市建设和民生事业发展提供了协商议政的"政协方案"，贡献了助推发展的"政协力量"，形成了"欧公有礼协商"品牌，永丰县政协事业取得了长足发展，被省委、省政府、省政协授予"十二届江西省政协工作先进履职单位"称号。荣誉面前，永丰县政协将继续发挥协商优势，接续奋斗，为永丰经济社会高质量发展助力添彩。

一、在调查研究中广泛协商，促进城市品位提升

　　调研是政协履行职能的基本工作方法和重要前提，是提高政治协商、民主监督、参政议政水平的关键环节，也是发挥委员主体作用的有效载体。永丰县政协将调研纳入创建"三型"机关的重要内容，在专委会开展的"四个一"活动中，要求每年每个专委会至少完成一篇高质量的调研报告。在委员层面，开展加强联系群众、加强调查研究、加强界别活动，在《关于进一步发挥委员主体作用的意见》等文件中，对委员调研作出了明确规定。永丰县委、县政府高度重视政协调研成果的转化利用，经常给政协交题，放手让政协在调研中破题，从而推进经济社会发展，解决民生难题，特别是在城市建设中发挥政协参谋作用明显。

　　2023年，永丰县恩江镇古城被文旅部评为国家级夜间文化和旅游消费集聚区，这是全县上下努力拼搏的结果，也凝聚着县政协和政协委员的智慧和力量。恩江古城片区包括下西坊历史街区、欧阳修纪念馆、状元府文化园三个文化街区。曾经的下西坊是永丰商贸集聚地，是永丰最繁华的商业区。随着时间的流逝，这里的木板商铺成了火灾隐患地，坑洼不平的斑驳路面和拥挤狭窄的小巷变成了群众的"行路难"。县委、县政府看在眼里急在心里，既不能让历史建筑物倒塌，又要解决群众的出行问题，于是请县政协调研下西坊老街改造的必要性、可行性。县政协发挥人才荟萃、智力密集优势，深入下西坊老街上门入户摸清底数，了解民情，听取民意，宣传改造政策。

在基本摸清民情民意的基础上，组织召开了多次委员与住户的协商座谈会，商讨拆迁补偿办法，寻求改造下西坊的良方。经多轮磋商，住户同意异地拆迁和补偿办法，并建议将下西坊老建筑物修旧如旧，尽量保持老街原有风貌。经过多年的改造修建，现在当你走进下西坊历史街区中，仿佛徜徉在古代小城，两边的木瓦房鳞次栉比，老邮局、篾器巷、酒肆、茶坊等老式建筑徐徐映入眼帘，一些身着汉服的女子穿梭其中。

随着下西坊历史文化街区的改造完成，这里成了市民们茶余饭后的休闲之地，也是外来游客的打卡地。县委、县政府借势打力，又让县政协调研把老县委改造成状元府文化园和聂豹尚书第的可行性，把欧阳修文化、状元文化、聂豹理学文化融入明清古城的一体保护开发。经过三期开发保护建设，如今的恩江古城游人如织，商铺林立，特别是晚上灯光璀璨，人气满满，极大地提升了永丰县城的品位，外来客人也流连忘返。

二、在提案办理中充分协商，促民生实事落地

提案是政协和委员履职的一项重要抓手，也是政协协商的重要载体。永丰县政协十分重视协商在提案的选题、立案、办理、跟踪问效中的作用。把协商作为做好提案工作的重要手段，从而助推民生实事的解决。

在"提得准"上下功夫。积极探索"广泛征题、协商选题、引导撰写"的提案征集方式，在向有关部门征集提案素材的基础上，通过举办委员培训班、开展调研视察和协商活动、委员"下沉"等方式，引导委员将"目光"聚焦到县委、县政府中心工作上来，聚焦到事关群众切身利益的急难愁盼问题上来，提案针对性和可行性更高，质量明显提升。

在"办得好"上下功夫。一是注重示范推动。县委、县政府和县政协领导班子成员分别领办督办1件重点提案，以高规格推动、多层面参与、清单化管理彰显重点提案办理示范作用。二是重点督办推进。召开由提案人、承办单位参加的重点提案督办会，对重点提案办理情况进行调研督办，指出存在的问题，促进提案办理增效。三是实行"回头看"落实。县政协班子成员带队，各专委会和相关提案人参与，采取现场视察、座谈协商等方式，对前一年办理结果为 B 类的提案进行跟踪督办，督促提案承办单位再次办理、再次答复，推动 B 类提案转为 A 类提案，进一步推动了提案办理落实见效。

在"机制新"上下功夫。一是开展民主评议。2023年，对县卫健委、民政局、林业局、人社局、交通局、市监局 6 个单位提案办理工作开展民主评议，组织评议调研组，通过现场督办、听取汇报、召开调研座谈会等方式，调研提案办理情况，形成评议意见，

并组织县政协常委、评议组成员和提案人进行测评打分，评议出非常满意单位 4 个、满意单位 2 个，有效增强提案承办单位的责任感，提高提案办理质效。二是实行"双评价""双公开"。组织承办单位对 2023 年的 139 件立案提案的撰写质量进行了打分评价，114 件提案得分在 90 分以上，优秀率达 82%。组织委员对承办单位办理的提案效果进行了是否满意的评价，满意率为 99.3%。遴选了部分提案质量较高、办理效果较好的提案进行了提案内容、办理结果"双公开"，晒出办理成果，扩大提案影响力。三是评优激励。组织开展优秀提案和先进承办单位评选，对提案提出主体与办理主体进行"双向"考核，即：把提案工作分别纳入年度委员履职管理考核和乡镇及县直单位综合考核。评选出 20 件优秀提案和 6 个先进提案承办单位，在全会上给予表彰，进一步激发委员、承办单位协商办理提案的积极性和能动性。

比如，县政协委员聚焦农村饮水安全这个难题的解决，在 2023 年县两会期间提出了 4 件有关这方面的提案。对此，承办部门高度重视，通过科学编制规划、建立两水共治体系、着力推进工程建设、推行标准化管理、强化水质检测等方式，广大农村饮水安全得到有效保障。

又比如，县政协委员聚焦保护利用永丰红色文化、发展文旅产业提交了 14 件提案，为推动传统文化创新发展、公共文化服务体系提档升级、文化事业和文化产业繁荣发展提供了前瞻性思考。

（甘万生，永丰县文联主席）

阳明文化对专门协商机构建设的启示

胡丽琼

王阳明，原名王守仁，字伯安，是明代著名思想家、文学家、哲学家和军事家，与孔子、孟子、朱熹并称为孔、孟、朱、王。他一生集立德、立功、立言于一身，被誉为"真三不朽者"，其文化影响一直延续至今，且传播中外。

江西吉安，古称庐陵。正德五年（1510年），时年三十八岁的王阳明出任庐陵知县，自此结下深厚渊源，思想史上的王阳明可以说是在贵州开的花、在江西结的果。晚明大儒黄宗羲说："阳明一生精神，俱在江右！"此话道出江西在阳明文化发展史上的重要地位。据史料记载，王阳明的弟子邹东廓等在吉安青原山净居寺对面建立了阳明书院，历经14年艰辛筹备，于嘉靖十二年（1533年）七月在此召集举办了第一次讲会——青原大会。此后，该讲会不遗余力地吸引了大批国内学者参与讲学，使青原大会成为当时影响深远的跨地域大型学术聚会，也使得"吉安青原"这片热土，成为古今阳明文化传播的"首践之地"，也是庐陵文化的重要特征之一。

习近平总书记强调："要推动中华优秀传统文化创造性转化、创新性发展，以时代精神激活中华优秀传统文化的生命力。"如何推动地方优秀传统文化与政协协商文化深度融合、传承发展，是赋予新时代人民政协的理论和实践课题。笔者结合阳明文化"致良知、知行合一"等思想内涵，以及阳明先生"减税赋、止争讼"等主政事例，浅谈对新时期专门协商机构建设的几点启示。

一、注重教化"致良知"

"致良知"是阳明文化的精髓之一。王阳明先生特别注重"教化"的影响与作用，初到吉安任职时，便将教化作为社会稳定的重要方案，并带动了江右王门学者对社会教育的重视。在他的推动下，吉安以社学、书院和讲学，构成了幼齿启蒙、高等教育与学术交流"三位一体"的教育系统，使其"致良知"文化内涵影响数百年。

——启示：建设"书香政协"，涵养履职之基。

"书香政协"是人民政协的优良传统，是推动"书香社会"建设的重要组成部分。

笔者认为，王阳明注重教化和"致良知"的理念，对新时代推动"书香政协"建设具有较好的借鉴作用。

（一）广搭载体拓平台。公务之余，王阳明常携弟子来到吉安各类书院讲学不倦。据统计，明代吉安府书院数量达 88 所，其中不少是由王阳明及其弟子建立的，如复古书院、连山书院、复真书院等。讲会的兴盛，是王阳明来到吉安后的一个文化标志，其发展与书院的兴盛相伴随，但讲会的场所却不囿于书院。——这一做法对于"书香政协"建设的启示在于，要持续为委员读书活动搭载体、拓平台，以书香气息浸润政协底色。近年来，吉安市青原区政协出台了《关于开展委员读书活动建设"书香政协"的实施意见（试行）》，设立了"书香驿站"阅览室，区图书馆捐赠书籍千余册，并鼓励干部职工将阅读过的有益闲置书籍放置书站共享。按照委员界别成立了 6 个"读书会"，每季度根据读书主题开展 1 次交流活动，举办 1 期"委员讲堂"。利用新媒体建立了线上"读书群"，搭建"线上+线下"读书阵地，定期推荐好书目，即时分享读书感言。

（二）涵养"良知"提能力。据王阳明《传习录》摘选，"良知人人皆有，圣人只是保全无些障蔽，兢兢业业，亹亹翼翼，自然不息，便也是学。"其含义是告知后人，尽管良知人人皆有，但只有不断学习修身，方能保全它不遭受蒙蔽、自然长存——这个道理对于"书香政协"建设的启示在于，只有通过读书学习，才能不断强化思想政治引领，提升履职能力。近年来，吉安市青原区政协认真贯彻落实习近平总书记"爱读书、读好书、善读书"重要指示，把深入学习习近平新时代中国特色社会主义思想、跟进习近平总书记最新重要指示批示作为"第一议题"，形成政协党组会议、主席会议、常委会会议引领学，机关党组织集中学，各委办及界别委员交流学等多层次学习体系。区政协每年举办 1—2 期专题培训班，促进政协干部和委员"两支队伍"履职能力提升。

（三）学以"致"用献良策。"致"的含义是推广、扩充，《大学》有"致知在格物"语。王阳明认为，"致良知"就是将良知推广扩充到事事物物。这就需要人们在事上磨炼，并见诸客观实际，使良知转化为实际行动——这一论述对于"书香政协"建设的启示在于，读书要做到"学思用"贯通、"知信行"统一，将所学转化为高质量建言献策。在实践中，吉安市青原区持续强化"读书"与"履职"的深度融合、相互赋能，注重学习成果转化，要求委员围绕年度确定的读书建言主题，每个主题至少提出 1 条有价值的意见建议，或将意见建议转化为提案、社情民意信息、大会发言，区政协视情转报至省市政协或区委、区政府及有关部门决策参考，让书香为政协工作强基赋能。

二、开任之治"减税赋"

王阳明到庐陵任县衙之初，发现了一个棘手的问题亟待解决，即百姓税费过重问题。他查阅公文，发现正德四年吉安府一份公文，命府衙吏员催促庐陵县召集全县里长、粮长，在本县收买葛纱进贡，而庐陵本地并不产葛布。王阳明经过了解后发现，当时镇守中官姚某行文江西布政司，要求本省生产葛布的地区抓紧采办，不生产葛布的县份也要根据田赋数量加派。庐陵是大县，一年税银三千多两，加上岁办杉料、楠木、木炭、牲口等项已达一万多两，百姓不堪重负、怨声载道。王阳明经过深入调研后，向吉安府和江西布政司写了一份《庐陵县为乞蠲免以苏民困事》疏，不几日，加派银两一概蠲免，百姓欢欣鼓舞。

——启示：深入调查研究，助力科学决策。

调查研究是中国共产党的传家宝，也是政协工作的"压舱石"。笔者认为，王阳明"减税赋"的开任之治之所以成功，关键是调查研究做得到位，从而推动上级部门做出科学正确的决策。为此，人民政协必须将调查研究作为谋事之基、成事之道。

（一）调查研究须求"深"。要坚持在"深查"上下功夫，真正把情况摸清，这是调研的基础。一方面，要深入基层群众。"坐在办公室都是问题，深入基层全是办法。"这就要求开展调查研究时，必须眼睛向下、迈开步子、扑到基层、沉到一线，深入农村社区、企业医院、田间地头，多层次、多方位、多渠道了解实情、体察民意，准确掌握第一手材料。另一方面，要发挥政协优势。坚持"众人的事情由众人商量"，发挥政协人才密集、位置超脱的优势，秉持"不靠说了算，而靠说得对"理念，增强善于分析矛盾、发现问题、透过现象看本质的能力，真正把情况摸实摸透。

（二）调查研究须求"实"。要坚持在"细研"上下功夫，真正把问题找准，这是调研的关键。一方面，要坚持实事求是。把"一切从实际出发"作为调研的出发点和落脚点，坚持有一是一、有二是二、有源有据，既报喜又报忧，既看"高楼大厦"也看"背阴胡同"，防止"作秀式、嫌贫爱富式"调研，避免"情况不明决心大，心中无数点子多"。另一方面，要坚持问题导向。把党的领导和服务中心大局作为根本原则，做到党委和政府工作推进问题在哪，政协调查研究问题就在哪。找准调研切入点，多开展"事关全局的战略性调研、破解复杂难题的对策性调研、典型案例的解剖式调研、推动落实的督查式调研"。

（三）调查研究须求"效"。要坚持在"问效"上下功夫，真正把对策落实，这是调研的本质。一方面，要提准对策建议。调查研究搞得好不好，不是看调研规模有多大、人员有多少、时间有多长，本质要看调研成果质量。要发扬"望闻问切""解剖麻雀"等优良方法，提出切实可行的对策建议，防止调查多研究少、情况多分析少，对策建议大而化之、空洞抽象等。另一方面，要推动解决问题。将助推问题解决实效作为检验调研好坏的重要指标，健全成果转化运用机制，制定出台《政协协商成果采纳落实办法》等，构建党政领导领办督办、主席会议视察督办、政协委办跟踪督办的落实格局，推动政协调研成为破解难题、推动工作、促进发展的重要之举。

三、依托里老"止争讼"

所谓"里老"，是古代要求地方官挑选民间德高望重的老人，每里设一"里老"，专门协调乡里邻人纠纷，从而止争息讼。吉安自古人文荟萃、思想活跃，但作为文献之邦同时也有"民风好讼"之称。当地俗语称："筠袁赣吉，脑后插笔"，意思是筠州、袁州、赣州、吉州等地老百姓健讼，随时准备与人打官司。王阳明到任庐陵县衙后，发现案子堆积如山，便下定决心着手治理庐陵讼。他下发《告谕庐陵父老子弟》公文称，从今往后，如有纠纷，先由里老调处，若不经过里老调处，直接告到县衙，则叫"越讼"，不仅不予受理，还要接受五十鞭罚。此后，吉安民风顿时好转，诚如大儒湛若水所说，王阳明在庐陵"卧治六月而百物具理"。

——启示：打造"吉事广议·青快议"，推动基层善治。

习近平总书记指出："人民政协是国家治理体系的重要组成部分，要努力在推进国家治理体系和治理能力现代化中发挥更大作用。"推动基层社会治理，始终是人民政协的一道"必答题"。2021 年 12 月，江西省政协出台了《关于发挥人民政协专门协商机构作用 推进"赣事好商量"协商平台建设的实施意见》，各地积极探索实践，吉安市青原区的"吉事广议·青快议"协商平台正是由此而生。实践以来，推动了政协协商向基层延伸，有效促进了基层善治，与王阳明依托里老"止争讼"之举不谋而合、异曲同工。

（一）搭好基层政协协商"台子"。坚持党委政府"好帮手"、人民群众"连心桥"、委员履职"新平台"的目标定位，搭好基层政协协商的"台子"。一方面，构建基层治理新网格。建立了区、乡、村三级基层民主协商网络体系，坚持"群众在哪里协商室就建在哪里"和"一室多用"原则，按照"有场所、有标识、有制度、有活动、有成效"的标准，建成乡镇街道委员工作室 9 个，村（社区）社情民意联系点 135 个，由乡镇党委副书记担任政协联络组长和工作室负责人，配备了政协干事，基层镇村协商议事平台实现了全覆盖。另一方面，搭建行业界别新平台。遵循"汇聚行业智慧、联系界别群众、搭建沟通桥梁"原则，选择 5 个具有代表性的行业界别，分别建立了"教育医疗政协、工商业、农业产业、社会治理、住粤"委员工作室，设立行业界别社情民意联系点 29 个。通过搭建平台、阵地前移，全区 146 名委员全部下沉至基层协商议事网络，填补了政协委员下基层无阵地无平台的空白。

（二）找准基层政协协商"位子"。突出"出主意、聚共识、助落实"和"参政不行政、献策不决策"的功能定位，把准基层政协协商的"位子"。一方面，认知再提升，确保基层政协协商不偏航。工作开展之初，部分同志存在"基层协商已有基层政府、村居民自治组织和政法等部门构建的多种协商形式，还需要政协协商吗？"等诸多困惑。因此，在实践中注重弹好"二重奏"，防止"越俎代庖、偏离轨道"，通过与基层协商的有效衔接推动基层"善治"。另一方面，议题再聚焦，体现"青快议"特色。"青快议"的题中之义，既有"快速商议"也有"轻松快乐议"之含义，既注重协商效率，也体现协商氛围。为此，在实践中注重选准协商议题，主动对接党政中心工作，突出"小、微、快"特点，围绕切口小、关联广的群众"烦心事、操心事、揪心事"选题商议。2023 年度共征集微协商议题 69 个，收集社情民意 404 条，开展"微"协商、政策宣讲、化解纠纷等各类活动 43 场次。

（三）理清基层政协协商"路子"。规范"协商前开展调研、协商中积极互动、协商后跟踪落实"的程序设计，细化"五步走"闭环流程，理清基层协商的"路子"。一方面，重章法。制定了"精准定题→深入调研→充分协商→转办落实→跟踪问效"的协商流程，将各委员工作室"每半年至少开展 1 次活动"，下沉委员"每季度至少下沉 1 次"纳入履职考核，明确每次协商活动由工作室负责人召集主持，邀请党政领导和职能部门参加，视情吸纳乡贤能人、专技人才、法律顾问等新时代"里老"参与。另一方面，重落实。协商活动后，由工作室将协商意见报至区政协和同级党组织，并根据办理职能抄送至党政相关部门作决策参考，定期通报办理落实进度。区政协每年选择一定比例议题开展视察评议，表彰一定数量的优秀协商案例。在 2024 年初召开的区政协五届四次全会上，现场授牌表扬"微协商"优秀案例 7 个，为基层社会治理画出了最大同心圆。

四、"知行合一"重实践

"知行合一"是阳明文化的核心精髓，体现了中华传统文化历来强调"实践至上"的理念。王阳明在《传习录》中对知行合一理论进行了深入阐述，"未有知而不行者。知而不行，只是未知。""知者行之始，行者知之成。圣学只一个功夫，知行不可分作两事。"在知与行的关系上，他强调要知更要行，只有将认知转化为行动，将思考付诸实践，才能达成更高目标，取得更大成就。阳明先生耗费四十年的人生光阴，历经千难万险，九死一生，他所悟到的就是实践、实践、再实践。

——**启示：践行知行合一，提升机构效能。**

人民政协是社会主义协商民主的专门协商机构，新时代如何在实践中发展、在发展中创新，是人民政协的使命任务。因此，要借鉴阳明文化"知行合一"的思想精髓，打开更多实践转化通道，不断焕发专门协商机构的新动能。

（一）在提升政治协商高度上知行合一，彰显政协之"政"。政治协商文化的生长，离不开中华优秀传统文化的滋养。历史长河中，中国共产党在革命建设、改革开放和复兴征程上的长期实践，构建了独特的政治协商文化。因此，人民政协要在提升政治协商高度上"知行合一"，进一步加强思想政治引领，坚持不懈用习近平新时代中国特色社会主义思想凝心铸魂。进一步探索和规范政治协商流程、方式和机制，每季度至少安排 1 次专题协商，每年度至少举行 1 次专题议政性常务委员会会议，邀请党政领导和职能部门参与，打造上下衔接、协同配合、管用有效的全方位政治协商格局。

（二）在提升民主监督温度上知行合一，彰显政协之"协"。习近平总书记强调，人民政协要"紧紧围绕大局，瞄准抓重点、补短板、强弱项的重要问题，深入协商集中议政，强化监督助推落实"。因此，人民政协要在提升民主监督温度上"知行合一"，对标新时代加强和改进民主监督工作要求，丰富会议监督、视察监督、提案监督、专项监督等形式，持续落实党政领导"双领办"政协提案等制度，鼓励委员加入特邀监督员、评议员队伍中去。要完善民主监督的知情反馈、沟通协调机制，积极探索新时代"协商式"监督的新方法新路径，推动民主监督与支持部门工作、回应民之所盼、推动问题解决的有机统一。

（三）在提升参政议政深度上知行合一，彰显政协之"智"。习近平总书记强调："人民政协要充分发挥代表性强、联系面广、包容性大的优势，努力为改革发展出实招、谋良策。"人民政协不是权力机关和决策机构，参政议政要着力在"说得对"上下功夫，方能有位有为。因此，人民政协要在提升参政议政深度上"知行合一"，找准小切口、发挥大作用，坚持调查不深不协商、研究不透不建言，建言建在需要时、议政议到点子上，努力做到每一份调研协商报告都精准有效，每一件政协提案都掷地有声，每一篇社情民意信息都言之有物，为经济社会发展贡献政协智慧。

（四）在提升凝聚共识广度上知行合一，彰显政协之"能"。习近平总书记强调："人心是最大的政治，共识是奋进的动力。"坚持大团结大联合，广泛凝聚共识，是中国共产党赋予人民政协的重要使命。因此，人民政协要在提升凝聚共识广度上"知行合一"，坚持团结和民主两大主题，注重"以协商聚共识、以共识固团结、以团结促发展"。加强同党外知识分子、非公有制经济人士、新的社会阶层人士的沟通联络，健全与常务委员、党外委员、民主党派团体、界别群众的经常性联系制度，有效发挥政协"重要阵地""重要平台""重要渠道"作用，广泛凝聚人心、传播共识。

（胡丽琼，吉安市青原区政协秘书长）

基层政协助力城市文化建设的实践与思考

刘遂芬

党的十八大以来，党中央在治国理政的实践中，把文化建设摆在全局工作的重要位置，为新时代文化建设明确了实践路径。习近平总书记指出："文化是城市的灵魂。城市历史文化遗存是前人智慧的积淀，是城市内涵、品质、特色的重要标志""人民城市人民建，人民城市为人民"。吉安县政协深入贯彻习近平文化思想，充分发挥专门协商机构作用，在助力城市文化建设中丰富发展社会主义协商文化，以人民政协高质量履职助力城市文化高质量发展。

一、协商文化在城市文化建设中的时代价值

中央政协工作会议和《中共中央关于新时代加强和改进人民政协工作的意见》精神，强调"传承中华民族兼容并蓄、求同存异等优秀政治文化""培育与时代和任务相适应的中国特色社会主义协商文化"。中国特色社会主义协商文化与城市文化有共同的价值取向，充分挖掘协商文化在助力城市文化建设中的时代价值，有利于促进协商文化和城市文化"双向奔赴"，同频共振，共同发展。

（一）城市文化建设中蕴含兼容并蓄、求同存异的社会主义协商文化。 吉安县历史悠久，底蕴深厚，素有"金庐陵""文章节义之邦""江南望郡"之美誉。庐陵文化是吉安人创造出来的区域文化，涵盖名人、科举、书院、建筑、陶瓷、禅宗、江右心学、移民迁徙、农耕技术、民俗文化等等。庐陵文化保留传承了许多传统的建筑风格、饮食文化、民俗活动等文化元素，同时又是一个开放的文化体系，不同的宗教信仰、思想观念和艺术形式都可以共存共荣。社会主义协商文化是一种求同存异、兼容并包、广泛凝聚人心的团结合作文化。作为政协，有责任也有义务发挥社会主义协商民主优势，挖掘、保护、阐释、传承好庐陵文化，推动其在城市更新行动中焕发新光彩、发挥新作用。

（二）城市文化建设中蕴含为了人民、依靠人民的社会主义协商文化。 城市是人们集中生活的地方，城市建设关乎百姓生活的方方面面。在城市建设中，需要顺应人

民在新的社会条件下对美好幸福生活的新期待，不断提高城市规划、建设、治理水平，为人民创造更加幸福的美好生活。"人民政协为人民"，以人民为中心是人民政协的根本政治立场，是协商民主的出发点和落脚点，也是政协履职的基本价值取向。作为政协，必须充分发挥政协委员植根人民、来自群众的优势，通过履行好参政议政职能，进一步畅通政协与人民群众的联系渠道，把不断满足人民对美好生活的需要、促进民生改善作为重要着力点，协助党和政府增进人民福祉，让人民群众在城市生活得更方便、更舒心、更美好。

（三）城市文化建设中蕴含集思广益、理性包容的社会主义协商文化。随着城市化的推进，城市发展产生诸多亟待解决的矛盾与问题。城市更新行动中，需要正视过往城市发展中积攒的问题与矛盾，找到切实可行的解决措施。社会主义协商文化集公益、理性、慎议于一体，在协商议事中能够有效克服固执己见、排斥异己和议而不决、决而不行的弊端，有助于提高民主政治中的决策质量，更好地实现民主决策和科学决策有机统一。作为政协，要发挥人民政协作为专门协商机构的作用，围绕城市文化建设中的重大问题和人民群众最为关切的现实问题，建言献策、集思广益、理性包容、增进共识，切实推进决策科学化、民主化，让城市发展问题能够得到较为合理地解决，城市功能更趋完善合理，城市生活更宜居。

二、基层政协助力城市文化建设的庐陵实践

当前城市文化建设的重点是人民城市和人文城市。县政协发挥协商民主的独特优势，在助力人民城市和人文城市建设、传承和弘扬庐陵文化方面彰显新时代人民政协的使命担当。

（一）强化参政议政作用，擦亮庐陵文化底色。城市建设与发展离不开文化支持，文化是城市发展的最亮底色。县政协紧扣县委、县政府"文化强县"发展战略，深入调查研究、积极建言献策，加强民主监督、促进工作落实，为"文化强县"贡献智慧和力量。

一是视察调研亮实招，提交政协方案。2022年，围绕"'十四五'期间实施融城战略"议题，县政协组织委员赴城北二中、城北医院、四期水系视察，详细了解新区建设、配套、运营和融合提升等方面情况。2023 年，分别把"城市功能与品质提升""打造城区核心商圈"等议题列入政协协商计划，调研后提出"补齐城市功能与品质短板""多层次布局教育、医疗、商业等公共服务"等建议 20 余条。近年来，县政协每年安排城市文化建设议题进入协商计划，先后围绕"加快城北新区建设""强化城市服务职能"等 16 个协商议题，深入视察调研，积极献计出力，为完善城市功能、提升城市品质

提供政协方案。

二是民主监督下实功，提出政协意见。城市文明事关城市品牌形象和文化软实力。2022年，吉安县出台《吉安县创建全国文明城市提名城市攻坚行动方案》，对环境卫生、文明秩序、公共设施等方面进行专项整治。县政协就此开展专项民主监督，通过实地察看、查阅资料、听取汇报、座谈讨论等形式深入调研，就"思想认识尚有不足、创城氛围不够浓厚、基础设施存在短板、市民素质亟待提升、长效机制尚未健全"五个问题提出监督意见。相关部门积极采纳，在全县范围开展专项整治提升行动，推动了创建水平提升。县政协主席会议成员领衔督办"关于高品位规划建设城北新区的提案"等24件重点提案，有效推动老旧小区连片拆改、雨污管网改造分流，城市功能品质得到有效改善。

三是建言献策求实效，贡献政协智慧。十四届县政协以来，委员们围绕党政关心、群众关注的热点难点问题，提交大会发言材料60余篇，县政协从中遴选"完善现代公共文化服务体系""多措并举助力吉州窑陶瓷产业提档升级"等15篇进行口头发言，委员们所提出的建议得到县委主要领导的高度重视和肯定，称赞"有质量、有分量"。向党委政府及上级政协报送社情民意信息200余条，"谐音潮问题不容小觑""推动赣西南革命根据地红色景区集中连片打造的建议"等44条信息转报至全国政协、省委。开展"我为吉安县发展献一计"活动，向县委、县政府建言献计166条，"关于建设县会展艺术中心的建议""关于融入庐陵文化特色提升城市软实力的建议"等20条建议获评2023年度"金点子""银点子"奖。

（二）强化政协委员职责，唱响庐陵文化品牌。政协委员是荣誉，更是责任。县政协发挥人才优势，激发委员活力，在唱响庐陵文化品牌、助力城市文化建设方面展现政协担当作为。

一是担好政治之责，助力红色文化振兴。吉安县是井冈山革命根据地的重要组成部分、赣西南革命斗争的中心。2021年，针对部分乡镇农民建房时，拆除毁损一些革命旧址和红军标语这一现象，县政协开展"红色文化遗存保护与利用"调研，提出建议7条，得到县政府县长批示，"报告内容丰富，意见建议针对性强，请有关部门结合实际阅研。"为此，县有关部门实施"乡村记忆"工程，完成吉安县红色革命遗址数据库建设，开展革命文物专项调查，普查登记红军标语169处1100余条，革命旧址240处310个。同年，县政协深入挖掘土地革命时期本地的红色历史资源，汇编出版《红色庐陵》，为研究吉安县红色历史、传承红色基因、弘扬井冈山精神留下珍贵革命史料。

二是担好历史之责，助力陶瓷文化复兴。江南名窑—吉州窑有着1200年历史，是吉安县重要的文化名片。为推介宣传这一名片，政协委员大显身手，以"喜迎二十大委员在行动"活动为契机，郭婷婷、刘素梅等委员拍摄的"激活文化遗产点亮幸福窑火""弘扬传统文化感受非遗魅力""锦绣家园日日新"等短视频在省市各媒体轮番播放。全省旅游发展大会召开之际，欧阳和德、傅小兵委员创作的《霞客庐陵情》《相约吉州窑》歌曲，获全网各大音乐平台上线发行，点击量超百万。杨莉委员作为市"非遗"项目传承人，潜心钻研陶瓷炼制技艺，成功复烧木叶天目盏，让这门几近失传的技艺焕发新活力。政协发挥委员专长，汇聚社会力量，在打响陶瓷文化品牌，助力人文城市建设中彰显了政协的责任与担当。

三是担好时代之责，助力旅游文化振兴。吉安县境内"红、古、绿"特色交相辉映，旅游资源十分丰富。1636年，明末旅行家徐霞客万里遐征途经吉安县，在《徐霞客游记》中留下宝贵文字记载。县政协发挥人才荟萃优势，组织人员深入挖掘这一历史文化资源，编撰出版《霞客庐陵》，详细展示徐霞客游览吉安县时的历史地理、风土人情、民风民俗，并代表吉安县赴浙江宁海参加寻找与论证行动终审会答辩，促成吉安县禾水（永和镇、横江镇、永阳镇、狼湖、指阳渡、天河峡谷自然和文化遗存点）被确认为"徐霞客游线标志地"，为吉安县旅游文化添上浓墨重彩的一笔。

（三）强化政协平台作用，赓续庐陵文化文脉。县政协从搭平台、强阵地、拓载体等方面入手，深耕政协特色工作，在助力城市文化建设中推动政协工作提质增效。

一是搭建"吉事广议"平台，破解文化之忧。县政协探索政协协商向基层延伸新途径，在全县乡镇及重点行业界别成立23个政协联络组，设立337个信息联系点，引导218名政协委员沉下去，把"赣事好商量·吉事广议"平台搭到百姓家门口。平台搭建以来，开展基层政协协商活动46次，解决公共文化设施无人管、文明公约无人守、乡村文化场地功能不足等问题和纠纷55个。"吉事广议协商忙深接地气故事多"，县政协的协商故事被省政协媒体宣传推介，相关经验做法在市政协流动现场会上作典型发言。

二是建设"书香政协"阵地，共享文化之美。县政协出台《关于开展委员读书活动建设"书香政协"实施方案》，在政协机关办公楼建设"政协文化墙""文化长廊"，借助机关图书室、"委员之家"建设"政协书屋"，利用各镇（街道）政协联络组、委员工作室、协商议事室建设"委员读书吧"。组建6个读书会开展读书分享活动24次，邀请专家学者就"庐陵文化起源探析""吉简吉美—吉州窑陶瓷美学""庐陵欧阳家风"专题举办委员讲堂16场，参与的委员和基层群众近2000人。县政协以"书香政协"引领城市文明，为打造"书香社会"、增强文化自信、提升城市文化品位凝心聚力、筑基赋能。

三是拓展"文史编纂"载体，赓续文化之源。县政协发挥文史资料"存史资政、团结育人"的独特价值，组织政协委员和专业人士对庐陵文化进行系统研究，整理编纂《庐陵古祠》《庐陵楹联集》《吉州窑的前世今生》《记忆庐陵》《故事庐陵》等。如《记忆庐陵》，从山水地理、历史沿革、经济发展、教育人文、杰出人物、乡愁文化、革命斗争等 7 个章节，展示吉安县辉煌历史和发展成就，对研究庐陵文化历史、传承庐陵文化遗产、推动庐陵文化发展具有重要意义。向社会捐赠文史资料 6000 册，助推庐陵文化进乡村、进社区、进校园，有效发挥文史资料存史育人、以文化人的作用，庐陵文化影响力不断增强。

三、基层政协助力城市文化建设的四点启示

县政协在助力城市文化建设的履职实践中，取得一定成效。党的领导充分彰显，委员优势充分发挥，民生福祉得到保障，协商文化深入人心。有四个方面的体会：

（一）坚持党的全面领导，在把牢政治方向中体现"政协站位"。 近年来，县政协"城市功能与品质提升"等 16 个文化相关议题都经县委同意后再组织实施，连续 9 年政协年度协商计划是由县委、县政府、县政协三办联合印发，每次专题协商会议都邀请党政领导到会听取意见建议，协商会结束后以《调研报告》《社情民意》《建言摘要》等载体向县委、县政府报送意见建议。实践证明，只有坚持党的领导，把党的领导全面、系统、整体地落实到政协工作全过程、落实到政协履职各方面，人民政协事业和政协文化才能始终沿着正确政治方向不断丰富发展。

（二）坚持聚焦中心工作，在服务中心大局中展现"政协价值"。 近年来，政协重要的调研报告均获得党政领导批示，政协委员提出的大多数意见建议均得到党政部门采纳，政协提交的文化建设方案能够有效融入吉安县城市发展蓝图。实践证明，政协无论是议题选择、调查研究，还是协商议政、民主监督；无论是提交提案、大会发言，还是社情民意反映、建言成果报送，都必须紧扣中心大局，深入调查研究，真实反映情况，务实提出建议。只有这样，政协工作才能成效突出、价值彰显。

（三）坚持为民服务情怀，在增进民生福祉中传递"政协温度"。 发挥委员主体作用，按照协商于民、协商为民的要求积极履职，助力解决群众难心事、烦心事、揪心事；县政协教育科技奖励基金连续 28 年奖优助学，帮助数千名优秀贫困学子圆求学梦；"书香政协"将委员讲堂延展到田间地头、社区学校，向群众宣讲"民法典相伴""反诈骗知识""生态水稻种植技术"等实用技能。实践证明，政协只有坚持履职为民，把群众所盼、所急、所愁转化为政协履职所思、所做、所为，群众才能真正感受到"委员在身边、身边有委员"。

（四）坚持守正创新思维，在自身能力建设中提升"政协形象"。 近年来，县政协坚持在制度上创新，提请县委率先出台《政协协商批示件督办落实办法》，为政协

解决协商成果转化难题提供制度性保障；在品牌上创新，继"赣事好商量·吉事广议""书香政协"之后，计划2024年启动"一委一品"建设，"和美乡村·委员在行动"等5个履职新品牌成效初显。实践证明，政协工作只有坚持守正创新、深耕特色、打响品牌，协商文化才能得到丰富和发展。

（刘遂芬，吉安县政协秘书长）

政协协商助力塑造新时代城市"福文化"

王　康

安福县，隶属江西省吉安市，位于江西省中部偏西、吉安市的西北部。公元前222年建县，公元624年改名为安福县，至今已有一千四百余年。

2021年，安福县第十四次党代会提出，实施"三年三步走，再现三千年"城市更新战略，将老旧小区改造提升工程和千年古建筑修复工程相融合，让洞渊阁、孔庙、文塔等古建筑涅槃重生，重现千年古县"福文化"。为此，县政协主动担当作为，积极发挥政协协商作用，通过三大举措，为塑造新时代城市"福文化"提供智力支撑。助力安福县连续三年在全市"三看"现场评比中获得好成绩。主要做法如下：

一、坚持调查研究先行，展现协商的必要性

2021年，受县委委托，县政协成立专门调研组，围绕上级关于老旧城区改造要求、县党代会"三年三步走，再现三千年"城市更新战略，以及民生期盼开展专项调研，并形成了两项成果。一方面是明确了"福"元素在城市文化中的核心地位。安福是江西十八个文明古县之一，历史底蕴深厚；境内有江西第一高峰武功山、4A级景区羊狮幕，风景秀美绝伦；安福同时还是"樟树之乡""竹子之乡"、陈山红心杉原产地，生态环境出众；这里还是一块红色土地，以武功山三年游击战争为代表的安福和湘赣边界地区革命斗争历史，与井冈山、东固山一样，享誉全国。调研组在安福历史文化、旅游文化、绿色文化、红色文化等基础上，广泛开展考察调研，征求社会各界意见，最终形成了以"赣中福地"为核心品牌，大力发展"福文化"的城市文化发展路径，并得到了广泛认可。另一方面是夯实了"三年三步走，再现三千年"城市更新战略的民意基础。在县党代会召开之前，县政协调研组通过调研座谈、入户访谈等方式，与县内专家学者、领导干部、市民群众进行了深入交流。并实地考察了洞渊阁、孔庙、文塔三座古建筑及周边居民区，收集了大量一手资料，为县委科学决策城市更新战略提供了建设性意见，助推了"三年三步走，再现三千年"计划的出台。同时，相关部门积极采纳调研组收集的民情民意，有力保障了三大项目的顺利实施。目前，洞渊阁、

孔庙、文塔三座古建筑在修复后已成为城市新地标，围绕三座古建筑打造的"福文化"商业圈已成为市民的网红打卡点。

二、坚持建言献策聚力，彰显协商的民主性

在城市文化重塑过程中，县政协积极发挥各类协商渠道作用，通过政协提案、社情民意信息、专题调研等渠道，汇聚众智、凝聚众力，为"三年三步走，再现三千年"战略提供助力，重塑城市文化新形象。一是"洞渊阁"工程顺民意扩建。2021 年，安福县首先启动了洞渊阁片区改造工程项目。在县政府的大力推动下，古建筑洞渊阁得到妥善修复，周边老旧小区内道路、雨污管网、供水、供气及弱电被统一改造，北护城河 1.2 公里进行了水域清淤、截污纳管、引入活水、绿化美化等生态治理，新建 1200 平方米、改造 1300 平方米商业店面，整个街区得到立面改造、业态重塑。变化发生后，"洞渊阁"工程得到了当地民众高度称赞，县内群众蜂拥参观。同时，洞渊阁相邻的护城河南面小区群众，也表达了强烈的改造意愿。县政协将这一社情民意立即与县委沟通汇报，得到了县委高度重视，2022 年即启动了"洞渊阁"工程扩建计划。目前，该计划已实施完毕，护城河南面社区已改造提升完毕，昔日的"臭水沟"变身为群众称赞不绝的"幸福河"。"洞渊阁"也成了城市"福文化"中的第一个宣传载体。二是"孔庙"历史文化街区获民心支持。孔庙历史文化街区作为安福县城市更新战略"三年三步走，再现三千年"的"第二步"，该项目于 2021 年 8 月正式动工，建设总投资 2 亿元，改造面积约 10 万平方米，征收房屋 194 户、拆除建筑约 3.6 万平方米，新建广场 1.35 万平方米，地下停车场 3500 平方米。整个项目计划于 2022 年 5 月底全面完工，并于 2022 年底实现整体街区集中开业运营。该项目所在地曾是安福县城最早的商业街，普遍认为拆改难度最大，县政协实地调研后却发现，得益于"三年三步走，再现三千年"战略第一步的成功案例，当地居民普遍对该项目抱有信心和给予支持。县政协在此基础上，广泛收集各界意见建议，协助相关部门成功将街区整体空间格局打造为"一校三场四街六景"，成为县域最火热的夜间消费聚集区之一，并有效化解了附近城区停车难、休闲难、交通乱等问题。三是文塔文化街区得民众肯定。文塔文化街区改造是继洞渊阁、孔庙之后，安福城市建设"三年三步走，再现三千年"的收官之作，项目总占地面积 70 亩、建筑面积（含地下室）6.8 万平方米。新建了国家一级馆标准的图书馆，建筑面积 7300 平方米，最大藏书量可达 30 万册。同时，结合图书馆顶部空间，建设了 1.3 万平方米的"空中花园"，建有四星级标准的文塔精品酒店、五星级标准的净菜市场，高标准升级改造了中山场公园，并建成了总面积 3.2 万平方米的地下停车场。文塔文化街区的改造，难度最大，民众关注也最多，

这里曾有安福最火热的文塔夜市，运动人数最多的中山场公园，影响力极广的老菜市场。2023 年，改造工程启动后，县政协多次参与该项目的协商、论证、调研，为项目的设计、实施出谋划策，最终助力该项目在全市三看现场会中获得了第一名的好成绩。春节期间，县内外数万名群众热情参观游览文塔文化街区，对项目成效赞不绝口。

三、坚持系统全面研究，凸显协商的科学性

为进一步充实安福"中国福文化之乡"内涵，持续提升安福"赣中福地"文化品牌影响力和美誉度，县政协在三个方向持续发力，为安福城市"福文化"提供制度保障。一是成立了福文化研究组织。发挥政协存史资政职能及人脉资源、文史研究等方面的优势，利用智能网络技术，依靠研究安福历史文化、旅游文化、红色文化、福文化等人士，成立非营利性的民间法人社会团体安福县福文化研究会，深入挖掘、整理、研究安福福文化素材和资源，充分展示和传播安福福文化，积极促进城市文化与县域经济、旅游等产业融合发展。二是制定了科学研究机制。印发了《关于助力塑造安福福文化品牌的改革工作方案》，明确了总体目标、重点任务、方法步骤、保障措施。搭建了重点课题研究平台、福文化网络平台、"国际幸福日"（安福）高峰论坛平台，并出台了《安福县福文化研究会章程》。三是营造了浓厚的文化氛围。通过广播、电视、网络、杂志等渠道，全面宣传"赣中福地、福地安福"等"福文化"品牌，建设了"福文化"网站、公众号、抖音号，加大宣传力度。开展了系列征文、研讨等活动，为市政协编辑《庐陵文化专刊》报送 8 篇会员文章，开展了 10 多个重点研究课题。目前，"福文化"已成为新时代安福城市文化的新形象。

（王　康，安福县退役军人事务局副局长）

做好协商文章 助推"红""古"相辉映

——吉安市政协委员尽职履责助力城市文化建设

肖辉迤

2023 年 10 月，全国宣传思想文化工作会议提出"习近平文化思想"，深刻回答了新时代我国文化建设举什么旗、走什么路、坚持什么原则、实现什么目标等根本问题，丰富和发展了马克思主义文化理论，是习近平新时代中国特色社会主义思想的文化篇章。

毋庸置疑，文化在振奋民族精神、维系国家认同、促进经济社会发展和人的全面发展等方面意义重大、作用非凡，而在城市治理中，城市文化打造是当地政府重要攻坚点、突围点。

城市文化意义有三：城市文化是城市现代化的根基，是城市的气质和灵魂，它是彰显城市特色的基本条件；城市文化还是提升城市认同感的基础，厚重的历史文化底蕴，可以增进居民对城市的认同感、集体荣誉感，凝聚人心力量，心往一处想、智往一处谋、劲往一处使；更重要的是，城市文化是城市发展的重要动力，在现当代，如何促进文旅融合，打造新的经济增长点，已经成为各城市都面临的问题，城市文化之间的比拼也在旅游市场的竞争中进入"白热化"阶段，如近些年快速涌现的山东淄博、黑龙江哈尔滨、甘肃天水、河南开封等网红城市，立足本地城市文化挖掘、利用友好人文精神面貌、城市公共文化空间打造、美食文化、民俗表演等形式快速出圈，赢得巨大流量，火爆当地文旅市场，繁荣当地文旅经济。

如何挖掘城市文化价值，如何加强城市文化功能建设，如何加快文旅融合，是吉安近些年正在面临的"高质量发展之问"。吉安市正面临着旅游人气不旺、效益不高，只知井冈山不知吉安、庐陵文化、红色文化等挖掘开发特色亮点不足，难以吸引到游客。为破解这一难题，吉安市委、市政府提出打好打赢"十大攻坚战"，其中之一就是"文旅景区高质量建设高水平运营攻坚战"，具体行动包括实施景区高质量建设行动、景区市场化运营提升行动、景区市场营销突破行动以及文化传承和文旅融合创新行动 4 个具体行动，囊括了山上山下一体化、景区市场化运作、红色基因传承等内容。

作为一名政协委员，为策应市委、市政府"文旅景区高质量建设高水平运营攻坚战"的决策，助力吉安城市文化打造，要深刻认识到要充分发挥"协商"机制的作用，不断满足人民群众多样化、多层次、多方面的精神文化需求。

一要坚定文化自信，坚持以我为主。习近平文化思想强调我们要坚定文化自信，深入挖掘中华优秀传统文化的价值内涵，使之与现代文明相融相通。在全球化的背景下，各国之间的文化交流日益频繁，我们不仅要继承和发扬本民族的优秀文化传统，还要学会借鉴和吸收其他国家的优秀文化成果，只有这样，我们才能在全球化的大浪潮中立于不败之地。作为政协委员，应该走到基层，走进广大人民群众之中，积极倡导文化自信，让人民群众深刻了解吉安市本地文化，坚定中华传承优秀传统文化。

二要立足庐陵文化，挖掘特色元素。在当今社会，随着科技的飞速发展，传统文化面临着前所未有的挑战。比如，吉安市的传统非遗文化，面临着后继无人、没有舞台、没有经济效益等难题。如何在传承中创新，让传统文化焕发新的生机，是需要深入思考的问题。

要知道，吉安的城市文化资源十分厚重。自秦汉以降，特别是宋朝以来，吉安就有"江南望郡""文章节义之邦"的美誉。三千年庐陵文化的浸润，吉安的文化版图涵盖了青铜文化、陶瓷文化、书院文化、科举文化、宗教文化和民居民俗文化等，是赣文化的重要支撑，影响深远。吉安历代共出宰相22位，状元16名，科举进士近3000名，在全国仅次于苏州，走出了欧阳修、杨万里、文天祥、解缙等一大批历史文化名人，流传了"隔河两宰相，五里三状元""满朝文武半吉安"的千古佳话。

习近平总书记指出："城市历史文化遗存是前人智慧的积淀，是城市内涵、品质、特色的重要标志。"吉安庐陵文化内涵深刻，可供挖掘活化的元素很多，作为政协委员，要助力历史文化街区打造，提升城市文化建设水平，要加强城市历史文化遗存的保护和发展。城市中丰富的历史文化遗存是城市发展的重要资源和财富，保护和利用好城市的历史文化遗存是城市建设的题中应有之义和重要职责。保护好城市的古建筑、文物，就是赓续城市的历史和文脉。要秉持对历史负责、对人民负责的精神，妥善处理好保护和发展的关系，切实做到在保护中发展、在发展中保护。通过延续城市历史文脉、保留城市历史文化记忆，让人们记得住历史、记得住乡愁，坚定文化自信，增强家国情怀。目前，吉安市有古后河梦回庐陵、能仁巷、钓源古村、永丰恩江古城、永新南门老街等一系列历史文化街区，依靠新媒体运营、保护历史文化遗存、引进成熟业态等措施，这些历史文化街区都打造得比较成功：

一是通过宣传推广，传播传统美食。美食是吉安地区文化的重要组成部分，它蕴含着人们的智慧和对生活的热爱。在这片独特的土地上，有着许多令人垂涎欲滴的特色美食，如：泰和乌鸡汤、井冈豆皮、万安鱼头、永丰霉鱼等一系列吉安传统美食，通过举办美食品评会、网络直播、短视频宣传、亲朋好友推广的方式逐渐被更多人接受并喜爱，在外地都颇具口碑。

二是延续古法技艺，修缮传统建筑。庐陵传统建造营造技艺的起源，可追溯到唐宗时期，到明朝清至为最繁盛，至今不仅保留了数以千计的传统民居，还保留了大量的宗庙、书院、祠堂等文化类建筑。庐陵传统建筑的形制、构造、构件加工工艺以及装饰做法都保持了地方传统做法。在古建筑修缮、古村落改造中，这些传统工艺还在广泛应用。

三是健全保护体系，传承传统技艺。吉安市已建立并基本健全县、市、省、国家四级非遗代表性项目名录保护体系。境内那些已知的，具有较高历史、科学、艺术等价值的非遗项目，大都已列入各级名录中。截至目前，全市入选国家级非物质文化遗产代表性项目名录 10 个、省级 82 个、市级 127 个，整体来说成绩喜人。2006 年，永新盾牌舞成为吉安市第一个入选国家级非物质文化遗产（简称非遗）名录的项目；2008 年和 2011 年，吉安县鲤鱼灯、新干剪纸两个项目分别进入第二批、第三批国家级名录。2014 年，又有青原东固传统造像、吉州窑陶瓷烧制技艺等七个项目入选国家级非遗代表性项目名录。目前全市列入各级名录的非遗项目，涵盖传统舞蹈、传统美术、传统技艺、传统体育、游艺与杂技、曲艺、民间文学、民俗等所有十大类别。涌现出一批国家级、省级、市级非遗传承人。

通过一系列举措助力更多历史文化街区"活"起来，让历史文化遗存得到保护，融入现代文旅发展大趋势。

三要赓续红色基因，牢记初心使命。2021 年 7 月 1 日，习近平总书记在庆祝中国共产党成立 100 周年大会上的重要讲话："一百年来，中国共产党弘扬伟大建党精神，在长期奋斗中构建起中国共产党人的精神谱系，锤炼出鲜明的政治品格。历史川流不息，精神代代相传。我们要继续弘扬光荣传统、赓续红色血脉，永远把伟大建党精神继承下去、发扬光大！"红色基因是中国共产党治国理政的宝贵精神财富。弘扬光荣传统、赓续红色血脉就要传承红色基因，让红色文化在新时代中国再次绽放耀眼的光芒。井冈山是"中国革命的摇篮"。革命战争年代，毛泽东、朱德等老一辈革命家在这块红土地上创建了井冈山革命根据地，点燃了中国革命的星星之火，开辟了"农村包围城市，武装夺取政权"的革命道路，开启了中国革命走向胜利的光辉征程。井冈山光辉的斗争实践，生动诠释了"中国的红色政权为什么能够存在"，其所开辟的井冈山道路、所孕育的井冈山精神，指引着中国革命一步步迈向成功，为我们党积累了宝贵的精神财富。

一是多措并举，挖掘红色元素。吉安红色资源丰富，现有保存完好的革命遗迹和不可移动红色文化遗存 973 处，其中全国重点文物保护单位 11 处，省级文物保护单位 109 处, 市级文物保护单位 38 处, 县级文物保护单位 94 处, 一般文物保护点 721 处, 总体数量约占全省四分之一以上,《吉安市红色文化遗存保护条例》于 2020 年 10 月 1 日施行, 吉安被誉为"没有围墙的红色博物馆"。为了建设"全国红色旅游精品城市", 吉安市深入挖掘英雄烈士故事与精神, 赋予红色旅游内在灵魂, 让红色旅游聚焦于精神引领和价值追寻, 重形更重神, 充分彰显红色旅游之魂。在注重保护红色文物遗存与建设纪念设施的同时, 加强对英烈史料和故事的搜集、整理、编撰与研究, 以故事为线索, 见人见事见细节, 生动记录英烈的光辉事迹与伟大情怀, 结合时代阐释好英烈的爱国精神、担当精神、献身精神, 为红色旅游注入独特的文化基因。

二是融合推动, 促进山上山下一体化。多形式立体化引客入吉、迎客下山, 加快推动客源互送。吉安市不断深化湘赣边革命老区城市合作, 常态化市场化运营"井冈山—韶山"红色专线, 累计互送客源 2 万余人; 拓展长三角城市群客源市场, 与嘉兴积极对接开通"井冈山—韶山—嘉兴"("两山一湖")专线; 与东莞开展文旅交流合作, 将大湾区客源引入吉安景区景点, 带动酒店、景区、交通及其他周边消费; 推动"航空+旅游"融合发展, 陆续开通"贵阳—井冈山—泉州""郑州—井冈山—珠海""哈尔滨—井冈山—三亚"等热门航线; 推动红培引客下山, 与井冈山市委党校、市红色教育培训基地、青原区委党校洽谈合作, 增设渼陂红色古村、东固革命旧址等红色现场教学点, 并将东井冈景区等红色景区景点纳入井冈山红培线路。

三是引流出圈, 打响吉安红色文化品牌。报、台、网、微、"学习强国"吉安平台, 全面开设"传承红色基因"专题专栏, 讲好吉安红色故事。"走出去, 请进来", 主动邀请中央主流媒体, 开展红色主题采风活动, 光明日报社社长、总编辑王慧敏带队深入井冈山、泰和开展蹲点调研采访。2022 年 7 月 21 日,《光明日报》头版头条刊发了长篇通讯《神山村三日》, 配发评论员文章《不负人民　人民不负》, 全省全网推送, 在全国掀起了宣传吉安的热潮。广泛开展红色故事"六进"活动, 举办"传承红色基因·喜迎党的二十大"——吉安市讲红色故事大赛, 线上线下参与干部群众达到 30 万余人。新干县建立"干部夜校"讲好红色故事。井冈山"神山宣讲团"、泰和县"幸福茶馆"、万安县"红话筒"、吉安县"五老红色宣讲团"创新宣讲方式, 讲好身边红色故事,《永记于心的信仰》被中宣部评为"基层理论宣讲优秀微视频"。全市党校主体班开设红色基因课程, 开展现场教学, 实现学员教育全覆盖。青原区"四变五学"打造党员教育"红色课堂", 万安县常态化开展思政课实践教学, 打造新时代思政"金课"升级版。建立与粤港澳大湾区、长三角区域红色旅游合作机制, 融入湘赣边区域合作示范区建设, 在北京、厦门、惠州、深圳市举办了文旅推介招商活动, 与郴州市、湘潭市、赣州市共推红色旅游精品线路, 启动了湘赣边红色旅游联盟旅游互惠互通工作。成功举办 2021 中国红色旅游博览会和 2022 年江西省旅游产业发展大会，争创世界红色旅游目的地。开发红色文创产品，举办了"庐陵名礼"全国文化旅游创意产品大赛；全市各地积极开发文创产品，井冈山革命博物馆联合百岁坊打造红色文创产品；得物 app 在线上开设井冈山红色文创产品专区。

四要助推文化体制改革，激发文化活力。习近平文化思想要求深化文化体制改革，完善文化管理体制和文化生产经营机制，激发全民族文化创新创造活力。作为政协委员，应该关注传统文化的传承与发展，支持文化产业的创新与改革，深化文化体制改革，激发文化创新活力，为传统文化的繁荣贡献力量。2023 年，《井冈山报社》和《吉安广播电视台》合并，成立吉安市融媒体中心和吉安市文化传媒集团，目前，吉安市内还有市城投、市旅投等国有企业聚焦城市文化领域深耕，但这些国企仍需进一步释放动能，助推城市文化发展。

一是深入调研，完善体制机制。习近平总书记指出："调查研究是做好工作的基本功"。既要对本地进行调研，了解实况实情，以及一些有待完善解决的问题，同时还应把目光向外延伸，去优秀示范点，借鉴其他省、市地区在完善文化管理体制和文化生产经营机制方面的经验做法，做到循因施策，言之有物。

二是结合最新技术，提出创新措施。数字赋能，数字化文旅业态场景活力打造。吉安市依托吉安深厚的庐陵文化和红色文化，将白鹭洲书院、渼陂古村等景点利用 4D、5D 等智能技术及城市形象 IP 展示，把优质历史故事、民间传说等非遗资源以动态化、实景化、虚拟化形式展现出来，并提供线下体验场所，为游客提供沉浸式、独特性旅游体验，延长景区停留时间。与南昌大学等省内高校对接，采取校企合作、校地合作等形式加快数字文旅领域人才培养，加强政产学研深度融合，订单式培养专项技能人才，优化数字文旅应用型人才供给。

三是广泛联系各界，助力文艺文化繁荣。比如，吉安大型采茶戏《有盐同咸》以井冈山革命根据地和苏区创建为背景、以食盐为媒介、以爱情为线索、以山歌为手段，以井冈山精神为魂、以庐陵文化为骨，通过《分盐》《埋盐》《化盐》《饮盐》《识盐》《歌盐》六场戏，讲述剧中灵魂人物七秀和红军连长杨鸿飞的情感经历，以及她的成长之路，展现党群、军民"有盐同咸、无盐同淡"的水乳交融、生死与共。这是由著名剧作家罗周担任编剧，著名导演童薇薇执导，由国家一级演员、中国戏剧梅花奖得主余维刚，国家一级演员、中国戏剧梅花奖、上海白玉兰戏剧表演艺术奖"双料"得主吴非凡分别担任男女主角。

（肖辉迤，吉安市政协委员，市委宣传部副部长）

破解城市文化建设难题　彰显政协担当

陈永凯

随着城市化进程的加速，城市文化建设成为社会发展的重要课题。当前，我国的城市文化建设取得了令人瞩目的成就，但城市文化发展与经济社会发展仍不相适应。城市文化建设不仅是塑造城市形象、增强城市竞争力的重要手段，也是民生的重要内容。然而，当前城市文化建设面临着诸多挑战，如"千城一面"的城市形象、城市规划不够人性化、城市公共文化设施不足、传统文化弱化甚至流失、公众主动参与不足等问题。城市文化建设是一项系统工程，需要政府、社会和公众的共同努力。人民政协作为政治协商、参政议政、民主监督的重要机构，应当在城市文化建设中发挥积极作用，为解决这些问题贡献智慧和力量。

一、人民政协在城市文化建设中的三大优势

人民政协作为最广泛的爱国统一战线组织，具有代表性强、联系面广、包容性大的政治优势和组织优势。在城市文化建设中，人民政协应当成为政府与社会各界沟通的桥梁，成为文化多样性和创新性的建设者、守护者和推动者，成为公众参与城市文化建设的桥梁和纽带。

从政协的构成来看，政协委员来自不同领域、不同行业，他们中有的是各自领域的专家，有的是一线的普通劳动者。这一独特的构成，使得政协在推动城市文化建设时，能够汇聚各方智慧和力量，形成共建共治共享的局面。通过政协这一平台，不同领域的声音得以汇聚，为城市文化建设提供多元化的建议和方案。

人民政协在密切联系群众方面有着天然的优势。政协委员来自人民，他们的职责之一就是倾听群众声音，反映群众意愿，传递群众呼声。在城市文化建设中，人民政协通过深入基层调研，能够及时了解群众的文化需求，并且向人民群众解读相关政策，以推动相关政策的落实，从而确保文化建设的成果惠及广大人民群众。

人民政协拥有完善的组织架构和运行机制，能够针对城市文化建设中的重大问题，组织专题调研、座谈研讨等，为政府科学决策提供有借鉴意义的参考。同时，政协还能够通过提案、建议案等方式，推动相关政策的制定和实施，确保城市文化建设的有序推进，减少决策的失误，避免人力、物力和财力的浪费。

通过发挥其政治优势、组织优势和密切联系群众的优势，人民政协在城市文化建设中扮演着重要角色。政协能够汇聚各方智慧和力量，推动城市文化建设不断向前发展，为城市的可持续发展注入强大的文化动力。

二、人民政协在城市文化建设中的重要作用

（一）凝聚共识，促进多元文化发展。面对城市文化建设中的挑战，人民政协通过政治协商，凝聚各方共识。在协商过程中，通过召开专题议政性常委会会议、专题协商会、双周协商座谈会等，就城市文化建设中的重大问题进行深入讨论，听取各方意见，形成共同的文化发展理念和目标。在推动城市文化建设的过程中，政协把关注点聚焦在文化多样性建设上，保护和发展地方特色文化，避免文化同质化，减少"千城一面"的现象。

在尊重世界文化多样性的背景下，多元文化并存已成为不可逆转的趋势，政治协商在凝聚共识、推动多元文化共同发展方面发挥着非常重要的作用。政治协商为不同文化背景下的群体提供了一个平等对话的平台。在这个平台上，各方可以充分表达自己的观点和利益诉求，通过理性的讨论和协商，寻求最大公约数，形成共同的认识和行动方案，共画同心圆。这种对话和协商的过程，本身就是对不同文化的尊重和包容，有助于消除文化隔阂，增进不同文化之间的相互理解。

政治协商有助于形成符合多元文化特点的社会共识。在协商过程中，各方不仅考虑自己的利益诉求，还要兼顾其他群体的利益追求，这种"求同存异"的精神正是多元文化社会所需要的。通过协商，可以形成更加全面、更加包容的社会共识，为多元文化的发展提供有力的支撑。

政治协商还能够促进多元文化的创新和发展。在协商过程中，不同文化之间的交流和碰撞，往往能够激发出新的思想和创意，推动文化的创新和发展。这种创新不仅丰富了文化的内涵，也为社会的进步和发展提供了源源不断的精神动力。

（二）确保文化建设工作的公正与透明。民主监督是人民政协的重要职能之一。在城市文化建设中，人民政协应当通过民主监督，确保文化建设工作的公正与透明。政协委员要积极参与文化项目的评估和验收工作，对文化建设中的违规行为进行监督

和纠正。同时，要通过社情民意信息、委员视察、民主评议等方式，对文化工作进行持续跟踪和反馈，以推动城市文化建设健康发展。

要确保文化建设的健康发展，民主监督的作用不可忽视。民主监督是一种社会监督机制，它强调公民的权利和参与。通过公开、透明的程序来监督和制约公共权力的行使。民主监督是确保文化建设公正与透明的关键所在。在文化建设中，民主监督可以确保文化资源的公平分配，防止文化资源的过度集中和滥用。同时，它还能推动文化政策的科学决策，确保文化政策的制定和实施符合公众利益。民主监督要求文化建设的各个环节都要公开透明，从而增强公众对文化建设的信任度和满意度。民主监督鼓励公众参与文化建设的过程，增强公众的文化认同感和归属感。

通过民主监督，可以确保文化建设的公正与透明，防止权力滥用和利益输送，还能促进公众的广泛参与，提高文化建设的透明度和公信力。因此，应该进一步完善民主监督机制，推动文化建设的健康发展。

城市文化建设是一项长期而艰巨的任务，需要政府、社会各界和人民群众的共同努力。人民政协作为中国特色社会主义制度的重要组成部分，应积极发挥政治协商、民主监督、参政议政的职能，为城市文化建设贡献智慧和力量。通过鼓励市民积极参与推广本地文化、注重文化保护、建立完善的文化产业体系、提升城市公共文化服务水平、加强城市文化氛围的营造等策略的实施，可以破解当前城市文化建设面临的问题，推动城市文化建设的健康发展。

（三）提出建设性意见，推动文化政策落实。 参政议政的核心在于提出具有针对性的建设性意见。这些意见应当基于深入的调研和思考，针对当前文化政策中存在的问题和不足，提出切实可行的解决方案。这些方案既要有创新性，又要符合实际情况，能够真正解决问题。同时，这些意见还应当具有可操作性，能够被相关部门所采纳并付诸实践。

政协委员通过深入基层调研，了解文化建设的实际情况和公众的文化需求，提出具有针对性的建设性意见。同时，人民政协关注文化政策的制定和实施情况，推动政府加大文化投入，完善文化设施，提高公共文化服务水平。通过提出建设性意见，推动文化政策的落实，为文化事业的发展繁荣贡献力量。

文化政策是推动文化建设、提升国家文化软实力的重要抓手。因此，人民政协需要通过参政议政，汇聚各方智慧和力量，提出更加符合时代要求、更加贴近人民群众需求的意见建议，为文化政策的创新提供源源不断的动力，推动文化事业的持续发展。

参政议政可以将社会各界的意见和建议反馈给政府相关部门，促使政府更加关注文化事业的发展，加大投入力度，确保文化政策得到有效落实。同时，参政议政还可以监督文化政策的执行情况，及时发现问题并提出改进意见，确保文化政策取得实效。参政议政可以让更多的人参与到文化政策的制定和执行过程中来，增强社会各界对文化政策的认同感和支持度。这不仅有助于提升文化政策的执行效果，还可以激发广大人民群众参与文化建设的热情和积极性。

（陈永凯，安福县政协委员、安福中学校长）

发挥政协独特优势　加快城市文化建设

张莉颖

习近平总书记指出："城市是人民的城市，人民城市为人民。"在新时代新阶段，我国社会主要矛盾发展变化呈现新特征新要求，人民对于丰富而有内涵的城市文化需求更为旺盛，对于优美人文环境、优质文化服务、优游生活方式的期待更为迫切，对提高社会文明程度的热情更为高涨。随着经济发展和城镇化进程，我国城市建设取得了重大成就，城市的功能和作用愈发凸显，同时，城市社会也发生着前所未有的深刻变化。新市民大量增加，新社区大量涌现，新城区快速扩展，城市生活内容和方式更加丰富多彩，城市文化需求日益增长、愈发多样。这就要求城市文化建设必须始终坚持以人民为中心的发展思想，服务于人的全面发展，不断满足人民的美好生活需要，通过提供高质量文化产品、文化设施、文化空间、文化活动，努力营造向上向善向美的城市文化氛围，增强广大市民的获得感、幸福感、安全感，让人民群众在城市生活得更方便、更舒心、更美好，让城市文化在新时代中散发出新的耀眼的光芒。

落实文化强市发展战略，推进文化自信自强，建设社会主义文化强国是党中央提出的重大任务，需要全社会各阶层、各界别的人们积极参与和长期不懈的共同努力才能实现。人民政协是中国人民爱国统一战线的组织，是中国共产党领导的多党合作和政治协商的重要机构，是中国特色社会主义一项基本政治制度，也是人民民主的重要实现形式，集中体现了中国特色社会主义制度的鲜明特征。人民政协是专门协商机构和协商民主的重要渠道，肩负着存史资政、团结育人、凝聚共识的职责和使命，同时也是社会治理体系的重要组成部分。人民政协在中国共产党的领导下，在继承中发展、在发展中创新，紧紧围绕党和国家中心任务，坚持团结和民主两大主题，推进政治协商、民主监督、参政议政职能作用发挥，聚焦全面深化改革，凝聚共识、汇集力量、建言献策，为社会主义文化建设事业的发展发挥了不可替代的重要作用。

"支持政协履行职能，调动各部门积极性，支持民主党派、无党派人士和人民团体发挥作用，共同推进文化改革发展。"这是党中央赋予人民政协的光荣使命。人民政协应主动把推动社会主义文化大发展大繁荣作为义不容辞的责任和使命，深刻领会精神实质，认真履行职能，找准推动文化建设的切入点和结合点，积极主动地为文化大发展大繁荣服务。政协委员作为党和政府联系各界人士的桥梁和纽带，在坚定文化自信，大力提升城市现代化水平新征程上责无旁贷，在既保持特色又能在新时代迸发夺目光彩中大有可为。广大政协委员要深入贯彻落实习近平新时代中国特色社会主义思想，坚持"以人为本"的理念，充分发挥自身的优势和作用，在继承和发展历史文化，促进城市文化推陈出新，进一步深化对城市文化内涵和建设规律性认识，不断提升城市文化内涵，增强城市文化竞争力中，立足新时代，迎接新任务，接受新挑战，不断开创政协工作新局面，更好地发挥文化的引领和支撑作用，更好地促进社会主义文化建设，为全面建设社会主义文化强国作出重大贡献。

一、涵养政协委员自身修养，为城市文化树立良好形象

城市文化建设是以完整的文化观为指导，既针对专业性的文化活动和工作，也着眼文化与城市生活的关系，关照全社会的文化活动及成果的一项系统性工程。人民政协汇聚了社会各界的优秀代表，其中有一大批学有专长的专家学者和各种管理人才，是一个综合性的"人才库"和"智囊团"。作为城市文化建设中的重要一部分，切实加强政协委员自身建设为城市文化树立良好形象是重要前提。首先，要不断提高政协委员政治站位。政协委员要学习习近平新时代中国特色社会主义思想等党的路线方针政策，主动学习习近平总书记关于加强和改进人民政协工作的重要思想和习近平总书记关于文化遗产保护传承和城市工作的重要论述，切实做到思想和行动与党中央相统一。要坚决维护党委决策，全力支持政府工作，自觉把政协各项工作纳入文化建设的总体布局，做到与党委、政府同心、同向、同步。把智慧和力量凝聚到实现党的二十大提出的各项目标任务上来。同时，要深入了解人民政协的性质、地位、作用和职能，牢固树立政治意识，坚定政治立场、政治方向，增强政治敏锐性和政治鉴别力，自觉坚持中国共产党的领导。其次，要不断提升政协委员自身素质。政协委员要时刻牢记自己的身份，注重练好内功，努力提升自己的思想境界。带头做到遵纪守法、为人正派、协调各方，带头做到心系群众、搞好团结、一心为民，带头做到廉洁从政、严于律己、两袖清风，在为人、处世、做事上做表率，彰显政协委员人格魅力、道德情操、精神风范，树立良好的委员形象。政协委员自身素质的高低，决定了政协委员参政议政的质量。要自觉参加培（轮）训活动，通过参加集中学习、实地参观、考察调研、视察活动等形式，认真学习政协基本常识，了解政协委员的具体职责，学习如何开展调研、如何撰写提案、如何反映社情民意、如何进行民主监督等参政议政的基本要领。特别要向老委员虚心请教，认真学习他们的先进经验和好的做法，在具体实践中进一

步熟悉政协政策、扩大视野、丰富经验，不断提升业务素质。第三，要不断增强政协委员的历史使命感。政协委员要准确把握当前建设社会主义文化强国的方向和步骤，理清城市文化建设是落实好习近平总书记做好文化传承和保护的有效举措，更是落实好文化强市、文化强省，乃至文化强国的题中之义。要紧紧抓住事关城市文化建设的综合性、全局性、前瞻性问题，深入调查研究，积极建言献策。通过社情民意等信息渠道，及时反映各界群众对城市文化建设的新期待、新需求。政协委员要把学习与履行政协职能、做好本职工作、促进个人思想进步和为经济建设和社会发展服务结合起来，自觉参加政协组织的各种活动，不断强化政治责任感和历史使命感，真正认识到政协委员既是一种政治荣誉，更是一种社会责任。

二、履行政协委员自身职责，为城市文化增添建设动力

政协委员是政协工作的主体，也是政协工作的优势。广大政协委员是文化大发展大繁荣的重要力量，要组织发动政协委员参与文化建设，充分调动政协委员在推进文化建设工作中的积极性和主动性，发挥主体作用，广泛凝聚共识，共同推进文化事业改革发展。第一，发挥好党政参谋助手作用，谋求文化发展良策。坚持深入基层，真实了解情况，利用政协信息、提案、大会发言、反映社情民意等载体，为党委、政府决策和城市文化发展提供准确、翔实的第一手资料，当好党委、政府的"耳和目"。充分发挥政协联系广泛的优势，加强各界别联系，努力营造广开言路、畅所欲言、求同存异、百花齐放的和谐氛围，努力适应现代文化传播和交流的形势趋势。积极参与重大决策和重要问题的协商讨论，及时反映社情民意并积极为经济发展和社会进步建言献策，为党和政府科学决策、民主决策提供依据，当好参谋助手。第二，发挥好为民履职协商作用，凝聚文化发展力量。要围绕落实文化强国、文化强省、文化强市凝聚思想共识和充分发挥政协人才荟萃、智力密集的优势凝聚发展力量。要积极发挥政协提案、社情民意信息等渠道作用积极建言献策，做好协商履职工作。针对城市文化建设中遇到的社会热点难点问题，要在深入基层、深入群众、体察民情的基础上提出富有真知灼见的意见和建议，推动突出问题解决和及时反映各界群众对城市文化建设的新期待、新需求。要认真履行民主监督职能，进一步落实城市文化建设民主监督机制，把人民群众最关心、最直接、最现实的利益问题作为切入点和着力点，切实维护好人民群众的合法权益，积极推动有关涉及城市文化建设的落实和完善，不断增强民主监督的针对性和实效性。第三，发挥好政协委员主体作用，创造优秀文化作品。文史工作是政协最具特色的基础性工作，政协文史资料征集、编辑、出版、利用的过程，就是文化传播和建立共识的过程。要切实提高政治站位，广泛凝聚思想共识，紧紧围

绕城市文化建设，做好文史资料收集整理，充分发挥政协"重要阵地、重要平台、重要渠道"作用，进一步增强文化自信。发挥文艺界政协委员的优势和模范带头作用，为聚焦当地文化资源发掘、特色文化弘扬和传承、文化遗产保护和利用、文旅融合发展等方面献计出力。组织引导政协委员积极投身到讴歌城市精神和人民活动的文艺创造活动之中，以高涨的激情、生动的笔触谱写和勾勒出城市文化建设中优美的旋律和感人的形象，创作出更多更好的优秀文艺作品，不断丰富人民群众精神文化生活，激发全体人民文化引领、创新创业的活力和动力。

三、创新政协委员服务平台，为城市文化扩大统一认同

创新是文化的本质特征，也是国家发展的不竭动力。城市是文明起源的重要标志，每个城市的发展，既是积累的过程，也是创新的过程。在城市文化建设中政协委员要胸怀"国之大者"，既要担负历史使命，立足发展的大局，统筹文化传承和文化创新的任务，也要强化创新意识，搭建创新平台，创造有利条件。第一，充分利用桥梁纽带作用实现文化碰撞。积极发挥政协桥梁和纽带作用，引导政协委员与博物馆、档案馆、文史馆等文化机构进行交流学习，围绕"传承红色基因""革命历史文化遗产的保护与开发"等主题广开言路，实现政协文化研究和文化传播的功能和作用。加强与全国各地政协学习考察团队的交流学习，互学互鉴，扩大朋友圈，传播城市文化影响力，进一步展示城市特色文化和推动地方文化内外合作交流，促进传统与现代、本土与外来、专业与民间等各种文化成果的交流交融。第二，积极举办各类活动营造社会氛围。认真贯彻落实习近平总书记关于建设书香社会的重要要求，充分调动政协委员履行职能的积极性、主动性和创造性，积极组织开展专题史料、书画诗词、委员故事征集和形式多样的委员办实事、读书分享会、委员下基层等活动，讲述好政协故事，唱响政协好声音，不断提升政协工作的质量，扩大政协的社会影响力。通过创新活动载体，扩大文化传播面，创新文化供给，全面丰富生活情趣，增强政协委员的感召力和凝聚力，为城市文化建设创造良好的社会舆论氛围，提升城市文化影响力。第三，创新履职考评机制激发建设热情。要不断创新工作思路，创新履职考评形式，增强履职的吸引力和实效性。如，创新提案办理方式，积极尝试、推广现场办理提案、网上办理提案，实行重点议题定向约稿，努力提升提案办理效果，更好地服务于城市文化建设。在履职考评中创新将政协委员努力协助党和政府协调处理城市文化建设中各种关系，化解社会矛盾，密切党群关系和带头做增进团结、发扬民主、求真务实的模范纳入其中，与时俱进完善履职奖励约束机制，更好提供有力保障。

文化是一个国家和民族的灵魂，支撑着国家的发展和人们的信念；城市文化是一

个地方的命脉，体现着一个城市的生活面貌和风气。在全面建设社会主义现代化国家的新征程上，城市文化建设要坚持党的领导、政府主导，需要社会各界共同努力、协调配合、发挥作用。广大政协委员要深入学习贯彻习近平总书记关于城市工作重要论述，全面落实中共中央关于城市文化建设的决策部署，坚定文化自信，坚持社会主义文化发展方向，积极探索城市文化工作规律，努力发挥政协独特优势，在城市文化发展中贡献政协智慧和力量。

（张莉颖，井冈山市政协委员履职服务中心干部）

发挥专门协商机构功能　助推地方文化品牌建设

——以万安县政协文化文史工作为例

郭志锋　刘婷婷

万安县政协以坚定拥护"两个确立"、坚决做到"两个维护"的政治自觉，持续推动文化文史工作创新发展，挖掘万安历史文化、讲好万安故事、展示万安形象，助推地方文化品牌建设。

一、强化专门协商机构的"政治性"，创建协商建言新格局

（一）提高站位。旗帜鲜明讲政治，是做好新时代政协文史工作的根本原则。万安县政协把党的全面领导贯穿文化文史工作的全过程、各方面，强化理论武装，持续深入学习贯彻习近平新时代中国特色社会主义思想，牢牢把握意识形态工作主动权，始终保持文史工作的正确方向。一方面，万安县政协不断提高政治站位，坚持以史为鉴，深刻认识政协文史工作的时代价值，发挥文化强信心、聚民心、暖人心、筑同心作用，广征博采，深入挖掘地方文化资源，主动将文史工作纳入政协工作全局、融入服务全县中心工作大局。一方面，不断扩大文化文史工作的朋友圈，加强与县党史、史志、档案、文化、新闻等部门的联系，并通过政府网站、文旅公众号等媒体，广泛征求社会各界和广大政协委员的意见建议，经筛选甄别确定特色明显、史料齐全、有益于文化强县建设的课题，协商建言，认真做好文史征编工作。

（二）协商为民。江山就是人民、人民就是江山。万安县政协把文史工作的"存史、资政、团结、育人"的政治特性作为第一位要求，贯穿于政协文化文史工作的统一体、各维度，准确把握文史资料为什么写、文史工作为谁而做，始终确保文化文史工作政治方向正确。万安县政协勇于创新，以"赣事好商量"为品牌引领，以"吉事广议"为龙头，着力于政协协商深入一线、扎根基层、融入群众，充分发挥专门协商机构作用，特创设"一线好协商"协商平台。平台既包含 17 个乡镇和工业园区的委员之家、委员活动中心，也包含 140 多个行政村（社区）的社情民意信息联系点。参与协商的

以 160 多名市县政协委员为主，还包括政协各委室、县直各部门及相关的企事业单位，从而构建党委领导、政府支持、部门落实、政协协商、群众参与的协商建言新格局。同时，借助于这个平台，让文化文史工作对接全县重大经济社会建设项目，着力打造坚守人民立场、富有政协特点、具有地方特色、发挥资政功能的文化文史工作品牌。

（三）协商于民。 在文化文史工作中，万安县政协彰显专门协商机构制度优势，既要协商为民，也要协商于民，始终发挥好记录历史当事人、见证人和知情人第一手资料的优势，引导不同层次、不同背景、不同见解的各方面人士，以民主的方式写史，以写史的方式团结人，助力汇聚起实现民族复兴的磅礴力量。近些年，紧紧抓住改革开放 45 周年、中国共产党成立 100 周年、新中国成立 70 周年、人民政协成立 70 周年等重要时间节点，万安县政协征集了一批"三亲"史料，编撰了一批文史图书，推出了一批文化建言成果，力求生动展现"中国共产党为什么能、马克思主义为什么行、中国特色社会主义为什么好"的历史逻辑、理论逻辑和实践逻辑，为加强党的全面领导凝聚共识、夯实基础。

比如为迎接人民政协成立 70 周年，万安县政协担当作为、周密部署、加强调度，记录当代活生生的历史——脱贫攻坚现实。既充分发挥县作家协会主力军的作用，组织县作协骨干会员共同作战，又邀请政协委员和省内知名作家参与，兵分六路，每路有一名县政协副主席带队，奔赴各乡镇场采访。作者来源广，既有六旬老人，又有 90 后小伙；既有干部教师，又有商人农民；既有亲历者，又有专业记者。这部文史类专著以《脱贫　脱贫——来自万安县脱贫一线的报告》为题，从不同角度和层面，真实记录了全县干部群众在脱贫攻坚战役中万众一心、聚智发力的生动场景，歌颂了万安人民不畏困难、勇往直前的脱贫攻坚精神，是江西省第一部全景式展示脱贫攻坚进程、脱贫攻坚一线基层干部风采的书籍。

《脱贫　脱贫——来自万安县脱贫一线的报告》这本书是协商于民的生动探索，开启了万安县政协坚持"三亲"（亲历、亲见、亲闻）原则，以当代人写当代事，紧密追踪和反映当代历史的文史写作先河，促进文史工作从挖掘历史到记录当下的转变，实现与时代同频共振，而《辉煌的历程——纪念改革开放四十周年》，则主要记录了万安县各行各业改革开放以来所取得的重大成就，展示人民群众在生产生活方面发生的重大变化，以体现讴歌共产党、讴歌中国特色社会主义、讴歌改革开放这一鲜明主题。这本书的作者有许多是乡镇的政协联络组负责人和县直单位的主官，成为吸人眼球的一大亮点。

二、强化专门协商机构的"专业性"，健全高质量协商新机制

政协职能作用的发挥，靠的既不是执政权，也不是行政权，更不是司法权，靠的

是话语权；靠的不是说了算，而是说得对。协商民主的价值，说来说去，最根本的是取决于协商的质量。作为社会主义协商民主的重要渠道和专门协商机构，政协具有集协商、监督、参与、合作于一体的特点，所以专业性也是其明显的独特优势。

近几年，万安县政协着力强化政协协商的专业性，健全高质量协商的新机制。

（一）强化协商调研的专业性。将用心座谈走访、细心分析情况、潜心研究问题、精心提出对策作为协商调研的"四步曲"，以精准调研促进精准建言。近年来，万安县政协围绕地方历史文化、文旅融合建设、旅游资源开发、历史人文遗迹保护等专题，每年都要从"专业性"的角度，组织政协委员、专家学者按照"四步曲"开展文化文史工作，力求协商建言高质量。或召开文史工作者座谈会广纳文化人真言，或举行读书会深度分析文旅现状，或以微协商的方式探究现有问题，或以征文的形式吸收对策建议，多管齐下，用文化的力量凝聚人心，用高质量的协商成果取信于民，支持万安经济社会发展。比如对百嘉老街的历史修复、对韶口乡龙舟文化公园的建设，对旧影视城改造为攸安湖公园等重要民生项目，都有文化文史工作的身影，体现了文化文史工作的专业性和高效率，得到了县委、县政府的高度认可。仅全县道路、桥梁、公园等处的命名，县政协文化文史学习委都全程参与，提出了许多真知灼见，其中祥安公园、丰安大道等命名得到采用。

（二）强化协商主体的专业性。既建立了文化文史专门委员会的委员协商队伍，也建立了有当地文化文史专家和资深从业人员组成的政协智库。2021 年，县级班子换届后，新一届县委、县政府非常注重发挥本土红色文化的引领作用，指令万安县政协编撰和出版一批红色图书，充实"万安红色基因库"。万安县政协自觉扛起"红色血脉"传承人的使命担当，以政协智库中的文化文史专家组组长作为牵头人，抽调有着丰富地方党史研究经验的本土专家以及作家参与，组建工作专班，广泛开展田野调查，反复开展深入调研，历经两年之久，编撰出版《万安红色故事集》一、二册，现正在进行编撰三册，力图构成系列读本。这些故事既有改编的，也有新创作的；既有写事的，也有写人的；既有一人多事，也有一事多人……点面结合，相得益彰，具有典型性和代表性，填补了历史空白。

（三）强化协商标准的专业性。万安县政协对协商议事场所、组织体系、协商主体、协商内容、协商程序和质效评价进行了全面的规范和细化。

专门协商机构是否"专业"，专业性是否得到了强化，唯一的检验标准就是协商质效的不断提升。万安县政协在文化文史工作中，不但注重本地的质效评价，而且借助外来力量，对文史工作质效进行评定。《万安红色故事集》两本书出版后，均送至国家新闻出版署和中共江西省委宣传部、省委党史研究室，请权威专家进行鉴评。这是万安地方红色文化首次得到上级主管部门的权威确认和审核，地方党史中的许多问题也由此得到更正，进一步擦亮了"八十农民上井冈""红军女司令""六棵桂花树"等地方红色文化品牌。

三、强化专门协商机构的"制度性"，建立建言落实新机制

要紧抓专门协商机构的制度建设，建立协商建言得到采纳落实的新机制。因为协商成果如果得不到重视和采纳，就会影响政协委员的履职积极性。协商讨论只是前提和基础，采纳落实才是目的和关键。所以，必须建立健全政协协商建言采纳、落实和反馈制度，确保政协协商成果件件有着落、事事有回音，促进协商和决策良性互动，推进协商民主不断深入发展，促进提高执政、行政能力和水平。

（一）完善相关制度。根据全国政协部署和省市政协要求，万安县政协相继出台了契合当地实际，针对性、可操作性强的制度文件，比如《关于政协协商成果采纳落实反馈实施办法》《关于加强和改进民主监督工作的实施办法》《政协万安县委员会关于完善委员联系界别群众制度机制的办法（试行）》等，有力地推动了协商建言的采纳落实。万安县政协借助专门协商机构的制度性安排，广联群众、广纳民智、广听民意，注重从文史资料中总结提炼政治智慧、宝贵经验和有效做法，以此为依据开展协商议政、调研视察、提案办理和凝聚各方共识等各项工作，许多文化文史工作成果得到采纳和落实。

（二）推动成果转化。万安县政协始终坚持以传承弘扬中华优秀传统文化为己任，多举措、多形式推动文化文史成果转化，让协商建言落到实处，团结育人。或作为学习教材。当前，《万安红色故事集》一二册和另一本政协文史图书《八十农民上井冈》经县委、县政府研究决定，已进入全县近200所中小学校，成为中小学生喜爱的地方红色阅读教材。全县思想政治课教师以《万安红色故事集》作为地方教材，创设了具有地方特色的"思政课"教学，并推出一系列特色课程，由此创建了万安县保育院、康克清红军小学、万安县第四中学等多所省级红色文化教育特色学校；全县各地以此为"母本"，开展各种形式的讲故事比赛和演讲比赛。县委宣传部直接引用《万安红色故事集》中的"六棵桂花树"和"红军女司令"两个故事，开发出两本同名连环画。政协组织编撰的《清清赣水德泽流——万安古代家风故事举隅》，也在全县的机关、企业、学校得到广泛运用，或得到宣传推广。《脱贫 脱贫——来自万安脱贫一线的报告》该书一出版，立即引起了强烈反响。江西师范大学教授江腊生撰写长篇评论，发表在《光明日报》，予以充分肯定。该书书写的脱贫攻坚先进个人和脱贫典型，后来被全县多个乡镇推举为干部标兵和致富带头人。其中脱贫典型蔡红莲和李云鹏，被推举为全省的先进。蔡红莲上了江西电视台《新闻联播》；李云鹏登上了全省的报告

会讲台。或获得专业奖励。红色图书《铁血万安》出版发行后，先后入围方志敏文学奖和谷雨文学奖，并获得第 32 届梁斌小说奖、入选省文化艺术基金重点打造的文学项目，有效地扩大了万安的影响力，惠及广大读者。或建立数据库。政协编撰的《古色万安》和政协委员创作的红色图书《铁血万安》两本书在推行"互联网＋文史资料"的实践中，最先实现从纸质到数字的转化，登上图书馆的智慧平台，实现了文史资料网上查阅，走出了文史资料数字化第一步，有效地展示了政协文史成果。

（三）**推动文旅融合**。文化是旅游的灵魂，旅游是文化的载体。万安县政协立足于以文塑旅，以旅彰文的出发点，大力加强地方文史协商建言，让建言成果有力推动文旅融合，让建言成果在旅游开发中开花结果。为了对地方历史文化进行一次前所未有的梳理，对全县多年编撰的文史资料进行有效概括和提炼，万安县政协组织精兵强将，采用各种方式协商建言，编撰出版了《古色万安》一书。纵观全书，架构布局科学，章节设置合理，对当地独有的"十八滩文化"进行了提炼和概括，读者一眼就能抓住历史脉络和重点所在，是一本兼具史料性、可读性和文学性的文史图书。而今，万安县许多乡镇、行政村或县直部门在打造红色名村和乡村旅游点建设的过程中，将《万安红色故事集》和《古色万安》两书作为工具书，依据相关内容，规划相关项目，建设相关景点。在众多的旅游项目建设中，由于在规划设计中直接采用了文史书籍内容，从而让文旅融合得到了生动展现。比如在长征国家文化公园万安段、百嘉老街、环万安湖游步道等地，都能看见《古色万安》这一文史协商成果已经落地、开花、结果。特别是"康克清故居""八十农民上井冈""英雄兰田""红色晓东"等几个景点的专题展览对协商建言的文史成果，或直接借用或巧妙套用，使陈展内容更加丰满，异彩纷呈。

（郭志锋，万安县政协机关四级调研员，中国作家协会会员，万安县作家协会主席；刘婷婷，万安县政协委员履职服务中心干部）

以协商的力量铸牢城市文化"金品牌"

——抚州市政协探索历史文化名城创建与保护的实践与思考

刘海滨　徐　明

　　文化是城市的灵魂。一座城市的历史文化，更是城市文化内涵品质、特色优势的重要体现与标志。习近平总书记强调，要妥善处理好保护和发展的关系，注重延续城市历史文脉。近年来，抚州市政协坚持以习近平文化思想为指引，围绕国家历史文化名城创建与保护，充分发挥专门协商机构作用，创新专题式协商、协商式监督、提案办理协商等履职方式，着力打造协商议政精品，进一步铸牢抚州城市文化"金品牌"。

一、发挥专题协商作用，为创建历史文化名城建言献策

　　专题协商是人民政协履行职能、发挥协商民主重要作用的有效载体。政协组织只有选准主题、深入调研、深入实际、深入群众，了解党和国家方针政策贯彻落实情况，开展专题协商，才能提出切实可行的意见建议，促进党委政府决策民主化、科学化。一直以来，抚州市政协立足抚州深厚的文化底蕴，就如何弘扬文化特色，推进国家历史文化名城创建与保护，走好高质量发展之路，持续开展调查研究，协商议政。

　　（一）突出历史文化名城创建主题开展专题协商。实践证明，只有围绕党政中心工作深入开展专题协商，集众智、建诤言、献良策，才能做到有的放矢，充分体现人民政协的政治性，提升建言献策的针对性和有效性。根据市委的指示和要求，2021年，抚州市政协围绕创建国家历史文化名城开展深入调研，并召开常委会会议专题协商，报送了《关于抚州创建"文化名城"的几点建议》建议案。就如何挖掘抚州名人文化、发展抚州文化产业、建立健全文旅融合机制等提出了切实可行的意见建议，得到了市委、市政府的充分肯定，有力助推了抚州历史文化名城创建。

　　（二）结合弘扬汤显祖文化开展专题协商。抓住重点，彰显特色，是找准专题协商的突破口。习近平总书记在2015年访英期间，提议中英两国共同纪念莎士比亚和汤显祖逝世400周年，市政协适时提交《关于以汤显祖活动为载体，持之以恒打造抚

州文化品牌的建议》，之后连续多年将发挥抚州文化优势，打造国家级汤显祖戏剧文化品牌，推进文化与旅游深度融合，繁荣戏剧演艺市场等课题，列入市政协常委会会议课题进行专题协商，得到市委、市政府高度重视，并督促有关部门积极落实，为创建国家历史文化名城打下坚实基础。2018 年 4 月，抚州市被列为省级历史文化名城，2022 年 1 月，被国务院批复为国家历史文化名城，系全国第 139 个、江西省第 5 个，意味着抚州市文化底蕴、文化遗址、文化风貌和文化精神获得国家和省里认可，既是践行习近平文化思想的具体体现，又是抚州文化竞争力提升、文化品牌日渐成熟的重要标志，对新时代加快建设文化强省、推进抚州市文化繁荣和文化产业高质量发展，具有极强的实践价值。

（三）围绕唱响"文化抚州，梦想之舟"品牌开展专题协商。2023 年，中共抚州市委五届四次全会做出了唱响"一大品牌"，即"文化抚州，梦想之舟"品牌的决策部署，对抚州加快文化强市建设意义重大，影响深远。市政协精心谋划，以空前的力度，集中组织全市住抚省政协委员、市政协委员和各县（区）政协委员共 2000 余人，围绕贯彻落实市委重大决策部署，三级联动开展全员宣传、全域调研、全方位履职行动，充分体现了"党委有部署，政协有行动"的政治姿态。当年，结合助推生态康养名城建设重点工作，市政协围绕"生态康养产业发展"课题，开展两次常委会专题协商，形成《关于助力唱响"文化抚州　梦想之舟"品牌　推动全市生态康养产业发展的调查报告》，得到市委、市政府主要领导批示肯定；同时，组织部分文化界别政协委员广泛调研，形成了创建"抚州窑口"陶瓷文化传承创新试验基地、推进抚州市民间文艺版权保护与促进试点工作、打造"徐霞客游线标志地"推动全域旅游、培育工匠文化等重要社情民意，提高了专题协商质效。

二、坚持开展协商式监督，为提升历史文化名城品牌凝心聚力

充分提升协商式监督的效能，是完善人民政协民主监督制度的题中之义。抚州市政协坚持把助推提升国家历史文化名城品牌效应作为重中之重，寓监督于支持中，寓协商于助力中，不但将民主监督真正落实到"全过程人民民主"之中，凝聚共识合力，转化为监督"最大增量"，而且有效地提升了历史文化名城影响力，产生经济与社会"最大效益"。

（一）将历史文化名城保护列入协商式监督议题。2022 年，为配合落实好市政府下发《抚州市落实国务院国家历史文化名城批复文件精神工作方案》，抚州市政协组织相关委员、专家就方案提出的工作重点、工作任务认真协商讨论，明确了具体落实措施。并会同市住建局、市文广新旅局等部门，围绕"保护好市中心城区历史文化

街区和历史建筑"开展协商式监督。同年 5 月和 9 月，市政协再次组织相关委员两次赴临川区、抚州高新区和文昌里文化街区进行集中调研，跟踪了解情况，提出意见建议，促进相关问题得到落实解决。

（二）**适时召开协商式监督座谈会**。经过监督调研发现，抚州市在历史名城价值有效转化、保护体系建立、品牌效应提升等方面，存在挖掘不够、力量薄弱、业态不丰富等问题。为此，市政协与政府有关部门再次召开协商式监督座谈会，面对面进行协商探讨，提出的深挖名城的演变及其脉络、突出名城的历史文化价值、提升城市文化影响力等整改建议，被《抚州市城乡历史文化保护传承体系规划》吸收采纳，为《抚州市历史文化名城保护条例》的科学立法，做好历史文化保护传承工作打下了坚实基础。

（三）**加大协商式监督落实力度**。协商是方式和原则，监督是手段和途径，协商式监督最终目的是协助党委和政府解决问题、改进工作、增进团结、凝心聚力。2023 年以来，结合委员们提出的关于加快文化产业发展、加强传统戏剧人才培养、强化非遗文化传承和保护、推进长征文化公园建设等文化发展方面提案，市政协做好跟踪落实文章，督促市政府及其有关部门持续做好活化文章，加大非物质文化遗产活态传承力度，提升城区古建筑文化内涵。近年来，抚州市以打造文昌里历史文化街区为突破口，举办汤显祖国家戏剧节，推动盱河高腔、乡音版《临川四梦》《牡丹亭》晋京、跨省演出并走出国门，扩大对外文化交流。丰富历史文化街区业态，开辟文旅精品项目，承办全省旅游大会，举办消费季活动，打造城市会客厅、网红打卡地、旅游地标，让历史文化和现代生活融为一体，城市品质品位和美誉度大幅提升。

三、强化提案办理协商，为深入推进历史文化名城保护提供机制保障

提案办理协商是提案者、提案承办单位、政协组织及有关方面为增进共识、推动政协提案办理落实而开展的协商活动，贯穿于提案工作的全过程各环节。抚州市政协不断健全历史文化名城保护相关提案提出、办理和反馈机制，并将其纳入重点协商提案办理，推动一大批提案意见建议及时纳入党政决策程序，为历史文化名城保护提供了有力保障。

（一）**通过提案办理协商健全多元投入机制**。资金不足、投入途径单一，是制约名城保护建设的短板。为此，抚州市会同市政府督促市文广新旅局、财政局等有关部门认真办理落实，探索建立历史文化名城保护专项基金，增加文物及历史建筑保护专项经费投入；支持和鼓励社会资本参与名城保护、文化资源开发，并引导金融部门创新金融产品，吸引有专业实力、有情怀的企业、社会组织及个人参与名城保护利用，

在延陵路、义门巷两条历史文化街区，探索建立传统建筑的认领保护制度，引导推动社会力量参与历史文化名城保护工作。

（二）通过提案办理协商深化改革试点。2022 年底，抚州市被中宣部列为全国民间文艺版权保护与促进试点市，市政协委员李某提出加大抚州民间文艺版权保护与促进改革力度相关提案。两年来，抚州市政协将此提案列入重点督办提案并抓好落实。通过提案督办，市委成立了抚州市民间文艺版权保护与促进试点工作领导小组，加大工作力度、调度推进落实。市政协提案委联合市直相关部门召开提案办理协商座谈会，制定出台《抚州市民间文艺版权保护与促进试点工作方案》。经过各方齐抓共建，抚州市建立了民间文艺版权博览馆、抚州知识产权馆；开展了民间文艺版权保护"六进"宣传展演活动；积极推进民间文艺作品普查、版权登记、宣传推广、版权转化和国际交流等版权活动，致力培育民间文艺版权园区（基地）、示范单位，抚州已逐渐成为全国具有较大影响力的民间文艺交流和民间文艺产业集散地。

（三）通过提案办理协商落实城市书房建设。为了办理好关于《推进全民阅读，建设"书香抚州"》提案，抚州市政协将此提案办理协商与开展"全国文明城市"创建活动有机结合，督促市政府相关部门建设一批有特色的实体书店，为城市点亮一盏不灭的"文明之灯"。目前，全市共有实体书店 120 家，建成市、县（区）图书馆 12 个；建设城市书房 19 家，其中委托社会力量运营 6 家；建设文化驿站 17 家，其中委托社会力量运营 5 家。市图书馆常年开展文化类专题讲座、图书进社区、小读者学堂故事会等"线上+线下"系列活动，为市民营造浓厚的阅读氛围。

四、注重协商文化建设，为历史文化名城保护汇集政协力量

政协加强自身文化建设，丰富政协文化内涵，具有导向和凝聚功能，有利于更好履行职能，示范带动当地文化改革发展。围绕铸牢做实国家历史文化名城"金品牌"，抚州市政协坚持以自身协商文化建设为基础，为名城保护树立标杆、作出示范。

（一）丰富文化传播方式。2023 年，抚州市政协联合省政协文史和学习委、省文联共同举办政协系统文化艺术作品展，用好书法、美术、摄影、雕刻等文艺作品，促进文化艺术宣传和推广。为营造"书香政协"的浓厚读书氛围，传承抚州传统文化，抚州市政协与市委宣传部等单位联合举办 2023 年书香政协·以诗联侨灵谷峰诗会活动，让抚州"中国诗歌之城"名片更加闪亮，推动传统文化的继承和发扬。

（二）创建特色委员工作站。围绕"一委一特色"创建要求，抚州市政协文史和学习委在文昌里历史文化街区建立中共党员委员工作站，内设"四厅四室"，"四厅"为正厅、讲习厅、悦读厅、议事厅，"四室"为雅琴房、纹枰场、书画斋、陶瓷坊，

开设"文昌讲坛",着力弘扬临川文化,实现活动常态化、管理制度化、内容多样化、阵地品牌化,成为政治引领的重要阵地、凝心聚力的重要平台、协商议政的重要渠道、反映民意的重要途径、界别活动的重要载体,并以"中共党员委员+非中共党员委员+界别+民主党派+单位+社区+连心点+商户+群众"的模式推进各项工作开展,目前,该工作站已开展各类文化活动24场次,委员参与800人次,惠及群众4000余人。

(三)打好抚州"名人牌"。在加强民主协商过程中,抚州市政协挖掘名人文化,为推进国家历史文化名城保护与建设开拓新路径。2023年谋划建设、2024年初建成投入运行的"荆公协商吧"是一个典型案例,该平台是由市政协本着"共商共建、共用共享"原则,联合有关部门打造的城市基层协商平台。协商吧明确名人主题书吧、参与基层治理两大功能定位,现已纳入全市"文化抚州、梦想之舟"品牌建设项目。"荆公协商吧"的有益探索,既丰富了协商文化载体,使政协民主协商与历史文化名城活化利用得到有机融合;又带动了广大政协委员广泛开展"服务为民"活动,让群众真切感受到"政协离我很近、委员就在身边",具有较大的示范推广价值。

下一步,抚州市政协将进一步发挥自身优势,认真组织实施好协商工作计划,围绕"提升'法律明白人'品牌""深入挖掘临川文化核心元素,助力唱响'文化抚州,梦想之舟'品牌""倡导良性婚俗,弘扬时代新风"等文化发展方面的课题,深入协商议政,积极建言献策。同时,开展全市政协系统助力唱响"文化抚州,梦想之舟"品牌故事汇展演、"读书践行话生态,共绘美丽新抚州"读书征文、"文昌讲坛"进校园等活动,在铸牢文化"金品牌"中融入协商元素,贡献政协力量。

(刘海滨,抚州市政协副秘书长、办公室主任;徐 明,抚州市政协经济委员会主任)

履行政协职能 推进"文化兴城"

彭国正 刘向阳

文化是一座城市的独特印记，是一座城市的根与魂，也是一座城市赖以延续和发展的根基。一座城市的文明程度不仅表现在公共设施、街道环境等"外在"的提升，更表现为城市文化和精神等"内核"的积淀。

南城县是一座有着 2200 多年悠久历史文化的文明古县，是江西省建县最早的 18 个古县之一，素有"赣地名府、抚郡望县"之称。南城自古就是军、路、府治所在地，古人盛赞曰："自古南城天下稀"。在漫长的建城史中，南城留下了许多具有地方特色的历史事件和麻姑文化、益王文化、建昌帮中医药文化等影响深远的地域文化，留下了许多使人遐想的记载、传说和遗存。遗憾的是，这些城市历史文化遗存有的毁于战火，有的在城市改造中被拆除，真正留下历史记忆的东西并不是很多。

如何更好地传承保护利用好城市文化，护其貌、铸其魂、扬其优？南城县政协以习近平总书记"要像爱惜自己的生命一样保护好城市历史文化遗产"重要要求为指导，围绕打造赣东南历史文化名城的总目标，充分发挥专门协商机构作用，树牢珍爱之心、尊崇之心，认真梳理城市文化脉络，用心用情为保护好传统街区、保护好古建筑、保护好文物古迹，留住古城"遗韵"鼓与呼。在"保护中开发，把历史文化元素融入城市精品工程，提升城市文化品位，营造城市发展活力、展示城市文化魅力，推动城市文明建设焕发强大动能"等方面提出真知灼见。

如今，漫步古邑南城，城市与文化相得益彰，体现着颜值与品质的美丽图景：走进盱江书院，古色古香的宋代书院格局让人仿佛回到了千年之外儒生们的琅琅书声；行走在明代仿古一条街王府街，古朴典雅的雕檐画角古朴典雅；漫步盱江滨水公园，按照有关历史资料记载修建的"建昌帮"发展史迹塑像栩栩如生，述说"建昌帮"昔日的辉煌……

一、深化历史研究，摸清文化"家底"，增强文化辨识度

丰富多彩的历史文化是南城的灵魂，是南城十分重要的资源，是南城立于竞争不

败之地的一个重要保障。南城县政协充分做好"挖掘南城历史文化，打造历史文化名城"履职文章，在建强队伍、做好保障上倾力显担当。

（一）**深化历史研究，摸清文化"家底"。**由县政协牵头，组织本地文化名人及有关专家学者成立"南城县地域文化研究中心"，抢救、发掘、整理、传承具有鲜明特色的城市历史文化、名人文化、书法文化等，在充分调研的基础上形成多篇调研报告，提出"要挖掘与保护历史文化遗产。将历史文化融入山水文化，努力打造城市名片，塑造南城城市形象。要发掘、保护和利用南城的自然生态环境和历史文化资源，在传统中体现现代文化，在现代中融入传统风格，使传统和现代文化相互融合，相辅相成，相映成辉；要加大文物古迹保护力度。对文物古迹比较集中连片或能较完整地体现历史时期传统风貌和特色的街区、建筑群、古遗址应当划定保护区予以专门保护。根据其历史、文化艺术价值划定古建筑群历史文化保护区、革命遗址文化保护区、南城旧城区历史文化保护街区等；编制历史文化和文物古迹保护规划。确定保护原则、保护主题和保护要点，划定保护范围，提出控制高度，规定保护方法，拟定保护整治措施和管理办法"等意见建议，引起县委、县政府的高度重视，为了做到"多留遗产、少留遗憾"，聘请浙江大学、武汉大学等国内最优秀的设计团队参与古城规划，并召开了多次技术论证审查会，制定了《南城古城保护与整治总体规划》《南城古城保护与改造详细规划》，对历史文化遗产进行分层保护、开发和利用。

（二）**设立专项经费，突出品牌建设。**加强经费保障，财政安排了文化旅游和专项城市文化基金，县政协组织开展多次关于城市文化的专项调研，健全城市文化遗产资源数据库，对符合条件的相关研究成果予以支持出版。编纂出版了《千年古邑话南城》《品读南城》《建昌帮药业史话》《南城历代进士全传》《洪门文化溯源》《南城中国传统古村落》等一批历史文化专集，增强城市的文化辨识度。

二、梳理城市文脉，活化历史遗存，讲好历史文化故事

历史文化名城开发保护，彰显特色是关键。历史悠久、人文鼎盛的南城是麻姑"长寿"文化、"建昌帮"中医药文化的发源地，南城县政协注重在延续历史、彰显个性上下功夫，由县政协常委会组成调研组，就城市规划建设工作进行深入调研，提出一系列前瞻性、建设性的意见。"城区建设要注意建筑的外观美化、功能多样化以及体现节能减排等建筑新理念的要求，景观区建设要注意景区或景点是否具有深厚的文化底蕴和丰富的旅游文化内涵。要通过挖掘，拿出一两个让人流连忘返的'镇山之宝'，增强景观区的吸引力和生命力。"县委、县政府将政协建议充分吸纳进城市文化建设

中，让城市文化更具影响力、传播力。

（一）彰显地域特色文化"地标"。投资 1000 余万元对仙都观鲁公碑亭、麻姑洞天福地牌坊、民间文化陈列馆等重点文化遗产进行了修复；重点整修了聚星塔等一批古迹、古建筑；在城市核心景观区登高山、先贤李觏讲学地建设了盱江书院，在滨水公园按历史原貌修建了"建昌帮"人物场景塑像，在市民广场建设了南城益王府历史文化墙，在宋城墙旧址兴建王府里仿古一条街；全面实施了登高阁改造、万年桥修缮、麻姑献寿塑像等古城"遗韵"保护工程。在建设中，南城县坚持精品战略，严格规划设计施工，将县域基本情况、业态定位和文化内涵充实到每座建筑中，使每座建筑的功能定位、业态布局、文化故事、风格特色等有了明确内涵；在细节追求上，包括道路铺装、水系、节点、砖雕木雕以及牌匾、引导指示牌、景观照明等设计工作都不放过，一笔一画都精雕细琢留有韵味，力求将每项工程都建成经得起时间考验的精品工程、艺术工程。例如：在建设 6 公里长的王府里仿古一条街中，在充分查阅和考证历史文献的基础上，对形制、规格、风貌、尺度甚至砖墙、瓦块都一一细化，做到实用美观，又体现历史的沧桑感和厚重感。

（二）加快文化载体建设。依托县博物馆等公共文化设施载体，借助图片、实物、壁画、雕像等，将南城城市历史文化串珠成链，向游客综合展现，增加互动性、趣味性，使城市特色文化"立"起来。筹建集展览、教育培训、学术交流、实验研究于一体的"建昌帮"药学博物馆，将散落的大量有关"建昌帮"研究的珍贵文物和相关文物进行保护。通过报纸、电视、网络等媒介加大南城城市文化宣传力度，同时利用招商周、接洽会等平台，全面宣传推介南城，让南城城市历史文化品牌更加响亮。

（三）打造历史文化街区。历史文化街区，被誉为城市之"魂"。作为一个地方特有的文化符号，历史文化街区有漫长岁月的烟雨沧桑，有优美动听的传说故事，流淌着满满的乡愁，浸润着浓浓的乡情。作为省级历史文化街区，南城北街、将军岭两个历史文化街区的保护开发迫在眉睫。县政协精心做好调查统计，文化界别政协委员与文化部门专家十多次深入到两个历史文化街区，做好古迹普查。目前，北街、将军岭等地区现有已登记未列及的文保建筑、历史建筑有 40 多处，分布也相对集中，周边传统风貌建筑也比较多，包括较好的赣东风格的明清古建。县政协主动邀请中国城市建设研究院和武汉大学的专家对北街、将军岭进行整体保护开发规划，按照不搞"拆旧建新、拆小建大"原则，着重对北街、将军岭两个历史文化街区进行修缮保护，主要还是从传承文化、延续历史的角度来抓好保护，守住其"筋骨肉"，传承其"精气神"。在充分保护的前提下，探索历史文化街区与文化创意、文化旅游等产业的有机融合，让历史文化街区真正和生活联系起来，展现历史文化街区的生命力。

三、丰富文化内涵，优化产业布局，培育文化新业态

文化不仅是城市的"软实力"，也可以成为城市发展的"原动力"，只有与群众生活紧密联结的"城市文化"传承创新，释放和激发文化的活力，才能赋予城市不朽的生命力。南城县政协历来对城市文化建设十分关注，近年来持续开展城市规划建设协商调研，就丰富城市内涵、培育城市文化提出意见建议："注重新城区人文文化的体现与融合""城区建设中，要充分彰显建昌古城的文化底蕴，突出本土文化，做足山水文章""在风景区建设中，要以长寿养生文化为主打品牌，融入道佛儒三教经典文化，同时要注重把景点建设与挖掘丰厚的历史文化遗产相结合，丰富旅游的文化内涵和提高文化品位，增强旅游的吸引力、景点的生命力""应充分挖掘和利用规划区内的自然和人文资源，打造'绿色、古色、红色'旅游特色。文化设施建设应注意历史文化与现代文明的融合，传统养生文化与当代休闲生活的融合""突出从姑山主题公园规划建设。从姑山公园应以南城籍历史名人罗汝芳为文化背景，结合从姑山历史传说，做好规划设计，充分体现生态、文化、休闲的主题特色"……县政协关于城市文化的意见和建议在城市建设中被充分吸纳。

（一）加强顶层设计，推动产业升级。 以打造抚州副中心城市为目标，充分挖掘"赣地名府，福地南城"红色、绿色、古色城市文化底蕴，聚焦文化载体建设，持续扩大南城城市历史文化影响力，不断提升南城文化品牌价值。编制完成《南城县总体规划修编（2016—2035）》《南城县中心城区控制性详细规划》，统筹调优城市建成区功能布局，实施了登高公园、益王文化广场等一批城市重点项目。在风景名胜区建设中，着力以麻姑长寿养生文化为主打品牌，融入道释儒三教经典文化，注重把景点建设与挖掘丰厚的历史文化遗产相结合，丰富旅游的文化内涵和提高文化品位，增强旅游的吸引力、景点的生命力。突出从姑山主题公园规划建设，结合从姑山历史传说，做好规划设计，充分体现生态、文化、休闲的主题特色。

（二）打造文化品牌，丰富文化活动。 致力于推动南城历史文化资源优势向市场品牌优势转变。讲好"洞天福地"故事，打造"麻姑长寿"文化品牌，通过开发麻姑米、麻姑酒、麻姑茶和麻姑仙枣等旅游产品及麻姑系列文化纪念品等多种方式，塑造以长寿为核心内涵的麻姑文化品牌。深入挖掘"药不过建昌不灵""建昌名医甲天下"文化内涵，推进"建昌帮"传人培养计划，开展"建昌帮"文物征集认证，推动编撰"一书"、兴建"一馆"、筹建"一院"、开发"一方"品牌工程落地见效，打造"建昌帮""盱江医学"中医药文化品牌。写好"洪门"文章，加大洪门文化资源发掘，加强与民主党派致公党的联系，努力将南城打造成致公党党史起源学术研讨活动基地、海外爱国

洪门组织联谊交流基地。同时，以获评"中国麻姑文化之乡"为契机，以麻姑山景区为依托，推动麻姑文化传承、保护、开发工作，塑造以长寿为核心内涵的麻姑文化品牌。充分利用传媒及直播、短视频、抖音等新媒体，加强麻姑文化传播；高标准、常态化举办"麻姑文化节（周）""麻姑山全国颜体书法大赛""七七长寿水粉节"等大型文化活动，唱响"一碗米粉的乡愁"这一地域特色文化记忆，持续开展"百岁寿星"评选活动；加强具有南城特色的"麻姑献寿"大型歌舞表演及戏剧、影视剧等文艺精品创作，积极参与省内外文化交流活动，不断扩大南城文化在省内外的影响力。

（三）植入新兴业态，焕发新的活力。开展"文化+旅游""文化+文创产品"等融合发展行动，以麻姑山、洪门湖、麻岭下田园综合体等景区景点为依托，充分展示南城"红、绿、古"特色文化，加强与深圳粤港集团、武汉云创旅公司等文旅企业合作，丰富精品旅游线路，积极实施以"文化+旅游""文化+康养""文化+写生"等新业态为主的"文化+"工程。围绕"文旅融合"，激活夜间经济，打造王府里商业街等文旅消费集聚区。同时加快文化产品市场化，加强麻姑米、麻姑酒、麻姑茶叶、麻姑米粉、"建昌帮"中药、盱江医学、特色保健康养产品、文化创意纪念品等产品和服务的开发，推动文化旅游与互联网、展会、节庆、教育装备（校具）、中医药、数字经济等深度融合，提升特色产品附加值，不断推动南城文化产品商品化市场化。

民主监督是政协的重要职能之一。在推进历史文化名城建设中，南城政协切实履行民主监督职能，注重防止大拆大建，在保护中发展，在发展中保护。通过充分调研，加强有关政策法律法规和技术规范的学习研究，做好科学保护、合理利用结合文章，对不属于本地文化特色、文化遗产的东西，不生搬硬套；对没有历史根据、没有史籍记载和出处的历史人物、事件，不大肆渲染；对文化特质相类似的古迹，不千篇一律……同时，南城县政协还坚持"民生优先、保护优先"的原则，切实强化民主监督，助力有关部门和单位推进城市文化保护和开发利用这项系统工程科学有序，县政协委员反映的"万年古桥不堪重负"的社情民意，在《人民政协报》等媒体发表，引起了多方关注，县政府下发了"通告"，禁止桥面机动车通行，使得这一国家保护单位文物得到"休养生息"，上级部门拨 630 余万元专款用以古桥维修。《保护我县历史文化遗存　助推文旅产业发展》的调研报告，助推文旅部门积极争取上级维修资金 540 余万元，用于益王墓维修和益王墓出土文物的保护……持续为延续城市历史文脉，点亮城市之魂，为高质量建设历史文化名城贡献政协智慧和力量。

（彭国正，南城县政协委员、县融媒体中心主任；刘向阳，南城县政协教科卫体和文化文史和学习委员会主任）

在政协提案办理协商中讲好城市文化故事

杨利文

近年来，抚州市政协提案办理协商积极关注文化事业发展，努力讲好抚州红色、绿色、古色"三色"文化故事，在彰显城市文化、传播城市文化，助力"文化抚州、梦想之舟"城市文化品牌建设中发挥作用。

一、红色土地，"广昌路上"国家长征文化公园"首站"聚共识

抚州这片红色土地，有着光荣的革命传统，是"中央苏区"的北大门，中央苏区反"围剿"主战场，毛泽东、周恩来、朱德、邓小平等老一辈无产阶级革命家、政治家、军事家在抚留下闪光足迹。"头上高山，风卷红旗过大关。"伟人的一阕《减字木兰花·广昌路上》，让人们永远记住了以广昌为代表的抚州革命老区。特别是第五次反"围剿"，历时41天的高虎脑战役，有效地阻止了国民党军进占红都瑞金的进程，为中央红军主力和中央机关最后实施战略转移赢得了宝贵的时间。抚州广昌，可谓是中央红军战略转移决策的引发地。

2022年，抚州市政协一件《关于大力推进长征国家文化公园（抚州段）建设的建议》提案被列为重点提案，由市政协主要领导领衔督办。建设长征国家文化公园，是以习近平同志为核心的党中央作出的重大决策部署，是推动新时代文化繁荣发展的重大工程。抚州广昌、黎川、金溪、资溪、乐安、宜黄、南丰、南城、崇仁9个县作为中央苏区的重要组成部分，广昌、黎川规划为长征国家文化公园江西重点建设区，资溪、金溪规划为拓展建设区。

在当年的提案办理现场办案座谈会上，宣传、文化等部门及广昌、黎川、金溪、资溪等县与政协委员面对面座谈协商，明思路、提建议，就抓好"提升高度，找准定位，创出品牌""用活长征文化资源，大力弘扬长征精神，讲好抚州经典革命故事""树立红色旅游文化品牌，让红色文化资源鲜活起来""打造国家文化公园示范区，辐射带动我市旅游业及配套产业的发展"等方面的工作集思广益、凝聚共识，抚河源头广昌国家长征文化公园"首站"定位在碰撞中形成共识，与会同志一致赞同，并在之后的

工作中得到了各方面的肯定。2023 年，由抚州市政协五届三次会议大会发言转化而来的《用好红色资源，赓续红色血脉，加快推进长征国家文化公园（抚州段）建设》提案进一步受到了党政领导的重视，推动相关部门围绕长征国家文化公园谋划建设了"道、馆、址、园、院、品、神、遗"多项标志性项目。当年，抚州市政协作为 6 个市州政协之一参加了在延安举行的长征沿线、革命老区市州政协"助推长征国家文化公园建设、助力革命老区振兴发展"第二次协商联席会议并作主旨发言。政协提案办理协商成果，正在持续不断地深化、亮化抚州这座城市的红色印记，激励人们传承红色基因、凝聚精神力量、砥砺奋进新时代。

二、绿色抚州，"徐霞客"提案助力"生态康养名城"建设

绿色是抚州最靓丽的名片。"山也清，水也清，人在山阴道上行，春云处处生"，这是抚州生态环境的生动写照。国家生态产品价值实现机制试点市、全国林业改革发展综合试点市、国家级全域森林康养试点建设市、"十四五"时期"无废城市"建设市、民革中央康养产业实践基地……一块块金字招牌，是绿色抚州的证书。同样的见证，也记录在明代著名地理学家、旅行家、探险家、文学家徐霞客一个多月的抚州游历日记中。

2023 年，"关于做好市政协重点提案办理工作的通知"中，《打造"徐霞客游线标志地"，助力我市全域旅游》提案赫然在列。政协提案、徐霞客、生态康养名城建设是如何联系在一起的？事情还是源自 2022 年的"国家长征文化公园"提案办理协商会。2022 年 9 月 7 日，抚州市政协委员一行就《关于大力推进长征国家文化公园（抚州段）建设的建议》提案赴黎川岩泉国家森林公园实地视察，不少同志了解到距今 380 多年的明代旅行家徐霞客曾到此游览，并登上了公园内海拔 1355 米的会仙峰。这给参加视察的政协委员留下了深刻印象。所以当政府工作报告提出"启动生态康养名城创建行动"时，就引发了这几位政协委员挖掘"徐霞客"资源助力"生态康养名城"建设的提案初心。为此，他们购买书籍、查看资料、阅读文献，掌握基本情况；开展实地调研，不断深化提案内容。会仙峰山脚下，他们商讨如何充分挖掘历史文化资源，积极利用历史文化名人效应，突出"世界最大野生香榧种群"这一生态唯一性，切实加大宣传，推动旅游发展。在黎川老街，他们边走边看边议，建议增添"徐霞客"元素，标识"入新城北门，出西门"等徐霞客行走路线，让游客在重走中感受先贤的足迹、触摸历史的痕迹；进一步彰显老街文化底蕴，将李觏生前读书讲学的赤溪风月亭、"通俗文学大师"张恨水先生旧居等文化点串起来，带动大中学生研学，让书本里的文化名人走进生活、滋养后人。在宜黄棠阴古镇，面对如今完善的基础设施，他们畅谈着

古人脚下的芙蓉山已成今日"网红打卡地"，畅想着不久的将来"徐霞客游线"热闹起来的情景。在曹山寺，他们聊着荷玉山、曹山名称的由来，听着徐霞客与曹山寺观心和尚两人长谈至深夜、叹呼"恨相见之晚也"的故事，如何充分利用曹山寺曹洞宗祖庭影响，挖掘"通释儒之渊薮，兼诗文之玄著"，向中外游客讲好文化故事……随着脚步的深入，提案不断完善成型。如何以"徐霞客游线"为牵引，推进生态与文化、与康养深度融合，助力唱响"文化抚州 梦想之舟"品牌、助力抚州生态康养名城建设，委员们在提案中表达了满满的期待。

如何把这一凝聚众多委员心血的好提案办出好成效，成了2023年度抚州市政协提案工作的重要内容之一。在与已成功申报"徐霞客游线标志地"的宜黄、黎川及其他有关专家学者的密切沟通、深入交流中，我们意识到如何开发利用才是挖掘整理的目的，这需要做到全市一盘棋，实行"串珠成线、连线成片"大保护大开发。为此，抚州市政协把该提案的办理落实融入常委会"生态康养名城创建"大协商课题予以推进。既会同市政府督查部门赴南丰、金溪、南城、乐安等地就提案办理落实情况开展先期督查，又由市政协主要领导率队开展现场办案、协商座谈、高层督办。该提案办理协商成果分别以《让"徐霞客游线"成为撬动抚州旅游的支点》《挖掘"徐霞客游线"资源，助力抚州生态康养名城建设》《打造"徐霞客游线标志地"，唱响"文化抚州 梦想之舟"品牌》为题在《人民政协报》《徐霞客研究》《现代抚州》等报纸杂志发表，扩大抚州对外宣传，提案办理取得初步成效。今年，抚州市政协对该提案办理进行跟踪，联合市政府办共同下文，进一步收集汇总"徐霞客游线"沿途七县自然风光、风土人情、文化古迹等方面的图片、文字，形成包括"游历路线""霞客日记""沿线故事"等内容的翔实资料，拟整理出版《徐霞客在抚州》书籍，以期通过图文并茂的形式生动讲好抚州良好生态、深厚人文、现代发展故事。

三、古色底蕴，古色古香的"荆公协商吧"积极传播协商文化

抚州是一座有着丰富历史和文化底蕴的国家历史文化名城，自古就有"才子之乡"的美誉。这里曾涌现出许许多多杰出的文化名人，如王安石、汤显祖、曾巩、陆九渊、晏殊、晏几道、李觏、吴澄、乐史、李绂等。他们在文学、哲学、地理、历史等各个领域作出了重要贡献，他们的文化成就和思想影响深远，为抚州的文化发展奠定了坚实的基础，并不断绽放着时代的光彩。

由抚州市政协提案委员会牵头打造的、坐落于老城区荆公路街办五皇殿社区旁一栋172.6平方米"瀚墨书家"明清古建筑内的"荆公协商吧"，古屋开新面，现代文明的协商文化、书香气息与古色古香的古建筑完美融合。协商吧文化氛围浓厚，深入

挖掘了王安石祖籍住宅王荆公祠、汤显祖写戏演戏的玉茗堂、汤显祖兴办的崇儒书院、王羲之练习书法洗笔砚的洗墨池、曾巩创办的兴鲁书院，还有拟岘台、三元楼、宝应寺，慎斋路、同叔路、穆堂路等众多著名历史文化遗迹、遗存、典故文字图片，予以上墙集中展示。可以说，这仅仅 1 平方公里大的、历史文化遗迹、遗产富集的荆公路街办老城区，就是抚州文化底蕴深厚的最有力的明证。荆公协商吧既打造了助力基层治理的政协协商室，还内含了以王安石图书为主题的"荆公书吧"，使其成功入选全市"文化抚州、梦想之舟"品牌建设项目。并且这座小小的书吧，积极融合"全国最美书店"——汤显祖书店的优质资源，构建汤显祖书店——荆公书吧南北呼应的"双文化格局"，推动抚州历史文化走进今日寻常百姓家。

一同走进寻常百姓家的当然更有人民政协专门协商机构带来的浓浓的协商氛围、协商文化。荆公协商吧自 2024 年开展协商为民活动以来，参与的委员达数百人、居民群众达千余人次，在推进治理安市、文化旺市中彰显了抚州政协的新担当、新作为。如开展的社区"模拟政协提案"、返乡实践大学生"模拟政协提案"等活动，为社会各界直接参与人民政协协商民主搭建了平台、拓展了渠道，引导了广大居民群众、青年学生有序政治参与，不断强化基本政治制度的政治认同，提案办理协商积极发挥了人民政协团结民主统战功能。开展的"'我们的节日'送春联进社区"活动，为市民朋友送上新春的祝福与美好的祝愿，不仅丰富了干部群众的文化生活，感受了传统文化的魅力和温暖，更加强了与当地居民之间的交流和互动，现场书写、张贴的"文化抚州书香政协凝心聚力，梦想之舟荆公书吧扬帆远航"对联，高度凝练概括了荆公协商吧政协协商与文化育人的融合定位。开在居民"家门口"的"良性婚俗"协商，广邀党员干部、居民群众、"婆婆""丈母娘""新婚""准新婚"青年男女参加座谈，引导社会践行婚嫁新风尚，在促进优秀传统文化与基层治理有机结合中，助力培育简朴、文明、健康的社会好风尚……政协协商也是一场场正向的思想文化传播。

（杨利文，抚州市政协提案委员会主任）

城市文化建设面临的困境与对策

聂　峰

文化是城市的生命和灵魂，是城市的内核、实力和形象；城市是文化的凝结和积淀，是文化的容器、载体和舞台；城市与文化是与生俱来、密不可分的统一体。城市记忆是在历史长河中一点一滴地积累起来的，是一座城市文化价值的重要体现。但是，在全球化潮流的冲击下，我国的城市变得越来越雷同，昔日多姿多彩、各具特色的城市面貌逐渐消失。由于实施过度商业化运作，采取大拆大建等开发方式，致使许多积淀丰富人文信息的历史街区被夷为平地；许多具有地域文化特色的传统民居被无情摧毁。具体表现在：

思想错位。有的地方政府在城市建设思路上出现偏差，他们比较喜欢做面子工程，要比较好看、能够提升城市形象的设计。以致采取的常用的一种手段，就是注重城市经济利益而忽略了非经济意义上的文化价值。仍在走"重经济、轻文化"的道路，以经济指标作为衡量城市发展的硬标准，忽略了城市个性赖以生存的基础——文化底蕴。

管理错位。城市管理不但要为人们提供一个工作方便、生活舒适、环境优美、安全稳定的物质环境，而且要为人们提供一个安静和谐、活泼快乐、礼让互助、精神高尚的文化环境。这就需要用文化意识指导城市管理。但是，今天一些城市在管理内容上重表象轻内涵，在管理途径上重人治轻法治，在管理手段上重经验轻科学，在管理效应上重近期轻长远。由于不能在不断发展的形势下，不断从更高层次上寻求城市管理的治本之策，导致往往在城市问题已然成堆、积重难返之际，才开始采取各种应急与补救措施。"城市病"所产生的系列病状及后遗症，病根在于城市管理缺乏长远的战略眼光，缺乏应有的文化视野。

面貌趋同。城市面貌是历史的积淀和文化的凝结。一个城市的文化发育越成熟，历史积淀越深厚，城市的个性就越强，品位就越高，特色就越鲜明。当今一些城市在建设和发展中城市面貌正在急速地走向趋同。城市规划建设中抄袭、模仿、复制现象十分普遍，布局雷同、风格相仿的城市街区在人们的日常生活中占据着越来越显著的位置，人们感到自己的城市愈来愈陌生，"千城一面"的现象日趋严重。比如，一些城市在建设中缺少科学态度和人文意识，却多了一些盲目决策和浮躁心态。往往采取单一依赖土地经营和房地产开发来拉动经济的增长方式，大幅度扩充城市用地，大面积地增加建设量，导致出现"圈地运动"和"造城运动"，损害了民众利益和国家利益。一些城市盲目追求变大、变新、变洋，热衷于建设大广场、大草坪、景观大道、豪华办公楼和"标志性"建筑。在"旧城改造""危旧房改造"中，实施过度的商业化运作，采取大拆大建的开发方式，致使一片片积淀丰富人文信息的历史街区被夷为平地；一处处文物保护单位被拆除和破坏的事件也屡见不鲜。由于忽视文化遗产保护，造成这些城市文化空间的破坏、历史文脉的割裂、社区邻里的解体，最终导致城市记忆的消失。

形象低俗。美好的城市形象可以唤起市民的归属感、荣誉感和责任感。但有的城市已经很难找到层次清晰、结构完整、布局生动、充满人性的城市文化形象。不少中小城市盲目模仿大城市，为了气势而不顾城市环境，把高层、超高层建筑当作城市现代化的标志，建筑体量追求高容积率而破坏了原有的城市尺度和轮廓线，寄希望于城市在短时间内能以迅速改变城市的形象，而大量"新、奇、怪"建筑不是增强而是削弱了城市的文化身份和特征，使城市景观变得生硬、浅薄和单调。

环境恶化。好的城市环境不但可以保证人们的身体健康，而且可以激发人们的积极性和创造性。但是，今天一些城市环境面临着一系列突出问题：空气污染、土质污染、水体污染、视觉污染、听觉污染；热岛效应加剧、交通堵塞加剧、资源短缺加剧；绿色空间减少、安全空间减少、人的活动空间减少。同时，城市改造中的大拆大建造成巨大的能源、资源浪费和环境污染。错位、超载开发也使不少文化遗产的背景环境出现人工化、商业化、城市化趋势。

精神衰落。城市精神是城市文化的重要内核，对城市精神的概括和提炼，可以使更多的民众理解和接受城市的追求，转化为城市民众的文化自觉。但是，一些城市注重物质利益，而忽视文化生态和人文精神，存在盲目攀比、不切实际的倾向，如热衷于搞"形象工程"，追求"标志性建筑"的数量；重建设规模，轻整体协调；重攀高比新，轻传统特色；重表面文章，轻实际效果；重局部功效，轻长远目标，表现出对文化传统认知的肤浅和对城市发展前途的迷茫。

城市文化的发展，在空间形态上，表现为对城市历史资源的保护，它不仅是文物的静态保护，还包括历史街区、城市空间格局与整体面貌的持续整治等无形的建设，应该以城市发展的历史文脉为核心，从外延、本体和内涵三个层次，延续文化生成、发展的历史空间。此外，还应体现与历史文化协调统一并充满现代气息和个性色彩的城市文化氛围。

建立良好的城市文化发展机制。建立健全城市文化建设的管理机构、组织单位和日常执行部门，确保城市文化建设执行到位的先行举措。要形成城市文化建设的常态化模式，形成管理、反馈、监督和执行"四位一体"的文化建设模式，确保文化建设有章可依、有迹可循。加大对现代化城市文化建设管理和投入力度，形成多元化的管理体制，将制度化建设、人为化管理结合起来，形成制度监督与人工监督相结合的管理模式。对于城市文化建设存在的偏差和问题，要根据规章制度系统整治，形成落实到位的原则和理念，确保文化建设的工作真正走到点子上。

拓展城市公共空间建设。公共空间是现代城市重要的休闲、开放与功能性的空间，在城市发展和拓展功能的进程中具有不可替代的作用。因此，加强城市的文化建设，应以城市公共空间的建设、塑造为主体，确保城市文化建设落到实处，让广大城市居民真正受益。

健全文化遗产保护法律制度。文化遗产是岁月沉淀的产物，在与现代化发展的撞击中，受人们认识的滞后性或其他种种因素的影响，难免会遭遇排挤。因此，应健全有效的法律法规，以确保城市建设有序推进。

（聂　峰，南丰县政协二级主任科员）

图书在版编目（CIP）数据

赣事好商量.2024："协商与城市文化"座谈文集 / 江西省政协宣传文史网络中心编 .-- 北京：中国文史出版社 , 2024.12.--ISBN 978-7-5205-5092-5

Ⅰ.D628.56-53

中国国家版本馆 CIP 数据核字第 2024ZY9931 号

责任编辑：全秋生

出版发行：中国文史出版社

地　　址：北京市海淀区西八里庄路 69 号　　　邮编：100142

电　　话：010-81136602　　　81136603　　　81136606（发行部）

传　　真：010-81136655

印　　装：廊坊市海涛印刷有限公司

经　　销：全国新华书店

开　　本：1020 毫米×1440 毫米　　　1/ 大 16

印　　张：22.5

字　　数：348 千字

版　　次：2025 年 1 月北京第 1 版

印　　次：2025 年 1 月第 1 次印刷

定　　价：98.00 元